Collection **marabout service**

 Branchez-vous sur le 36 15 MARABOUT

♦ Consultez le **CATALOGUE** pour trouver tous les livres Marabout qui vous intéressent et leur point de vente le plus proche de chez vous.

♦ **Unique !** : en **INFORMATIQUE,** un service de **téléchargement** ultra-rapide, 24h/24, des meilleurs logiciels du domaine public *(jeux, graphismes, tableurs, utilitaires, programmes musicaux, traitements de textes...)* pour PC®, Macintosh®, Atari®, Unix®; et la possibilité de télécharger des démonstrations de logiciels des plus grands éditeurs !

♦ **Gagnez des milliers de livres** en jouant avec 36 15 Marabout.

♦ Profitez des **petites annonces** et des très nombreux services originaux de Marabout !

in de vous informer de toutes ses publications, **marabout** édite des alogues régulièrement mis à jour. Vous pouvez les obtenir gracieuse- nt auprès de votre libraire habituel.

« Citer les pensées des autres, c'est souvent regretter de ne pas les avoir eues soi-même et c'est en prendre un peu la responsabilité. »

Sacha GUITRY.

LECTEUR, pour vivre bien content,
Lisez pour apprendre à bien vivre,
Et ne perdez point votre temps,
A chercher les fautes d'un livre ;
Il n'en est point de si parfait,
Où vous ne puissiez reprendre ;
Il n'en est point de si mal fait,
En qui vous ne puissiez apprendre.

Jean de LA RIVIERE (1721).

Karl Petit

dictionnaire des citations du monde entier

Troisième édition
entièrement revue

A mes enfants,
MARTINE et MYRIAM,
ainsi qu'à mes anciens élèves.

K. P.

Les jeux de lettres sont de Lucien Meys.

© Gérard & C°, Verviers, 1960; et **marabout s.a.**, 1978.

Toute reproduction d'un extrait quelconque de ce livre par quelque procédé que ce soit
notamment par photocopie ou microfilm est interdite sans autorisation écrite de l'éditeur

CITONS BIEN...
CITONS MIEUX...

Et je ne veux pas non plus lasser ta patience avec une longue préface.

DRYDEN, Georgies, Livre 2

Le célèbre artiste Mignard se plaignait, un certain jour, à la belle Ninon du peu de mémoire de sa fille, la future marquise de Feuquières. Alors, Mlle de Lenclos s'écria, non sans regarder à la dérobée quelques petits-maîtres qui la courtisaient :

— Eh! tant mieux! tant mieux encore une fois! elle ne citera point.

De fait, il y a une insupportable pédanterie à citer par pure ostentation. Envie de briller!

Eu égard à leur immense érudition, on pardonne volontiers aux humanistes de la Renaissance le fatras de leurs citations souventefois lassantes. Que ne pardonne-t-on pas aux grands?

Mais l'on a fait des gorges chaudes de ces prédicateurs, de ces beaux esprits, de ces avocats du Grand Siècle et de leur fastidieuse manie qui défigurait l'éloquence.

Et, à ce propos, je vous dois une deuxième anecdote.

Patru, célèbre avocat parisien du XVIIᵉ siècle, ayant assisté à une remarquable plaidoirie de Langlais, s'empressa de le féliciter.

— Oh! lui répondit ce dernier, nous sommes malheureux, nous autres; nous n'avons point de loisir. Si j'en eusse eu le temps, j'eusse cité saint Augustin, et fait voir que les requêtes civiles étaient fondées dans ce grand saint.

Et Patru de lui répliquer, en se moquant :

— Vous avez raison. C'est grand dommage que vous n'ayez pu instruire le barreau d'une si belle chose... et si utile!

Jusqu'à la fin du règne de Louis XIV, les meilleurs avocats ne furent pas exempts de ce ridicule mis en action par Racine dans Les Plaideurs. Ah! qu'avec pertinence il a stigmatisé cet usage intempestif des citations! Et que dire de celles que les prédicateurs empruntaient trop volontiers aux auteurs profanes, voire païens? Fausse route dont le grand Bourdaloue s'éloigna le premier.

Cependant, c'est tout un art que de citer à bon escient; art passé de mode, sans doute. Or, aux XVIe et XVIIe siècles, cette vogue ne se bornait pas à l'éloquence de la chaire et du barreau; elle s'était propagée dans la conversation et même dans tous les genres littéraires. On appréciait une citation venant juste à propos autant qu'un trait d'esprit original ou une pensée personnelle. On y voyait une preuve de jugement. On prouvait ainsi qu'on avait des lettres; on avait le temps d'en avoir, il est vrai, et d'en faire pavois.

Avant de vous en donner un curieux exemple, permettez-moi de vous rappeler, en passant, que deux figures de rhétorique, l'« allusion » et l'« application », reposent uniquement sur des citations. Si vous employez volontairement un passage de prose ou de poésie dans un sens nouveau — le plus éloigné possible du sens primitif — vous faites une application qui peut être ingénieuse si ce jeu d'esprit est utilisé bien à propos.

Lors de l'érection en pairie de l'archevêché de Paris, au XVIIe siècle, Mgr Harlay de Champvallon reçut les compliments des duchesses réunies en corps.

— Monseigneur, déclara leur porte-parole en faisant la révérence, les brebis viennent féliciter leur pasteur de ce qu'on a couronné sa houlette.

Alors, jetant un long regard sur les nobles dames, l'archevêque — un des plus beaux hommes de l'époque, au dire de ses contemporains — se tourna vers sa cour sacerdotale et murmura en souriant :

— Formosi pecoris custos (d'un beau troupeau, je suis le pasteur).

Mais la duchesse de Bouillon, ayant aussitôt reconnu Virgile dans le vers cité, se permit de le compléter tout de go par ces mots :

— Formosior ipse (le pasteur est plus beau lui-même).

Et chacun apprécia cet assaut d'érudition classique qui, maintenant, serait taxé de pédantisme.

★

L'art délicat de la citation suppose une longue pratique des bons écrivains, genre de luxe qu'à l'heure présente — où plus que jamais le temps a son prix — on ne peut guère réclamer d'autrui.

Et c'est bien regrettable...

Car, enfin, n'est-il pas plaisant de pouvoir parsemer avec sobriété un texte de réminiscences littéraires, orner son esprit de ces traits légers ou moraux qui agrémentent les conversations, illustrent ou étayent une opinion personnelle ?

Mais voilà ! Il faut pouvoir...

Or, si la citation est un art de bon aloi, l'exactitude de citer un auteur est un talent. Elle nous habitue à la précision, à l'abnégation et, le croiriez-vous, à la modestie.

Que vous doutiez de vous, l'occasion s'offrant, cela peut arriver. D'ailleurs, il est excusable, il est beau même de mettre une idée ou une appréciation sous le patronage d'une autorité et de l'avouer honnêtement. Et, dans cet effacement, je distingue même une certaine politesse, voire de la galanterie, quand on cite une dame.

Mais loin de moi, certes, la pensée que — à l'exemple néfaste de Rougemont ([1]) — vous puissiez un jour attribuer à un grand personnage une citation de votre cru. Il n'y aurait pas seulement supercherie ou mystification : il y aurait faux.

Possédez-vous peu de mémoire ?... Attention ! vous risquez fort de vous exposer à des substitutions de paternité. Ce qui appartient à Dieu, ne le rendez donc point à César.

Enfin, une citation choisie avec éclectisme n'est pas uniquement un ornement littéraire appréciable ; elle peut être aussi une référence : efforçons-nous donc de ne pas la déformer ni la tronquer distraitement.

Pour certains détracteurs dépourvus d'indulgence, la citation, c'est l'esprit de ceux qui n'en ont guère. Vraiment ?

N'en déplaise à Vauvenargues, à Emerson, à La Bruyère, et à Voltaire même, la citation frappée du meilleur coin, la pensée d'un bon métal, le joli mot oublié, le vers heureusement rappelé, n'ont jamais été dédaignés de l'écrivain sérieux, voire de l'homme d'esprit. J'en appelle à Rabelais, Montaigne, Lesage, Chateaubriand, Sacha Guitry, Péguy et tant d'autres... pour ne citer que des écrivains français.

Et c'est à bon droit que Gabriel Naudé, l'érudit bibliothécaire de Richelieu et de Mazarin, écrivait. « Il n'appartient qu'à ceux qui n'espèrent jamais être cités de ne citer personne. »

Proscrite soit donc la citation utilisée pour faire étalage d'une pédantesque érudition !

Bienvenue, au contraire, soit la citation employée avec réserve et naturellement ! Elle explique votre pensée et la rend plus frappante, sert à condenser un argument ou, encore, vous permet une heureuse répartie, voire un jugement pertinent.

Dans le premier cas, vous ferez figure de pion de province ; dans le second, vous pourriez passer, vis-à-vis de certains, pour avoir beaucoup d'esprit.

★

Ce modeste florilège est un livre pour la poche.

Et comme tel — en son genre le premier en notre langue — il n'a point la prétention de satisfaire l'érudit exigeant un étalage de références très complètes, variantes, reports et notes marginales.

Le grand public, auquel il est surtout destiné, en appréciera la substance, l'impartialité, la présentation et le format pratique. Et je tiens à exprimer ici toute ma gratitude à l'éditeur pour sa collaboration continue. Le lecteur y trouvera fréquemment des citations nouvelles ou peu connues, tant françaises qu'étrangères. Puisse-t-il en faire son livre de chevet, son compagnon de route.

Des lacunes, des faiblesses, il y en a fatalement, sans nul conteste. Mais, croyez-moi, il ne manquera pas de censeurs aux longues dents pour les découvrir. Et ce sera tant mieux puisqu'ils permettront ainsi d'améliorer une édition ultérieure.

On comprendra aisément que du fait de son caractère universel — et, partant, varié à l'extrême — il a bien fallu omettre ici bon nombre de sentences par trop familières, passées en proverbes, que nous devons souvent aux noms prestigieux de la littérature classique ou de l'Antiquité.

Au demeurant, pourquoi, dans les limites incertaines d'un tel « trésor de l'esprit humain », me serais-je borné à n'emprunter qu'aux célébrités les plus imposantes ?

Les citations fameuses ne sont pas toujours les meilleures ou les plus littéraires, tant s'en faut ! Qu'elles soient un monopole des gloires du barreau ou des lettres, des arts ou de la politique, il est bien permis d'en douter.

Jamais Université ne décerna diplôme d'esprit.

Certes, les mots ailés, les mots qui vivent, on les peut aussi bien entendre dans la bouche des prédicateurs dominicaux de Hyde Park que dans celle des sages anonymes des bords du Gange.

Toutefois, si l'on vous dit que l'esprit et l'humour courent les rues, n'en croyez rien ! ... A moins, peut-être, que ce ne soit dans celles de Paris...

De même que la variété des mets fait l'agrément d'un festin, une diversité similaire a présidé à la composition du présent volume. Curieux rapprochement, parfois, que ces « dits » de personnes d'opinions, d'époques et de nationalités si diverses.

Et de voir ainsi se succéder, dans plus de quatre cents pages, la noblesse et la roture, l'homme de guerre et le philosophe, le poëte et le romancier, le croyant et l'athée, cela ne fait-il pas penser à l'Abbaye de Westminster sous les hautes voûtes de laquelle reposent, côte à côte, d'illustres rivaux qui inquiétèrent le monde par leurs différends et leurs luttes?

★

Quelques mots encore, voulez-vous?...

Que des esprits chagrins et sourcilleux, que des cuistres jugent vain et puéril ce répertoire de bonne foi, c'est possible. Des parasites venimeux — et vaniteux — maudiront peut-être même et le titre et l'auteur, sans savoir gré à celui-ci de ses laborieux et patients efforts. Evidemment! Ils auraient aisément pu faire beaucoup mieux, et nul ne les en empêche...

Mais vous, lecteurs indulgents, amateurs de citations, maximes, apophtegmes, sentences, phrases plaisantes ou pensées brillantes, mots spirituels ou profonds, traits d'esprit même, puissiez-vous y trouver intérêt, profit et plaisir, et m'excuser si, au risque de prendre figure de pédant — ce qu'à Dieu ne plaise! — je cite encore le tendre Musset [2] pour clore cette introduction, car, vraiment...

Je l'ai faite un peu longue, et je m'en aperçois.

On va s'imaginer que c'est une préface.

Moi qui n'en lis jamais! — ni vous non plus, je crois.

K. PETIT.

---

[1] Vaudevilliste et dramaturge français, le baron de Rougemont (1781-1840) est l'inventeur d'innombrables phrases attribuées à Bossuet et à Voltaire, de vers apocryphes de Corneille, de Boileau et d'autres; il créa même des mots historiques de Napoléon, Louis XVIII, Charles X, etc.

[2] *La Coupe et les lèvres :* Dédicace.

PRÉFACE À LA TROISIÈME ÉDITION

L'édition *princeps* de cet ouvrage date de 1960.

Dix-sept ans déjà ! Pensez donc... c'est beaucoup pour un livre, et puis c'est magnifique.

Oui, c'est magnifique, car depuis lors que d'exemplaires en ont été répandus dans tous les pays francophones !

Il m'est donc permis, ne vous en déplaise, de supposer que beaucoup y ont pris plaisir ou intérêt.

Et voilà dix-sept ans que cela dure...

Or, le moment est venu de faire peau neuve, *mutatis muntandis* : quelques citations contemporaines en ont remplacé d'autres, la couverture a été mise au goût du jour et des corrections ont été effectuées.

Ainsi, revu et corrigé selon une formule consacrée, ce florilège de l'esprit des autres poursuit inlassablement sa destinée, celle d'orienter nos méditations « aux heures creuses où l'esprit flâne et butine », selon l'élégante expression de Daniel-Rops.

Mars 1977
K. P.

a

ABSURDE

acrobates

architecture

arc-en-ciel

abando   n

ABANDON

Abandonnez ceux qui s'abandonnent eux-mêmes.

SHAKESPEARE, *Antoine et Cléopâtre.*

ABSENCE

Dis-moi, ma simple et ma tranquille amie,
Dis, combien l'absence, même d'un jour,
Attriste et attise l'amour
Et le réveille, en ses brûlures endormies ?

E. VERHAEREN, *Les Heures ; Les heures claires.*

L'absence ni le temps ne sont rien quand on aime.

A. de MUSSET, *Poésies nouvelles.*

L'absence est à l'amour ce qu'est au feu le vent ;
Il éteint le petit, il allume le grand.

BUSSY-RABUTIN, *Hist. Amoureuses des Gaules.*

ABSOLUTISME (voy. état)

ABSURDITES

La vie est pleine d'absurdités qui peuvent avoir l'effronterie
de ne pas paraître vraisemblables. Et savez-vous pourquoi ?
Parce que ces absurdités sont vraies.

L. PIRANDELLO, *Six personnages en quête d'auteur.*

ACADEMIE (voy. épigramme)

Quand nous sommes quarante, on se moque de nous ;
Quand nous sommes trente-neuf, on est à nos genoux !

FONTENELLE.

Montesquiou-Fezensac est à l'Académie.
Quel ouvrage a-t-il fait ? - Sa généalogie.

(Epigramme anonyme).

ACCAPAREMENT

« J'achèterai tout », a dit l'or;
« Je prendrai tout », a dit l'épée.

A. POUCHKINE, *L'Or et l'Epée.*

ACHEVEMENT

Voyez-vous, mes enfants, quand le blé est mûr, il faut
le couper; quand le vin est tiré, il faut le boire.

A. DAUDET, *Lettres de mon Moulin.*

ACROBATES

C'est la seule école de style, mon fils. Ce qu'ils font avec
leur corps nous devons le faire avec notre esprit.

Barbey d'AUREVILLY à Paul Bourget.

ACTES

Nos actes ne sont éphémères qu'en apparence. Leurs
répercussions se prolongent parfois pendant des siècles.
La vie du présent tisse celle de l'avenir.

G. LE BON, *Hier et Demain.*

ACTEUR

De tous les arts qui recherchent la renommée, celui de
l'acteur est le plus incertain. L'acteur seul redoute les
arrêts du temps. Son souvenir n'est perpétué que par une
faible tradition.

SHERIDAN, *Monodie sur la mort de Garrick.*

ACTION

Si nous connaissions les autres comme nous-mêmes,
leurs actions les plus condamnables nous paraîtraient
mériter l'indulgence.

André MAUROIS.

Nous aurions souvent honte de nos plus belles actions
si le monde voyait tous les motifs qui les produisent.

LA ROCHEFOUCAULD, *Maximes.*

La grandeur des actions humaines se mesure à l'inspiration
qui les fait naître.

Louis PASTEUR.

Quelque loin que la raison ait droit de nous conduire, nous ne tiendrons jamais nos actions pour obligatoires par la seule raison qu'elles sont des ordres de Dieu; mais elles nous paraissent au contraire des ordres de Dieu, parce que nous y sommes tenus intérieurement.

E. KANT, *Critique de la raison pure.*

L'action, c'est la vie de l'âme aussi bien que celle du corps.
G. MEREDITH, *Les comédiens tragiques.*

Mon action est mon seul bien, mon action est mon héritage, mon action est la matrice qui me fait naître, mon action est ma race, mon action est mon refuge.

BOUDDHA.

ACTIVITE

Il est souvent préférable d'être très actif plutôt que de penser trop intensément.

Louis BROMFIELD, *Mrs. Parkington.*

ADIEU

Adieu! France, adieu! Hélas! je ne te reverrai plus jamais.
Marie STUART *(quittant la France en 1561).*

Ne vous étonnez pas, objets sacrés et doux,
Si quelque air de tristesse obscurcit mon visage;
Quand un savant crayon dessinait cette image,
On dressait l'échafaud, et je pensais à vous.

J.-A. ROUCHER *(au bas d'un dessin la veille de sa mort).*

Je n'écoute plus rien; et pour jamais, adieu.
Pour jamais! Ah! Seigneur, songez-vous en vous-même
Combien ce mot cruel est affreux quand on aime?

RACINE, *Bérénice.*

Avant tous mes Adieux à la vie, à l'amour,
Qui sont la même chose, et pour le même jour,
J'en dois à l'art de plaire, ainsi qu'à la jeunesse :
Et je devrais en faire à la tendresse;
Mais je laisse mon cœur aller tant qu'il pourra.

Prince C. de LIGNE, *Mes Adieux.*

Adieu amours, adieu gentil corsage,
Adieu ce teint, adieu ces friands yeux.

adieu • 15

Je n'ai pas eu de vous grand avantage.
Un moins aimant aura peut-être mieux.

> Clément MAROT *(Les Fleurs des Chansons*
> *d'amour du XVIᵉ siècle* par H. Poulaille).

Adieu montagnes couvertes de neige,
Adieu vallons et vertes vallées,
Adieu torrents, flots tumultueux.

> R. BURNS, *Mon cœur est dans les montagnes.*

Prolonger des adieux ne vaut jamais grand-chose; ce n'est pas la présence que l'on prolonge, mais le départ.

> E. A. BIBESCO, *Le sapin et le palmier.*

A l'heure de l'adieu, en partant loin de toi, mes yeux se sont vidés tout d'un coup de lumière et je suis resté aveugle à force de pleurer.

> HAFIZ, *Les Ghazels.*

ADMETTRE

N'admettez rien a priori si vous pouvez le vérifier.

> R. KIPLING, *Souvenirs.*

ADMIRATION (voy. lire)

On admire le monde à travers ce qu'on aime.

> LAMARTINE, *Jocelyn.*

Tu es plus belle qu'une fleur d'abricotier arrosée de lune.
Tu es toutes les fleurs, tous les parfums, tu es la splendeur du monde.
Lorsque je pense à toi, je n'envie plus les dieux.

> CHEN-TEUO-TSAN, *Poèmes.*

ADULATION

C'est une erreur de s'attarder longtemps dans l'adulation du public. Comme un soufflé qu'on laisse attendre, elle ne tarde pas à se dégonfler

> Charles CHAPLIN.

ADULTÈRE

L'Adultère, en latin, cela veut dire, en somme :
Qu'on avance la nuit près du lit d'un autre homme,

Pour diviser en trois ce qui n'était à deux
Qu'un seul et même corps selon la loi des Cieux.

G. CHAUCER, *Contes de Cantorbery* (trad. Châtelain).

Telle est la conduite de la femme adultère :
Elle mange, puis s'essuie la bouche
En disant : « Je n'ai rien fait de mal. »

ANC. TEST. *Proverbes*, XXX, 20 (Maredsous).

ADVERSAIRE

Il ne faut jamais lancer contre des adversaires des bruits
non fondés, ou leur prêter des intentions, car l'adversaire
est, comme quiconque, un hôte de l'esprit.

Dr SCHWEITZER au P. Pire (1959).

ADVERSITE

Dans l'adversité de nos meilleurs amis, nous trouvons
quelque chose qui ne nous déplaît pas.

LA ROCHEFOUCAULD, *Maximes*.

L'adversité est pour moi ce qu'était la terre pour Antée :
je reprends des forces dans le sein de ma mère.

CHATEAUBRIAND, *Mémoires d'Outre-Tombe*, II.

AFFAIRES

Les affaires, c'est bien simple : c'est l'argent des autres.

Alexandre DUMAS, fils, *La Question d'argent*.

AGE

Il y a un âge où le bruit plaît plus que la musique, et
l'acidité des fruits verts plus que la saveur des fruits mûrs.

Louis VEUILLOT, *Confession littéraire*.

L'âge moderne représente le triomphe de la médiocrité
collective.

G. LE BON, *Hier et Demain*.

Ainsi toujours poussés vers de nouveaux rivages,
Dans la nuit éternelle emportés sans retour,
Ne pourrons-nous jamais sur l'océan des âges,
Jeter l'ancre un seul jour ?

LAMARTINE, *Premières Médit. poét.*

La douce illusion ne sied qu'à la jeunesse ;
Et déjà l'austère Sagesse
Vient tout bas m'avertir que j'ai vu trente hivers.

Antoine BERTIN, *Les Amours*.

J'aimerais autant demander à un vieillard quel jour mourrez-vous, qu'à une jolie femme qui n'est pas trop jeune, quel jour êtes-vous née ?

GAYOT de PITAVAL, *L'Art d'orner son esprit en l'amusant*.

Je conseillerais aux femmes, lorsqu'elles viennent à se demander quel est l'effet des ans sur leur charme, de consulter moins leur miroir que le visage de leurs contemporaines.

Marie d'AGOULT.

A Paris, ce qu'on appelait autrefois l'âge mûr tend à disparaître. On reste jeune très longtemps, puis on devient gâteux.

A. CAPUS, *Notes et Pensées*.

Mon fils, ne fixons pas de limite à la bonté de Dieu.

LEON XIII (très âgé à un courtisan qui lui souhaitait de vivre cent ans).

AGE D'OR

L'âge d'or était l'âge où l'or ne régnait pas.

LEZAY-MARNESIA, *Epître à mon curé*.

AGIR

Pour progresser, il ne suffit pas de vouloir agir, il faut d'abord savoir dans quel sens agir.

G. LE BON, *Hier et Demain*.

Agis comme si la maxime de ton action devait être érigée par ta volonté en loi universelle de la nature.

E. KANT, *Fondements de la métaphysique des mœurs*.

C'est notre devoir d'agir non seulement en vue de notre bien, mais aussi pour celui de nos descendants.

Fo-pen-hing-tsih-king, XLIII.

Rejette ce que l'égoïsme fait paraître bien, mais qui nuit

à autrui. Fais ce qui te semble péché, mais profite à autrui. En quelque sorte, agis de façon à ne point rougir de toi-même.

MILAREPA *(moine-poète thibétain)*.

AIDE

Aidons-nous mutuellement,
La charge de nos maux en sera plus légère.

FLORIAN, *Fables*, L'Aveugle et le Paralytique.

Bon droit a besoin d'aide.

MOLIERE, *La Comtesse d'Escarbagnas*.

AIDER

Après le verbe « aimer », « aider » est le plus beau verbe du monde.

Baronne Bertha von SUTTNER, *Epigramme*.

AIEUX

Qui sert bien son pays n'a pas besoin d'aïeux.

VOLTAIRE, *Mérope*.

AIMER (voy. amant, amitié, amoureux, univers)

Aimons donc, aimons donc! de l'heure fugitive,
Hâtons-nous, jouissons!
L'homme n'a point de port, le temps n'a point de rive;
Il coule, et nous passons!

LAMARTINE, *Premières Méditations*, Le Lac.

Le moyen d'aimer une chose est de se dire qu'on pourrait la perdre.

C.-K. CHESTERTON.

Et comme chaque jour, je t'aime davantage,
Aujourd'hui plus qu'hier, et bien moins que demain.

Rosemonde GERARD, *Les Pipeaux*.

Ah! je l'ai trop aimé pour ne le point haïr.

RACINE, *Andromaque*.

Il faut aimer sans cesse après avoir aimé.

A. de MUSSET, *La Nuit d'Août*.

aimer • 19

Longtemps on aime encore en rougissant d'aimer.
B. SAURIN, *Blanche et Guiscard.*

J'aime le jeu, l'amour, les livres, la musique,
La ville et la campagne, enfin tout : il n'est rien
Qui ne me soit souverain bien,
Jusqu'au sombre plaisir d'un cœur mélancolique.
LA FONTAINE, *Psyché.*

Qui n'aime point le vin, les femmes ni le chant,
Il restera un sot toute sa vie durant.
Attribué à M. LUTHER.

Je puis regretter d'avoir menti, d'être la cause de ruines
et de souffrances, mais fussé-je sur le point de mourir,
je ne pourrais me repentir d'avoir aimé.
Gr. GREENE, *Le fond du problème.*

Quand elles nous aiment, ce n'est pas vraiment nous
qu'elles aiment. Mais c'est bien nous, un beau matin,
qu'elles n'aiment plus.
Paul GERALDY, *L'Homme et l'Amour.*

A Colette, qui lui confessait : « J'aime aimer! » :
— Moi, j'aime être aimé.
Edouard HERRIOT.

Vivons, ma Lesbie, et aimons, et n'évaluons qu'à un
denier tout ce que disent les vieillards bourrus.
CATULLE, *Odes*, V.

Dire que vous pouvez aimer une personne toute votre vie,
c'est comme si vous prétendiez qu'une bougie continuera
à brûler aussi longtemps que vous vivrez.
L. TOLSTOI, *La Sonate à Kreutzer.*

M'aimerez-vous en Décembre comme en Mai?
M'aimerez-vous de cette bonne vieille façon?
Quand mes cheveux seront devenus gris,
M'embrasserez-vous alors et direz-vous
Que vous m'aimez en Décembre comme en Mai?
James J. WALKER (vers 1905).

Ah! ce mot-là fut le vainqueur,
La nuance est si peu de chose

Pour les yeux et tant pour le cœur!
Mais ce fut bien mieux dit en prose.

> SULLY PRUD'HOMME *Poésies*, La Nuance.

J'aime trop les gens pour ne pas répugner moi même
à leur faire du mal; et les juger, c'est déjà leur faire mal.
Aimer, ce n'est pas seulement « aimer bien »; c'est surtout
comprendre.

> Françoise SAGAN, *Qui je suis?* (*Le Soir*, 20-4-60).

Aimer, ce n'est pas se regarder l'un l'autre, c'est regarder
ensemble dans la même direction.

> SAINT-EXUPERY, *Terre des Hommes.*

Si tu m'aimais, et si je t'aimais, comme je t'aimerais!

> P. GERALDY, *Toi et Moi* (Epigraphe).

Aimer, c'est s'augmenter en s'oubliant. C'est échapper
par un seul être à la médiocrité de tous les autres. C'est
être plus seul pour avoir tenté de l'être moins. C'est
redevenir comme tout le monde en s'imaginant qu'on
devient comme personne. C'est donner rendez-vous au
bonheur dans le palais du hasard.

> Abel BONNARD, *Savoir Aimer.*

Aimer, c'est se surpasser.

> O. WILDE, *Le portrait de Dorian Gray.*

AISE (voy. arc-en-ciel, mitraille)

ALCOOL (voy. corruption)

ALLIANCE

La paix, le commerce, une honnête amitié avec toutes
les nations, d'étroites alliances avec aucune.

> JEFFERSON, (Discours inaugural, 1801).

Entre Bacchus et le sacré vallon
Toujours on vit une étroite alliance.

> LA FONTAINE, *Quinquina.*

L'arc sera dans la nue; et je le regarderai, pour me souvenir
de l'alliance perpétuelle entre Dieu et tous les êtres vivants,

de toute chair qui est sur la terre.

> ANC. TEST. *Génèse*, IX, 16 (Segond).

AMANT

Les pouls des amants bat sur leur visage.

> LOPE DE VEGA, *Le cavalier d'Olmedo*.

Mais l'amour est aveugle, et les amants ne peuvent voir
Les plaisantes folies qu'ils commettent eux-mêmes.

> SHAKESPEARE, *Le Marchand de Venise*.

Etre le premier amant d'une femme ne signifie rien;
il faut être son dernier amant; tout est là.

> M. DONNAY, *Pensées*.

AMATEUR

Les vrais amateurs profitent des bibelots, non pas seulement
par les yeux, mais par les doigts. Toucher un marbre,
une reliure, une verrerie délicate, c'est en profiter encore
mieux.

> Paul REBOUX, *Le Nouveau Savoir-Ecrire*.

AMBITION

Si l'ambition est aveugle dans ses recherches, c'est l'humilité
qui en doit rectifier les vues fausses et trompeuses; si
l'ambition est présomptueuse dans ses sentiments, c'est
l'humilité qui doit abaisser cette haute estime de nous-
mêmes; enfin, si l'ambition est odieuse dans ses suites,
c'est l'humilité qui doit la prévenir; et voilà en trois mots
tout le sujet de votre attention.

> BOURDALOUE, *Sermon sur l'Ambition*.

Deux démons à leur gré partagent notre vie,
Et de son patrimoine ont chassé la raison;
(...   ...   .)
J'appelle l'un amour, et l'autre, ambition.

> LA FONTAINE, *Fables*, Le Berger et le Roi.

Je préfère être le premier homme ici que le second dans
Rome.

> Jules CESAR (cité par Plutarque).

L'ambition, c'est la richesse des pauvres.

> Marcel PAGNOL.

C'est dans le mépris de l'ambition que doit se trouver l'un des principes essentiels du bonheur sur la terre.

Edgar POE, *Le domaine d'Arneihm.*

L'ambition souvent fait accepter les fonctions les plus basses; c'est ainsi que l'on grimpe dans la même posture que l'on rampe.

J. SWIFT, *Pensées.*

Toutes les ambitions sont légitimes, excepté celles qui s'élèvent sur les misères ou les crédulités de l'humanité.

Joseph CONRAD, *Un souvenir personnel.*

AME (voy. progrès)

Les grandes âmes ne sont pas soupçonnées; elles se cachent; ordinairement, il ne paraît qu'un peu d'originalité. Il y a de plus grandes âmes qu'on ne le croirait.

STENDHAL.

Une âme est à elle seule un grand peuple.

LACORDAIRE.

J'ai évité de raisonner : l'âme s'altère aux efforts de la pensée.

O. PIRMEZ, *Feuillées.*

Pendant que l'âme demande une chose, le plaisir en exige une autre; ainsi l'âme, devenue captive du plaisir, devient en même temps ennemie de la raison.

BOSSUET, *Oraison fun. de L. de La Vallière.*

Mon âme est une infante en robe de parade,
Dont l'exil se reflète, éternel et royal,
Aux grands miroirs déserts d'un vieil Escurial,
Ainsi qu'une galère oubliée en la rade.

A. SAMAIN, *Au Jardin de l'Infante.*

Il n'y a qu'une belle chose, c'est une âme libre et indépendante avec une idée puissante et productive et la soif joyeuse de la vie.

A. KOUPRINE, *Une petite garnison russe.*

L'âme de l'homme n'est-elle pas aussi une flamme qui se joue? Elle voltige et s'agite en lui, au-dessus de lui, autour de lui, comme la flamme autour du bois raboteux.

A. STRINDBERG, *L'anneau des Löwensköld.*

âme • 23

Ce n'est pas dans le firmament étoilé, ni dans la splendeur des corolles que se voit dans toute sa perfection la révélation de l'infini dans le fini, qui est le motif de toute création — c'est dans l'âme de l'homme.

R. TAGORE, *Sadhana*.

Ame éternellement renaissante,
Ame joyeuse et fière et vive
Qui hennis dans le bruit du Rhône et de son vent:
Ame des bois pleine d'harmonie
Et des calanques pleines de soleil;
De la patrie âme pieuse
Je t'appelle! incarne-toi dans mes vers provençaux!

F. MISTRAL, *Calendal*.

Sous la couche épaisse de nos actes, notre âme d'enfant demeure inchangée; l'âme échappe au temps.

Fr. MAURIAC, *La fin de la nuit*.

Si tu veux éprouver le bonheur d'aimer, oublie ton âme.
C'est l'âme qui gâte l'amour.
En Dieu seul elle peut trouver satisfaction,
Non, dans une autre âme —
En Dieu seul — ou hors du monde.

Manuel BANDEIRA (cité dans *Un demi-siècle de poésie*, t. 4).

O Pan! Et vous, divinités de ces ondes, donnez-moi la beauté intérieure de l'âme!

SOCRATE, *Phèdre*.

Dans le régime des âmes, il faut une tasse de science, un baril de prudence et un océan de patience.

Saint FRANÇOIS DE SALES.

AMELIORATION (voy. perfection)

Je crois qu'on ne peut mieux vivre qu'en cherchant à devenir meilleur, ni plus agréablement qu'en ayant la pleine conscience de son amélioration.

SOCRATE (cité par Xénophon).

AMI (voy. adversité, ennemi, fleur, projet, prospérité)

Chacun se dit ami : mais fou qui s'y repose;
Rien n'est plus commun que le nom,
Rien n'est plus rare que la chose.

LA FONTAINE, *Parole de Socrate*.

Ainsi que le vieux bois convient mieux pour brûler, un vieux cheval pour chevaucher, de vieux livres pour lire et de vieux vins pour boire, de même il est préférable de posséder de vieux amis.

L. WRIGHT, (1589).

Les amis de l'heure présente
Ont le naturel du melon;
Il faut en essayer cinquante
Avant d'en rencontrer un bon.

C. MERMET, *Le temps passé.*

Les amis sont dangereux, non point tant par ce qu'ils vous font faire, que par ce qu'ils vous empêchent de faire.

H. IBSEN (cité par A. Gide, *Corydon*).

Heureux, tu compteras des amitiés sans nombre,
Mais adieu les amis, si le temps devient sombre.

Fr. PONSARD, *L'Honneur et l'Argent.*

Il n'y a pas de plaisir comparable à celui de rencontrer un vieil ami, excepté peut-être celui d'en faire un nouveau.

R. KIPLING, *Un beau dimanche anglais.*

Un ami dans la vie est très bien; deux, c'est beaucoup; trois, c'est à peine possible. L'amitié nécessite un certain parallélisme dans la vie, une communauté de pensée, une rivalité de but.

H. B. ADAMS, *L'Education d'Henry Adams.*

Un ami, c'est quelqu'un sur qui nous pouvons toujours compter pour compter sur nous.

François PERIER.

Brièvement, je vous dirai ce qui distingue un ami;
Que l'on fasse le mal, il avertit; que l'on fasse le bien, il exhorte à la persévérance;
Que l'on soit en difficulté ou en danger, il assiste, soulage et délivre.
Un tel homme est, vraiment, un ami véritable et distingué.

Fo-pen-hing-tsih-king, XVI.

L'une des fonctions principales d'un ami consiste à subir, sous une forme plus douce et symbolique, les châtiments que nous désirerions, sans le pouvoir, infliger à nos ennemis.

Aldous HUXLEY, *Le meilleur des Mondes.*

AMITIE (voy. amour)

Un des plus grands bonheurs de cette vie, c'est l'amitié;
et l'un des bonheurs de l'amitié, c'est d'avoir à qui confier
un secret.

A. MANZONI, *Le comte de Carmagnola.*

L'amitié est l'amour sans ailes.

Lord BYRON.

Ton amitié m'a souvent fait souffrir;
Sois mon ennemi, au nom de l'amitié.

William BLAKE.

Une amitié qui ne peut pas résister aux actes condamnables
de l'ami n'est pas une amitié.

E.-A. CHARTIER, dit Alain.

Il y a dans l'amitié une perfection à laquelle bien peu de
femmes sont accessibles.

Madeleine de SCUDERY.

L'amitié chez la femme est voisine de l'amour.

Thomas MOORE.

Deux étions et n'avions qu'un cœur.

Fr. VILLON, *Rondeaux.*

Si l'on me presse de dire pourquoi je l'aimais, je sens
que cela ne se peut exprimer qu'en répondant : « Parce
que c'était lui, parce que c'était moi. »

MONTAIGNE, *Essais.*

L'amitié d'un grand homme est un bienfait des dieux.

VOLTAIRE, *Œdipe.*

L'amitié disparaît où l'égalité cesse.

Abbé AUBERT, *Fables, Fanfan et Colas.*

Des femmes peuvent très bien lier amitié avec un homme :
mais pour la maintenir, il y faut peut-être le concours
d'une petite antipathie physique.

F. NIETZSCHE, *Humain, trop humain.*

Combien l'amitié mérite de respects et d'éloges! C'est elle qui fait naître, qui nourrit et entretient les plus beaux sentiments de générosité dont le cœur humain soit capable.

J. BOCCACE, *Le Décaméron.*

Les nœuds sacrés de la vraie amitié se forment bien plus facilement sous un humble toit et dans les cabanes de bergers que dans les palais des rois ou dans les somptueux édifices élevés par les faveurs de Plutus.

ARIOSTE, *Roland Furieux.*

AMOUR (voy. aimer, amant, ambition, chrétien, néant)

L'amour est tout, — l'amour, et la vie au soleil.
Amour est le grand point, qu'importe la maîtresse?
Qu'importe le flacon pourvu qu'on ait l'ivresse!

A. de MUSSET, *La Coupe et les l èvres.*

Vous ne devez pas désirer ardemment d'être aimé. On donne de l'amour à ceux qui, par altruisme, s'intéressent aux autres plus qu'à eux-mêmes. C'est pourquoi on aime rarement une personne de génie de son vivant.

Hugh WALPOLE, *John Cornelius.*

Quand on est jeune, on aime en fou;
Quand on est vieux, qui aime est fou.

(Proverbe du XVIIe siècle).

Qui jamais ne connut ce que c'est que l'amour, n'a jamais pu savoir ce que c'est que la peine.

THOMAS, *Tristan et Iseult.*

L'amour est un sacrement qui doit être pris à genoux.

Oscar WILDE, *De Profundis.*

Ce qui ressemble à l'amour est toujours de l'amour.

Tristan BERNARD.

Car plus il est prié, moins il est exorable!

Ph. DESPORTES.

La mesure de l'amour, c'est d'aimer sans mesure.

Saint AUGUSTIN.

amour • 27

L'épée nue s'arrête au moment de frapper... Il accomplit des miracles, l'amour enveloppé de prière.

W. GŒTHE, *Nouvelle.*

Telle femme résiste à l'amour qu'elle éprouve, qui ne résiste pas à l'amour qu'elle inspire.

Sophie GAY.

L'amour est le drame et l'accomplissement de l'unification.

H. MILLER, *Le Monde du sexe.*

Ce beau feu dont pour vous ce cœur est embrasé,
Trouvera tout possible, et l'impossible aisé.

ROTROU, *Venceslas.*

Amour, Amour, quand tu nous tiens,
On peut bien dire : « Adieu, prudence! »

LA FONTAINE, *Le Lion amoureux.*

C'est l'étoffe de la nature que l'imagination a brodée.

VOLTAIRE, *Dict. Philosophique.*

Ah! cher amour, chère passion qui m'emporte, les routes sont grandes ouvertes où fleurissent les baisers qui orneront nos tombes. J'ai voyagé sur ton souffle jusqu'aux lointains de l'amour.

Louise de VILMORIN, *Le retour d'Erica.*

L'amour, tel qu'il existe dans la société, n'est que l'échange de deux fantaisies et le contact de deux épidermes.

CHAMFORT, *Maximes et Pensées.*

Qui que tu sois, voici ton maître :
Il l'est, le fut, ou doit l'être.

VOLTAIRE, *Poésies Mêlées.*

Le miracle des hommes, c'est d'avoir obtenu d'une fonction un plaisir raffiné, et d'avoir créé un art d'aimer à son tour générateur de l'Amour dans l'Art.

Florent FELS, *L'Art et l'Amour.*

Amour, fléau du monde, exécrable folie.

A. de MUSSET, *Premières poésies.*

L'amour est l'ultime signification de tout ce qui nous entoure. Ce n'est pas un simple sentiment, c'est la vérité, c'est la joie qui est à l'origine de toute création.

R. TAGORE.

L'amour humain ne se distingue du rut stupide des animaux que par deux fonctions divines : la caresse et le baiser.

P. LOUYS, *Aphrodite.*

L'amour, c'est l'occasion unique de mûrir, de prendre forme, de devenir soi-même un monde, pour l'amour de l'être aimé. C'est une haute exigence, une ambition sans limite, qui fait de celui qui aime un élu qu'appelle le large.

R.-M. RILKE, *Lettres à un jeune poète.*

Si tu me dois aimer, que ce ne soit pour rien
Que pour le seul amour d'amour...
. . . .
Aime-moi pour l'amour d'amour, pour qu'au-delà
Du temps, cet amour dure éternel, sans alarmes.

Elisabeth B. BROWNING, *Sonnets du Portugais.*

On ne peut parler d'amour et de théâtre qu'à bâtons rompus.

Lucien GUITRY.

Ce qu'il y a de triste dans l'amour, c'est que non seulement l'amour ne peut pas durer toujours, mais que les désespoirs qu'il cause sont vite oubliés.

W. FAULKNER, *Monnaies de singe.*

Tels sont les quatre âges de l'amour : il naît dans les bras du dédain, il croît sous la protection du désir, il s'entretient avec les faveurs et meurt empoisonné par la jalousie.

CALDERON, *Le pire n'est pas toujours certain.*

Tout est triste dans l'amour; mais, triste et tout ce que vous voudrez, c'est la meilleure chose qui existe.

R. de CAMPOAMOR, *Humoresques.*

...l'amour qui meut le soleil et les autres étoiles.

DANTE, *La Divine Comédie ; Le Paradis.*

Vous qui passez par les chemins d'amour — arrêtez-vous et regardez — s'il est douleur plus lourde que la mienne :

je ne vous prie que de vouloir m'entendre; — et puis, songez si je ne suis demeure et clef de toute peine.

DANTE, *Vita Nova.*

Si ce n'est pas l'amour, qu'est-ce donc que je sens? Mais si c'est l'amour, pour Dieu, qu'est-ce que l'amour peut être? S'il est bon, pourquoi son effet est-il âpre et mortel? S'il est mauvais, pourquoi tous ces tourments ont-ils l'air si doux?

PETRARQUE, *Poésies.*

La loi d'amour est dure, mais tout injuste qu'elle soit, il faut néanmoins la subir, car elle a uni le ciel et la terre depuis l'origine des temps.

PETRARQUE, *Triomphe de l'Amour.*

L'amour est une fumée faite de la vapeur des soupirs.

SHAKESPEARE, *Roméo et Juliette.*

En amour, il n'y a ni crimes ni délits. Il y a des fautes de goût.

Paul GERALDY, *L'Homme et l'Amour.*

On ne badine pas avec l'amour.

A. de MUSSET (Titre d'une comédie).

Par un lapsus elle a changé
Le « vous » stérile en « toi » cordial,
Et dans mon âme éprise d'elle
Naissent les rêves de bonheur
Songeur, je suis là, devant elle,
Sans pouvoir la quitter des yeux,
Disant : « Que vous êtes gentille! »
Tout en pensant : « Comme je t'aime! »

A.-S. POUCHKINE, *Poésies, Le Toi et le Vous.*

Si d'une aventure
Cause de mon bien
Votre cœur endure
Feu pareil au mien
Car quand allégeance
Viendra me guérir
Sous votre puissance
Veux vivre et mourir.

Recueil de toutes les sortes de chansons nouvelles (1555).

En amour, on plaît plutôt par d'agréables défauts que par des qualités essentielles; les grandes vertus sont des pièces d'or, dont on fait moins usage que de la monnaie.

Ninon de LENCLOS.

Mais qui peut arrêter l'impétueuse ivresse
D'un cœur brûlant d'amour et que le plaisir presse!

Antoine BERTIN, *Les Amours*.

Car l'amour d'une femme est semblable à l'enfant
Qui, las de ses jouets, les brise triomphant,
Foule d'un pied volage une rose immobile
Et suit l'insecte ailé qui fuit sa main débile.

A. de VIGNY, *Dolorida*.

L'amour d'un homme n'occupe qu'une partie de sa vie d'homme;
L'amour d'une femme occupe toute son existence.

Lord BYRON, *Don Juan* (Chant I).

Qui a donc donné
Le premier son nom
A l'amour?
Du nom Agonie, bien mieux,
Il eût pu se servir.

(Poème anonyme japonais cité dans le *Kokinshû*).

L'amour est l'affaire du paresseux, mais la paresse de l'occupé.

BULWER-LYTTON, *Rienzi*.

« L'amour est fort comme la mort », cela veut dire précisément que le sens du sexe excède l'immortalité de l'espèce qui est la mort de l'individu; le sens suprême de l'amour n'est pas la naissance des mortels, mais la résurrection des morts.

D. MEREJKOVSKY, *Les mystères de l'Orient*.

L'amour est surtout la poésie des gens qui n'en sauraient avoir d'autre et c'est même par là que les jouissances qu'il prodigue sont un peu suspectes à ceux qui se sont exercés à conquérir les joies authentiques.

Abel BONNARD, *Savoir Aimer*.

amour • 31

L'amour est un esprit malin; l'amour est un démon;
il n'y a pas d'autre mauvais ange que l'amour.

SHAKESPEARE, *Peines d'amour perdues.*

L'amour, ce n'est pas un sentiment honorable.

COLETTE, *Sido.*

Une loi naturelle veut que l'on désire son contraire, mais
que l'on s'entende avec son semblable. L'amour suppose
des différences. L'amitié suppose une égalité, une similitude
de goûts, de force et de tempérament.

Françoise PARTURIER.

AMOUR DIVIN

Lumière sereine de mon âme, Matin éclatant des plus
doux feux, devenez en moi le jour. Amour qui non
seulement éclairez, mais divinisez, venez à moi dans
votre puissance, venez dissoudre doucement tout mon
être. Détruite en ce qui est de moi, faites que je passe
en vous tout entière, en sorte que je ne me retrouve plus
dans le temps, mais que je vous sois étroitement unie
pour l'éternité.

Sainte GERTRUDE (cité dans *La Prière*, A.-M. di Nola).

AMOUREUX

Etre amoureux, c'est voir dans celui ou dans celle qui
vous aime ce qu'on y souhaite, et non pas ce qu'on
y trouve.

Paul REBOUX, *Le Nouveau Savoir-Ecrire.*

Madame, sous vos pieds dans l'ombre, un homme est là
Qui vous aime, perdu dans la nuit qui le voile,
Qui souffre, ver de terre amoureux d'une étoile.

V. HUGO, *Ruy Blas.*

Nous devons nous trouver contents
d'être les êtres que nous sommes :
des amoureux intermittents
qui sont fous l'un de l'autre en somme
de temps en temps.

P. GERALDY, *Toi et Moi.*

AMOUR-PROPRE

L'amour-propre est le plus grand de tous les flatteurs.

LA ROCHEFOUCAULD, *Maximes.*

L'amour-propre est, hélas! le plus sot des amours.

Mme DESHOULIERES, *Réflexions diverses.*

L'amour-propre est une curieuse bête, qui peut dormir sous les coups les plus cruels et puis s'éveille, blessé à mort, par une simple égratignure.

A. MORAVIA, *La belle Romaine.*

ANAGRAMMES

François Rabelais,
Alcofribas Nasier

(son pseudonyme).

*

Pierre de Ronsard,
Rose de Pindare.

*

Qui pourrait faire le pari
Qu'ils sont nés dans la même peau;
Car, retournez *Abbé Mauri*
Vous trouverez *Mirabeau.*

*

Frère Jacques Clément,
C'est l'Enfer qui m'a créé.

(Assassin du roi Henri III).

*

Révolution française,
Un Corse la finira.

*

Napoléon, Empereur des Français,
Un pape serf a sacré le noir démon.

*

Lamartine,
Mal t'en ira.

(Allusion à son activité politique, 1848).

*

anagrammes • 33

J'aime mieux sans comparaison,
Ménage (1), tirer à la rame,
Que d'aller chercher la raison
Dans les replis d'une anagramme.
Cet exercice monacal
Ne trouve son point vertical
Que dans une tête blessée :
Et sur Parnasse nous tenons
Que tous ces renverseurs de noms
Ont la cervelle renversée.

Guillaume COLLETET.

ANARCHIE

L'anarchie est partout quand la responsabilité n'est
nulle part.

G. LE BON, *Hier et Demain.*

La nature n'a fait ni serviteurs, ni maîtres.
Je ne veux ni donner, ni recevoir de lois.

DIDEROT.

ANCETRES

L'homme qui n'a rien à se glorifier sauf de ses illustres
ancêtres, est semblable à la pomme de terre : la seule
qualité qu'il possède, se trouve sous terre.

Sir Thomas OVERBURY, *Caractères.*

ANCIENS-MODERNES

Les anciens, monsieur, sont les anciens, et nous sommes
les gens de maintenant.

MOLIERE, *Le Malade imaginaire.*

ANE

Si vous menez un âne loin, et même à La Mecque, il n'en
reviendra jamais qu'un âne.

X... (Turquie).

Le plus âne des trois n'est pas celui qu'on pense.

LA FONTAINE, *Fables ; Le meunier, son fils et l'âne.*

ANECDOTES

Je n'aime dans l'histoire que les anecdotes.

P. MERIMEE, *Chronique du Règne de Charles IX*, Préface.

---

(1) Gilles Ménage, érudit français mort en 1692.

ANGOISSE

L'angoisse est la disposition fondamentale qui nous place face au néant.

Martin HEIDEGGER, *De l'essence à la vérité.*

ANGLETERRE (voy. Grande-Bretagne)

L'Angleterre est le paradis des femmes, le purgatoire des hommes et l'enfer des chevaux.

John FLORIO, *Second Frutes.*

La véritable Angleterre, c'est Shakespeare et les Shakespeariens; tout ce qui précède n'est que préparation, tout ce qui suit n'est qu'une contrefaçon boiteuse de cet élan original et hardi vers l'infini.

Stephan ZWEIG, *La confusion des sentiments.*

Dans toutes ses guerres, l'Angleterre gagne toujours une bataille : la dernière.

E. VENIZELOS.

Notre Angleterre est un jardin, et l'on ne fait pas de tels jardins en chantant : « Oh! que c'est beau! » et en s'asseyant à l'ombre.

R. KIPLING, *La Gloire du Jardin.*

ANGLAIS (voy. langue)

L'Anglais est, à mon sens, de tous les hommes celui qui a le plus de tenue. Il y a en lui ce qu'il apprécie en ses chevaux : du feu et du fond.

EMERSON, *Hommes représentatifs.*

Messieurs les Anglais, tirez les premiers!...

Le comte d'ANTERROCHE, à la bataille de Fontenoy.

ANNEE

Une année qui finit, c'est une pierre jetée au fond de la citerne des âges et qui tombe avec des résonances d'adieu.

F. van den BOSCH, *Aphorismes du temps présent.*

APPARENCE

Ne jugez pas le grain de poivre d'après sa petite taille, goûtez-le et vous sentirez comme il pique.

(Proverbe arabe).

apparence ● 35

Mon Dieu, le plus souvent l'apparence déçoit :
Il ne faut pas toujours juger sur ce qu'on voit.

MOLIERE, *Tartuffe.*

APPARITION

Va-t'en, retire-toi, spectre de ma maîtresse!
Rentre dans ton tombeau, si tu t'en es levé;
Laisse-moi pour toujours oublier ma jeunesse,
Et, quand je pense à toi, croire que j'ai rêvé...

A. de MUSSET, *Nuit d'octobre.*

APPETIT

L'appétit vient en mangeant.

RABELAIS, *Gargantua.*

APPRENDRE

J'apprends chaque jour pour enseigner le lendemain.

Emile FAGUET.

Volonté, ordre, temps : tels sont les éléments de l'art
d'apprendre.

Marcel PREVOST, *L'Art d'apprendre.*

On apprend plus par ce que les gens disent entre eux
ou par ce qu'ils sous-entendent, qu'on pourrait le faire
en posant bien des questions.

R. KIPLING, *Souvenirs.*

Apprenons donc ici-bas ces choses dont la connaissance
puisse continuer dans le ciel.

Adam SMITH, *La Richesse des Nations.*

APPRECIATION (voy. critique)

Ils [les gens] diront sans pudeur du mal d'un chef-d'œuvre
parce qu'ils croient qu'on a l'air de s'y connaître quand
on dit du mal d'un ouvrage — mais dire du bien,
s'enthousiasmer, attention! Ils ne veulent pas être ridicules.

Sacha GUITRY, *Théâtre, je t'adore.*

APPROCHE

Si l'orant s'approche de moi d'une main, je m'approcherai
de lui d'une coudée. s'il s'approche d'un bras entier,
s'il marche vers moi, je courrai vers lui en exauçant ses
vœux.

AL GHAZALI, *Livre des Prières.*

36

ARC-EN-CIEL

Je mets mon arc dans les nuées, pour qu'il soit le signe de l'alliance entre moi et la terre.

ANC. TEST., *Genèse*, IX, 13 (Maredsous).

ARCHITECTURE (voy. construction)

Depuis l'origine des choses jusqu'au quinzième siècle de l'ère chrétienne inclusivement, l'architecture est le grand-livre de l'humanité, l'expression principale de l'homme à ses divers états de développement, soit comme force, soit comme intelligence.

V. HUGO, *Notre-Dame de Paris*.

L'architecture est une sorte d'oratoire de la puissance au moyen de formes.

F.-W. NIETZSCHE, *Le crépuscule des idoles*.

ARDEUR

Ce n'est plus une ardeur dans mes veines cachée :
C'est Vénus tout entière à sa proie attachée.

RACINE, *Phèdre*.

Cœurs qui brûlent! Cheveux en désordre épandus!
Beaux seins lourds de désirs, pétris par des mains pâles!
Grands appels suppliants, et jamais entendus!

A. SAMAIN, *Le Chariot d'Or*.

ARGENT (voy. affaire)

Point d'argent, point de Suisse.

RACINE, *Les Plaideurs*.

Pas de penny, pas de joueur de cornemuse.

(Proverbe écossais).

...car l'amour de l'argent est la racine de tous les maux.

NOUV. TEST., *I-Timothée*, VI, 10.

On fait des repas pour se divertir, le vin rend la vie joyeuse, et l'argent répond à tout.

ANC. TEST., *Ecclésiaste*, X, 19 (A. Segond).

Qui vole ma bourse vole une chose sans valeur.

SHAKESPEARE, *Othello*.

argent • 37

Ne mettez pas votre confiance dans l'argent, mais mettez votre argent en confiance.

> O.-W. HOLMES, *L'Autocrate à la table d'hôte.*

N'estime l'argent ni plus ni moins qu'il ne vaut : c'est un bon serviteur et un mauvais maître.

> A. DUMAS, fils, *La Dame aux Camélias*. Préface.

L'argent ne représente qu'une nouvelle forme d'esclavage impersonnel à la place de l'ancien esclavage personnel.

> L. TOLSTOI, *L'argent.*

L'argent, c'est comme les femmes : pour le garder, il faut s'en occuper un peu ou alors... il va faire le bonheur de quelqu'un d'autre.

> Edouard BOURDET, *Les Temps difficiles.*

Et l'homme,
Chaque soir de marché, fait tinter dans sa main
Les deniers d'argent clair qu'il rapporte de Rome.

> J.-M. de HEREDIA, *Hortorum Deus.*

Il n'y a rien d'aussi dégradant que le constant souci des moyens d'existence. L'argent est semblable à un sixième sens sans lequel vous ne pouvez pas faire un usage complet des cinq autres.

> W.-S. MAUGHAM, *Esclavage humain.*

Notre dieu est grand et l'argent est son prophète. Pour ses sacrifices, nous dévastons la nature entière. Nous nous vantons d'avoir conquis la matière et nous oublions que c'est la matière qui a fait de nous ses esclaves.

> Okakura KAKUZO, *Le Livre du Thé.*

ARGUMENT

Le dernier argument des rois (Ultima ratio regum).

> LOUIS XIV (devise qu'il fit graver sur ses canons).

ARISTOCRATE

Ah ! ça ira, ça ira, ça ira,
Les aristocrates à la lanterne,
Ah ! ça ira, ça ira, ça ira,
Les aristocrates on les pendra.

> *Ça ira*, 1790.

ARME

Tout le secret des armes ne consiste qu'en deux choses, à donner et à ne point recevoir.

MOLIERE, *Le Bourgeois Gentilhomme.*

Un empire fondé sur les armes a besoin de se soutenir par les armes.

MONTESQUIEU, *Considérations sur les causes de la grandeur des Romains, etc.*

ARMEE

L'armée est une nation dans la nation; c'est un vice de nos temps.

A. de VIGNY, *Servitude et Grandeur militaires.*

ARRET

Tu viendras jusqu'ici, pas plus loin,
Ici s'arrêtera l'orgueil de tes flots.

ANC. TEST., *Job,* XXXVIII, (Maredsous).

ARRIVISTE

— Il est arrivé!...
— Oui, mais dans quel état!

Alfred CAPUS.

ART

Que la vieille sagesse oriente le jeune courage et la jeune force; que le jeune courage et la jeune force soutiennent la vieille sagesse. Ce n'est que dans ces conditions naturelles que l'art peut s'épanouir et avoir un avenir.

C. STANISLAVSKI, en 1926.

L'art, c'est la plus sublime mission de l'homme, puisque c'est l'exercice de la pensée qui cherche à comprendre le monde et à le faire comprendre.

A. RODIN.

L'art de l'Egypte est plus que l'art et même plus que la vie : il est la source même de la vie — la Religion. C'est le plus religieux de tous les arts.

D. MEREJKOVSKY, *Les Mystères de l'Orient.*

art • **39**

L'art ne doit pas être seulement des sucreries pour la table des puissants et des opulents; il doit être un repas plein de force pour tous. Ainsi qu'une deuxième nature, il doit se répandre, comme les rayons du soleil, sur les grands et les petits, sur les pauvres et les riches.

Pierre de CORNELIUS.

Un art qui a de la vie ne reproduit pas le passé, il le continue.

A. RODIN.

Si l'art n'a pas de patrie, les artistes en ont une.

C. SAINT-SAENS (attribué à Pasteur).

Trois opérations : voir, opération de l'œil. Observer, opération de l'esprit. Contempler, opération de l'âme. Quiconque arrive à cette troisième opération entre dans le domaine de l'art.

Emile BERNARD, *Connaissance de l'Art.*

Le faux rôle que jouent dans notre société les sciences et les arts provient de ce que les gens soi-disant civilisés, ayant à leur tête les savants et les artistes, sont une caste privilégiée comme les prêtres.

L. TOLSTOI, lettre à Romain Rolland, 1887.

Il en est aujourd'hui qui savent, et beaucoup qui pressentent, que la philosophie est moins une science qu'un art. Or, l'art est l'expression la plus haute, la plus vivante de la vie.

H. von KEYSERLING, *Sur l'art de la vie.*

L'art ne constitue pas une puissance, il n'est qu'une consolation.

Thomas MANN, *L'artiste et la société.*

L'art ne doit nous révéler que des idées, des essences spirituelles dégagées de toute forme. Ce qui importe par-dessus tout dans une œuvre d'art, c'est la profondeur vitale de laquelle elle a pu jaillir.

James JOYCE, *Ulysse.*

L'art est l'antithèse directe de la démocratie.

G. MOORE, *Confessions d'un jeune Anglais.*

La vie est, en fait, moins réelle que l'art. Une vie n'est jamais, ne peut pas être une création absolue (...) Au lieu que l'art est une réalité en soi, hors du temps, des hasards, des obstacles, sans autre fin que lui-même. L'art venge la vie.

L. PIRANDELLO, *Ce soir, on improvise.*

L'art est une activité qui permet à l'homme d'agir sciemment sur ses semblables au moyen de certains signes extérieurs afin de faire naître en eux, ou de faire revivre, les sentiments qu'il a éprouvés.

L. TOLSTOI, *Qu'est-ce que l'art?*

Il y a en Art une catégorie de joies supérieures, si profondes et si hautes que l'on est à jamais l'obligé de celle ou de celui qui vous les ont données.

Sacha GUITRY, *Si j'ai bonne mémoire.*

La seule réalisation impérissable du travail et de l'énergie humaine, c'est l'art.

A. HITLER, *Ma doctrine.*

Que chaque nation, chaque peuple reflètent dans l'art leurs traits humains et nationaux les plus subtils, que chacun de ces arts conserve ses couleurs nationales, ses tons et particularités. Que s'y découvre l'âme de chacun des peuples.

C. STANISLAVSKI.

L'art commence à la résistance; à la résistance vaincue. Aucun chef-d'œuvre humain, qui ne soit laborieusement obtenu.

A. GIDE, *Poétique.*

Je ne cherche pas, je trouve.

PICASSO.

ART MODERNE (voir aussi Moderne)

L'art aujourd'hui est celui qui nous appartient réellement; il est notre propre reflet. Le condamner, c'est nous condamner nous-mêmes. Le passé peut bien regarder avec pitié la pauvreté de notre civilisation; l'avenir rira de la stérilité de notre art.

O. KAKUZO, *Le Livre du Thé.*

art moderne ● 41

Aujourd'hui, nous avons tous du génie, c'est entendu ; mais ce qui est sûr, c'est que nous ne savons plus dessiner une main, et que nous ignorons tout de notre métier.

Auguste RENOIR à Vollard.

ARTIFICE (voy. nature)

ARTISTE (voy. art, infirmité)

L'artiste doit aimer la vie et nous montrer qu'elle est belle. Sans lui, nous en douterions.

A. FRANCE, Le jardin d'Epicure.

La plus haute pensée exprimée par la forme la plus grandiose, tel doit être le guide infatigable de l'artiste.

Emile BERNARD, Connaissance de l'Art.

ASIE

Laissez-moi un peu regarder du côté de la plus haute Asie, vers le profond Orient. J'ai là mon immense poème.

MICHELET, La Bible de l'Humanité.

ASSISTANCE

Les membres du corps eux-mêmes se portent assistance lorsque l'un d'entre eux est malade. Il n'y a que l'homme orgueilleux qui dédaigne de porter assistance à son semblable.

CATHERINE DE SIENNE, La divine miséricorde.

ATTENTE

Attendre toujours, pour commencer l'ouvrage, que le corps soit bien disposé, que la santé soit parfaite et les forces physiques en bon état, c'est pour beaucoup d'hommes se condamner à l'inaction, c'est dévouer sa vie à la stérilité.

Henri PERREYVE.

Quand viendra le soir
Porte ouverte,
Je l'attendrai celui
Qui, dans mes rêves,
A promis de venir.

Otomo No YAKAMOCHI, Poèmes.

Les herbes ont si bien poussé
Que vous ne pouvez même plus voir
Le sentier qui mène chez moi :
C'est que j'ai attendu trop longtemps
Quelqu'un qui ne voulait pas venir.

S. HENJO, *Tanka*.

J'ai failli attendre!
(Attribué à LOUIS XIV, attendant son carrosse).

ATTRIBUTION

Si maître Bernard de Palissy était l'auteur de tous les
vases, plats, saucières, assiettes, salières et hanaps qu'on
lui attribue, il aurait dû brûler tout le bois des futaies
de Fontainebleau.

Léon LARGUIER, *L'Après-midi chez l'Antiquaire*.

AUBERGE

Murs blancs, toit rouge, c'est l'Auberge fraîche au bord
Du grand chemin poudreux où le ciel brûle et saigne,
L'auberge gaie avec le *Bonheur* pour enseigne.
Vin bleu, pain tendre, et pas besoin de passeport.

Paul VERLAINE, *Jadis et Naguère*.

AUDACE (voy. crainte)

La plupart des hommes ont un moment dans leur vie
où ils peuvent faire de grandes choses, c'est celui où
rien ne leur semble impossible.

STENDHAL, *De l'Amour*.

De l'audace, encore de l'audace, toujours de l'audace!
DANTON, (Assemblée législative, 2-9-1792).

AUDACIEUX (voy. fortune)

AUMONE

Donnez, riches! L'aumône est sœur de la prière.
V. HUGO, *Les Feuilles d'Automne*.

« Qui donne aux pauvres prête à Dieu ». C'est entendu,
mais certains, qui ont plus l'âme du créancier que du
donateur, réclament des intérêts et stipulent des garanties
de remboursement.

F. van den BOSCH, *Aphorismes du temps présent*.

aumône • **43**

Eh! ne voyez-vous donc pas, lui dit saint Jean, que ce sont les aumônes que les gens avares et durs pour les malheureux pendant le cours d'une longue vie lèguent en frémissant à l'heure de la mort?

ARIOSTE, *Roland furieux*, chant XXXIV.

Lors donc que tu fais l'aumône, ne fais pas sonner la trompette devant toi, comme font les hypocrites, dans les synagogues et dans les rues, pour être glorifié des hommes.

NOUV. TEST., *Math.* VI, 2 (Oltramare).

Pour toi, quand tu fais l'aumône, que ta main gauche ne sache pas ce que fait ta main droite, afin que ton aumône reste dans le secret.

NOUV. TEST., *Math.* VI, 3-4 (Oltramare).

Versez dans le sein de l'indigent une portion des biens que le ciel vous a départis, avant que la mort vous surprenne, de peur que vous ne soyez obligés de dire : Seigneur, si tu daignes prolonger le terme de mes jours, je ferai l'aumône et pratiquerai la vertu.

MAHOMET, *Le Coran*, LXIII, II.

AURORE

La nue était d'or pâle et, d'un ciel doux et frais,
Sur les jeunes bambous, sur les rosiers épais,
Sur la mousse gonflée et les safrans sauvages,
D'étroits rayons filtraient à travers les feuillages.
Un arôme léger d'herbe et de fleurs montait;
Un murmure infini dans l'air subtil flottait.

LECONTE DE LISLE, *L'Aurore.*

AUTEUR (voy. querelle)

Si l'auteur m'émeut, s'il m'intéresse, je ne le chicane pas, je ne sens que le plaisir qu'il m'a donné.

VOLTAIRE, *Lettre à Laharpe*, 1775.

Le plus bel hommage que nous puissions rendre à un auteur n'est pas de rester attachés à la lecture de ses pages, mais plutôt de cesser inconsciemment de lire, de reposer le livre, de le méditer et de voir au-delà de ses intentions avec des yeux neufs.

Charles MORGAN, *Yale Review.*

Ce que j'aime dans un bon auteur, ce n'est pas ce qu'il dit, mais ce qu'il murmure.

L.-P. SMITH, *Réflexions tardives.*

Un grand auteur dramatique est celui qui n'écrit pas que de mauvaises pièces.

Jacques DEVAL (attribué à tort à Marcel ACHARD).

AUTOMNE

Déjà plus d'une feuille sèche
Parsème les gazons jaunis;
Soir et matin, la brise est fraîche,
Hélas! les beaux jours sont finis!

Th. GAUTIER, *Emaux et Camées.*

Un reste de soleil sur le seuil de la brume,
Une glu chaude encore à la pente des nues
Et l'automne vous prend dans ses pattes-pelues,
Feuilles couleur de sang, de sang couleur de plumes.

R.-L. GEERAERT, *Les sueurs de la joie.*

De la dépouille de nos bois
L'automne avait jonché la terre :
Le bocage était sans mystère,
Le rossignol était sans voix.

MILLEVOYE, *Elégies*, La chute des feuilles.

Brume : le monde y repose encore.
Bois et prairies rêvent encore.
Bientôt, quand tomberont les voiles,
Tu retrouveras le ciel bleu;
Le monde atténué, qu'exaltera l'automne,
Ruissellera d'or chaleureux.

A. MORIKE, *Matin de Septembre.*

Au profond de la montagne,
Ecartant et foulant les feuilles d'érable
Le cerf brame;
Et à l'entendre ainsi,
Ah! que l'automne m'est lourdement triste!

SARUMARU, *Poèmes.*

L'automne et sa pluie ventent au-dessus des terres obscures; grandes et sans issue les solitudes de la mort s'enlacent.

A. Roland HOLST, *Par-delà les chemins.*

AUTRUI

Les tragédies des autres sont toujours d'une banalité désespérante.

O. WILDE, *Le portrait de Dorian Gray*.

AVARICE

Dorilas, quand la nuit nous rend l'obscurité,
En paraît toujours attristé.
Mais ce n'est pas à cause d'elle;
C'est parce que le jour épargne la chandelle.

Le chevalier d'ACEILLY, *Petites Poésies*.

Cy-gît qui se plut tant à prendre
Et qui l'avait si bien appris,
Qu'elle aima mieux mourir que rendre
Un lavement qu'elle avait pris.

SCARRON.

AVENIR

Il y a toujours, dans notre enfance, un moment où la porte s'ouvre et laisse entrer l'avenir.

Graham GREENE, *La puissance et la gloire*.

Toutes les fleurs de l'avenir sont dans les semences d'aujourd'hui.

(Proverbe chinois).

Ma foi, sur l'avenir bien fou qui se fiera :
Tel qui rit vendredi dimanche pleurera.

RACINE, *Les Plaideurs*.

Non, l'avenir n'est à personne!
Sire! l'avenir est à Dieu!
A chaque fois que l'heure sonne,
Tout ici-bas nous dit adieu.

V. HUGO, *Les Chants du Crépuscule*.

A quoi bon charger votre vie
Des soins d'un avenir qui n'est pas fait pour vous?

LA FONTAINE, *Fables ; Le Vieillard et les trois jeunes hommes*.

L'avenir, fantôme aux mains vides,
Qui promet et qui n'a rien!

V. HUGO, *Les Voix Intérieures*.

Une femme s'inquiète de l'avenir jusqu'à ce qu'elle trouve un mari, tandis qu'un homme ne s'inquiète de l'avenir que lorsqu'il a trouvé une femme.

Woman's Home Companion.

Derrière toutes les petites tragédies et comédies de la vie internationale, s'est délicieusement révélée à moi l'idée d'un groupement, d'une entente éventuelle et sublime de personnes d'éducation. Au point de vue intellectuel, moral, émotif, sensuel, social, politique, et en présence des difficultés et des dangers sentis, cette idée exquise peut fournir des situations capables de faire pâlir bon nombre des plus familières. C'est là qu'il faut chercher le drame personnel de l'avenir.

Henry JAMES.

Je crois que l'avenir est seulement encore le passé entré par une autre porte.

Sir A.-W. PINERO, *Le second M. Tanqueray*, IV

Parlez de l'année prochaine, et le démon sourira.

(Proverbe japonais).

Par la rue « Tout à l'heure », on arrive à la maison « Jamais ».

CERVANTES.

AVEUGLE

Laissez-les; ce sont des aveugles qui conduisent des aveugles. Si un aveugle en conduit un autre, ils tomberont tous deux dans le fossé.

NOUV. TEST., *Matthieu*, XV, 14 (Oltramare).

Maître, qui a péché, cet homme, ou ses parents, pour qu'il soit ainsi né aveugle ?

NOUV. TEST., *Jean*, IX, 2 (Maredsous).

AVOUER

« N'avouez jamais » est un conseil néfaste en justice, mais toujours excellent en amour.

Me René FLORIOT

AVOCAT

Tel porte une noire soutane
Et monte du Palais gravement le degré,
Qui n'a comme Cléon que la tête d'un âne
Couverte d'un bonnet carré.

E. LENOBLE.

Ce qui m'a dégoûté de la profession d'avocat, c'est la profusion de choses inutiles dont on voulut charger ma cervelle. Au fait! est ma devise.

VOLTAIRE (lettre au marquis d'Argenson, 1739).

L'affection ou la haine change la justice de face. Et combien un avocat bien payé par avance trouve-t-il plus juste la cause qu'il plaide! Combien son geste hardi le fait-il paraître meilleur aux juges, dupés par cette apparence! Plaisante raison qu'un vent manie, et à tous sens!

PASCAL, *Pensées*.

Si de Noé l'un des enfants maudits
De son seigneur perdit la sauvegarde,
Ce ne fut point pour avoir, comme on dit,
Surpris son père en posture gaillarde,
Mais c'est qu'ayant fait cacher sa guilbarde
Au fond de l'arche, en guise de relais,
Il en tira cette espèce bâtarde,
Qu'on nomme gens de robe et de palais.

J.-B. ROUSSEAU, *Epigrammes*.

b

BB
AA
DD
II
NN
AA
GG
EE

Brouillon

BOMB
A
R
D
E
R

BATAILLE

BU

BADINAGE

Si quelquefois l'innocent badinage
Vient en riant égayer mon ouvrage,
Quand il le faut, je suis très sérieux.
Mais je voudrais n'être pas ennuyeux.

VOLTAIRE, *La Pucelle d'Orléans.*

Comment Cupidon fait-il? Quel secret a-t-il pour ne point sortir de l'enfance? C'est que, se moquant du sérieux et du solide, il s'en tient uniquement au badinage.

ERASME, *Eloge de la Folie.*

BAISER (voy. bonheur)

Ah! les premiers baisers à travers la voilette.

François COPPEE.

Lèvres! Lèvres! Baiser qui meurt, baiser qui mord.
Lèvres, lit de l'amour profond comme la mort!

A. SAMAIN, *Au Jardin de l'Infante.*

Il y a des choses qu'on ne peut dire qu'en embrassant... parce que les choses les plus profondes et les plus pures peut-être ne sortent pas de l'âme tant qu'un baiser ne les appelle.

M. MAETERLINCK, *Aglavaine et Sélysette.*

Et je sens des baisers qui me viennent aux lèvres.

A. RIMBAUD, *Poésies; A la musique.*

Qu'est-ce que ton baiser? — Un lèchement de flamme.

V. HUGO, *La Légende des Siècles.*

O baiser! mystérieux breuvage que les lèvres se versent comme des coupes altérées!

A. de MUSSET, *Confession d'un enfant du siècle.*

baiser ● 51

L'amour refuse les baisers qu'il veut qu'on lui ravisse.

HELVETIUS, *Notes et Maximes.*

Et le cristal poli, reflétant leurs images, les montrait debout et se baisant les lèvres avant de se séparer.

Guy de MAUPASSANT, *Les Sœurs Rondoli.*

Mais s'aimaient-ils vraiment? Peut-être qu'au fond ils n'aimaient que les baisers qu'ils se donnaient?

VALERY-LARBAUD, *Amants, heureux amants.*

Quand on donne un baiser à quelqu'un, c'est qu'on avait envie d'être embrassé soi-même.

S. GUITRY, *Les Femmes et l'Amour.*

Quand une femme est en colère, quatre petits baisers suffisent pour la consoler.

GOLDONI, *Le Café.*

Baise m'encor, rebaise-moi et baise

. . . .

Ainsi mêlant nos baisers, tant heureux,
Jouissons-nous l'un de l'autre à notre aise.

Louise LABE, *Sonnets.*

C'est fait! Je n'en puis plus! Elise, je me meurs!
Ce baiser est un sceau par qui ma vie est close;
Et comme on peut trouver un serpent sous des fleurs,
J'ai rencontré ma mort sur un bouton de rose!

TRISTAN L'HERMITE.

Donne, donne un baiser, fille aimable et naïve!
Tes lèvres sur ma bouche aussitôt ont volé;
Mais, comme un faible enfant par la frayeur troublé,
Tu retires soudain ta lèvre fugitive.
Ce n'est pas là donner le baiser du plaisir :
C'est laisser un regret et donner un désir.

Jean SECOND, *Les baisers* (tr. Tissot).

Il y a deux baisers au monde que je n'oublie pas : le dernier de ma mère et le premier que je t'ai donné.

(Copla espagnole).

Abandonnez un baiser même dans une coupe,
Et je ne prendrai point garde au vin.

Ben JONSON, *A Celia.*

La juxtaposition de deux muscles *orbicularis oris* dans
un état de contraction.

Dr H. GIBBONS, *Définition du baiser.*

Un baiser, mais à tout prendre, qu'est-ce?
Un serment fait d'un peu plus près, une promesse
Plus précise, un aveu qui veut se confirmer,
Un point rose qu'on met sur l'i du verbe aimer;
C'est un secret qui prend la bouche pour oreille.

E. ROSTAND, *Cyrano de Bergerac*, III.

Quand nous vîmes le doux sourire de l'amante baisé
par les lèvres de l'amant, celui qui jamais plus ne sera
séparé de moi me baisa la bouche, tout tremblant; et
ce jour-là, nous ne lûmes pas plus avant.

DANTE, *Enfer*, Chant V.

Un baiser sans moustache est comme un beefsteack sans
moutarde.

(Proverbe italien).

Et ses baisers sont aussi saints, aussi chastes que le toucher
d'une barbe d'ermite.

SHAKESPEARE, *Comme il vous plaira.*

Lucas cueille un baiser sur le sein d'Egérie,
Qui toujours s'en offense et s'apaise toujours.
Mais sa rougeur lui reste et la rend plus jolie.

A. BERTIN, *Les Amours.*

BAL

Elle aimait trop le bal, c'est ce qui l'a tuée.

V. HUGO, *Les Orientales.*

BANQUE

C'est par l'atelier qu'il faut financer une entreprise
industrielle, non pas la banque... Pour moi, une banque
est surtout un établissement sûr et commode pour tenir
son argent en réserve, mais je trouve mieux que le banquier
me serve des intérêts que de lui en servir moi-même.

Henry FORD, *Ma vie et mon œuvre.*

BARBARE (voy. civilisation)

Dans la vengeance et en amour, la femme est plus barbare que l'homme.

F.-W. NIETZSCHE, *Au delà du Bien et du Mal.*

BARBE

Sais-tu pourquoi, cher camarade,
Le beau sexe n'est point barbu?
Babillard comme il est, on n'aurait jamais pu
Le raser sans estafilade.

Anonyme (d'après Ovide).

BAS-BLEU

En France, excepté les Bas-bleus, toutes les femmes ont de l'esprit.

Mme de GIRARDIN.

Rassurez les Grâces confuses!
Ne trahissez point vos appas.
Voulez-vous ressembler aux Muses?
Inspirez, mais n'écrivez pas!

ECOUCHARD-LEBRUN, *Ode aux Belles qui veulent écrire.*

Belles personnes,
Rayonnez, fleurissez, soyez des échansonnes
De rêve, d'un sourire enchantez un trépas,
Inspirez-nous des vers... mais ne les jugez pas!

E. ROSTAND, *Cyrano de Bergerac.*

BATAILLE

Mon étonnement est qu'on survive à une bataille, quel qu'en soit l'événement. Comment ne pas mourir de chagrin si on la perd, et de joie si on la gagne?

Prince Ch. de LIGNE, *Correspondance.*

BEAU

Le beau est le symbole du bien moral.

E. KANT, *La critique du jugement.*

C'est la conscience humaine du Beau qui différencie le Beau du Laid.

LAO-TSE.

Ce qui est beau est bon et qui est bon sera bientôt beau également.

SAPHO, *Fragments*, 101.

Ne perds pas l'occasion de voir quelque chose de beau.
La beauté, c'est la signature de Dieu.

Charles KINGSLEY.

Rien n'est beau que le vrai : le vrai seul est aimable.

BOILEAU, *Epîtres*.

Beau comme la rencontre fortuite sur une table de dissection d'une machine à coudre et d'un parapluie.

LAUTREAMONT.

Le beau est toujours bizarre.

BAUDELAIRE.

BEAUTE (voy. changement, jeunesse, malheur)

La beauté est une source inépuisable de joie pour qui sait la découvrir.

Alexis CARREL, *L'Homme, cet inconnu.*

Quand vous serez bien vieille, au soir à la chandelle,
Assise auprès du feu, dévidant et filant,
Direz, chantant mes vers, en vous émerveillant,
Ronsard me célébrait du temps que j'étais belle.

RONSARD, *Sonnets pour Hélène.*

Belle, sans ornements, dans le simple appareil
D'une beauté qu'on vient d'arracher au sommeil.

RACINE, *Britannicus.*

Vous n'êtes pas jolie, vous êtes pire.

V. HUGO à Mme Dorval.

Je sais que sur les cœurs ses droits sont absolus;
Que tant qu'on est belle, on fait naître
Des désirs, des transports et des soins assidus;
Mais on a peu de temps à l'être,
Et longtemps à ne l'être plus.

Mme DESHOULIERES.

Et toute la beauté charnelle de ma femme
N'a que la minceur de la peau.

Sir T. OVERBURY, *Une épouse.*

beauté • 55

Belles personnes,
Rayonnez, fleurissez, soyez des échansonnes
De rêve, d'un sourire enchantez un trépas,
Inspirez-nous des vers... mais ne les jugez pas!

E. ROSTAND, *Cyrano de Bergerac.*

La beauté est une promesse de bonheur.

STENDHAL.

Une chose de beauté est une joie éternelle.

John KEATS, *Endymion.*

La beauté, c'est quelque chose de rare, de merveilleux, que, dans le tourment de son âme, l'artiste extrait du chaos universel. Et, quand elle est créée, il n'est pas donné à tous de la voir.

Somerset MAUGHAM, *L'envoûté.*

Si vous avez la simple beauté et rien d'autre, vous avez à peu près ce que Dieu a fait de mieux.

R. KIPLING, *Souvenirs.*

Ce sont les esprits téméraires et grossiers qui réduisent à un effet sensuel la beauté, par laquelle toute saine intelligence se sent émue et transportée vers le ciel.

MICHEL-ANGE, *Poésies.*

En maintenant la beauté, nous préparerons ce jour de renaissance où la civilisation mettra au centre de sa réflexion, loin des principes formels et des valeurs dégradées de l'histoire, cette vertu vivante qui fonde la commune dignité du monde et de l'homme.

Albert CAMUS, *L'Homme révolté.*

Si Dieu n'aimait pas les belles, il ne les aurait pas créées.

(Proverbe kurde).

BELGES

Les Belges sont de petits malins! Ils ont pris son appétit à l'Allemand, son sérieux à l'Anglais, son esprit au Français. Quant à moi, ils m'ont pris le cœur!

Sacha GUITRY.

Le Belge, monsieur, peut soutenir la comparaison, pour l'intelligence, l'activité, l'honnêteté, avec n'importe quel

Européen. Malheureusement, pour ce qui est du sens national, il est en retard; voyez l'Anglais, l'Allemand, le Français.

LEOPOLD II, roi des Belges, à F. Neuray.

Soyons unis! Flamands, Wallons!
Ce ne sont là que des prénoms!
Belge est notre nom de famille!

Antoine CLESSE, *Chansons*.

De tous les peuples gaulois, les Belges sont les plus braves.

Jules CESAR, *Commentaires sur la guerre des Gaules*.

J'admire comme les Belges parlent flamand en français.

Victor HUGO.

Je suis le souverain d'un petit pays et de petites gens. J'ai passé ma vie à vouloir leur faire du bien; ils m'ont traité de voleur, d'assassin!

LEOPOLD II, au baron van der Elst (1907).

BESOINS

On a peu de besoins quand on est vivement touché de ceux des autres.

G.-E. LESSING, *Manuel de Morale*.

BETISE

L'humanité serait depuis longtemps heureuse si tout le génie que les hommes mettent à réparer leurs bêtises, ils les employaient à ne pas les commettre.

G.-B. SHAW.

La bêtise est souvent l'ornement de la beauté; c'est elle qui donne aux yeux cette limpidité morne des étangs noirâtres, et ce calme huileux des mers tropicales.

Ch. BAUDELAIRE, *Journaux intimes*.

BIBLE

Après cela, docteur, va pâlir sur la Bible.

BOILEAU, *Satire* VIII.

Ma messe, la voici! c'est la Bible, et je n'en veux pas d'autre!

CALVIN (au cours d'une réunion en 1534).

bible ● 57

L'Ancien Testament vous promet la prospérité et le Nouveau, l'adversité.

BACON, *Les Essais.*

BIBLIOTHEQUE

Brûlez les bibliothèques, car leur valeur se trouve en ce seul livre (c'est-à-dire le Koran).

Calif OMAR (à la prise d'Alexandrie).

La véritable université, à cette époque-ci, c'est une collection de livres.

CARLYLE, *Héros et culte des héros.*

Ce qui doit faire la gloire et la fierté d'une bibliothèque, ce n'est pas la quantité d'ouvrages rares qu'elle contient, éditions du XVIe siècle ou manuscrits du Xe, mais le nombre de livres lus par le peuple, le nombre de nouveaux lecteurs, la rapidité du service, le nombre de livres prêtés, le nombre d'enfants gagnés à la lecture et fréquentant la bibliothèque.

LENINE (dans un de ses articles).

BIEN (voy. mal)

Que celui qui dit que le bien est un âne aille lui mettre un licol !

(Dicton de l'Orient).

Tout est bien, tout va bien, tout va le mieux qu'il soit possible.

VOLTAIRE, *Candide.*

Voulez-vous qu'on croie du bien de vous ? N'en dites pas.

PASCAL, *Pensées.*

J'ai fait un peu de bien ; c'est mon meilleur ouvrage.

VOLTAIRE, *Epîtres ; à Horace.*

Un jour tout sera bien, voilà notre espérance :
Tout est bien aujourd'hui, voilà l'illusion.

VOLTAIRE, *Poème sur le désastre de Lisbonne.*

Le bien que l'on fait à son frère
Pour le mal que l'on souffre est un soulagement.

FLORIAN, *Fables ;* L'Aveugle et le Paralytique.

Au reste, il est bon qu'on vous dise
Qu'entre la chair et la chemise
Il faut cacher le bien qu'on fait.

> LA FONTAINE. *Contes et Nouvelles ;*
> Les Cordeliers de Catalogne.

Il faut plaindre les riches : leurs biens les environnent et ne les pénètrent pas.

> A. FRANCE, *Le Crime de Sylvestre Bonnard.*

Je suis riche des biens dont je sais me passer.

> L. VIGEE, *Epître à Ducis.*

Ce grand principe de rendre le bien pour le mal.

> *Sûtra des Quarante-deux Sections.*

Ne point penser au mal et ne point le faire : au contraire, faire du bien à tous les êtres.

> *Fo-pen-hing-tsih-king*, XV.

Laisser faire le bien et aider à le faire est chose plus difficile encore que de le faire soi-même.

> LACORDAIRE.

BIENVEILLANCE

Puissé-je être entièrement pénétré de bienveillance et montrer toujours une disposition charitable, jusqu'à ce que ce cœur cesse de battre.

> (Inscription dans le Temple de Nakhon Vat).

BIOGRAPHIE

Toute biographie digne d'être écrite est le récit d'une ascension.

> Henri BORDEAUX.

BLAMER

Tel en blâmant autrui se condamne soi-même, car qui se plaît à jouir des perfidies qu'il accomplit ne saurait se lamenter s'il se voyait à son tour trompé par son semblable.

> PETRARQUE, *Poésies.*

Il y a certaine volupté à s'accuser soi-même. Dès que nous nous blâmons, il nous semble que personne autre n'a plus le droit de le faire.

> O. WILDE, *Le portrait de Dorian Gray.*

BOIRE

Boire sans soif et faire l'amour en tout temps, madame, il n'y a que ça qui nous distingue des autres bêtes.

BEAUMARCHAIS, *Le Mariage de Figaro*.

Quand Auguste buvait, la Pologne était ivre.

VOLTAIRE, *Epître*.

La main du Seigneur vous a fait boire la coupe de sa colère; elle est remplie d'un breuvage qu'il veut faire boire aux pécheurs.

BOSSUET, *Sermons*.

BOMBARDER

Je ne comprends décidément pas pourquoi il est plus glorieux de bombarder de projectiles une ville assiégée que d'assassiner quelqu'un à coups de hache.

F. DOSTOIEVSKI, *Crime et Châtiment*.

BON (voy. beau, bonté)

BONHEUR (voy. ambition, plaisir)

Ce n'est pas de vivre selon la science qui procure le bonheur; ni même de réunir toutes les sciences à la fois, mais de posséder la seule science du bien et du mal.

PLATON, *Dialogues* (De la Sagesse).

Heureuse par l'amour, quelle femme discute son bonheur? L'homme qui le lui donne est le premier parmi les hommes. Il n'est pas question de le comparer : il est roi...

Marcel PREVOST, *Sa Maîtresse et moi*.

Vous n'avez pas plus de droit de consommer le bonheur sans le produire que de consommer la santé sans la produire.

G.-B. SHAW, *Candide*.

Il n'y a rien qui soit plus menaçant que le bonheur, et chaque baiser qu'on donne peut éveiller un ennemi.

M. MAETERLINCK, *Aglavaine et Sélysette*.

Des malheurs évités le bonheur se compose.

Alphonse KARR, *Les Guêpes*.

Apprenons, avant toutes choses, à n'être pas éblouis du bonheur qui ne remplit pas le cœur de l'homme.

BOSSUET, *Oraison funèbre d'Anne de Gonzague.*

Le plaisir est le bonheur des fous. Le bonheur est le plaisir des sages.

BARBEY D'AUREVILLY.

Du moment que le bonheur, c'est de vivre, on doit le trouver aussi bien dans la douleur que dans le plaisir et parfois jusque dans l'ennui.

M. JOUHANDEAU, *Réflexions sur la vie et le bonheur.*

Le bonheur ne consiste point à courir les routes emporté par une voiture automobile de cent chevaux ou à admirer un film de brigandage; mais le soir, accompagné par le bruit murmurant d'un feu qui chante et qui ondoie, à caresser une statuette de Tanagra, un vase de Douris, une reliure à la Fanfare.

Alfred PEREIRE, *La Bibliothèque d'un Humaniste*, Préface.

Le bonheur humain est composé de tant de pièces qu'il en manque toujours.

BOSSUET.

Un obstacle au bonheur, c'est de s'attendre à trop de bonheur.

FONTENELLE.

Si l'homme calculait son existence par le bonheur et comptait ses heures de joie pour des années de vie, dites! compterait-il jusqu'à soixante ?

Lord BYRON, *Le pèlerinage de Childe Harold.*

Le bonheur est une chose bizarre. Les gens qui ne l'ont jamais connu ne sont peut-être pas réellement malheureux.

Louis BROMFIELD, *Mrs. Parkington.*

Nous ne sommes pas heureux, et le bonheur n'existe pas; nous ne pouvons que le désirer.

A. P. TCHEKHOV, *Les trois Sœurs.*

Tout bonheur que la main n'atteint pas n'est qu'un rêve.

Joséphin SOULARY, *Sonnets humoristiques.*

bonheur ● 61

Le bonheur est un parfum que l'on ne peut répandre sur autrui sans en faire rejaillir quelques gouttes sur soi-même.

R. W. EMERSON.

Vous me demandez quel est le suprême bonheur, ici-bas? C'est d'écouter la chanson d'une petite fille qui s'éloigne après vous avoir demandé son chemin.

LI-TAI-PO, *Poèmes.*

Une chaumière, un cœur, avec des lauriers roses et des pommiers fleuris, avec des poules et des lapins, comment ne pas adorer cela?
Et je l'adore — à condition qu'il y ait aussi de quoi écrire une ou deux pièces de théâtre.

Sacha GUITRY, *Théâtre, je t'adore.*

Des amis, un flacon de vin, du loisir, un livre, un coin parmi les fleurs... Je n'échangerai pas cette joie pour un monde, présent ou à venir.

HAFIZ, *Les Ghazels.*

Quelques femmes toujours badines,
Quelques amis toujours joyeux,
Peu de vêpres, point de matines,
Une fille, en attendant mieux,
Voilà comme l'on doit sans cesse
Faire tête au sort irrité,
Et la véritable sagesse
Est de savoir fuir la tristesse
Dans les bras de la volupté.

VOLTAIRE, *Œuvres complètes*, X. (Ed. Moland).

Rien de plus délicieux dans la vie que le coin du feu, une salade de homards, du champagne et la causette.

Lord BYRON, *Don Juan.*

Pour moi, le bonheur, c'est d'abord d'être bien.

Françoise SAGAN (Interview).

Le bonheur, c'est savoir ce que l'on veut et le vouloir passionnément.

Félicien MARCEAU.

Il ne faut pas de tout pour faire un monde. Il faut du bonheur et rien d'autre.

Paul ELUARD.

BONHOMME

C'est bonhomme
Qu'on me nomme;
Ma gaieté, c'est mon trésor,
Et Bonhomme vit encor.

Gustave NADAUD, *Le Bonhomme* (chanson).

BONTE (voy. égalité)

Va, dans ce monde, il faut être un peu trop bon pour l'être assez.

MARIVAUX, *Le Jeu de l'Amour et du Hasard*.

La bonté est une vertu, mais ce n'est pas toujours par vertu qu'une femme a des bontés pour un homme.

V. de JOUY, *Larousse du XIXᵉ siècle*.

Bonté, c'est création; bonté, c'est fécondité, c'est la bénédiction même de l'acte sacré.

MICHELET, *La Femme*.

BOTANIQUE

La botanique est l'art de dessécher les plantes entre des feuilles de papier brouillard et de les injurier en grec et en latin.

Alphonse KARR.

BOUCHE

Le cœur du fou est dans sa bouche, mais la bouche du sage se trouve dans son cœur.

B. FRANKLIN, *L'Almanac du pauvre Richard* pour 1733.

Bouche : chez l'homme, la porte d'entrée de l'âme; chez la femme, l'issue du cœur.

A. BIERCE, *Le Dictionnaire du Diable*.

BOUDDHA (voy. miséricorde)

BOUDDHISME

Ne fais aucun mal,
Fais le bien avec obéissance,
Vide ton esprit de toi-même,
Voilà l'enseignement de Bouddha.

(Inscription bouddhiste).

Eviter scrupuleusement toutes actions perverses;
Accomplir avec respect toutes actions vertueuses;
Purifier ses desseins de toutes fins égoïstes :
Telle est la doctrine de tous les Bouddhas.

Siau-chi-kwan.

Que le joyau soit dans le lotus! (Om Mani Padmé Hum).

(Oraison jaculatoire).

Si ceux qui ne sont pas avec nous, ô frères! me dénigrent, ou ma doctrine ou le temple, il n'y a guère là motif à votre colère.

(BOUDDHA), *Brahma-jâla-sutta.*

Si quelqu'un parle peu de la Doctrine, mais agit selon ses principes, libéré de toute convoitise, de toute haine et de toute illusion, perspicace, l'esprit libre de tout lien, attaché ni ici, ni au-delà, c'est un disciple du Parfait.

Le *Dhammapada* ou Sentier de la Doctrine, 20.

BOURGEOIS

Le bourgeois moderne ? C'est un type, c'est une résultante, c'est l'arrière-petit fruit de la grande Révolution, avec toute la faiblesse de l'esprit fort et tout le jésuitisme du libre penseur; c'est le parvenu diplômé et le lampion de la liberté autoritaire, de l'égalité ambitieuse et de la fraternité égoïste.

Maurice DONNAY, *Pensées.*

BOURSE

Avec une bourse au cou, personne ne peut être pendu.

(Proverbe russe).

BOUSE

La bouse de vache est plus utile que les dogmes. On peut en faire de l'engrais.

MAO TSE TOUNG.

64

BRAVE (voy. lâche)

BRIEVETE

Puisque la brièveté est l'âme de l'esprit.
Et la prolixité, les branches et l'éclat extérieur,
Je serai bref.

SHAKESPEARE, *Hamlet.*

La brièveté est sœur du talent.

TCHEKHOV.

BROUILLON

Vingt fois sur le métier remettez votre ouvrage;
Polissez-le sans cesse et le repolissez.

BOILEAU, *L'Art Poétique.*

J'écris une lettre et je l'envoie.
Le brouillon en est là, sous mes yeux.
Je le relis.
Je n'en suis pas satisfait — mais la lettre est partie!
Je corrige le brouillon quand même.

Sacha GUITRY (cité par F. Choisel,
Sacha Guitry, intime).

BRUIT (voy. omelette)

Le bruit est la plus importante des formes d'interruption.
C'est non seulement une interruption, mais aussi une
rupture de la pensée.

S. SCHOPENHAUER, *Sur le bruit.*

BRUXELLES

A ton bûcher, Phénix, j'ajouterai ma bûche
C'est pour nous que tu meurs et renais de ta mort
Bruxelles! douce main de la France qui dort.
Et je vois sur ta place au centre de la ruche
La reine Elisabeth comme une abeille d'or.

Jean COCTEAU (cité dans *Bruxelles 58*)

BUT

Ce n'est pas assez de faire des pas qui doivent un jour
conduire au but, chaque pas doit être lui-même un but
en même temps qu'il nous porte en avant.

GOETHE, *Conversations*, 1823.

C

CHRIST

CHRIST

C
l
e
F

cLOWn

corÉction

COUP^{LE}_{LE}

CACHER (voy. chose)

CALEMBOUR (voy. mot)

Le calembour est la fiente de l'esprit qui vole.

V. HUGO, *Les Misérables.*

Dis-moi qui tu hantes et je te dirai qui tu hais.

Victor HUGO.

Mort, il se tient droit, lui qui vécut à plat ventre.

V. HUGO, (sur Dupin, dont on venait d'ériger la statue).

— Allons, finissons-en, Charles (le futur roi Charles X) attend! (charlatans).

LOUIS XVIII (sur son lit de mort, à ses médecins).

Le calembour, enfant gâté
Du mauvais goût et de l'oisiveté,
Qui va guettant, dans ses discours baroques,
De nos jargons nouveaux les termes équivoques,
En se jouant des phrases et des mots,
D'un terme obscur fait tout l'esprit des sots.

Jacques DELILLE.

Et moi, je te dis que tu es Pierre, et que sur cette pierre, je bâtirai mon église.

NOUV. TEST., *Math.* XVI, 18 (Oltramare).

CALOMNIE

La calomnie, monsieur! Vous ne savez guère ce que vous dédaignez; j'ai vu les plus honnêtes gens près d'en être accablés.

BEAUMARCHAIS, *Le Barbier de Séville.*

Serais-tu aussi chaste que la glace et aussi pure que la neige, tu n'échapperais pas à la calomnie.

SHAKESPEARE, *Hamlet.*

calomnie • 67

La calomnie ne peut être une force que si elle correspond à un besoin historique.

TROTSKY, *Ma Vie.*

Il n'est pas de vertu que la calomnie ne sache atteindre.

SHAKESPEARE, *Hamlet.*

Plus une calomnie est difficile à croire,
Plus pour la retenir les sots ont de mémoire.

C. DELAVIGNE, *Les Enfants d'Edouard.*

On peut guérir d'un coup d'épée, mais guère d'un coup de langue.

(Proverbe chinois).

Si ceux qui disent du mal de moi savaient exactement ce que je pense d'eux, ils en diraient bien davantage.

Sacha GUITRY, *Toutes réflexions faites.*

CAMARADE

J'avais un camarade,
On n'en trouve point de meilleur.
Toujours à mes côtés,
Nous allions à pas cadencé,
Le tambour tapait ses roulades.

J.-L. UHLAND, *J'avais un camarade.*

CAMPAGNE

Dieu a fait la campagne et l'homme, la ville.

W. COWPER, *La Tâche.*

CANON (voy. argument)

CAPACITE (voy. travail)

CAPITAL

Si l'argent, d'après Augier, vient au monde avec une tache naturelle de sang sur la joue, le capital naît dégouttant de sang et de boue des pieds à la tête.

K. MARX, *Le Capital.*

Le capital est semblable au vampire, ne s'anime qu'en suçant le travail vivant et sa vie est d'autant plus allègre qu'il en pompe davantage.

K. MARX, *Le Capital.*

Le capital est seulement le fruit du travail et il n'aurait jamais pu exister si le travail n'avait tout d'abord existé.

Abraham LINCOLN, *Premier message annuel au Congrès*, 1861.

CAPITALISME

La production du capitalisme engendre, avec l'inexorabilité d'une loi de la nature, sa propre négation.

K. MARX, *Le Capital*.

CARACTERE (voy. talent)

Je ne vous dirai pas : changez de caractère;
Car on n'en change point, je ne le sais que trop.
Chassez le naturel, il revient au galop.

Ph. DESTOUCHES, *Les Glorieux*.

On peut tout acquérir dans la solitude, hormis du caractère.

STENDHAL, *De l'Amour*.

CARESSE

Car j'eusse avec ferveur, baisé ton noble corps,
Et depuis tes pieds frais jusqu'à tes noires tresses
Déroulé le trésor des profondes caresses.

Ch. BAUDELAIRE, *Les Fleurs du Mal*.

La chair des femmes se nourrit de caresses comme l'abeille de fleurs.

A. FRANCE, *Le Lys rouge*.

CARMAGNOLE

Dansons la Carmagnole,
Vive le son! Vive le son!
Dansons la Carmagnole,
Vive le son du canon!

La Carmagnole, 1792.

CATHOLIQUE

Si j'étais resté ici plus longtemps, je serais devenu catholique malgré moi.

Lord PETERBOROUGH (à Fénelon
en le quittant à Cambrai).

CELEBRITE

Je m'éveillai un matin et me trouvai célèbre.

Lord BYRON (après la publication
de *Childe Harold*, 1812).

Célébrité : l'avantage d'être connu de ceux qui ne vous connaissent pas.

CHAMFORT, *Maximes et Pensées*.

Ce n'est pas tant pour avoir laissé quelques ouvrages que pour avoir agi, et vécu, et porté les autres à agir et à vivre, qu'un homme reste marquant.

GŒTHE, *Mémoires*.

La célébrité n'est jamais plus admirée que par le négligent.

SHAKESPEARE, *Antoine et Cléopâtre*.

CELIBATAIRE

L'avantage d'être célibataire, c'est que, lorsqu'on se trouve devant une très jolie femme, on n'a pas à se chagriner d'en avoir une laide chez soi.

P. LEAUTAUD, *Amour*.

CENSURE (voy. lire)

L'Académie en corps a beau le censurer,
Le public révolté s'obstine à l'admirer.

BOILEAU, *Satire IX*.

La censure est la taxe que paie un homme au public afin de devenir éminent.

J. SWIFT, *Pensées sur divers sujets*.

CERISIER

Fleurs de cerisier!
Vous seules encore
    me retenez à la vie!

YAHA, *Haïkaï*.

Certaines fleurs se font gloire de la mort : les fleurs du cerisier japonais, par exemple, qui, librement s'abandonnent aux vents. Un moment, elles voltigent et dansent sur les eaux de cristal; puis, en voguant sur l'onde souriante, elles semblent dire : « Adieu, Printemps! nous nous en allons vers l'Eternité! »

Okakura KAKUZO, *Le Livre du Thé*.

CHAGRIN

Le doge a ses chagrins, les gondoliers ont les leurs.

VOLTAIRE, *Candide.*

Le chagrin est comme le riz dans le grenier : chaque jour il diminue un peu.

(Proverbe malgache).

L'esprit oublie toutes les souffrances quand le chagrin a des compagnons et que l'amitié le console.

SHAKESPEARE, *Le roi Lear.*

Le chagrin, à certaine dose, prouve beaucoup d'affection; mais à trop forte dose, il prouve toujours quelque faiblesse d'esprit.

SHAKESPEARE, *Roméo et Juliette.*

CHAIR (voy. emprise)

Le péché de la chair est le plus abominable de tous les péchés et ce crime est si bien le plus grand de tous les crimes qu'il faut être à deux pour le commettre.

Cardinal LE CAMUS.

Je rêve une existence en un cloître de fer,
Brûlée au jeûne et sèche et râpée aux cilices,
Où l'on abolirait, en de muets supplices,
Par seule ardeur de l'âme, enfin, toute la chair.

E. VERHAEREN, *Les Débâcles ;* Vers le Cloître.

La chair est triste, hélas! et j'ai lu tous les livres.

S. MALLARME, *Poésies ;* Brise marine.

L'esprit est prompt, mais la chair est faible.

NOUV. TEST., *Matthieu*, XXVI, 41 (Maredsous).

CHAMP

Heureux qui peut, au sein du vallon solitaire,
Naître, vivre et mourir sur le champ paternel.

V. HUGO, *Odes.*

L'air frais des champs; voilà notre vraie place; il semble que là l'esprit de Dieu entoure l'homme de son souffle, et qu'il soit soumis à une influence divine.

W. GŒTHE, *Conversations,* 1829.

CHANGEMENT

Il n'importe guère que l'on soit belle, une belle figure change bientôt, mais une bonne conscience reste toujours bonne.

La marquise de LAMBERT.

Que peu de temps suffit pour changer toutes choses!
Nature au front serein, comme vous oubliez!

V. HUGO, *Les Rayons et les Ombres*.

L'homme absurde est celui qui ne change jamais.

A. BARTHELEMY, *Justification*.

Il change à tous moments d'esprit comme de mode;
Il tourne au moindre vent, il tombe au moindre choc :
Aujourd'hui dans un casque et demain dans un froc.

BOILEAU, *Satire VIII*, L'Homme.

Rappelez-vous bien, mes enfants, qu'il n'existe rien de constant si ce n'est le changement.

BOUDDHA.

CHANSONS

Tout finit par des chansons.

BEAUMARCHAIS, *Le Mariage de Figaro*.

Observez, s'il vous plaît, que les chansons dont la carrière se prolonge sont ordinairement exemptes d'obscénité, ce qui est bien déjà, mais qu'elles sont également dénuées de vulgarité, ce qui est mieux encore.

S. GUITRY, *Théâtre, je t'adore*.

CHANT

Le plus humble chant populaire, si un rayon d'humanité y resplendit, est poésie et peut affronter toute autre sublime poésie.

Benedetto CROCE.

J'ôtai mon manteau pour me reposer mieux; je me plaçai sous l'ombre d'un bel arbre. Ainsi étendu, je perdis tous mes soucis; j'entendis le chant des oiseaux pur et mélodieux : jamais hommes n'ouïrent orgues plus harmonieuses, ni qui puissent former des sons mieux accordés.

Gonzalo de BERCEO, *Les miracles de Notre-Dame*.

CHANTER

Vertu dieu! que ne chantez-vous : adieu paniers, vendanges sont faites?

RABELAIS, *Gargantua*.

Comme chante le chapelain, ainsi répond le sacristain.

A. LEROUX de LINCY, *Proverbes*.

Debout sur la poupe toujours vous me verrez chanter,
Une secrète rose gonfle dans ma poitrine
Et un rossignol ivre bat des ailes sur mon doigt.

V. HUIDOBRO, *Miroir d'eau*.

Il est doux de chanter, mais soyez-en certain :
Les lèvres chantent seulement quand elles ne peuvent baiser.

J. THOMSON, *Dimanche en amont du fleuve*.

CHARITE

Mais ces trois choses demeurent, la foi, l'espérance et la charité; mais la plus grande d'entre elles, c'est la charité.

NOUV. TEST., *I Corinthiens*, XIII, 13. (Oltramare).

Il est bon d'être charitable;
Mais envers qui? C'est là le point.

LA FONTAINE, *Fables ;* Le Villageois et le Serpent.

La charité est l'arme maîtresse, celle qui pénètre les cœurs et y fait des blessures de vie éternelle.

Cardinal LAVIGERIE.

La charité n'est une vertu que dans la mesure où elle est un sacrifice.

F. van den BOSCH, *Aphorismes du temps présent*.

Il est beau de courir après les malheureux pour leur faire du bien; je n'oserais te le conseiller. Contente-toi d'être bon pour ceux qui passent auprès de toi.

A. CAPUS, *Notes et Pensées*.

Il n'y a point de plus doux compagnon comme la pure charité.

Fo-sho-hing-tsan-king.

charme ● 73

CHARME

Si les rosées posées sur la plaine Adashi n'arrivaient jamais
à l'incorporer, si les fumées du mont Eoribé n'en venaient
jamais à se dissiper, de combien le charme des choses ne se
réduirait-il pas ? Pour ce qui est du monde, son inconstance
même est l'essence de son charme.

KENKO, *Mauvaises herbes de la Paresse.*

Alors tout s'avivant sous les lueurs décrues
Du couchant dont s'éteint peu à peu la rougeur,
Un charme se révèle aux yeux las du songeur :
Le charme des vieux murs au fond des vieilles rues.

G. RODENBACH, *La Jeunesse blanche, Vieux Quais.*

Vous ne toucherez point un papillon sans faire tomber la
poudre qui colore ses ailes ; vous n'analyserez point l'amour
sans en faire évanouir le charme.

O. PIRMEZ, *Heures de Philosophie.*

Combien j'aime la tendresse des rythmes, c'est du charme
sans nom, soupirer et vivre avec les génies que fit Dieu. La
création n'est belle que parce qu'on la peut chanter.

Charles-Louis PHILIPPE.

Je veux autre chose que le charme de l'esprit ; je veux le
charme du cœur.

Roger PEYREFITTE à la T.V. (1977).

CHASSE

Quand un homme désire tuer un tigre, il appelle cela sport ;
quand un tigre désire le tuer, il appelle cela férocité.

G.-B. SHAW, *Maximes pour Révolutionnaires.*

CHASTETE

La chasteté est la splendeur de l'homme intérieur. Elle est
la force suprême qui ferme le cœur aux choses d'ici-bas et
qui l'ouvre aux choses d'en haut.

Jean de RUISBROECK, *De l'ornement des Noces
spirituelles.*

O Dieu ! accordez-moi la chasteté, mais pas encore
maintenant.

Saint AUGUSTIN.

CHAT

Ils prennent, en songeant, les nobles attitudes
Des grands sphinx allongés au fond des solitudes
Qui semblent s'endormir dans un rêve sans fin.

C. BAUDELAIRE, *Les Chats.*

C'est un petit chat noir, effronté comme un page.
Je le laisse jouer sur ma table, souvent.
Quelquefois il s'assied sans faire de tapage;
On dirait un joli presse-papier vivant.

Ed. ROSTAND, *Les Musardises.*

CHATEAUX EN L'AIR

Si vous avez fait des châteaux en l'air, vous n'avez pas travaillé en vain, car c'est là que tous devraient être. Maintenant, mettez dessous les fondations.

Henry D. THOREAU.

CHATIMENT (voy. zèle)

Si mon père vous a imposé un joug pesant, j'y ajouterai encore. S'il vous a châtié avec des fouets, je vous châtierai, moi, avec des scorpions.

ANC. TEST., *I Rois*, XII, II (Maredsous).

CHAUMIERE

Que les rois gardent leur palais de jade!
Dans la chaumière feuillue, on peut dormir à deux.

Murasaki SHIKIBU, *Genji-Monogatari.*

CHEF

Il doit se dominer en tout, ignorer le manque de sincérité, la colère, la crainte.

Mahatma GANDHI.

CHEMIN DE FER ELECTRIQUE (voy. épigramme)

CHEVAL (voy. entêtement)

La plus noble conquête que l'homme ait jamais faite est celle de ce fier et fougueux cheval, qui partage avec lui les fatigues de la guerre et la gloire des combats.

BUFFON, *Hist. des Mammifères.*

chevalerie ● 75

CHEVALERIE

La chevalerie est en elle-même la poésie de la vie.

SCHLEGEL, *Philosophie de l'Histoire.*

CHEVEU

Femmes de qui les cheveux blonds
Soit trouvés courts ou pendants longs
Servent à l'amoureuse ruse
Comme les serpents de Méduse.

RABELAIS, *La Louange des Femmes.*

Dix attelages de deux bœufs
Ne peuvent nous entraîner
Aussi bien qu'un cheveu de femme.

LONGFELLOW, *La Saga du roi Olaf.*

Les cheveux gris sont des archives du passé.

Edgar POE, *Manuscrit trouvé dans une bouteille.*

Tu dis :
« Ce sont des feuilles mortes
De l'automne d'une femme. »
Et tu contemples tes cheveux tombés.

Daigaku HORIGUCHI, *Poèmes.*

CHIEN

Et je vais donc connaître enfin ce paradis
D'être appelé mon chien et mon petit radis.

Auguste VACQUERIE, *Tragaldabas.*

Qui veut noyer son chien l'accuse de la rage.

MOLIERE, *Les Femmes savantes.*

CHIMERES

Arrière, vaines chimères,
Soupçons de choses amères,
Eloignez-vous de nos cœurs.

MALHERBE.

CHOIX

Le trop d'expédients peut gâter une affaire :
On perd du temps au choix, on tente, on veut tout faire.
N'en ayons qu'un, mais qu'il soit bon.

LA FONTAINE, *Fables ;* Le Chat et le Renard.

Choisissez, pendant qu'on vous laisse
Le temps de choisir vos amours ;
Et songez que dans la jeunesse,
Les bonnes nuits font les beaux jours.

Abbé REGNIER-DESMARAIS, *Poésies franç., I.*

CHOSE (voy. incapacité, incertitude)

Les choses en elles-mêmes ne sont ni grandes ni petites, et quand nous trouvons que l'univers est vaste, c'est là une idée tout humaine.

A. FRANCE, *Le Jardin d'Epicure.*

Ceux qui s'appliquent trop aux petites choses deviennent ordinairement incapables des grandes.

LA ROCHEFOUCAULD, *Maximes.*

Dis-je quelque chose assez belle ?
L'Antiquité toute en cervelle
Me dit : je l'ai dit avant toi.
C'est une plaisante donzelle ;
Que ne venait-elle après moi ?
J'aurais dit la chose avant elle.

Jacques de CAILLY, *Recueils de poésies, Epigrammes.*

Dieu se réserve à lui seul les choses d'en haut ; il partage avec vous les choses d'en bas.

BOSSUET, *Oraison fun. de M.-Th. d'Autriche.*

La chose la plus commune, dès qu'on nous la cache, devient un délice.

O. WILDE, *Le portrait de Dorian Gray.*

Si vous désirez qu'une chose soit bien faite, ne la faites pas vous-même, à moins que vous ne sachiez comment elle se fait.

Empire Tool Company, *Réponses caustiques.*

Heureux qui peut savoir l'origine des choses.

VIRGILE, *Géorgiques.*

chose ● 77

Choses élégantes : chez une fillette, un vêtement blanc sur un vêtement rose; les petits de canard sauvage; dans un bol de métal neuf, de la glace pilée avec du sirop; un rosaire de cristal; des fleurs de glycine et de prunier couvertes de neige; un très joli bébé qui mange des fraises.

SEI-SHONAGON, *Notes de l'oreiller.*

Quatre choses ne peuvent rester longtemps cachées : la science, la sottise, la richesse et la pauvreté.

Les Mille et une Nuits.

CHRETIEN (voy. vaincu)

Je ne suis pas chrétien, mais c'est pour t'aimer mieux.

VOLTAIRE, *Epîtres.*

Je suis devenu chrétien. Je n'ai point cédé, j'en conviens, à de grandes lumières surnaturelles : ma conviction est sortie du cœur; j'ai pleuré et j'ai cru.

CHATEAUBRIAND, *Génie du Christianisme.*

Sans doute serais-je chrétien, si les chrétiens l'étaient vingt-quatre heures par jour.

Mahatma GANDHI.

CHRETIENTE

J'appelle Chrétienté la seule grande malédiction, la seule intérieure et énorme perversion; le seul grand instinct de revanche pour lequel aucun moyen n'est trop venimeux, trop clandestin, trop souterrain et trop mesquin. Je l'appelle seule tache immortelle de l'humanité.

NIETZSCHE, *L'Antéchrist.*

La Chrétienté enseigne aux hommes que l'amour vaut plus que l'intelligence.

Jacques MARITAIN, *Je crois.*

CHRIST

Le Christ doit-il donc périr dans les tourments à chaque époque pour sauver ceux qui n'ont point d'imagination ?

G.-B. SHAW, *Sainte-Jeanne*, Epilogue.

Toute l'histoire est incompréhensible sans le Christ.

Ernest RENAN, *Vie de Jésus.*

CHRISTIANISME (voy. corruption)

Le christianisme a été prêché par des ignorants et cru par des savants, et c'est en quoi il ne ressemble à rien de connu.

J. de MAISTRE, *Considérations sur la France.*

Le christianisme a créé le monde intérieur.

André SUARES.

Le christianisme est une religion exotique au pays du riz et du vin de palme puisque c'est la religion du pain et du vin de vigne.

Paul VALERY.

CHUTE (MORALE)

Oh! n'insultez jamais une femme qui tombe!
Qui sait sous quel fardeau la pauvre âme succombe!

V. HUGO, *Les Chants du Crépuscule.*

Là se perdent ces noms de maîtres de la terre
Et tombent avec eux d'une chute commune
Tous ceux que leur fortune
Faisait leurs serviteurs.

MALHERBE, *Œuvres*, livre VI.

Eh! mon cher, il y a une minute où toutes les femmes se ressemblent, c'est quand elles tombent.

A. CAPUS, *L'Adversaire.*

CIEL (voy. devoir)

Craignez, seigneur, craignez que le ciel rigoureux
Ne vous haïsse assez pour exaucer vos vœux!

RACINE, *Phèdre.*

On n'atteint pas le ciel par un simple saut,
Mais nous construisons l'escalier pour l'atteindre.

J.-C. HOLLAND, *Gradatim.*

Le ciel est le pain quotidien des yeux.

R.-W. EMERSON.

Le ciel, ce dais splendide, regardez : cette belle voûte du firmament, ce toit majestueux constellé de flammes d'or,

ciel ● 79

eh bien! il ne m'apparaît plus que comme un vil amas de vapeurs pestilentielles.

SHAKESPEARE, *Hamlet.*

Les cieux racontent la gloire de Dieu,
Et le firmament publie l'œuvre de ses mains.
Le jour en fait au jour le récit,
Et la nuit le répète à la nuit.

ANC. TEST., *Psaumes*, XVIII, 2-3 (Maredsous).

CIMETIERE

Des esprits enflammés d'un céleste délire,
Des mains dignes du sceptre, ou dignes de la lyre,
Languissent dans ce lieu par la mort habité.

GRAY, *Elégie sur un cimetière de campagne*
(trad. M.-J. Chénier).

CINEMA

Le cinéma, c'est une industrie, mais malheureusement, c'est aussi un art.

Jean ANOUILH, *Le Scenario.*

CITATION (voy. « Préface » p. 7)

Car je fais dire aux autres ce que je ne puis si bien dire tantôt par faiblesse de mon langage, tantôt par faiblesse de mes sens. Je ne compte pas mes emprunts, je les pèse.

MONTAIGNE, *Essais.*

L'apôtre Paul lui-même n'a-t-il pas cité dans son *Epître à Titus* un vers d'Epilénide sur les amateurs? Et que dirai-je des docteurs de l'Eglise? Ils sont tous nourris des anciens qu'ils réfutaient.

Saint JEROME, *Lettre à Magnus.*

Avocat, il s'agit d'un Chapon,
Et non point d'Aristote et de sa *Politique.*

RACINE, *Les Plaideurs.*

CITOYEN

Appelez-vous, messieurs, et soyez citoyens!

François ANDRIEUX, (séance publ. de l'Institut,
15 niv. an VI).

CITOYEN DU MONDE

Je ne suis ni Athénien, ni Grec, mais un citoyen du monde.

SOCRATE, (cité par Plutarque).

Citoyen du monde, comme j'ai la prétention de l'être.

J. BOSWELL, *Lettre au Dr Johnson (1775)*.

CIVILISATION

La civilisation signifie une société reposant sur l'opinion des civils. Elle veut dire que la violence, la loi des guerriers et des chefs despotes, les conditions des camps et de la guerre, de la révolte et de la tyrannie, cèdent la place aux parlements, où des lois sont élaborées, et aux cours de justice indépendantes dans lesquelles, pendant long-temps, ces lois sont maintenues.

Sir Winston CHURCHILL, *Sang, Sueur et Larmes*.

Si la civilisation n'est pas dans le cœur de l'homme, eh bien! elle n'est nulle part.

Georges DUHAMEL.

Un état de société dans lequel un chien qui parcourt en 30 secondes une piste de course obtient plus de publicité qu'un homme qui écrit un poème.

Dublin Opinion, 1945.

Après tout, la civilisation a pour but, non pas le progrès de la science et des machines, mais celui de l'homme.

Dr A. CARREL, *L'Homme, cet inconnu*.

L'être humain est, au fond, un animal sauvage et effroyable. Nous le connaissons seulement dompté et apprivoisé par ce que nous appelons la civilisation.

A. SCHOPENHAUER, *Parerga et Paralipomena*.

Il existe infiniment plus d'hommes qui acceptent la civilisation en hypocrites que d'hommes vraiment et réellement civilisés.

S. FREUD, *Essais de psychanalyse*.

Ce que les hommes appellent civilisation, c'est l'état actuel des mœurs et ce qu'ils appellent barbarie, ce sont les états antérieurs. Les mœurs présentes, on les appellera barbares quand elles seront des mœurs passées.

A. FRANCE, *Sur la pierre blanche*.

civilisation ● 81

Nous autres, civilisations, nous savons maintenant que nous sommes mortelles.

Paul VALERY.

CLARTE

Tout ce qui n'est pas clair n'est pas français.

RIVAROL.

CLASSIQUE

Classique est l'écrivain qui porte en lui-même un critique et l'associe intimement à ses travaux.

Paul VALERY.

Un classique est quelque chose que tout le monde désire avoir lu et que personne ne désire lire.

Mark TWAIN, *La disparition de la littérature.*

CLEF

Il n'y a rien de plus beau qu'une clef, tant qu'on ne sait pas ce qu'elle ouvre.

M. MAETERLINCK, *Aglavaine et Sélysette.*

CLEMENCE

La clémence ne se commande pas. Elle tombe du ciel comme une pluie douce; elle fait du bien à celui qui donne et à celui qui reçoit.

SHAKESPEARE, *Le Marchand de Venise.*

CLERICALISME

Le cléricalisme, voilà l'ennemi.

Alphonse PEYRAT, (popularisé par Gambetta).

CLOITRE

Mon impression à moi, que je garde, est le désir d'être de plus en plus retiré du monde et dans un cloître d'études et d'oubli.

SAINTE-BEUVE, *Corresp.* I.

Comment peut-on ne pas adorer les cloîtres, ces lieux tranquilles, fermés et frais, inventés, semble-t-il, pour faire naître la pensée pendant qu'on va à pas lents sous les longues arcades mélancoliques?

G. de MAUPASSANT, *La Vie errante ; La Sicile.*

Cloîtres silencieux, voûtes des monastères,
C'est vous, sombres caveaux, vous qui savez aimer!
Ce sont vos froides nefs, vos pavés et vos pierres,
Que jamais lèvre en feu n'a baisés sans pâmer.

A. de MUSSET, *Poésies nouvelles ; Rolla.*

CLOWN

L'art du clown va bien au-delà de ce qu'on pense. Il n'est ni tragique, ni comique. Il est le miroir comique de la tragédie et le miroir tragique de la comédie.

André SUARES, *Remarques ; Essais sur le clown.*

CŒUR

Voici des fruits, des fleurs, des feuilles et des branches
Et puis voici mon cœur, qui ne bat que pour vous.
Ne le déchirez pas avec vos deux mains blanches
Et qu'à vos yeux si beaux l'humble présent soit doux.

Paul VERLAINE, *Romances sans paroles.*

Tu as donc entièrement oublié que, bien longtemps, j'ai possédé ton cœur, ton petit cœur, si doux, si faux et si mignon, que rien au monde ne peut être plus mignon et plus faux ?

H. HEINE, *Intermezzo lyrique.*

Où est votre trésor, là aussi sera votre cœur.

NOUV. TEST., *St Luc*, XII, 34 (Oltramare).

Le cœur du fou est dans sa bouche, mais la bouche du sage se trouve dans son cœur.

B. FRANKLIN, *L'Almanach du pauvre Richard pour 1733.*

Mon cœur est en repos quand il est auprès de vous : c'est son état naturel, et le seul qui peut lui plaire.

Marquise de SEVIGNE, *Lettres*, 1673.

Le jour n'est pas plus pur que le fond de mon cœur.

RACINE, *Phèdre.*

Il pleure dans mon cœur
Comme il pleut sur la ville;
Quelle est cette langueur
Qui pénètre mon cœur ?

P. VERLAINE, *Romances sans paroles.*

cœur • 83

Le cœur n'a pas de rides.

Marquise de SEVIGNE.

Gardez vos dons : je suis heureux.
Mais si d'un zèle généreux
Pour moi le monde vous soupçonne,
Sachez bien qui vous a vendu :
Mon cœur est un luth suspendu,
Sitôt qu'on le touche, il résonne.

BERANGER, *Le Refus*.

Si j'étais Dieu, j'aurais pitié du cœur humain.

M. MAETERLINCK, *Pelléas et Mélisande*.

Le cœur se resserre chez bien des gens dans la mesure où
leur bourse s'enfle.

E. BANNING, *Réflexions morales et politiques*.

Le cœur d'un homme vierge est un vase profond :
Lorsque la première eau qu'on y verse est impure,
La mer y passerait sans laver la souillure,
Car l'abîme est immense et la tache est au fond.

A. de MUSSET, *La Coupe et les Lèvres*.

Le cœur se trompe comme l'esprit; ses erreurs ne sont pas
moins funestes, et l'on a plus de mal à s'en défaire à cause
de la douceur qui s'y mêle.

A. FRANCE, *Le Petit Pierre*.

Deux étions et n'avions qu'un cœur.

F. VILLON, *Le Grand Testament*.

Rien n'est plus féroce que le cœur.

Paul-Jean TOULET.

Il y a dans l'aveu public des angoisses du cœur une vanité
et une profanation gratuites.

LECONTE DE LISLE, *Poèmes antiques*. Préface.

Dans une maison où il y a un cœur dur, n'y a-t-il pas
toujours un vent glacé ?

O. WILDE, *Une maison de Grenade*.

Mon cœur, tremblant des lendemains,
Est comme un oiseau dans tes mains
Qui s'effarouche et qui frissonne.

Il est si timide qu'il faut
Ne lui parler que pas trop haut
Pour que sans crainte il s'abandonne.

A. SAMAIN, *Au Jardin de l'Infante.*

Un grand cœur dédaigne et oublie, mais le lâche se réjouit
dans la haine.

A. MANZONI, *Le comte de Carmagnola.*

Le poisson peut être harponné dans l'eau profonde,
L'oiseau tué haut dans l'air,
Le cœur humain demeure inaccessible,
On ne peut l'atteindre, ni le saisir au piège!

Ancien poème anonyme (Chine).

Dans mon cœur, bien des choses...
Qu'elles aillent au gré
Des mouvements du saule.

BASHO, *Haïkaï.*

Ah ! j'étendrais mon cœur ainsi qu'un tapis sous tes pas,
Mais je crains pour tes pieds les épines dont tu le perces.

HAFIZ, *Odes.*

Nous employons des mots qui ne servent à rien,
et qui sont très gênants... et dangereux! On pose!
On dit : mon Cœur, ton Cœur, notre Cœur... On y tient!
Je te jure que l'on s'en passerait très bien,
et que cela simplifierait beaucoup les choses.

Paul GERALDY, *Toi et Moi.*

Chercher à connaître son cœur,
Quoique que nous soyons intimes,
Autant avec un doigt sur le sol
Calculer la distance d'une étoile.

(Quatrain anonyme tibétain).

COLERE (voy. boire)

Si je n'étais roi, je me mettrais en colère.

LOUIS XIV à M. de Lauzun (qui lui avait parlé
insolemment).

colère • 85

Je te battrais, si je n'étais pas en colère.

SOCRATE (à son affranchi qui l'avait irrité).

La colère est pareille à un cheval fougueux; si on lui lâche la bride, son trop d'ardeur l'a bientôt épuisé.

SHAKESPEARE, *Henri VIII*.

Que le soleil ne se couche pas sur votre ressentiment.

NOUV. TEST., *Ephésiens*, IV, 26 (Maredsous).

La colère, hélas! combien elle change une figure avenante! combien elle détruit l'amabilité de la beauté!

Fo-sho-hing-tsan-king.

COLLABORATION

Quand deux sages confrontent leurs idées, ils en produisent de meilleures; le jaune et le rouge mélangés produisent une autre couleur.

(Proverbe tibétain).

COMBAT

Et le combat cessa, faute de combattants.

P. CORNEILLE, *Le Cid*, IV.

Où sont tes fils? J'entends un bruit d'armes et de chars et de voix et de timbales; ils combattent, tes fils, dans des contrées étrangères...

LEOPARDI, *A l'Italie*.

Oh! malheur! N'ont-ils donc point d'épouses, point de mères, ces guerriers insensés? Pourquoi ceux qu'ils aiment ne vont-ils pas les arracher à ce champ de bataille sans gloire? Et les vieillards dont les âmes s'ouvrent déjà aux pieuses pensées du tombeau, comment ne tentent-ils point d'apaiser par de sages paroles cette foule assauvagie?...

MANZONI, *Carmagnola*.

COMIQUE (voy. clown)

Quand se décidera-t-on à prendre au sérieux les comiques?

Sacha GUITRY, *Théâtre, je t'adore*.

COMMENCEMENT

En amour, il n'y a que les commencements qui soient charmants. Je ne m'étonne pas qu'on trouve du plaisir à recommencer souvent.

Prince Ch. de LIGNE, *Mes écarts.*

COMMUNISTE

Un communiste est une personne qui mange son gâteau et désire le vôtre aussi.

Digeste Catholique.

COMPAGNON

Veux-tu posséder l'alchimie du bonheur? Vis à l'écart des mauvais compagnons.

HAFIZ, *Les Ghazels.*

Mieux vaut être sans compagnie
Qu'en tenir une de l'envie,
Et sans compagnon, nuit et jour,
Qu'en posséder un sans amour.

THOMAS, *Tristan et Iseult.*

Le diable même a besoin d'un compagnon.

(Maxime de l'Inde méridionale).

COMPETENCE

La compétence sans autorité est aussi impuissante que l'autorité sans compétence.

G. LE BON, *Hier et Demain.*

COMPLOT

Celui qui met un frein à la fureur des flots
Sait aussi des méchants arrêter les complots.

RACINE, *Athalie.*

COMPOSITION LITTERAIRE (voy. livre)

COMPREHENSION (voy. race)

COMPRENDRE

Seigneur, j'ai fait ce que j'ai pu! Est-ce ma faute si vous n'avez pas parlé plus clairement? Je n'ai cherché qu'à comprendre.

MAETERLINCK, *L'Autre monde.*

comprendre • 87

On se lasse de tout sauf de comprendre.

> Attribué à VIRGILE par Servius (IVᵉ S).

Les gens qui écrivent, surtout les artistes, doivent convenir qu'on ne peut rien comprendre en ce monde, comme en convint jadis Socrate, et comme en convenait Voltaire. La foule croit qu'elle sait et comprend tout; plus elle est bête, plus son horizon lui semble vaste.

> A.-P. TCHEKHOV, *Lettre à A. Souverine.*

CONCEVOIR

Nous autres, sur notre petit tas de boue, nous ne concevons rien au-delà de nos usages.

> VOLTAIRE, *Micromégas.*

CONCLUSION

Il est moins facile de mesurer la valeur logique d'une conclusion en matière de sentiment, d'amour, de foi, qu'il n'est facile de mesurer la valeur logique d'une conclusion en matière de géométrie.

> A. FOGAZZARO, *Le Saint.*

CONDUITE

L'âme n'a pas de secret que la conduite ne révèle.

> (Proverbe chinois).

La ligne de conduite la plus prudente consiste non à être exigeant dans notre attachement aux choses anciennes ou téméraires et peu pratique à l'égard des choses nouvelles, mais à tirer le meilleur parti possible des unes et des autres.

> G.-B. SHAW.

CONFERENCE

C'est extravagant d'oser parler tout seul, une heure, devant un millier de personnes qui se taisent. Quelle inconscience ou quelle audace!

> René BENJAMIN, *La table et le verre d'eau.*

CONFESSION

Tout ce que j'ai publié n'est que des fragments d'une grande confession.

> GŒTHE, *Mémoires.*

88

CONFIANCE (voy. argent)

CONFORT

Le plaisir du bien-être et du confort acquiert la valeur et les nuances d'une véritable joie esthétique.

Jules ROMAINS.

CONNAISSANCE

Si nous connaissions les autres comme nous-mêmes, leurs actions les plus condamnables nous paraîtraient mériter l'indulgence.

André MAUROIS.

L'homme qui apprend doit croire; celui qui sait doit examiner.

Roger BACON.

Que la science que nous acquérons par la lecture ne soit pour nous que le ciseau du sculpteur; qu'elle nous aide à tailler le bloc de pensées et de sentiments qui fait le fond de nous-mêmes.

O. PIRMEZ, *Heures de Philosophie.*

Je connais tout, fors que moi-même.

VILLON, *Ballades diverses.*

Dans la vie de l'esprit comme dans la vie pratique, celui dont les connaissances tiennent progresse toujours et réussit. Celui, au contraire, piétine qui perd son temps à réapprendre ce qu'il a oublié.

W. JAMES, *Précis de psychologie.*

La connaissance vient, mais la sagesse traîne.

TENNYSON, *Locksley Hall.*

La connaissance est le seul instrument de production qui n'est pas sujet à la dépréciation.

J.-M. CLARCK, *Journal d'Economie politique* (Oct. 1927).

J'ai étudié la philosophie,
La jurisprudence et la médecine,
Et même, hélas! la théologie

connaissance ● 89

Laborieusement d'un bout à l'autre.
Et voici que, pauvre fou, avec toute ma science,
Je ne suis pas plus sage qu'auparavant.

GŒTHE, *Faust*, I.

Car, quand ils (*les hommes*) auront appris beaucoup de choses, ils croiront être bien savants, et ne seront que des ignorants pour la plupart et de faux-sages insupportables dans le commerce de la vie.

PLATON, *Phèdre*.

CONNAITRE

Connaître ce qui lui était caché, c'est la griserie, l'honneur et la perte de l'homme.

COLETTE, *Mélanges*.

De toutes façons, le dicton « Connais-toi toi-même » n'est pas bien dit. Il eût été plus juste de dire : « Connais autrui. »

MENANDRE, *Thrasyleon*.

Connaître les autres, c'est sagesse. Se connaître soi-même, c'est sagesse supérieure.

LAO-TSE.

CONQUERANT (voy. vainqueur)

CONSCIENCE

La conscience est la présence de Dieu dans l'homme.

SWEDENBORG, *Arcana Cœlesta*.

La conscience? Elle n'empêche jamais de commettre un péché. Elle empêche seulement d'en jouir en paix!

Théodore DREISER.

Science sans conscience n'est que ruine de l'âme.

RABELAIS, *Pantagruel*.

La conscience grecque du monde était niée par le chrétien parce qu'il en avait une autre; toutes les consciences du passé sont interrogées par nous parce que nous n'en avons pas.

A. MALRAUX, *Musée Imaginaire de la Sculpture Mondiale* (Introduction).

L'homme, par le fait d'être homme, d'avoir conscience, est déjà, par rapport à l'âne ou au crabe, un animal malade. La conscience est une maladie.

Miguel de UNAMUNO.

La conscience est une poltronne, qui, quand elle n'a pas eu assez de force pour prévenir une faute, a rarement assez de justice pour punir le coupable, en l'accusant.

O. GOLDSMITH, *Le Vicaire de Wakefield*.

On a conscience avant. On prend conscience après. Ou plutôt, c'est elle qui vous prend!

Oscar WILDE.

Pourvu que ma conscience ne me fasse pas de reproches, je suis prêt à subir la volonté de la fortune.

DANTE, *La Divine Comédie ; Enfer*.

CONSEIL

Aimez qu'on vous conseille, et non pas qu'on vous loue.

BOILEAU, *Art poétique*.

Si l'on donne à quelqu'un le conseil qu'il a déjà l'intention de ne pas suivre, il vous en veut tout de suite, et si l'on lui donne le conseil qu'il suivra certainement, il vous en veut plus tard.

Maurice DONNAY, *Pensées*.

Prince, on délibère bien souvent,
Mais on peut dire, comme le rat,
Du conseil qui n'aboutit pas :
Qui pendra la sonnette au chat ?

Eustache DESCHAMPS, *Ballades de moralités*, LVIII.

Ne faut-il que délibérer ?
La cour en conseillers foisonne :
Est-il besoin d'exécuter ?
L'on ne rencontre plus personne.

LA FONTAINE, *Conseil tenu par les rats*.

CONSOLATION

Il est si doux, parmi les désenchantements de la vie, de pouvoir se reporter en idée sur de nobles caractères, des affections pures et des tableaux de bonheur.

G. FLAUBERT, *Madame Bovary*.

consolation ● **91**

Combien froide est la consolation dans l'adieu ?

Charles DICKENS, *Martin Chuzzlewit.*

CONSTANCE

La constance en amour est une bonne chose ; mais elle ne signifie rien et n'est rien sans la constance en toutes sortes d'efforts.

Charles DICKENS, *La Maison morne.*

Brillante étoile, que n'ai-je ta constance ?

John KEATS, *Poésies complètes.*

CONSTRUCTION (voy. architecture)

De ce qu'une construction ne ressemble ni à un temple grec, ni à une cathédrale du moyen âge, il n'en résulte pas nécessairement qu'elle soit indigente ou médiocre.

L. GONZE, *L'Art japonais.*

CONTENTEMENT (voy. chaumière, santé, sot)

D'être content sans vouloir davantage,
C'est un trésor qu'on ne peut estimer.

Cl. MAROT, *Rondeau.*

CONTREDIRE

Les gens bien élevés contredisent les autres. Les sages se contredisent eux-mêmes.

Oscar WILDE, *Phrases et Philosophies.*

CONVERSATION

L'esprit de la conversation consiste bien moins à en montrer beaucoup qu'à en faire trouver aux autres. Celui qui sort de votre entretien content de soi et de son esprit l'est de vous parfaitement.

LA BRUYERE, *Caractères.*

Je ne m'exprime librement qu'avec des gens dégagés de toute opinion et placés au point de vue d'une bienveillante ironie universelle.

E. RENAN.

La conversation est un jeu de sécateur où chacun taille la voix du voisin aussitôt qu'elle pousse. Je ne ris pas de la plaisanterie que vous faites, mais de celle que je vais faire.

Jules RENARD.

Savez-vous que la conversation est l'un des plus grands plaisirs de la vie ? Mais elle nécessite des loisirs.

W.-S. MAUGHAM, *Le tremblement d'une feuille.*

La conversation de gens d'esprit est plus logique que le livre d'aucun d'eux, parce que chacun est entraîné par tous les autres, que chacun est sans cesse ramené à ce qui excite la curiosité de tous, que chacun est appelé à produire ce qu'il sait plutôt que ce qu'il veut montrer.

SISMONDI (lettre à la comtesse d'Albany, 1813).

CONVOITISE

Tout comme dans une maison mal couverte, la pluie s'infiltre sûrement, la convoitise pénètre sûrement dans un esprit mal gardé. Mais comme la pluie ne peut pénétrer dans une maison bien couverte, la convoitise ne peut pénétrer dans un esprit bien gardé.

Le *Dhammapada* ou Sentier de la Doctrine, 13-14.

COR

Dieu ! que le son du cor est triste au fond des bois !

A. de VIGNY, *Poèmes antiques et modernes.*

CORDE

Il ne faut point parler de corde dans la maison d'un pendu.

CERVANTES, *Don Quichotte.*

CORNE

Bref, ce qui plante plus de bornes
Et qui les fait plus différer,
C'est que la lune porte cornes
Et les femmes les font porter.

Remontrances aux Mariés et Mariées, 1643.

CORPS

Oui, mon corps est moi-même, et j'en veux prendre soin :
Guenille si l'on veut ; ma guenille m'est chère.

MOLIERE, *Les Femmes savantes.*

Souhaitons que l'esprit soit sain dans un corps sain.

JUVENAL

corps • 93

Mens sana in corpore sano est une maxime absurde.
Le corps est le produit de l'esprit sain.

> G.-B. SHAW, *Bréviaire du Révolutionnaire.*

Pourquoi nous attacherions-nous à ce corps périssable ? Aux yeux du sage, la seule chose à laquelle il peut servir est de faire du bien à autrui.

> *Kathâ Sarit Sâgara.*

Donnez au garçon l'idée qu'il a un corps merveilleux, qu'il doit le garder et le développer comme étant l'œuvre et le temple de Dieu.

> Lord BADEN-POWELL.

CORRECTION

N'épargne pas la correction à l'enfant;
Si tu le frappes de la verge, il ne mourra point.
En le frappant de la verge,
Tu délivres son âme du séjour des morts.

> ANC. TEST., *Proverbes*, XXIII, 13-14 (Segond).

Verge et correction procurent la sagesse,
Un enfant livré à lui-même fait la honte de sa mère.

> ANC. TEST., *Proverbes*, XXIX, 15 (Maredsous).

Il y a deux choses que l'expérience doit apprendre : la première, c'est qu'il faut beaucoup corriger; la seconde, c'est qu'il ne faut pas trop corriger.

> Eugène DELACROIX, *Journal* (1860).

Corrige ton fils, il te donnera du repos,
Et fera les délices de ta vie.

> ANC. TEST., *Proverbes*, XXIX, 17 (Maredsous).

Malheur à qui ne se corrige pas, soi et ses œuvres! Il faut se corriger, eût-on quatre-vingts ans. Je n'aime point les vieillards qui disent : « J'ai pris mon pli. » Ah! vieux fou, prends-en un autre. Rabote tes vers, si tu en as fait, et ton humeur, si tu en as.

> VOLTAIRE.

CORRUPTION (voy. dépravation)

Le christianisme et l'alcool, les deux plus grands agents de corruption.

> NIETZSCHE, *L'Antéchrist.*

On aimerait à savoir si c'est la littérature qui corrompt les mœurs ou les mœurs au contraire qui corrompent la littérature.

A. CAPUS, *Notes et pensées.*

Si les empires, les grades, les places ne s'obtenaient pas par la corruption, si les honneurs purs n'étaient achetés qu'au prix du mérite, que de gens qui sont nus seraient couverts, que de gens qui commandent seraient commandés.

SHAKESPEARE, *Le Marchand de Venise.*

COUCOU

Tristesse au cœur.
Quand je t'entends, coucou,
    ma solitude est plus profonde...

M. BASHO, *Haïkaï.*

COULEUR (voy. noir)

Quand la couleur est à sa richesse, la forme est à sa plénitude.

P. CEZANNE.

« Oui! » vous ai-je répondu la nuit dernière;
« Non! » ce matin, monsieur, vous dis-je :
Les couleurs vues à la lueur d'une bougie
Ne paraissent point les mêmes dans la journée.

Elisabeth B. BROWNING, *Le « Oui » de la dame.*

COUPABLE

Il vaut mieux hasarder de sauver un coupable que de condamner un innocent.

VOLTAIRE, *Zadig.*

COUPLE

Que les rois gardent leur Palais de jade!
Dans la chaumière feuillue, on peut dormir à deux.

M. SHIKIBOU, *Le Roman de Genji.*

COUR

Je définis la cour un pays où les gens,
Tristes, gais, prêts à tout, à tout indifférents,
Sont ce qu'il plaît au prince, ou, s'ils ne peuvent l'être,
Tâchent au moins de le paraître.

LA FONTAINE, *Fables ;* Les Obsèques de la lionne.

cour • 95

COURAGE (voy. prudence)

Je me souviens d'un jour qu'on parlait de courage. L'impératrice (Catherine de Russie) me dit : — Si j'avais été homme, j'aurais été tué avant d'être capitaine. Je lui répondis : — Je n'en crois rien, madame, car je vis encore.

Prince Charles de LIGNE, *Mémoires.*

C'est magnifique, mais ce n'est pas la guerre!

Général P. BOSQUET (Bataille de Balaklava, 1854).

COURIR

Ne courez jamais après un autobus ni après une femme, il en arrive toujours d'autres dans les cinq minutes.

Sélection du Reader's Digest.

COUTEAU

Cent Flamands, cent couteaux.
Cent Français, sans couteaux.
Cent Ecossais, deux cents couteaux.

(XVIIᵉ s.).

COUTUME

La coutume est le pilier autour duquel s'enroule l'opinion, et l'intérêt est le lien qui l'attache.

T.-L. PEACOCK, *Mélincourt.*

La coutume, cette loi non écrite.
Dont le peuple, même aux rois, impose le respect.

C. D'AVENANT, *Circé,* II.

La coutume, ainsi, est le grand guide de la vie humaine.

David HUME, *Essai sur l'entendement humain.*

COUVENT (voy. religieuse)

Un vrai moine n'a qu'une patrie, son couvent.

J.-K. HUYSMANS, *L'Oblat.*

CRAINTE

Fais bien et ne crains point les hommes;
N'écris pas et ne crains point les femmes.

(Proverbe anglais).

La seule chose que nous devons craindre est la crainte elle-même.

F.-D. ROOSEVELT, *Premier discours inaugural*, 1933.

C'est la crainte qui, premièrement, fit les dieux sur la terre.

STATIUS, *Thébaïde*.

La crainte fit des dieux; l'audace a fait les rois.

P.-J. de CREBILLON, *Xerxès*.

La crainte, quelque chose de plus profond que le courage!

G. von LE FORT, *La dernière à l'échafaud*.

CREATION

Créer, non posséder; œuvrer, non retenir; accroître, non dominer.

LAO-TSE.

L'œuf s'ouvrit. Les deux moitiés étaient l'une d'argent, l'autre d'or. La moitié d'argent devint cette terre; celle d'or, le ciel; l'épaisse membrane, l'obscurité des nuages; les petites veines, devinrent les rivières; la partie liquide, la mer. Et ce qui en naquit fut le soleil.

Chândôgya-Upanishad (III, 19, 1).

Et semblable à l'abeille en nos jardins éclose,
De différentes fleurs j'assemble et je compose
Le miel que je produis.

J.-B. ROUSSEAU, *Odes*, Livre III.

Si l'idée embrassant la force engendra les mondes, la joie d'être engendra l'idée. C'est parce que l'Infini conçut en lui-même une joie innombrable que les mondes et les univers prirent naissance.

Srî AUROBINDO, *La joie d'être*.

Au temps où Dieu créa toutes choses,
 Il créa le soleil.
Et le soleil naît, meurt et revient.
 Il créa la lune.
Et la lune naît, meurt et revient.

création • 97

Il créa les étoiles.
Et les étoiles naissent, meurent et reviennent.
Il créa l'homme.
Et l'homme naît, meurt et ne revient plus.

(Chant religieux denka, basse vallée du Nil).

CRIME

Le crime fait la honte et non pas l'échafaud.

Thomas CORNEILLE, *Le Comte d'Essex.*

Ainsi que les vertus, les crimes enchaînés
Sont toujours ou souvent l'un par l'autre traînés.

J. ROTROU, *Venceslas.*

Et pour ce cœur instruit par une âme si noire,
Des crimes éclatants ressemblent à la gloire.

G. de BREBEUF, *Pharsale.*

C'est pire qu'un crime, c'est une faute.

A. BOULAY DE LA MEURTHE.

CRIMINEL

Et quels sont les plus grands criminels ? Ceux qui vendent
les instruments de mort ou ceux qui les achètent et s'en
servent ?

R.-E. SHERWOOD, *Les Délices de l'Idiot.*

CRITIQUE (La) **(voy. appréciation)**

Il n'y a point d'ouvrage si accompli qui ne fondît tout entier
au milieu de la critique, si son auteur voulait en croire tous
les censeurs qui ôtent chacun l'endroit qui leur plaît le
moins.

LA BRUYERE, *Caractères.*

Rien n'est plus aisé à faire qu'un mauvais livre, si ce n'est
une mauvaise critique.

VOLTAIRE.

La critique est aisée, et l'art est difficile.

DESTOUCHES, *Le Glorieux*, (faussement attribué à Boileau).

Vous pouvez échapper à la critique en ne disant rien, en ne
faisant rien, en n'étant rien !

The Reader's Digest.

On fait de la critique quand on ne peut pas faire de l'art, de même qu'on se met mouchard quand on ne peut pas être soldat.

Gustave FLAUBERT.

Pour être juste, c'est-à-dire pour avoir sa raison d'être, la critique doit être partiale, passionnée, politique, c'est-à-dire faite à un point de vue exclusif, mais au point de vue qui ouvre le plus d'horizons.

BAUDELAIRE

Comme le disait un critique chinois, il y a plusieurs siècle « le peuple fait la critique d'une peinture avec l'oreille » C'est à ce manque de goût personnel et de jugement original que nous devons les horreurs pseudo-classiques qui nous accueillent aujourd'hui, de quelque côté que l'on se tourne.

Okakura KAKUZO, *Le Livre du Thé.*

S'il t'est pénible de critiquer tes amis, tu peux le faire la conscience tranquille. Mais si tu y éprouves le moindre plaisir, alors tais-toi!

Sélection du Reader's Digest.

Critiquer, c'est avoir recours, c'est employer les idées des autres — et c'est souvent en faire un bien mauvais usage. Et puis, s'en étant inspiré, c'est par la suite en vivre. Ne commencez donc pas par être un parasite.

Sacha GUITRY, *Théâtre, je t'adore.*

CRITIQUE (Le) (voy. détracteur, pédant)

Ceci s'adresse à vous, esprits du dernier ordre,
Qui, n'étant bons à rien, cherchez sur tout à mordre.

LA FONTAINE, *Fables ; Le Serpent et la Lime.*

Le critique qui n'a rien produit est un lâche : c'est un abbé qui courtise la femme d'un laïc; celui-ci ne peut lui rendre la pareille et se battre avec lui.

Théophile GAUTIER.

Les critiques sont généralement des gens qui auraient été poètes, historiens, biographes, s'ils avaient pu; ils ont essayé leurs talents d'une façon ou d'une autre, et n'ont pas réussi; en conséquence, ils se sont faits critiques.

S.-T. COLERIDGE, *Conférences : Shakespeare et Milton* .

CROYANCE

Il ne faut pas croire tout ce qu'on nous dit de ceux qui ne pensent pas comme nous.

Dr SCHWEITZER au Père Pire (1959).

La croyance consiste à accepter les affirmations de l'âme; l'incroyance à les nier. Quelques esprits sont incapables de scepticisme.

EMERSON, *Hommes représentatifs.*

Un homme modeste apprend dix choses et en croit une;
Un homme complaisant apprend une chose et en croit
[dix.
(Proverbe chinois - Début de notre ère).

Ce n'est pas avec la raison, et c'est le plus souvent contre elle, que s'édifient les croyances capables d'ébranler le monde.

G. LE BON, *Hier et Demain.*

CUISINIER

Dieu envoie la viande et le diable, les cuisiniers.

Thomas DELONEY, *Œuvres* (1600).

Nous pouvons vivre sans poésie, musique ou art;
Nous pouvons vivre sans conscience et vivre sans cœur;
Nous pouvons vivre sans amis, et vivre sans livres,
Mais un homme civilisé ne peut pas vivre sans cuisinier.

Owen MEREDITH, *Lucile.*

On devient cuisinier, mais on naît rôtisseur.

BRILLAT-SAVARIN, *Physiol. du Goût.*

CULPABILITE

Que vous importe qu'un autre soit coupable ou pas?
Allez donc racheter votre propre faute, ami.

Mahâvagga.

CULTURE

La culture d'une nation est le miroir où se reflètent ses connaissances, ses croyances et ses traditions originales. C'est, en bref, une clé à l'aide de laquelle on peut ouvrir la porte de la connaissance de son peuple et de ses institutions. Un jugement clair, reposant sur des informations exactes est, à son tour, le vrai chemin vers l'amitié et la sympathie parmi les nations du monde.

Prince F. KONOYE.

La culture est ce qui subsiste quand on a oublié tout ce qu'on avait appris.

Selma LAGERLOF.

Chaque culture traverse les phases évolutives de l'homme en particulier. Chacune a son enfance, sa jeunesse, sa maturité et sa vieillesse.

O. SPENGLER, *Le déclin de l'Occident.*

Il n'y a pas d'homme cultivé; il n'y a que des hommes qui se cultivent.

Maréchal FOCH.

Pour comprendre une autre culture, il faut se préparer à respecter la façon de vivre dans laquelle elle trouve son expression, accepter cette conception de vie comme valable en soi et appropriée aux peuples en question.

Baldoon DHINGRA, *L'Orient par lui-même.*

La jeunesse doit non seulement assimiler tout ce qu'a créé la vieille culture, mais élever la culture à une hauteur nouvelle, inaccessible aux gens de la vieille société.

C. STANISLAVSKI, en 1938.

CUPIDITE

Le désir cupide est la plus grande source de chagrin. Paraissant un ami, c'est en secret notre ennemi.

Fo-sho-hing-tsan-king.

CURE

Un de mes grands regrets est de n'avoir pas été, toute ma vie, curé d'une paroisse pauvre, afin de pouvoir soulager la misère des gens.

Cardinal MERCIER.

CURIOSITE

Il y a toujours un moment où la curiosité devient un péché, et le diable s'est toujours mis du côté des savants.

A. FRANCE, *Le jardin d'Epicure.*

La curiosité, pas moins que la dévotion, fait les pèlerins.

A. COWLEY, *Ode*.

CYNIQUE

Un homme qui connaît le prix de chaque chose et la valeur d'aucune.

Oscar WILDE, *L'Eventail de Lady Windermere*.

Un cynique est une espèce de confesseur inverti, se faisant continuellement des ennemis pour une cause qu'il sait être fausse.

W.-H. MALLOCK, *La nouvelle république*.

d

déguisemEnt

déluge

démon

DOULEUR

drapeau

DANGER (voy. péril)

Fermer les yeux devant le danger, c'est se donner en proie et renoncer à son libre arbitre.

G. MEREDITH, *Les comédiens tragiques.*

DANSE

La danse sous toutes ses formes ne peut être exclue du cours de toute noble éducation : danser avec les pieds, avec les idées, avec les mots, et dois-je aussi ajouter que l'on doit être capable de danser avec la plume?

NIETZSCHE, *Le crépuscule des idoles.*

La danse est le plus sublime, le plus émouvant, le plus beau de tous les arts, parce qu'elle n'est pas une simple traduction ou abstraction de la vie; c'est la vie elle-même.

Havelock ELLIS, *La Danse de la vie.*

Elle aimait trop le bal, c'est ce qui l'a tuée.

V. HUGO, *Les Orientales.*

Dansons la ronde magique, tandis que l'éclair brille, que le tonnerre éclate, et appelons le brave à la tombe sanglante où l'on dort sans linceul.

Sir W. SCOTT, *La Danse funèbre.*

DANSEUR

Il fallait un calculateur, ce fut un danseur qui l'obtint.

BEAUMARCHAIS, *Le Mariage de Figaro.*

DATE

Dans toutes les existences, on note une date où bifurque la destinée, soit vers une catastrophe, soit vers le succès.

LA ROCHEFOUCAULD, *Marie Leczinska.*

DEBAUCHE

Ah! malheur à celui qui laisse la débauche
Planter le premier clou sous sa mamelle gauche!

A. de MUSSET, *La Coupe et les Lèvres*.

DECEMBRE

Par l'ennui chassé de ma chambre.
J'errais le long du boulevard;
Il faisait un temps de décembre,
Vent froid, fine pluie et brouillard.

Th. GAUTIER, *Emaux et Camées*.

DECOUVERTE

Croire tout découvert est une erreur profonde;
C'est prendre l'horizon pour les bornes du monde.

A. LEMIERRE, *Utilité des découvertes*, etc.

DEFAITE

Elle est tombée, elle est tombée, Babylone!
Toutes les idoles de ses dieux sont brisées sur le sol.

ANC. TEST., *Isaïe*, XXI, 9 (Maredsous).

Accepter l'idée d'une défaite, c'est être vaincu.

Maréchal FOCH.

Où sont nos hommes?
Leurs corps comblent les fossés.
Où sont nos soldats?
Leur chair graisse l'épée de l'ennemi.

Le général YUEH FEI.

DEFAUT

Nous vivons avec nos défauts comme avec les odeurs que
nous portons : nous ne les sentons plus; elles n'incommodent
que les autres.

Marquise de LAMBERT.

DEFIANCE

Défie-toi du bœuf par devant, de la mule par derrière et du
moine de tous les côtés.

CERVANTES, *Les Nouvelles exemplaires*.

DEGUISEMENT

Satan se déguise bien en ange de lumière. Ce n'est donc pas merveille si ses ministres se déguisent en ministres de justice.

NOUV. TEST., II *Corinthiens*, XI, 14 (Oltramare).

DELICATESSE

La délicatesse est à l'esprit ce que la saveur est au fruit.

A. POINCELOT, *Etudes de l'homme ou Réflexions morales*.

DELUGE

Après nous, le déluge!

La marquise de POMPADOUR à Louis XV.

Le déluge n'a pas réussi; il est resté un homme.

Henri BECQUE.

DEMAGOGUE

A chaque époque, les plus vils spécimens de la nature humaine se trouvent parmi les démagogues.

Lord MACAULAY, *Histoire d'Angleterre*.

DEMAIN

Oh! demain, c'est la grande chose!
De quoi demain sera-t-il fait?

V. HUGO, *Les Chants du Crépuscule*.

Ne faisons pas comme ces âmes chancelantes, qui disent tous les jours : A demain, à demain!

FENELON, *Sermon*.

« Demain, j'irai demain voir ce pauvre chez lui,
» Demain, je reprendrai le livre à peine ouvert,
» Demain, je te dirai, mon âme, où je te mène,
» Demain, je serai juste et fort... Pas aujourd'hui. »
. . . .
Ainsi chôme le cœur, la pensée ou le livre,
Et pendant qu'on se tue à différer de vivre,
Le vrai devoir, dans l'ombre, attend la volonté.

SULLY PRUD'HOMME, *Poésies*, Le Temps perdu.

demain • 107

Ce que je sais pour demain, c'est que la Providence se lèvera avant le soleil.

LACORDAIRE.

DEMOCRATE

Le vrai démocrate est celui qui, grâce à des moyens purement non violents, défend sa liberté, par conséquent celle de son pays et finalement celle de l'humanité tout entière.

GANDHI, (cité dans *Tous les Hommes sont Frères*).

DEMOCRATIE (voy. élite, gouvernement)

En général, à part de scandaleuses exceptions, la démocratie a donné au travailleur ordinaire plus de dignité qu'il n'en a jamais eue.

Sinclair LEWIS, *Cela ne peut arriver ici*.

La démocratie, d'après l'idée que je m'en fais, devrait assurer au plus faible les mêmes opportunités qu'au plus fort. Seule la non violence peut aboutir à ce but.

GANDHI, (cité dans *Tous les Hommes sont Frères*).

De même que je ne voudrais pas être un esclave, je ne voudrais pas être un maître. Telle est ma conception de la démocratie. Tout ce qui en diffère, et la différence est d'autant plus grande, n'est point de la démocratie.

A. LINCOLN, *Lettres* (1858).

La démocratie dont je suis partisan, c'est celle qui donne à tous les mêmes chances de réussite, selon la capacité de chacun. Celle que je repousse, c'est celle qui prétend remettre au nombre l'autorité qui appartient au mérite.

Henry FORD, *Ma vie et mon œuvre*.

Les gouvernements démocratiques sont ceux qui plus facilement osent faire tout le contraire de ce que les masses désirent. Aussi, est-ce précisément là où le peuple, en principe, gouverne, qu'il est le plus souvent irrité contre le gouvernement : c'est-à-dire, au moins théoriquement, contre lui-même.

G. FERRERO, *Discours aux sourds*.

La pire des démocraties est beaucoup préférable à la meilleure des dictatures.

Ruy BARBOSA, *Lettres* (d'Angleterre).

Le principe démocratique a contribué à l'affaissement de la civilisation en empêchant le développement de l'élite.

Alexis CARREL, *L'Homme, cet inconnu.*

DEMON (voy. diable)

Un démon, une femme, sont tous deux compagnons;
L'un est maître en malice, l'autre en inventions.

Le Style des Courtisanes, (1618).

Si la femme est un démon toute l'année, il peut bien se faire qu'une fois, par hasard, le démon soit une femme.

CALDERON, *L'esprit follet ou la Dame fantôme.*

Ame, même si tu es démon, tu es sanctifiée par l'amour,
Et j'adore le démon aux grands yeux, aux cheveux
[blonds.

Mihail EMINESCU, *Entretiens littéraires.*

DEPRAVATION

La dépravation suit le progrès des lumières. Chose très naturelle, que les hommes ne puissent s'éclairer sans se corrompre.

RESTIF DE LA BRETONNE, *La Pornographie.*

DERNIER

S'il en demeure dix, je serai le dixième;
Et s'il n'en reste qu'un, je serai celui-là!

V. HUGO, *Les Châtiments.*

DESESPOIR (voy. mort)

Il n'y a pas de situations désespérées; il y a seulement des hommes qui désespèrent des situations.

Anonyme.

Contemplez mon ouvrage, puissants, et désespérez.

Henry JAMES (à propos de son œuvre).

désespoir ● **109**

Le désespoir et le suicide sont le résultat de certaines situations fatales pour qui n'a pas foi dans l'immortalité, dans ses peines et dans ses joies.

> Gérard de NERVAL, *Le rêve et la vie.*

DESINTERESSEMENT

Il faut de la religion pour la religion, de la morale pour la morale, de l'art pour l'art. Le bien et le saint ne peuvent être la route de l'utile, ni même du beau.

> V. COUSIN, *Cours de philosophie* (1818).

DESIR

Un reflux de désirs, du plus profond des terres,
Remonte en moi, flot trouble et de boue épaissi.
Il recouvre cette âme asservie au mystère,
Asservie à la chair, et qui n'a pas choisi.

> F. MAURIAC, *Orages ; Le Regret du Péché.*

Il y a deux tragédies dans la vie : l'une est de ne pas satisfaire son désir et l'autre de le satisfaire.

> Oscar WILDE, *L'Eventail de Lady Wintermere*,
> (3ᵐᵉ acte), (attribué à G.-B. Shaw).

Désir de fille est un feu qui dévore ;
Désir de nonne est cent fois pis encore.

> J.-B. GRESSET, *Vert-Vert.*

Tels nous sentions, irrésolus,
De vivants désirs, qui n'ont plus
⠀⠀Rien de physique,
Couler en nous comme des flots
Avec le rythme et les sanglots
⠀⠀De la musique.

> Th. de BANVILLE, *Louanges d'Antoinette.*

Nous nous tenions la main. Je sentais la piqûre
Du désir s'enfoncer dans mon cœur énervé
Et le désir croissait, de se voir observé.
Oh ! l'âpre volupté que le danger procure !

> Jean RICHEPIN, *Les Caresses.*

C'est le désir qui crée le désirable, et le projet qui pose la fin.

> Simone de BEAUVOIR, *Pour une morale de l'ambiguïté.*

DESOBEISSANCE (voy. raison)

DESTIN

Le destin du poète en emblème ici est montré;
Il demanda du pain, et reçut une pierre.

Samuel WESLEY, *Sur le monument de Butler*.

DESTINEE (voy. date)

Napoléon disait, à Sainte-Hélène, que la destinée d'un
pays dépend parfois d'un seul jour. L'Histoire justifie cette
assertion, mais montre aussi qu'il faut généralement
beaucoup d'années pour préparer ce jour.

G. LE BON, *Hier et Demain*.

DESTRUCTION

Marbre, perle, rose, colombe,
Tout se dissout, tout se détruit;
La perle fond, le marbre tombe,
La fleur se fane et l'oiseau fuit.

Th. GAUTIER, *Emaux et Camées*.

On peut poser qu'il y a équivalence complète entre le
Chrétien et l'Anarchiste : ils n'ont d'autre but, d'autre
instinct que la destruction.

F. NIETZSCHE, *L'Antéchrist*.

Les chars pompeux des Rajahs sont détruits par l'usure.
Notre corps va de même vers un anéantissement certain,
mais le savoir du sage passe à un autre sage et ne côtoie
jamais la destruction.

(BOUDDHA), Le *Dhammapada*.

Alors les cieux passeront avec fracas, les éléments embrasés
se dissoudront, et la terre sera consumée avec tous les
ouvrages qu'elle contient.

NOUV. TEST., *Pierre*, III, 10 (Oltramare).

DETAIL

Ainsi, ils s'aveuglaient eux-mêmes avec l'impalpable et
titillante poudre du détail, comme avec du tabac à priser.

Edgar POE, *Euréka*.

détracteur ● 111

DETRACTEUR

Ne pourrait-on pas dire avec justice à ces détracteurs d'un homme supérieur, si avides de chercher ses défauts : Quel droit avez-vous de lui reprocher des fautes qui ne l'ont pas empêché de valoir encore mieux que vous ?

CONDORCET, *Margraaf.*

DETRESSE (voy. renoncement)

DETTE

Les dettes qu'on paie font des trous; celles qu'on ne paie pas font des taches.

Digeste Catholique, 1948.

DEUIL

Non, ce n'est point un vain rêve : ils ne se trompent point ceux qui disent qu'à la mort du poète, la nature muette prend le deuil et célèbre les obsèques de son ami; ceux qui prétendent que les flancs des rochers escarpés et les cavernes solitaires exhalent des bruits plaintifs; que les ruisseaux qui s'échappent des montagnes, que la rosée embaumée qui distille des fleurs, sont autant de larmes versées sur le barde.

Sir W. SCOTT, *Le Lai du dernier ménestrel.*

C'est en deuil surtout que je l'aime.
Le noir sied à son front poli.
Et par ce front le chagrin même
Est embelli.

SULLY PRUD'HOMME, *Poésies ; En Deuil.*

DEVELOPPEMENT

On dit avec raison que le développement harmonieux de toutes les facultés de l'homme est ce qu'il faut désirer, et que c'est là la perfection; oui, mais l'homme n'en est pas capable, et il doit se considérer et se développer comme un fragment d'être, en cherchant seulement à bien concevoir ce que sont tous les hommes réunis.

W. GŒTHE, *Conversations,* 1825.

La dernière phase du développement mental chez l'homme et chez la femme, ne peut être atteinte que par l'accomplissement vrai des devoirs paternels.

H. SPENCER, *De l'éducation.*

DEVOIR (voy. plaisir)

Devoir! Ah, je ne puis souffrir ce vilain mot, cet odieux mot! Il est si pointu, si aigre, si froid. Devoir, devoir, devoir! On dirait des coups d'épingles.

H. ISBEN, *Solness le Constructeur.*

Une grande misère parmi les hommes, c'est qu'ils savent si bien ce qui leur est dû et qu'ils sentent si peu ce qu'ils doivent aux autres.

Saint FRANÇOIS DE SALES.

Tout au devoir.

(Devise des PLATEN).

Nul ne possède d'autre droit que celui de toujours faire son devoir.

A. COMTE, *Système de Politique positive.*

Je ne connais que deux belles choses dans l'univers : le ciel étoilé sur nos têtes, et le sentiment du devoir dans nos cœurs.

E. KANT, *Critique de la Raison pratique.*

Le devoir, savez-vous ce que c'est? C'est ce qu'on exige des autres.

A. DUMAS, fils, *Denise.*

Tout est déterminé, sans doute, mais comme nous ne savons pas comment il l'est, ni ce qui est prévu ou résolu, nous devons faire notre devoir, suivant la Raison que Dieu nous a donnée et suivant les règles qu'il nous a prescrites.

G.-W. LEIBNIZ, *Théodicée.*

Nous avons toujours une ancre qui tient ferme aussi longtemps qu'on ne la brise pas soi-même : c'est le sentiment du devoir.

I. TOURGUENIEV, *Scènes de la vie russe.*

Avec ce mot *devoir*, on fait danser le citoyen comme un ours avec une musette.

Remy de GOURMONT.

La première récompense du devoir accompli, c'est de l'avoir fait.

ALBERT Ier.

DEVOT

Ah! pour être dévot, je n'en suis pas moins homme.

MOLIERE, *Le Tartuffe*.

Gardez-vous bien de lui les jours qu'il communie.

J. Du LORENS, *Satire*.

Mais je hais les cafards et la race hypocrite
Des tartuffes de mœurs, comédiens insolents,
Qui mettent leurs vertus en mettant leurs gants blancs.

A. de MUSSET, *La Coupe et les Lèvres*.

DIABLE (voy. démon, maladie)

L'homme est de feu, la femme d'étoupe, le diable arrive et souffle.

CERVANTES, *Les Nouvelles exemplaires*.

Le diable peut citer l'Ecriture pour ses besoins.

SHAKESPEARE, *Le Marchand de Venise*.

La faim, l'occasion, l'herbe tendre, et, je pense,
Quelque diable aussi me poussant.

LA FONTAINE, *Fables ;* Les animaux malades de
la peste.

Le diable est-il malade, il se fait solitaire ;
L'infirmité le quitte, il quitte aussi la haire.

LEONIUS.

Nous avons beaucoup d'écrits au style mordant où l'on se refuse à convenir qu'il existe un Dieu. Mais nul athée, tant que je sache, n'a réfuté de façon probante l'existence du diable.

H. von KLEIST, *La cruche cassée*.

Quand une personne est assise, les mains inoccupées, elle a sept diables dans son giron, et elle en berce un huitième.

(Proverbe islandais).

DICTATEUR

Un dictateur n'est qu'une fiction. Son pouvoir se dissémine en réalité entre de nombreux sous-dictateurs anonymes et irresponsables dont la tyrannie et la corruption deviennent bientôt insupportables.

G. LE BON, *Hier et Demain*.

Dans la vie des peuples, au moment des grands malheurs, après les guerres, les invasions, les famines, il y a toujours un homme qui sort de la foule, qui impose sa volonté, son ambition, ses rancunes, et qui se venge « comme une femme » sur le peuple entier, de la liberté, de la puissance et du bonheur perdus.

C. MALAPARTE, *Technique du coup d'Etat.*

DICTATURE

La dictature — dévotion-fétiche pour un homme — est une chose éphémère. Un état de société où l'on ne peut pas exprimer ses pensées, où des enfants dénoncent leurs parents à la police, un tel état de société ne peut pas durer longtemps.

Sir Winston CHURCHILL, *Sang, Sueur et Larmes.*

Le Fuehrer est le Parti et le Parti est le Fuehrer. Juste comme je me sens moi-même une partie seulement du Parti, le Parti se sent lui-même seulement comme une partie de moi.

A. HITLER, (Congrès Nazi, 1935).

Les chutes futures des dictatures coûtent à l'humanité bien plus que n'importe quelle chute d'une démocratie.

F.-D. ROOSEVELT, *Discours,* 1937.

Quand les sauvages de la Louisiane veulent avoir du fruit, ils coupent l'arbre au pied, et cueillent le fruit. Voilà le gouvernement despotique.

MONTESQUIEU, *L'Esprit des Lois.*

La dictature est la forme la plus complète de la jalousie.

C. MALAPARTE, *Technique du coup d'Etat.*

DICTIONNAIRE

Un dictionnaire, c'est tout l'univers par ordre alphabétique.

Anatole FRANCE.

Si les hommes comprenaient mieux les dangers que comporte l'emploi de certains mots, les dictionnaires, aux devantures des librairies, seraient enveloppés d'une bande rouge : « Explosifs. A manier avec soin. »

André MAUROIS.

DIEU (voy. ciel)

Dieu écrit droit avec des lignes courbes.

Proverbe portugais.

Après tout, qu'est Dieu? Un enfant éternel jouant à un jeu éternel dans un éternel jardin.

Shrî AUROBINDO, *Aperçus et Pensées*.

Dieu est le poète, les hommes ne sont que les acteurs. Ces grandes pièces qui se jouent sur la terre ont été composées dans le ciel.

Guez de BALZAC, *Le Socrate chrétien*.

Pesons le gain et la perte, en prenant croix que Dieu est. Estimons ces deux cas : si vous gagnez, vous gagnez tout; si vous perdez, vous ne perdez rien. Gagez donc qu'il est, sans hésiter.

PASCAL, *Pensées*.

L'homme s'agite, mais Dieu le mène.

FENELON, *Sermon pour la fête de l'Epiphanie*, (attribué parfois à Bossuet).

Dieu est le seul être qui, pour régner, n'ait même pas besoin d'exister.

Ch. BAUDELAIRE, *Journaux intimes*.

Dieu est d'ordinaire pour les gros escadrons contre les petits.

BUSSY-RABUTIN, *Lettre au comte de Limoges (1677)*.

Le vrai Dieu, le Dieu fort, c'est le Dieu des idées.

A. de VIGNY, *Les Destinées*.

Dieu n'est qu'un mot rêvé pour expliquer le monde.

LAMARTINE, *Harmonies poétiques et religieuses*.

L'impossibilité où je suis de prouver que Dieu n'est pas me découvre son existence.

LA BRUYERE, *Les Caractères*.

Je viens à vous, Seigneur, confessant que vous êtes
Bon, clément, indulgent et doux, ô Dieu vivant!
Je conviens que vous seul savez ce que vous faites
Et que l'homme n'est rien qu'un jonc qui tremble au vent.

V. HUGO, *Les Contemplations*.

Lui est Allah! Il n'y a pas d'autre Dieu que lui!
Gloire à Lui dans ce monde et dans l'autre! A Lui l'autorité
suprême! c'est à Lui que vous retournez!

MAHOMET, *Le Koran.*

Nul Dieu n'est assez sûr pour mon âme inquiète,
Nul Dieu n'est assez bon pour cette nuit d'été.

Fernand GREGH, *La beauté de vivre.*

Dieu n'est pas l'éternité, il n'est pas l'infini, mais il est
éternel et infini. Il n'est ni la durée ni l'espace, mais il a
existé de tout temps et sa présence est partout.

I. NEWTON, *Principes math. de la philo, naturelle.*

Car qui peut se dérober à l'œil du Dieu qui voit tout, ou
décevoir son esprit qui sait tout?

J. MILTON, *Le Paradis perdu.*

Je me prosterne encore et toujours devant Dieu, qui est
dans le feu et dans l'eau, qui imprègne le monde tout
entier, qui est dans les moissons annuelles comme dans les
grands arbres.

Cvetacvatara Upanishad (livre sacré de l'Inde).

Si Dieu nous a faits à son image, nous le lui avons bien
rendu.

VOLTAIRE, *Le Sottisier.*

Si Dieu n'existait pas, il faudrait l'inventer.

VOLTAIRE, *Epîtres, CIV.*

Mon Dieu
Quel effroi ton nom m'inspire!
Aux flammes de ta splendeur,
Je m'anéantis comme l'or au creuset!
Je fuis devant toi pour me cacher.

France VODNIK, *Le Combat avec Dieu.*

Un homme avec Dieu est toujours dans la majorité.

John KNOX (Inscription sur le monument de la Réformation, Genève).

dieu • 117

On peut trouver Dieu dans une ortie.

(Dicton japonais).

Dieu a tout fait de rien, mais le rien perce.

Paul VALERY.

DIEUX

Ces dieux que l'homme a faits et qui n'ont point fait l'homme.

CYRANO DE BERGERAC, *La mort d'Agrippine*.

Pendant l'âge d'or, les Dieux vêtus d'air marchaient parmi les hommes.

HESIODE, *Les Travaux et les Jour*

La vérité des dieux est en proportion de la beauté solide des temples qu'on leur a élevés.

Ernest RENAN.

Tu n'auras point d'autres dieux devant ma face.

ANC. TEST., *Exode*, XX, 3 (Segond).

DIFFICULTE

La difficulté attire l'homme de caractère, car c'est en l'étreignant qu'il se réalise lui-même.

Charles de GAULLE, *Mémoires de guerre*.

Ne me dites pas que ce problème est difficile. S'il n'était pas difficile, ce ne serait pas un problème.

F. FOCH.

Le difficile, c'est ce qui peut être fait tout de suite; l'impossible, ce qui prend un peu plus de temps.

G. SANTAYANA.

DIGNITE

Aucune race ne peut prospérer si elle n'apprend qu'il y a autant de dignité à cultiver son champ qu'à composer un poème.

B. T. WASHINGTON, *Hors de l'esclavage*.

La dignité de l'homme requiert l'obéissance à une loi supérieure, à la puissance de l'esprit.

GANDHI (cité dans *Tous les hommes sont frères*).

La dignité d'une femme âgée consiste moins à éviter d'être regardée qu'à ne pas supposer qu'elle le soit.

Mme. NECKER.

La seule vraie dignité de l'homme est sa faculté de se mépriser.

G. SANTAYANA, *Dialogues dans les limbes.*

DINER

Un poème jamais ne valut un dîner.

J. BERCHOUX, *La Gastronomie.*

On demandait à Diogène à quelle heure il fallait dîner : — Si l'on est riche, répondit-il, quand on veut; si l'on est pauvre, quand on peut.

DIOGENE.

Tout s'arrange en dînant dans le siècle où nous sommes
Et c'est par des dîners qu'on gouverne les hommes.

C. DELAVIGNE, *L'Ecole des vieillards.*

DIRE

Quand, dans ce monde, un homme a quelque chose à dire, la difficulté n'est pas de lui faire dire, mais de le dire trop souvent.

G.-B. SHAW, *César et Cléopâtre.*

Le plus difficile au monde est de dire en y pensant ce que tout le monde dit sans y penser.

ALAIN, *Histoire de mes pensées.*

DIPLOMATE

Il y a trois sortes de créatures qui, lorsqu'elles semblent venir, s'en vont.
Et quand elles semblent partir, s'en viennent : les diplomates, les femmes et les crabes.

John HAY, *Distiques.*

Des bébés en chapeaux de soie jouant avec de la dynamite.

Alexander WOOLCOTT, *Des diplomates.*

diplomate ● **119**

Un diplomate est un homme qui est payé pour tenter de résoudre les difficultés qui ne se seraient jamais présentées s'il n'y avait pas eu de diplomates.

X...

DIPLOMATIE

La diplomatie, c'est faire et dire les plus vilaines choses de la manière la plus élégante.

Isaac GOLDBERG, *Le Réflexe.*

DISSIMULATION

Il arrive quelquefois qu'une femme cache à un homme toute la passion qu'elle sent pour lui, pendant que de son côté il feint pour elle toute celle qu'il ne sent pas.

La BRUYERE, *Les caractères.*

DISTINGUER

Moi, disait un dindon, je vois bien quelque chose,
Mais, je ne sais pour quelle cause,
Je ne distingue pas très bien.

FLORIAN, *Fables ;* Le singe qui montre la lanterne magique

DISTRACTION

J'aime les gens distraits; c'est une marque qu'ils ont des idées et qu'ils sont bons : car les méchants et les sots ont toujours de la présence d'esprit.

Le Prince Ch. de LIGNE, *Mes écarts.*

DIVERGENCE

Les divergences intellectuelles se supportent et une raison faible s'incline facilement devant une raison forte. Les divergences sentimentales, au contraire, ne se tolèrent pas. La violence seule les fait céder.

G. LE BON, *Hier et Demain.*

DIVERGENCE (D'OPINION)

Deux oiseaux habitaient, l'un des marais, l'autre des champs. L'habitant des marais s'étonnait que son compagnon des champs pût vivre dans un endroit sans eau; l'oiseau des champs ne comprenait pas, de son côté, que l'on pût vivre dans un marais.

N. KHROUCHTCHEV, à des hommes d'affaires
(San Francisco, 1959).

DIVERSITE

Même beauté, tant soit exquise,
Rassasie et soûle à la fin.
Il me faut d'un et d'autre pain :
Diversité, c'est ma devise.

La FONTAINE, *Le Pâté d'Anguille.*

Vous savez que la diversité plaît à l'esprit comme au goût ; et mon histoire, en se variant, et semblant n'aller que par sauts et par bonds, vous en sera peut-être plus agréable.

ARIOSTE, *Roland furieux*, Chant XIII.

DIVINITE

Les divinités qu'adoraient ces peuples les ont-elles sauvés ? Au contraire, elles se sont dérobées à leurs regards, et il ne leur est resté que le mensonge et le blasphème.

MAHOMET, *Le Koran*, XLVI.

DON

Il n'y a que les imparfaits qui regardent plus au don qu'au donateur.

CATHERINE DE SIENNE, *La divine miséricorde.*

Qu'est-ce qu'un don sincère ? Celui pour lequel on n'attend rien en retour.

Prasnottaramâlikâ.

DONNER

Ma joie de donner est morte, à force de donner ; ma vertu s'est lassée d'elle-même dans sa surabondance.

F. NIETZSCHE, *Le Chant de la nuit.*

Tel donne à pleines mains qui n'oblige personne :
La façon de donner vaut mieux que ce qu'on donne.

CORNEILLE, *Le Menteur.*

DORMIR

Au paresseux Clément la lumière est ravie,
Clément dormait toujours, et fait après sa mort
Ce qu'il faisait pendant sa vie :
Clément dormait, et Clément dort.

(Epitaphe anonyme, XVIIIe siècle).

dormir • 121

Il ne faut jamais regarder quelqu'un qui dort. C'est comme si on ouvrait une lettre qui ne vous est pas adressée.

Sacha GUITRY (à Marcel Achard).

Je vous dirai, dormez poètes picards;
Devers la Somme on est en assurance;
Devers le Rhin tout va bien pour la France;
Turenne est là, l'on n'y doit craindre rien,
Vous dormirez, les soldats dorment bien.

Epître à M. de Turenne.

Heureux qui peut dormir sans peur et sans remords
Dans le lit paternel, massif et vénérable,
Où tous les siens sont nés aussi bien qu'ils sont morts.

J.-M. de HEREDIA, *Les Trophées.*

Dormir me plaît et plus encore d'être de pierre
Tant que durent le mal et la honte ici-bas...
Ne rien voir ni sentir m'est chose douce et chère;
Ne m'éveillez donc point! Par pitié, parlez bas!

MICHEL-ANGE (cité par Marc-Monnier,
La Renaissance de Dante à Luther).

DOT

La dot à la laideur prête bien des appas.

François PONSARD, *L'Honneur et l'Argent.*

DOUCEUR

Un acte de justice et de douceur a souvent plus de pouvoir sur le cœur des hommes que la violence et la barbarie.

N. MACHIAVEL, *Le Prince.*

DOULEUR

La douleur est un siècle et la mort, un moment.

J.-B. GRESSET, *Epître sur sa convalescence.*

Sois sage, ô ma douleur, et tiens-toi plus tranquille.

BAUDELAIRE, *Nouv. Fleurs du Mal.*

Ici-bas, la douleur à la douleur s'enchaîne.
Le jour succède au jour, et la peine à la peine.

LAMARTINE, *Prem. Méditations.*

DOUTE

Dans le doute, abstiens-toi.

Attribué à ZOROASTRE.

O Seigneur, s'il y a un Seigneur; sauvez mon âme, si j'ai une âme.

Ernest RENAN, *Prière d'un sceptique.*

Doutez, si vous voulez, de celui qui vous aime,
D'une femme ou d'un chien, mais non de l'amour même.

A. de MUSSET, *La Coupe et les Lèvres.*

J'ai remarqué que plus on est envahi par le doute, plus on s'attache à une fausse lucidité d'esprit avec l'espoir d'éclaircir par le raisonnement ce que le sentiment a rendu trouble et obscur.

A. MORAVIA, *Le Mépris.*

DRAPEAU (voy. guerre)

Chapeaux bas!
Le long de la rue voici qu'il vient,
Son de clairons, roulement de tambours,
Eclair de couleurs dans le ciel :
Chapeaux bas!
Voici le drapeau qui passe...

H. H. BENNET, *Le Drapeau passe.*

Et la bannière étoilée, en triomphe, flottera
Sur la terre de l'homme libre et la maison du brave.

F. S. KEY, *La Bannière étoilée.*

Vous ne pouvez choisir votre champ de bataille,
Les dieux s'en chargent pour vous;
Mais vous pouvez planter un drapeau
Où jamais un drapeau n'a été planté.

Natalia GRANE, *Le Drapeau.*

DROIT (voy. plaisir)

On ne fait pas le droit, il se fait. Cette brève formule contient toute son histoire.

G. LE BON, *Hier et Demain.*

droit • 123

Il est un droit supérieur à tous les autres, c'est le droit de vivre d'une collectivité nationale. Pour défendre l'existence de la nation, s'il avait fallu aller jusqu'à l'illégalité, je n'aurais pas hésité.

Aristide BRIAND (Parlement, octobre 1910).

DROIT NATUREL

Il n'y a point de droit naturel : ce mot n'est qu'une antique niaiserie. Avant la loi, il n'y a de naturel que la force du lion, ou le besoin de l'être qui a faim, qui a froid, le besoin en un mot.

STENDHAL, *Le Rouge et le Noir*.

DROITURE

A droit aller, nul ne trébuche.

(Devise des Thomelin).

e

enthousiasme

EREUR

EXAGE
RATION

exil

EAU

Tous les méchants sont buveurs d'eau;
C'est bien prouvé par le déluge.

> Comte L.-Ph. de SEGUR, *Chanson morale.*

L'ombre de cette fleur vermeille
Et celle de ces joncs pendants
Paraissent être là-dedans
Les songes de l'eau qui sommeille.

> Tristan L'HERMITE, *Promenoir des deux amants.*

ECHEC

Ce que je veux savoir avant tout, ce n'est pas si vous avez échoué, mais si vous avez su accepter votre échec.

> A. LINCOLN.

Ce qui est tragique dans la vie des hommes, c'est moins leurs souffrances que leurs échecs.

> Thomas CARLYLE.

ECLAIR

Je vis le sceptre rayonnant de l'éclair
S'étendre et écrire dans le ciel
L'autographe terrible de Dieu.

> Joakin MILLER, *Le Vaisseau du Désert.*

Ton ordre fait-il partir les éclairs,
Et te disent-ils : « Nous voici »?

> ANC. TEST., *Job*, XXXVIII, 35 (Maredsous).

ECOUTER

Les musiciennes sont parties. Les lilas qu'elles avaient mis dans les vases de jade s'inclinent vers les luths et semblent écouter encore.

> CHANG-WOU-KIEN, *Poèmes.*

écrire ● 127

ECRIRE (voy. lettre, néant)

Ecrire proprement sa langue est une des formes du patriotisme.
>   Lucie DELARUE-MARDRUS, *La Liberté* (oct. 1933).

Ma méthode est de prendre le plus de soucis possible pour trouver la chose qu'il faut dire, et ensuite de la dire avec une légèreté extrême.
>   G.-B. SHAW, *Réponses à neuf questions.*

Pour écrire en prose, il faut absolument avoir quelque chose à dire; pour écrire en vers, ce n'est pas indispensable.
>   Louise ACKERMANN.

Ecrire, et ne pas publier, est un état bien agréable.
>   H. de MONTHERLANT, *Service inutile.*

Je ne suis le porte-drapeau de personne...
Ecrire est une entreprise tellement solitaire...
>   Françoise SAGAN, *Interview.*

ECRITURE

C'est de lui que nous vient cet art ingénieux
De peindre la parole et de parler aux yeux;
Et par les traits divers de figures tracées,
Donner de la couleur et du corps aux pensées.
>   G. de BREBEUF, *Pharsale de Lucain.*

ECRIVAIN (voy. humoriste)

L'écrivain est une sorte de voyant émerveillé.
>   A. Pieyre de MANDIARGUES.

Les écrivains ne se nourrissent pas de viandes ou de poulet, mais exclusivement d'éloges.
>   Henri de MONTHERLANT.

Le plus beau triomphe de l'écrivain est de faire penser ceux qui peuvent penser.
>   DELACROIX, *Ecrits.*

Les grands écrivains n'ont jamais été faits pour subir la loi des grammairiens, mais pour imposer la leur.
>   P. CLAUDEL, *Positions et Propositions.*

Un écrivain est essentiellement un homme qui ne se résigne pas à la solitude. Chacun de nous est un désert.

F. MAURIAC, *Dieu et Mammon.*

EDITION

C'est elle! Dieu que je suis aise!
Oui, c'est la bonne édition;
Voilà bien, pages douze et seize,
Les deux fautes d'impression
Qui ne sont pas dans la mauvaise.

PONS DE Verdun, (épigramme sur le bibliomane reprise par Scribe dans *Le Savant*).

EDUCATION (voy. politique)

La véritable éducation consiste à tirer le meilleur de soi-même. Quel meilleur livre peut-il exister que le livre de l'humanité?

GANDHI (cité dans *Tous les hommes sont frères*).

Rien dans l'éducation, n'est aussi étonnant que la somme d'ignorance qu'elle accumule sous la forme de faits inertes.

Henry ADAMS, *L'Education de H. Adams.*

Je ne suis pas sûr qu'il ne soit pas meilleur pour eux (les enfants) de les instruire oralement pour commencer. Il faudrait d'abord développer ses mains, son cerveau et son âme. Les mains sont presque atrophiées. Quant à l'âme, on l'ignore entièrement. Des parents sages permettent à leurs enfants de se tromper. Ils est bon qu'ils se brûlent les doigts de temps à autre.

GANDHI (cité dans *Tous les hommes sont frères*).

L'éducation n'est pas le fait de l'école, mais bien de quelque vertu qu'on porte en soi.

Louis BROMFIELD, *Mrs. Parkington.*

Tout homme reçoit deux sortes d'éducation : l'une qui lui est donnée par les autres, et l'autre, beaucoup plus importante, qu'il se donne à lui-même.

E. GIBBON.

L'éducation d'un peuple se juge d'après son maintien dans la rue. Où tu verras la grossièreté dans la rue, tu es sûr de trouver la grossièreté dans les maisons.

Edmondo de AMICIS, *Grands cœurs.*

éducation • **129**

Une bonne éducation consiste à concilier le grand bien que vous pensez de vous-même avec le peu de bien que vous pensez des autres.

Mark TWAIN.

Le résultat le plus précieux de l'éducation est peut-être d'arriver à faire ce qu'il faut — bon gré, mal gré — au moment voulu. C'est la première leçon qu'il faudrait apprendre, mais si tôt que commence le dressage de l'homme, c'est probablement la dernière leçon qu'il sache à fond.

Thomas H. HUXLEY, *Bonne économie domestique.*

Après le pain, l'éducation est le premier besoin d'un peuple.

DANTON.

EGALITE

Il est faux que l'égalité soit une loi de la nature. La nature n'a rien fait d'égal; sa loi souveraine est la subordination et la dépendance.

VAUVENARGUES, *Pensées et Maximes.*

Ce n'est pas la grande préoccupation de l'égalité qui crée la douceur et l'affabilité des mœurs. La meilleure base de la bonté, c'est l'admission d'un ordre provisoire, où tout a sa place et son rang, son utilité, sa nécessité même. Les hommes ne sont pas égaux, les races ne sont pas égales.

E. RENAN, *Dialogues et Fragments philo.* (Préface).

Certes, les êtres humains sont égaux. Mais les individus ne le sont pas. L'égalité de leurs droits est une illusion. Le faible d'esprit et l'homme de génie ne doivent pas être égaux devant la loi.

Dr Alexis CARREL, *L'Homme, cet inconnu.*

EGLISE

L'église de ma jeunesse,
L'église au blanc badigeon,
Où jadis, petit clergeon,
J'ai servi la messe.

Gabriel VICAIRE, *Cimetière de Campagne.*

Les peuples passent, les trônes s'écroulent, l'Eglise demeure.

NAPOLEON Ier.

EGOISME (voy. agir)

Vide de vous et rempli de lui-même.

Abbé DELILLE, *Convers. III.*

Ah! celui-là vit mal qui ne vit que pour lui.

A. de MUSSET, *La Coupe et les Lèvres.*

L'égoïsme inspire une telle horreur que nous avons inventé la politesse pour le cacher, mais il perce à travers tous les voiles et se trahit en toute rencontre.

A. SCHOPENHAUER, *La Morale.*

Le moi, le moi ardent, aux mains crochues, à la vision étroite, à l'âpre volonté de vaincre; avec son long cortège de soupçons, de mauvais soupçons, de mauvais désirs, de tromperies, et toutes leurs conséquences qui se développent, voilà les racines de l'arbre immonde.

Charles DICKENS, *Martin Chuzzlewit.*

Un égoïsme intelligent conduirait l'homme aux plus hautes vertus.

A. CAPUS.

L'égoïste est celui qui n'emploie pas toutes les minutes de sa vie à assurer le bonheur de tous les autres égoïstes.

Lucien GUITRY.

EGYPTE

Ici l'homme fut grand, on le voit à son ombre.

J.-J. AMPERE, *Sonnet sur l'Egypte.*

ELITE

Le véritable progrès démocratique n'est pas d'abaisser l'élite au niveau de la foule, mais d'élever la foule vers l'élite.

G. LE BON, *Hier et Demain.*

ELOQUENCE (voy. entendre, orateur)

La vraie éloquence se moque de l'éloquence, la vraie morale se moque de la morale.

PASCAL, *Pensées.*

éloquence ● 131

Prends l'éloquence et tords-lui son cou!

P. VERLAINE, *Jadis et Naguère*.

Fi de l'éloquence qui nous laisse envie de soi, non des choses.

MONTAIGNE, *Essais*, Livre I.

EMOTION

Nos émotions les plus hautes sont mortes. Nous sommes réduits à les simuler.

D.-H. LAWRENCE, *Défense de Lady Chatterley*.

EMPEREUR (voy. pape)

Un empereur doit mourir debout.

VESPASIEN (cité par Suétone).

EMPIRE (voy. arme)

EMPIRE DES MERS

La puissance dépend de l'empire de l'onde;
Le trident de Neptune est le spectre du monde.

A.-M. LEMIERRE, *Le Commerce*.

EMPRISE

Forte est votre emprise, ô chair mortelle!
Forte est votre emprise, ô amour.

Walt WHITMAN, *Murmures d'une mort céleste*.

EMPRUNT

Ne soyez ni un emprunteur, ni un prêteur;
Car souvent on perd le prêt et l'ami,
Et l'emprunt...

SHAKESPEARE, *Hamlet*.

ENCOURAGEMENT

Habitant comme Saint une haute demeure,
J'assiste cependant l'homme tourmenté et humilié,
Je viens ranimer les humbles,
Et remonter les courages abattus.

ANC. TEST., *Isaïe*, LVII, 15 (Maredsous).

ENERGIE

Puisque je vais porter un sort, le mien,
Puisque je vais tenter mes forces, ma mesure,
Et jouer ce rôle qui m'appartient,
Que l'énergie me soit donnée, avec l'amour !

G. DUHAMEL, *Selon ma Loi.*

ENERGIE ATOMIQUE

Bien que je ne prévoie pas que l'énergie atomique devienne
avant longtemps un grand bienfait, je dois dire que, pour
l'instant, c'est une menace. Peut-être est-ce bien qu'il en
soit ainsi. Cela peut intimider la race humaine et l'inciter
à mettre de l'ordre dans les affaires internationales, ce
qui, sans la pression de la crainte, ne s'accomplirait pas.

A. EINSTEIN, *Atlantic Monthly* (nov. 1945).

ENFANT (voy. correction, éducation)

Si les enfants devenaient ce qu'en attendent ceux qui leur
ont donné la vie, il n'y aurait que des dieux sur la terre.

A. POINCELOT, *Etudes de l'homme.*

Je ne l'aime pas parce qu'il est bon, mais parce qu'il est
mon petit enfant.

R. TAGORE, *Le Croissant.*

Qu'il est plus aigu que la dent d'un serpent
D'avoir un enfant ingrat.

SHAKESPEARE, *Le roi Lear.*

Lorsque l'enfant paraît, le cercle de famille
Applaudit à grands cris.

V. HUGO, *Les Feuilles d'Automne.*

Il est si beau, l'enfant, avec son doux sourire,
Sa douce bonne foi, sa voix qui veut tout dire,
Ses pleurs vite apaisés.

V. HUGO, *Les Feuilles d'Automne.*

Quand ils ont tant d'esprit, les enfants vivent peu.

C. DELAVIGNE, *Les Enfants d'Edouard.*

enfant • 133

Enfants d'un jour, ô nouveau-nés,
Pour le bonheur que vous donnez
A vous voir dormir dans vos langes,
    Espoir des nids,
    Soyez bénis,
    Chers anges.

> A. DAUDET, *Les Amoureuses ; Aux petits enfants.*

Enfant, vous êtes l'aube, et mon âme est la plaine
Qui des plus douces fleurs embaume son haleine
    Quand vous la respirez ;
Mon âme est la forêt dont les sombres ramures
S'emplissent pour vous seul de suaves murmures
    Et de rayons dorés.

> V. HUGO, *Les Feuilles d'automne ;* Lorsque l'enfant
> paraît.

Le cerveau des enfants est comme une bougie allumée
dans un lieu exposé au vent : sa lumière vacille toujours.

> FENELON, *De l'éducation des filles.*

Nous n'existons vraiment que par ces petits êtres,
Qui dans tout notre cœur s'établissent en maîtres,
Qui prennent notre vie et ne s'en doutent pas,
Et n'ont qu'à vivre heureux pour n'être point ingrats.

> Emile AUGIER, *Gabrielle.*

C'est par la crainte et le respect que vous devez d'abord
prendre de l'empire sur leurs esprits ; c'est par l'amour
et l'amitié que vous devez plus tard les conserver.

> J. LOCKE, *Quelques pensées sur l'éducation.*

Un enfant endormi est bien le plus beau, le plus tendre
et le plus plaisant spectacle qui puisse s'offrir à des yeux
humains.

> Styn STREUVELS, *Poucette.*

Les enfants sont venus vous demander des roses :
    Il faut leur en donner.
— Mais les petits ingrats détruisent toutes choses...
    Il faut leur pardonner.

> Marceline DESBORDES-VALMORE, *Le Livre des mères.*

134

La difficulté n'est pas de faire des enfants, mais de les nourrir.

MALTHUS.

Mais, que suis-je?
Un enfant braillant dans la nuit,
Un enfant braillant pour la lumière,
Et pour tout langage un cri.

TENNYSON, *In Memoriam.*

ENFER

L'enfer est pavé de bonnes intentions.

S. JOHNSON, (cité par Boswell dans *La Vie de Johnson*).

L'enfer, c'est d'avoir perdu l'espoir.

A. J. CRONIN, *Les Clés du Royaume.*

L'enfer dans la vie future, promis par la théologie, ne peut être pis que celui que nous nous créons dans la vie terrestre en orientant mal nos dispositions.

W. JAMES, *Précis de psychologie.*

Qu'importe, mon Dieu, que je brûle toute l'éternité en enfer, si c'est ta volonté.

Sainte THERESE (de Lisieux).

S'il existe un enfer en ce monde, il se trouve dans le cœur d'un homme mélancolique.

R. BURTON, *Anatomie de la Mélancolie.*

C'est cela la seconde mort, l'étang de feu. Quiconque ne se trouve pas inscrit au livre de vie fut jeté dans l'étang de feu.

NOUV. TEST., *Apoc.*, XX, 14-15 (Maredsous).

L'enfer, c'est les autres.

Jean-Paul SARTRE, *Huis-Clos.*

ENNEMI

Je choisis mes amis pour leur bonne présentation, mes connaissances pour leur bon caractère et mes ennemis pour leur bonne intelligence. Un homme ne peut être trop soigneux dans le choix de ses ennemis.

O. WILDE, *Le Portrait de Dorian Gray.*

ennemi • 135

On nous réconcilia; nous nous embrassâmes, et depuis ce temps-là nous sommes ennemis mortels.

LESAGE, *Le Diable boiteux.*

Amis ou ennemis, il est toujours bon de bien connaître ceux qu'on aime, et meilleur encore de mieux connaître ceux qu'on aime moins.

Georges BONNEAU, *Le Problème de la poésie japonaise.*

Quelque humilié que soit ton ennemi, sache qu'il est toujours à craindre.

SAADI, *Le Jardin des Roses.*

Je ne m'en connais d'autres que ceux de l'Eglise et de l'Etat.

Le cardinal de RICHELIEU (peu de temps avant sa mort).

Faites la conquête de votre ennemi par la force, et vous augmenterez son hostilité; faites sa conquête par l'amour, et vous ne moissonnerez aucune peine ultérieure.

Fo-sho-hing-tsan-king.

ENNUI

L'ennui est la marque des esprits médiocres. Ils s'ennuient dans la solitude parce qu'ils rencontrent eux-mêmes.

ALBERT I.

L'ennui est entré dans le monde par la paresse.

LA BRUYERE, *Les Caractères.*

Il n'est qu'une chose horrible en ce monde, un seul péché irrémissible, l'ennui.

O. WILDE, *Le portrait de Dorian Gray.*

Une personne qui parle lorsque vous désirez qu'elle vous écoute.

A. BIERCE, *Le Dictionnaire du diable.*

ENRICHISSEMENT

Enrichissons-nous de nos différences mutuelles.

Paul VALERY.

ENSEIGNEMENT (voy. instituteur)

Celui qui peut, agit. Celui qui ne peut pas, enseigne.

G.-B. SHAW, *Maximes pour révolutionnaires.*

J'apprends chaque jour pour enseigner le lendemain.

Emile FAGUET.

Enseigner, c'est apprendre deux fois.

JOUBERT, *Pensées.*

Enseignez-lui comment vivre,
Et, ô! leçon combien plus difficile! comment mourir.

Beilby PORTEUS, *Mort.*

ENTENDRE

Toutes les fois que je vous entends, je suis mécontent de moi-même.

LOUIS XIV à Massilon (1699).

ENTETEMENT

Trente moines et leur abbé ne peuvent faire braire un âne contre sa volonté.

CERVANTES, *Les Nouvelles exemplaires.*

Vous pouvez conduire un cheval à la rivière, mais il boira quand et ce qu'il lui plaira.

G. HERBERT, *Jacula Prudentum.*

ENTHOUSIASME

La plus grande faillite d'un être humain, c'est de perdre son enthousiasme. S'il sait le conserver, peu importe que tout le reste l'abandonne; le succès le favorisera sûrement de nouveau.

X...

Rien de grand n'a jamais pu être réalisé sans enthousiasme.

R. W. EMERSON, *Cercles.*

Ce sont les Grecs qui nous ont légué le plus beau mot de notre langue : le mot « enthousiasme » — du grec *en theo*, un Dieu intérieur.

PASTEUR.

enthousiasme • 137

Ne fît-on que des épingles, il faut être enthousiaste de
son métier pour y exceller.

DIDEROT.

ENVIE (voy. désir)

La vertu dans le monde est toujours poursuivie.
Les envieux mourront, mais non jamais l'envie.

MOLIERE, *Le Tartufe.*

Les lâches clameurs de l'envie
Te suivent jusque dans les cieux;
Crois-moi, dédaigne d'en descendre,
Ne t'abaisse pas pour entendre
Ces bourdonnements détracteurs.

LAMARTINE, *Méditations*, I.

ENVIRONNEMENT

L'homme a établi sa domination sur son environnement
naturel en faisant naître un environnement artificiel ; et
ce monstre (…) se révèle être un maître bien plus intrai-
table et plus impitoyable que cet environnement naturel
que les ouvrages de l'homme ont surmonté ou étouffé et
risquent même d'anéantir.

A. TOYNBEE, *L'autre moitié du monde* (Avant-Propos).

EPEE

Rengaine ton épée : tous ceux qui useront de l'épée **périront**
par l'épée.

NOUV. TEST., *Matthieu*, XXVI, 52 (Maredsous).

EPIGRAMME (voy. chose, médecin)

Ce que je trouve chic
Et typique,
C'est ce chemin de fer électrique
Qui part et rapplique
Par un déclic
Electrique.

Le Zwanzeur (à propos des premiers tramways belges).

Eglé, belle et poète, a deux petits travers :
Elle fait son visage et ne fait pas ses vers.

ECOUCHARD-LEBRUN (à l'adresse de Mme Fanny de
Beauharnais).

Tircis fait cent vers en une heure;
Je vais moins vite et n'ai pas tort;
Les siens mourront avant qu'il meure;
Les miens vivront quand je serai mort.

D. S. de SAINT-PAVIN.

L'autre jour, au fond d'un vallon,
Un serpent piqua Jean Fréron;
Que pensez-vous qu'il arriva?
Ce fut le serpent qui creva.

VOLTAIRE (contre un libelliste qu'il haïssait).

Ci-gît, qui fit des vers, les fit mal, et ne put,
Quoiqu'il fût sans esprit, être de l'Institut.

L. VIGEE (sur lui-même).

A cette épigramme en forme d'épitaphe, un homme d'esprit
répondit :

Vigée écrit qu'il est un sot,
Pense-t-il qu'on le contredise?
Non : l'épitaphe est si précise
Que tout Paris le prend au mot.

François de NEUFCHATEAU.

D'où vient qu'on a tant approché
Cette justice du marché
Rien n'est plus facile à comprendre :
C'est pour montrer qu'elle est à vendre.

A. FURETIERE (lors de l'édification d'un tribunal près
d'une halle dans une petite ville de province).

Cornelio grondait en termes peu courtois
Sa femme trop sensible à tant de bons apôtres,
Pour les accrocs faits à sa foi.
Elle répond : « C'est vrai, ma foi!
Mais à l'église, avec des patenôtres,
Quand on me fit dire : Oui, à toi,
J'ai oublié de dire : non, aux autres ».

F. ACUNA de FIGUEROA, *Epigramme 1222*. (Trad
M. Pomès).

Sommes-nous trente-neuf, on est à nos genoux,
Et sommes-nous quarante, on se moque de nous.

FONTENELLE (sur l'Académie française)

épigramme ● 139

Du célèbre Boileau tu vois ici l'image,
« Quoi, c'est là, diras-tu, ce critique achevé?
D'où vient ce noir chagrin qu'on lit sur son visage?
   C'est de se voir si mal gravé. »
          BOILEAU, *Poésies diverses* (vers pour mettre au bas
          d'une méchante gravure).

En France, on fait, par un plaisant moyen,
Taire un auteur quand d'écrits il assomme.
Dans un fauteuil d'académicien,
Lui quarantième, on fait asseoir cet homme.
Lors il s'endort et ne fait plus qu'un somme :
Plus n'en avez phrase ni madrigal.
Au bel esprit, ce fauteuil est en somme
Ce qu'à l'amour est le lit conjugal.
          PIRON (à propos de l'élection de Gresset à l'Académie).

En russe, il y a deux malheurs :
En bas — la puissance des ténèbres;
En haut — les ténèbres de la puissance (du pouvoir).
          GHILIAROVSKI, V. A. (à propos de l'interdiction par
          la censure tsariste de *La Puissance des Ténèbres* de
          Tolstoï).

L'Académie assurément
Choisit un prince de l'Eglise
Pour l'absoudre de la sottise
Qu'elle va faire en le nommant.
          ANONYME (contre la candidature de Mgr Dupanloup).

Comme les deux Corneille, ils étaient deux Dumas,
Mais aucun ne fut Pierre; tous deux furent Thomas.
          Henry BECQUE (sur Alexandre Dumas père et fils).

Si ce coup de bec, de Becque, t'éveille,
O Thomas Corneille, en l'obscur tombeau,
Pardonne à l'auteur qui baye aux corneilles
Et songe au public qui bâille aux « Corbeaux ».
          A. DUMAS, fils (réplique à la précédente).

Quand pour s'unir à vous Alcipe se présente
   Pourquoi tant crier haro?
   Dans le nombre de quarante
   Ne faut-il pas un zéro?
          E. BOURSAULT (contre La Bruyère avant son élection
          à l'Académie, en 1693).

Après l'*Agésilas*
  Hélas!
Mais après l'*Attila*
  Holà!

> BOILEAU (après la représentation d'*Attila*, de Corneille).

EPITAPHE (voy. avare, misanthrope, nom)

Mieux vaudrait, après votre mort, une méchante épitaphe
que, de votre vivant, un mauvais renom.

> SHAKESPEARE, *Hamlet.*

Jean sous cette pierre close
Repose (si on peut bien
Sans faillir dire : « Il repose »
D'un qui ne fit jamais rien).

> (XVIIe s.).

J'ai vécu sans nul pensement,
Me laissant aller doucement
A la bonne loi naturelle.
Et si m'étonne fort pourquoi
La mort osa songer à moi,
Qui ne songeai jamais à elle.

> M. REGNIER, *Epitaphe.*

Ci-gît ma femme : oh! qu'elle est bien!
Pour son repos et pour le mien.

> J. du LORENS, *Satires.*

Ci-gît le pauvre Pellegrin
Qui, dans le double emploi de poète et de prêtre,
Eprouva mille fois l'embarras que fait naître
La crainte de mourir de faim.
Il dînait de l'autel et soupait du théâtre,
Le matin catholique et le soir idolâtre.

> Ch. REMY (au sujet de l'abbé Pellegrin, mort en 1745).

S'il faut que maintenant en la fosse je tombe,
Qui ai toujours aimé la paix et le repos,
Afin que rien ne pèse à ma cendre et mes os,
Amis, de mauvais vers ne chargez pas ma tombe.

> J. PASSERAT, *Epitaphe*

épitaphe • 141

Celui qui cy maintenant dort
Fit plus de pitié que d'envie,
Et souffrit mille fois la mort
Avant que de perdre la vie.

> SCARRON (début de son épitaphe par lui-même).

Du plus grand chicaneur qu'on pourra jamais voir,
En ce tombeau glacé gît la dépouille morte;
Pluton, hôte commun, ne le veut recevoir,
De peur qu'en son pays la chicane il ne porte.

> E. T. des ACCORDS, *Bigarrures.*

Je ne demande rien à la foule qui passe,
Il faut au cœur blessé peu de bruit,
Et de mon lit profond d'où nul sanglot ne sort,
Je me console enfin dans les bras de la mort.

> Marceline DESBORDES-VALMORE (sur le portrait de
> David d'Angers).

Le corps
de Benjamin Franklin, imprimeur,
(comme la couverture d'un vieux livre
dont le dedans est arraché,
et qui n'a plus, ni reliure, ni dorure)
sert ici de pâture aux vers :
mais l'ouvrage en lui-même ne sera pas perdu,
car il reparaîtra un jour,
(ainsi qu'il l'a toujours pensé)
dans une nouvelle et plus belle édition
revue et corrigée
par l'auteur.

> Benjamin FRANKLIN.

Ci-gît un très grand personnage,
Qui fut d'un illustre lignage,
Qui posséda mille vertus,
Qui ne trompa jamais, qui fut toujours fort sage...
Je n'en dirai pas davantage,
C'est trop mentir pour cent écus.

> D. de LA MONNOYE (sur la mort de l'abbé de La Rivière
> qui avait promis, par testament, cent écus à celui qui ferait
> son épitaphe).

142

EPOUSE

Il ne faut choisir pour épouse que la femme qu'on choisirait
pour ami, si elle était homme.

JOUBERT, *Pensées.*

ERREUR

Une des sources les plus fréquentes d'erreur est de prétendre
expliquer avec la raison des actes dictés par des influences
affectives ou mystiques.

G. LE BON, *Hier et Demain.*

Il est bon quelquefois de s'aveugler soi-même,
Et bien souvent l'erreur est le bonheur suprême.

DESTOUCHES, *Le Glorieux.*

EROTISME

L'érotisme, ce triomphe du rêve sur la nature, est le haut
refuge de l'esprit de poésie, parce qu'il nie l'impossible

Emmanuelle ARSAN, *Emmanuelle*

ERUDITION

Peu de philosophie mène à mépriser l'érudition; beaucoup
de philosophie mène à l'estimer.

CHAMFORT, *Maximes et Pensées.*

L'érudition est bien loin d'être un mal; elle agrandit
le champ de l'expérience, et l'expérience des hommes et des
choses est la base du talent.

Max JACOB, *Conseils à un jeune poète.*

ESCLAVAGE (voy. argent, liberté)

L'esclavage humain a atteint son point culminant à notre
époque sous forme de travail librement salarié.

G.-B. SHAW, *Bréviaire du Révolutionnaire.*

L'esclavage a la voix enrouée et ne peut parler haut.

SHAKESPEARE, *Roméo et Juliette*, II. 2.

Si l'esclavage n'est pas mauvais, rien n'est mauvais.

LINCOLN, Lettre à A. G. Hodges, 1864.

ESCLAVE (voy. roi)

L'esclave est un tyran dès qu'il le peut.

H. BEECHER-STOWE, *La case de l'oncle Tom.*

espérance ● **143**

ESPÉRANCE

Un jour tout sera bien, voilà notre espérance :
Tout est bien aujourd'hui, voilà l'illusion.

VOLTAIRE, *Poème sur le désastre de Lisbonne.*

Et l'espoir, malgré moi, s'est glissé dans mon cœur.

RACINE, *Phèdre.*

La puissance et le charme de l'espérance est de contenir
toutes les possibilités de plaisir.
Elle constitue une sorte de baguette magique transformant
toute chose. Les réformateurs ne firent jamais que substi-
tuer une espérance à une autre.

G. LE BON, *Les Opinions et les Croyances.*

L'espérance est un emprunt fait au bonheur.

JOUBERT, *Pensées.*

L'espérance vertueuse va vite : elle possède les ailes de
l'hirondelle.

SHAKESPEARE, *Richard III.*

Les hommes mortels et les dieux éternels ne tuèrent
jamais l'espérance.

G. d'ANNUNZIO, *Phaedre.*

Crains, malheureux, et défie-toi de ton espérance même.

BOURDALOUE, *Sermon sur la pénitence.*

« Vous qui entrez, laissez toute espérance! »
Ces mots, je les vis écrits en lettres noires sur le haut
d'une porte; aussi, je m'écriai : « Maître, le sens de ces
mots me paraît amer! »
Mais lui, d'une voix assurée : « Ici, il faut laisser toute
crainte, il faut qu'en l'âme toute lâcheté soit éteinte. »

DANTE, *Enfer*, chant III.

O mon Dieu! lui aussi était maintenant une tombe! Et son
épitaphe? Voyons! Quel est le mort qui dort là? Inscription
d'enfer! « Ci-gît l'Espérance. » — Silence, silence!

M. J. de LARRA, *Figaro au cimetière.*

Mais espérons que nos maux seront suspendus si nous

ne cessons pas d'espérer. Le soleil chaque jour se cache pour reparaître à nos yeux; et souvent un moment du ciel le plus obscurci par les nuages forme le ciel le plus beau et le plus serein.

GUARINI, *Pastor Fido.*

En pleine angoisse, ne perds jamais l'espoir, car la moelle la plus exquise est dans l'os le plus dur.

HAFIZ, *Les Ghazels.*

ESPRIT

Les livres ont toujours plus d'esprit que les hommes qu'on rencontre.

Comtesse d'ALBANY, *Correspondance.*

En France, toutes les femmes ont de l'esprit, excepté les bas-bleus.

Mme de GIRARDIN.

L'esprit sommeille dans la brute et c'est pourquoi elle ne connaît que la loi de la force physique. La dignité de l'homme demande l'obéissance à une loi plus haute, à la force de l'esprit.

GANDHI (cité dans *Tous les Hommes sont frères,* Unesco).

Quand on court après l'esprit, on attrape la sottise.

MONTESQUIEU, *Pensées diverses.*

Il faut être bien dénué d'esprit, si l'amour, la malignité, la nécessité n'en font pas trouver.

LA BRUYERE, *Les Caractères.*

Le plus grand dérèglement de l'esprit, c'est de croire les choses parce qu'on veut qu'elles soient, et non parce qu'on a vu qu'elles sont en effet.

BOSSUET, *Traité de la connaissance de Dieu et de soi-même.*

On peut feindre d'avoir du cœur, pas d'avoir de l'esprit.
Paul MORAND.

On a tort de craindre la supériorité de l'esprit et de l'âme; elle est très morale cette supériorité, car tout comprendre

esprit • 145

rend très indulgent, et sentir profondément inspire une grande bonté.

Mme de STAEL, *Corinne ou de l'Italie.*

L'esprit sert à tout, mais il ne mène à rien.

Attribué à TALLEYRAND, au Prince Ch. de LIGNE, etc.

Ami, cache ta vie et répands ton esprit.

V. HUGO, *Les Rayons et les Ombres.*

« L'esprit court les rues », disait quelqu'un à la célèbre cantatrice Sophie Arnould. « C'est un bruit que les sots font courir », lui fut-il répondu.

L'esprit de bien des gens n'est que l'art de se taire.

Comte DARU, *La Cléopide.*

L'esprit qu'on veut avoir gâte celui qu'on a.

J.-B. GRESSET, *Le Méchant.*

Les gens qui ont le plus d'esprit sont ceux qui déraisonnent le plus quand leurs passions sont en jeu; car alors tout leur esprit s'applique à trouver des arguments en faveur de leur folie.

Maria EDGEWORTH.

L'esprit libre et curieux de l'homme est ce qui a le plus de prix au monde.

J. STEINBECK, *A l'Est de l'Eden.*

Il ne suffit pas d'avoir de l'esprit. Il faut en avoir encore assez pour s'abstenir d'en avoir trop.

A. MAUROIS, *De la conversation.*

La forme délectable que prend l'intelligence en ses moments d'excédent de puissance : la forme de l'esprit.

Stuart P. SHERMAN.

Il n'est pas rare d'entendre des imbéciles proclamer homme d'esprit un incontestable idiot!... De quoi se mêle tout ce petit monde ? Oh! de ce qui le regarde, bien sûr! L'idiot, c'est leur homme d'esprit...

Lucien GUITRY.

Qu'est-ce que l'esprit ? Raison assaisonnée;
Par ce seul mot la dispute est bornée.

J.-B. ROUSSEAU.

On peut faire semblant d'être grave; on ne peut pas faire semblant d'avoir de l'esprit. Il faut en avoir et n'en a pas qui veut.

S. GUITRY, *L'Esprit de Paris.*

L'esprit voit, brille et frappe; il est inspirateur, en un mot prompt et brillant.

RIVAROL.

L'esprit français, c'est la raison en étincelles.

Paul DESCHANEL, 1912.

L'esprit est le sel de la conversation, non sa nourriture.

W. HAZLITT, *Conférences sur les écrivains comiques anglais.*

L'esprit n'est que la vérité rendue amusante.

BULWER-LYTTON, *Les Parisiens.*

Il n'est rien de si absent que la présence d'esprit.

RIVAROL.

Il y a, si je puis ainsi dire, trois puissants esprits qui, de temps en temps, se sont avancés sur la surface des mers, et ont donné une impulsion prédominante aux sentiments moraux et aux énergies de l'Humanité. Ce sont les esprits de liberté, de religion et d'honneur.

H. HALLAM, *L'Europe au Moyen Age.*

ESTIME

Sur quelque préférence une estime se fonde,
Et c'est n'estimer rien qu'estimer tout le monde.

MOLIERE, *Le Misanthrope.*

ETAT

Le char de l'Etat navigue sur un volcan.

H. MONNIER, *Grandeur et Decadence de M. Joseph Prudhomme.*

Etat • 147

Tandis que l'Etat existe, pas de liberté; quand régnera la liberté, il n'y aura plus d'Etat.

LENINE, *L'Etat et la Révolution.*

Tout dans l'Etat, rien contre l'Etat, rien en dehors de l'Etat.

MUSSOLINI, discours à la Chambre des Députés, 1927.

L'Etat c'est moi!

LOUIS XIV, en 1655.

Le pire des Etats, c'est l'Etat populaire.

CORNEILLE, *Cinna.*

ETE

Où le rossignol tarde-t-il si longtemps? Oublie-t-il de venir nous consoler? L'été n'est pas encore là, mais l'été va venir. Le soleil de Pâques est à l'orient.

Guido GEZELLE, *Couronnes de l'année.*

Lumière profuse; splendeur. L'été s'impose et contraint toute âme au bonheur.

A. GIDE, *Journal,* 1943.

ETERNITE

Je voudrais épuiser sur moi l'éternité.

Anna de NOAILLES, *Les Eblouissements.*

L'autre nuit, je vis l'Eternité.

Henry VAUGHAN, *Une vision.*

ETOILE

A l'heure où les étoiles
Frissonnant sous leurs voiles
Brodent le ciel changeant
    De fleurs d'argent.

Th. de BANVILLE, *A la Font-Georges.*

Ce qui est admirable, ce n'est pas que le champ des étoiles soit si vaste, c'est que l'homme l'ait mesuré.

A. FRANCE.

Est-ce toi qui noues les liens des Pléiades,
Ou qui délies les chaînes d'Orion?

Est-ce toi qui fais sortir en son temps les constellations,
Et qui conduis la Grande Ourse avec ses petits?

ANC. TEST., *Job*, XXXVIII, 31-32 (Maredsous).

Scintille, scintille, petite étoile!
Comme je me demande ce que tu es,
Au-dessus du monde si haut,
Comme un diamant dans le ciel!

Ann TAYLOR, *L'Etoile*.

Deux choses remplissent l'esprit d'admiration et de crainte
incessantes : le ciel étoilé au-dessus de moi et la loi morale
en moi.

E. KANT, *Critique de la Raison pure*.

ETONNEMENT

Celui qui ne peut plus éprouver ni étonnement ni surprise
est pour ainsi dire mort; ses yeux sont éteints.

A. EINSTEIN, *Comment je vois le monde*.

ETRANGER

Il faut se ressembler un peu pour se comprendre, mais
il faut être un peu différents pour s'aimer. Oui, semblables
et dissemblables... Ah! qu'étranger pourrait donc être
un joli mot!

Paul GERALDY, *L'Homme et l'Amour*.

ETRE

Il n'importe pas d'avoir été, mais d'être. Je ne suis pas :
je serai. Seulement, parce que je prétends être plus que je
ne suis, j'ai fait peu de cas de ce que je fus pour devenir
ce que je veux être.

Tirso de MOLINA.

Les gens ne devraient pas toujours tant réfléchir à ce
qu'ils doivent faire, ils devraient plutôt penser à ce qu'ils
doivent être. S'ils étaient seulement bons et conformes
à leur nature, leurs œuvres pourraient briller d'une vive
clarté.

Maître ECKHART, *Instruction spirituelle*.

Que tout ce qui peut être soit!

André GIDE, *Les Caves du Vatican*.

Etre ou ne pas être, voilà la question!

SHAKESPEARE, *Hamlet*.

ETRE HUMAIN

Dès qu'on approche un être humain, on touche à l'inconnu.

E. ESTAUNIE.

ETUDE

Réfugie-toi dans l'étude, tu échapperas à tous les dégoûts de l'existence. L'ennui du jour ne te fera pas soupirer après la nuit et tu ne seras pas à charge de toi-même et inutile aux autres.

SENEQUE.

L'étude a été pour moi le souverain remède contre les dégoûts de la vie, n'ayant jamais eu de chagrin qu'une heure de lecture n'ait dissipé.

MONTESQUIEU, *Pensées diverses*.

Adonne-toi à l'étude des lettres pour en tirer quelque chose qui soit toute tienne.

MONTAIGNE, *Essais*.

Renoncez à l'étude et vous n'aurez aucun souci.

LAO TSE.

Chaque jeune homme, chaque jeune fille doivent savoir qu'en étudiant à l'école, ils doivent se préparer au travail, se préparer à créer des valeurs utiles à l'homme et à la société. Chacun, indépendamment de la situation de ses parents, doit avoir un seul chemin : se mettre à apprendre et, après avoir appris, travailler.

N. KHROUCHTCHEV (XIIIe Congrès du Komsomol).

Etudiez comme si vous deviez vivre toujours; vivez comme si vous deviez mourir demain.

Saint ISIDORE (de Séville).

EUROPE

L'Angleterre est un empire; l'Allemagne, une race, et la France, une personne.

J. MICHELET, *Hist. de France*, t. II.

L'Europe est trop grande pour être unie. Mais elle est trop petite pour être divisée. Son double destin est là.

Daniel FAUCHER.

L'Europe est un Etat composé de plusieurs provinces.

MONTESQUIEU.

La pureté de la race n'existe pas. L'Europe est un continent de métis énergétiques.

H. FISHER, Hist. de l'Europe.

Il m'a semblé et il me semble qu'il est avant tout nécessaire de refaire la vieille Europe, de la refaire solidaire, notamment quant à sa reconstruction et à sa renaissance économique dont tout le reste dépend, de la refaire avec tous ceux qui, d'une part, voudront et pourront s'y prêter et, d'autre part, demeurent fidèles à cette conception du droit des gens et des individus d'où est sortie et sur laquelle repose notre civilisation.

Charles de GAULLE, Paris, 9 juillet 1947.
(Association de la Presse anglo-américaine).

L'Europe deviendra-t-elle *ce qu'elle est en réalité*, c'est-à-dire : un petit cap du continent asiatique ? ou bien l'Europe restera-t-elle *ce qu'elle paraît*, c'est-à-dire : la partie précieuse de l'univers terrestre, la perle de la sphère, le cerveau d'un vaste corps ?

Paul VALERY, La crise de l'esprit 1919.

EVANGILE

Si on nous apporte sous le titre de l'esprit quelque chose qui ne soit contenue en l'Evangile, ne le croyons pas.

CALVIN, Institution de la Religion chrétienne.

La culture intellectuelle peut toujours se développer, les sciences naturelles peuvent gagner toujours en étendue, en profondeur, l'esprit de l'homme peut s'élargir autant qu'il le voudra, on ne trouvera rien au-dessus de la haute doctrine morale qui brille et resplendit dans les Evangiles.

W. GOETHE, Conversations, 1832.

EVOLUTION

Une brume ardente et une planète,

évolution ● **151**

Un cristal et une cellule,
Une méduse et un saurien
Et des cavernes où habitent des hommes,
Ensuite, un sens de la loi et de la beauté,
Et une figure façonnée de la matière...
Certains appellent cela Evolution.
Et d'autres appellent cela Dieu.

W. H. CARRUTH, *Chacun dans sa propre langue.*

EXAGERATION

Le poisson est un animal dont la croissance est excessivement rapide entre le moment où il est pris et le moment où le pêcheur en fait la description à ses amis.

The Christian Herald.

EXCES

L'excès de sévérité produit la haine. L'excès de l'indulgence affaiblit l'autorité. Sachez garder le milieu et vous ne serez exposé ni au mépris ni aux outrages. Il faut imiter le chirurgien qui, suivant le besoin, applique le fer ou le baume sur la blessure.

SAADI, *Le Jardin des Roses.*

EXEMPLE

La vie des grands hommes nous rappelle
Que nous aussi nous pouvons rendre notre vie sublime,
Et laisser derrière nous, après la mort,
Des empreintes sur le sable du temps.

LONGFELLOW, *Un psaume de vie.*

EXIL

Le monde entier se trouvait devant eux, où choisir
Le lieu de repos, et la Providence fut leur guide :
La main dans la main, à l'aventure et lentement,
A travers l'Eden, ils cheminèrent seuls.

MILTON, *Le Paradis perdu.*

Oh! n'exilons personne! oh! l'exil est impie.

V. HUGO, *Les Chants du Crépuscule.*

Jamais l'exil n'a corrigé les rois.

BERANGER, *Denys, maître d'école.*

Il n'y a d'amis, d'épouses, de pères et de frères que dans la patrie. L'exilé partout est seul.

LAMENNAIS, *Paroles d'un croyant.*

L'exil est une espèce de longue insomnie.

V. HUGO.

Et toi tu t'en tires en laissant en arrière
Ceux à côté desquels ta vie aura coulé :
C'est là le premier coup qui frappe l'exilé.
Tu sentiras, bien loin de Florence et des nôtres,
Qu'il est dur de monter par l'escalier des autres,
Et combien est amer le pain de l'étranger !

DANTE, *Paradis*, Chant XVII (trad. A. Deschamps).

EXISTENCE

Le ciel, la terre, mille et mille choses sont nés de l'existence et l'existence est née du néant.

LI EUL, dit LAO-TSEU (*Antho. de la litt. chinoise*, par Sung-Nien Hsu).

EXISTER (voy. joie)

EXPERIENCE (voy. érudition)

L'expérience immédiate de la vie résout les problèmes qui déconcertent le plus l'intelligence pure.

W. JAMES, *La volonté de croire.*

C'est dans ce que nous valons, et non dans ce que nous possédons, que réside notre expérience.

E. M. FORSTER, *Le plus long voyage.*

L'expérience, nom dont les hommes baptisent leurs erreurs.

O. WILDE, *Le portrait de Dorian Gray.*

L'expérience est une école sévère, mais les fous n'apprendront dans aucune autre.

B. FRANKLIN, *L'Almanach du pauvre Richard.*

EXPLOITATION (voy. imbécile)

Abolissez l'exploitation de l'homme par l'homme et vous

abolirez l'exploitation d'une nation par une autre nation.

K. MARX et F. ENGELS, *Manifeste du Parti Comm.*

EXPRESSION

Entre toutes les différentes expressions qui peuvent rendre une seule de nos pensées, il n'y en a qu'une qui soit la bonne. On ne la rencontre pas toujours en parlant ou en écrivant; il est vrai néanmoins qu'elle existe, que tout ce qui ne l'est point est faible, et ne satisfait point un homme d'esprit qui veut se faire entendre.

LA BRUYERE, *Les Caractères.*

f

fant**O**me

FORCE

FOULE
FOULE
FOULE

fromage

FAIM

Dieu! pourquoi l'orphelin dans ses langes funèbres
Dit-il : « J'ai faim. » L'enfant, n'est-ce pas un oiseau?
Pourquoi le nid a-t-il ce qui manque au berceau?

V. HUGO, *Les Contemplations.*

Dans le monde, il n'existe aucune sauce comparable à la faim.

CERVANTES, *Don Quichotte.*

FAIRE (voy. inaction)

Nous sommes des serviteurs inutiles; nous n'avons fait que ce que nous devions faire.

NOUV. TEST., *Luc*, XVII, 10 (Segond).

Si faire était aussi aisé que savoir ce qu'il est bon de faire, les chapelles seraient des églises, et les chaumières des pauvres gens des palais de princes.

SHAKESPEARE, *Le Marchand de Venise.*

Faites ce que je dis et non ce que je fais.

C. DELAVIGNE, *Louis XI.*

Rien de grand ne se fait sans chimères.

E. RENAN, *L'avenir de la science.*

FAIT

La leçon des faits n'instruit pas l'homme prisonnier d'une croyance ou d'une formule.

G. LE BON, *Hier et Demain.*

FAMILIARITE

La familiarité engendre le mépris... et les enfants.

Mark TWAIN, *Journaux inédits.*

familiarité • 157

Sois familier, mais aucunement vulgaire.

SHAKESPEARE, *Hamlet.*

FAMILLE

Nous ne discutons pas la famille. Quand la famille se défait, la maison tombe en ruines.

Oliveira SALAZAR, *Principes d'action.*

Toutes les familles heureuses se ressemblent; chaque famille heureuse est malheureuse à sa manière.

TOLSTOÏ, *Anna Karénine.*

Celui qui possède femme et enfants a donné des otages à la fortune; car ce sont des obstacles aux grandes entreprises, qu'elles soient vertueuses ou malfaisantes.

Sir Francis BACON, *Du mariage et du célibat.*

Où peut-on être mieux
Qu'au sein de sa famille?

MARMONTEL, *Lucile.*

Familles! je vous hais! Foyers clos; portes refermées; possessions jalouses du bonheur.

A. GIDE, *Les Nourritures terrestres.*

FANTOME

Une maison n'est jamais tranquille dans l'obscurité pour ceux qui écoutent intensément. Les fantômes ont été créés quand le premier homme s'éveilla dans la nuit.

Sir J. M. BARRIE, *Le Petit Ministre.*

Hélas! comment serais-je charmante et belle? Ma joue est pâle, et la terre est ma demeure.

Kiempe Viser (ancienne ballade danoise).

Les nouveaux fantômes gémissent, les anciens pleurent,
On les entend par les jours pluvieux et sombres.

TU FU, *Chanson des chars de guerre.*

FARD

Un visage commun s'embellit par le fard,
Le beau n'a pas besoin des ornements de l'art.

J. ROTROU.

FAUTE

Ecoutez beaucoup, afin de diminuer vos doutes; soyez attentif à ce que vous dites, afin de ne rien dire de superflu; alors, vous commettrez rarement des fautes.

CONFUCIUS, *Doctrine ; Le Lun-Yu.*

Pour ses vertus soit bienveillant;
Pour ses défauts, un peu aveugle.

M. PRIOR, *Un cadenas anglais.*

Jupiter nous a chargé de deux besaces : l'une, remplie de nos fautes, qu'il a placée sur le dos; l'autre contenant celles d'autrui, qu'il a pendue devant.

PHEDRE, *Fables*, X.

Un homme vanne les fautes de son voisin comme paille et foin; les siennes, il les cache comme, devant un joueur, un tricheur le fait d'un dé truqué.

Le *Dhammapada.*

Il faut rougir de faire une faute, et non de la réparer.

J.-J. ROUSSEAU, *Emile*, IV.

Nos fautes sont comme des grains de sable en face de la grande montagne des miséricordes de Dieu.

Le curé d'ARS.

Les fautes des autres, c'est toujours réjouissant.

André GIDE.

Celui qui loue qui devrait être blâmé ou blâme qui devrait être loué, rassemble ce faisant la faute dans sa bouche.

Kokâliya-sutta.

Il y a une gloire dans une grande faute.

Nathalie CRANE, *Imperfection.*

Tout le devoir ne vaut pas une faute qui s'est commise par tendresse.

Mme de la SABLIERE.

Puissé-je ne jamais, même en rêve, être coupable de vol, d'adultère, d'ivrognerie, de crime et de fausseté.

Attanagalu-vansa (conclusion).

faveur • 159

FAVEUR

Les plus grandes faveurs d'une femme ne peuvent payer le plus petit abaissement d'un homme.

SCHILLER, *La conjuration de Fiesque.*

FÉE

Lorsque le premier bébé rit pour la première fois, son rire se brisa en un million de morceaux, et ils sautèrent un peu partout. Ce fut l'origine des fées.

Sir J.-M. BARRIE, *Le petit oiseau blanc.*

FEMME (voy. amitié, argent, bas-bleu, chute, démon, esprit, flirt, infidélité, laideur, lien, pitié, sexe)

Appeler les femmes « le sexe faible » est une diffamation ; c'est l'injustice de l'homme envers la femme. Si l'on appelle force la force brutale, alors, certes, la femme est moins brutale que l'homme. Mais si l'on parle de la force morale, la femme est bien supérieure à l'homme. Si la non-violence est la loi de l'humanité, l'avenir appartient aux femmes. Qui peut faire appel au cœur des hommes avec plus d'efficacité que la femme ?

GANDHI (cité dans *Tous les Hommes sont frères*).

Les femmes polissent les manières et donnent le sentiment des bienséances, elles sont les vrais précepteurs du bon goût, les instigatrices de tous les dévouements. L'homme qui les chérit est rarement un barbare.

Gabriel LEGOUVE.

Plus d'une femme, à ce qu'on dit,
Est de moi l'image parfaite.
Chenille au sortir de son lit,
Papillon après la toilette.

(Epigramme anonyme — XVIIIe).

Telle femme résiste à l'amour qu'elle éprouve, qui ne résiste pas à l'amour qu'elle inspire.

Sophie GAY.

Lorsqu'une femme te parle, souris-lui et ne l'écoute pas.

Ly-Kin ou Livre des Rites.

Les femmes courent après les fous; elles fuient les sages comme des animaux venimeux.

ERASME, *Eloge de la Folie.*

Que peut-on faire sur la femme dans la société? Rien? Dans la solitude? Tout.

Jules MICHELET.

Il y a peu d'honnêtes femmes qui ne soient lasses de leur métier.

LA ROCHEFOUCAULD, *Maximes.*

Les femmes acceptent aisément les idées nouvelles, car elles sont ignorantes; elles les répandent facilement, parce qu'elles sont légères; elles les soutiennent longtemps, parce qu'elles sont têtues.

J.-A. de SEGUR, *Les Femmes.*

Les femmes sont l'âme de toutes les intrigues, on devrait les reléguer dans leur ménage, les salons du Gouvernement devraient leur être fermés.

NAPOLEON (cité par Roederer).

Les femmes sont extrêmes : elles sont meilleures ou pires que les hommes.

LA BRUYERE, *Les Caractères.*

Les femmes d'à présent sont bien loin de ces mœurs : Elles veulent écrire et devenir auteurs.

MOLIERE, *Les Femmes Savantes.*

Je fais souvent ce rêve étrange et pénétrant
D'une femme inconnue, et que j'aime, et qui m'aime,
Et qui n'est, chaque fois, ni tout à fait la même
Ni tout à fait une autre, et m'aime et me comprend.

P. VERLAINE, *Poèmes Saturniens.*

On a raison d'exclure les femmes des affaires publiques et civiles; rien n'est plus opposé à leur vocation naturelle que tout ce qui leur donnerait des rapports de rivalité avec les hommes, et la gloire elle-même ne saurait être pour une femme qu'un deuil éclatant du bonheur.

Mme de STAEL, *De l'Allemagne.*

femme • 161

Tombe aux pieds de ce sexe à qui tu dois ta mère.

G. LEGOUVE, *Le Mérite des Femmes.*

Et, plus ou moins, la Femme est toujours Dalila.

A. de VIGNY, *Les Destinées.*

La femme, enfant malade et douze fois impur.

A. de VIGNY, *Les Destinées.*

Il n'y a point de vieille femme. Toute, à tout âge, si elle
aime et si elle est bonne, donne à l'homme le moment de
l'infini.

J. MICHELET, *L'Amour.*

Je suis contre les femmes : tout contre...

Sacha GUITRY.

Si tu prends femme accorte et sage,
Crois-la du fait de son ménage;
Ajoute foi à sa parole,
Mais ne te confesse à la folle.

Christine de PISAN, *Dits moraux à son fils.*

Dieu n'a créé les femmes que pour apprivoiser les hommes.

VOLTAIRE, *L'Ingénu.*

Ni du foudre éclatant l'épouvantable bruit,
Ni les affreux démons qui volent jour et nuit,
Ni les crins hérissés de l'horrible Cerbère,
Ni du Cocyte creux la rage et le tourment,
Ni du père des dieux le saint commandement,
Ne saurait empêcher la femme de mal faire.

Le Style des Courtisanes (1618).

Expliquera, morbleu, les femmes qui pourra.
L'amour me les ravit, l'hymen me les rendra.

N.-T. BARTHE, *Les Fausses Infidélités.*

Hélas! que sert à une femme d'avoir de la tête et du cœur,
si le reste est sans agrément.

M\ue de SCUDERY.

Elle flotte, elle hésite, en un mot elle est femme.

RACINE, *Athalie.*

La femme ne voit jamais ce que l'on fait pour elle; elle ne voit que ce qu'on ne fait pas.

G. COURTELINE, *La Paix chez soi.*

L'honnêteté des femmes est souvent l'amour de leur réputation et de leur repos.

LA ROCHEFOUCAULD, *Maximes.*

Les femmes se défendent en attaquant, et leurs attaques sont faites d'étranges et brusques capitulations.

O. WILDE, *Le portrait de Dorian Gray.*

— Pourquoi les femmes charmantes épousent-elles toujours des hommes insignifiants?
— Parce que les hommes intelligents n'épousent pas les femmes charmantes.

Somerset MAUGHAM, *L'envoûte.*

Depuis Adam, il n'y a guère eu de méfait en ce monde où une femme ne soit entrée pour quelque chose.

W.-M. THACKERAY, *Le Livre des Snobs.*

Il y a devant l'amour trois sortes de femmes : celles qu'on épouse, celles qu'on aime et celles qu'on paie. Ça peut très bien être la même. On commence par la payer, on se met à l'aimer, puis on finit par l'épouser.

S. GUITRY, *Les Femmes et l'Amour.*

Les femmes ne sont que des organes génitaux articulés et doués de la faculté de dépenser tout l'argent qu'on possède.

W. FAULKNER, *Moustiques.*

Le caractère de la femme, sans exception, se meut sur deux pôles, qui sont l'amour et la vengeance.

LOPE DE VEGA, *Mudarra le Bâtard.*

O femmes! ô femmes! ô sexe fatal! Tout le pouvoir des dieux pour faire du bien n'approche point de celui que vous avez pour nuire.

J. DRYDEN, *La Mort d'Antoine et de Cléopâtre.*

femme • 163

Amour, tendresse, douceurs, tels sont les éléments princi-
paux dont Dieu a formé l'âme de la femme; aimer, guérir,
consoler, telle est sa destination sur terre.

H. CONSCIENCE, *Les Drames flamands.*

Quand les femmes ne prêtent plus à la médisance, elles
s'y adonnent.

Emile AUGIER, *Les Lionnes pauvres.*

Les honnêtes femmes sont inconsolables des fautes qu'elles
n'ont pas commises.

Sacha GUITRY, *Elles et toi.*

Si quelquefois du vin elle se donne,
Cela lui fait sa malice vomir :
C'est un pavot qui la fait mieux dormir;
Femme qui dort ne fait mal à personne.

C. MERMET, *Chansons.*

Sentir, aimer, souffrir, se dévouer, sera toujours le texte
de la vie des femmes.

Honoré de BALZAC, *Eugénie Grandet.*

La femme est l'unique vase qui nous reste encore où verser
notre idéalité.

W. GŒTHE, *Entretiens Eckermans.*

Je ne suis pas de ceux qui disent : Ce n'est rien,
C'est une femme qui se noie.
Je dis que c'est beaucoup; et ce sexe vaut bien
Que nous le regrettions, puisqu'il fait notre joie.

LA FONTAINE, *Fables.*

Les femmes sont si fatales au genre humain que celles
mêmes qui sont honnêtes font le malheur de leur mari.

HESIODE.

Une femme vertueuse est la couronne de son mari,
Mais celle qui fait honte est comme la carie dans ses os.

ANC. TEST., *Prov. XII*, 4 (Segond).

Les femmes sont toujours des écrivains qui ne ressemblent
pas à leurs œuvres et toutes leurs lettres d'amour ne valent
jamais ce qu'elles vous disent à leurs heures d'amour et
de trahison, de joie et de tristesse.

Maurice DONNAY, *Pensées.*

La terre et la mer produisent un grand nombre d'animaux féroces, mais la femme est la grande bête féroce entre toutes.

MENANDRE.

Vos femmes sont pour vous une terre labourée; allez comme vous voudrez à votre labourage.

MAHOMET, *Le Koran*.

Sphinx, hydre, lionne, vipère, qu'est-ce que tout cela? Rien devant la race exécrable des femmes!

ANAXILAS.

La mode existe pour les femmes sans goût; l'étiquette pour les femmes sans classe.

MARIE, reine de Roumanie.

Quand les bougies sont éteintes, toutes les femmes sont jolies.

PLUTARQUE, *Préceptes conjugaux*.

De sa naissance à ses 18 ans, il faut qu'elle ait de bons parents. De 18 à 35 ans, il faut qu'elle ait un physique agréable. De 35 à 55 ans, il lui faut de la personnalité. A partir de 55 ans, il lui faut de l'argent.

Sélection du Reader's Digest.

On dit qu'avec des cordes tressées en cheveux de femme, on peut lier aisément un énorme éléphant, et qu'avec un sifflet taillé dans un sabot de femme, le cerf de l'automne est fatalement attiré. Il faut donc redouter cette fascination et s'en garder (en luttant) contre soi-même.

KENKO, *Les mauvaises herbes de la paresse*.

Entre le Oui et le Non d'une femme
Il n'y a guère de place pour une épingle.

CERVANTES, *Don Quichotte*.

J'aime beaucoup la compagnie des dames; j'aime leur beauté, j'aime leur délicatesse, j'aime leur vivacité, et j'aime leur *silence*.

Samuel JOHNSON (dans *Johnsoniana*, par Seward).

femme ● **165**

La femme serait plus charmante si l'on pouvait tomber dans ses bras sans tomber dans ses mains.

A. BIERCE, *Epigrammes.*

FETE

Ils sont passés, ces jours de fête,
Ils sont passés, ils ne reviendront plus.

Ariette du XVIIIe siècle.

Les jours de fête ont été inventés par le diable pour faire croire aux gens que le bonheur peut être conquis en se laissant aller à ses pensées.

Sinclair LEWIS, *Impossible ici.*

FEU

Que le feu te consume, parce que tu as corrompu la vérité divine!

M. LUTHER.

FEUILLE (voy. automne)

Je suis venue ici (Livry) achever les beaux jours, et dire adieu aux feuilles : elles sont encore toutes aux arbres; elles n'ont fait que changer de couleur : au lieu de vertes, elles sont aurore, et de tant de sortes d'aurore, que cela compose un brocart d'or riche et magnifique, que nous voulons trouver plus beau que du vert, quand ce ne serait que pour changer.

Marquise de SEVIGNE, *Lettres*, 1677.

Il n'y a peut-être rien qui ait un sens aussi vif du jeu qu'une feuille morte.

Sir J.-M. BARRIE.

Ah! cette feuille sèche
Qui se repose
Caressant la pierre tombale!

RANTSETSU, *Haïkaï.*

FEVRIER

Don Février se chauffait les mains; tantôt le soleil luisait, tantôt l'été et l'hiver se livraient bataille; il venait les séparer, se plaignant de ce qu'il était le plus petit.

J.-L. SEGURA, *Poème d'Alexandre.*

FIANCEE

O toi, fiancée encore inviolée de la quiétude.

John KEATS, *Ode sur une urne grecque.*

FIDELITE

Courtisans, qui jetez vos dédaigneuses vues
Sur ce chien délaissé, mort de faim par les rues,
Attendez ce loyer de la fidélité.

Th. A. d'AUBIGNE, *Mémoires.*

L'homme est dans ses écarts un étrange problème;
Qui de nous en tout temps est fidèle à soi-même?

ANDRIEUX, *Contes, anecdotes et fables en vers.*

La fidélité et la confiance de la femme!... Ecris-en les
lettres dans la poussière, grave-les sur le ruisseau, imprime-
les sur les pâles rayons de la lune, et chaque lettre éphémère
sera, je pense, plus claire, plus solide, meilleure et plus
durable que la chose que ces lettres signifient.

Sir Walter SCOTT, *Le Fiancé.*

FIERTE

Les femmes ont un grand besoin de fierté : elles veulent
être fières d'elles-mêmes, de leur mari, de leur entourage.
Elles sont rarement fières de l'invisible.

Gr. GREENE, *Le fond du problème.*

Duc je ne daigne,
Roi je ne puis,
Prince de Bretaigne
De Rohan je suis.

(Devise célèbre de la famille de ROHAN).

(JEUNES) FILLES

Hélas! que j'en ai vu mourir de jeunes filles!
C'est le destin : il faut une proie au trépas.

V. HUGO, *Les Orientales.*

FLATTERIE (voy. imitation)

L'être humain a besoin d'être flatté, sinon il ne devient
pas ce qu'il est destiné à devenir, pas même à ses propres
yeux.

Pär LAGERKVIST, *Le Nain.*

flatteur • 167

FLATTEUR

Ainsi dit le renard; et flatteurs d'applaudir.

> LA FONTAINE, *Fables, Les Animaux malades de
> la peste.*

Le flatteur qui nous perd est mieux venu souvent
Que l'ami qui nous sauve en nous désapprouvant.

> Casimir DELAVIGNE, *Les Enfants d'Edouard.*

On peut reconnaître de quatre manières que le flatteur
est un faux ami : il approuve lorsque vous agissez mal,
il approuve lorsque vous agissez bien, il proclame vos
louanges devant vous et vous dénigre derrière vous.

> *Sigâlovâda-sutta.*

FLEUR (voy. cerisier)

Vous avez dit, tel soir, des paroles si belles
Que sans doute les fleurs qui se penchaient vers vous,
Soudain nous ont aimés et que l'une d'entre elles,
Pour nous toucher tous deux, tomba sur nos genoux.

> E. VERHAEREN, *Heures d'après-midi.*

Il est d'étranges soirs où les fleurs ont une âme.

> Albert SAMAIN, *Au jardin de l'Infante.*

Nous sommes les fleurs des fleuristes,
Nous sommes les fleurs des marchands,
Les petites fleurs qui sont tristes
De ne pas fleurir dans les champs.

> Edmond ROSTAND, *Les Musardises.*

Point d'amis,
Oh! non, point d'amis
Quand j'admire les fleurs!

> KYORAI, *Haïkaï.*

Déjà trente ans, je me sens vieux.
Le soleil s'attarde encore...
Satisfaite, mon âme musarde
Et, à loisir, je regarde
Tomber, tomber les fleurs...

> S. NATSUME, *Poèmes ; Méditation.*

Le vent jette, dans ma chambre, des fleurs de pêcher qui ressemblent à des papillons roses, ivres d'avoir trop butiné.

TCHOU-JO-SU, *Poèmes*.

FLIRT

Le flirt est le péché des honnêtes femmes et l'honnêteté des pécheresses.

Paul BOURGET.

FOI

...non pas une foi mutilée, anémique, édulcorée, mais une Foi dans toute son intégrité, sa pureté et sa vigueur.

PIE XII.

J'ai combattu le bon combat, j'ai achevé la course, j'ai gardé la foi.

NOUV. TEST., II *Timothée*, IV, 7 (Oltramare).

La foi qui n'agit point, est-ce une foi sincère ?

RACINE, *Athalie*.

Une foi qui ne doute pas est une foi morte.

M. de UNAMUNO, *L'agonie du christianisme*.

Un souffle éloigne seul l'incrédulité de la foi.
Il n'est, entre le doute et la certitude, qu'un souffle.
De ce souffle si court, faisons le plus joyeux emploi.
De la vie à la mort, on glisse en l'espace d'un souffle.

Omar KHAYYAM, *Roubaiyat*.

La raison pour laquelle les mouches peuvent voler et nous pas, c'est tout simplement qu'elles ont une foi parfaite, car avoir la foi, c'est avoir des ailes.

Sir J.-M. BARRIE, *Le petit oiseau blanc*.

J'écarterai de la foi l'homme injuste et superbe. La vue des miracles ne vaincra point son incrédulité. La vraie doctrine lui paraîtra fausse. Il prendra le chemin de l'erreur pour celui de la vérité.

MAHOMET, *Le Coran*, VII.

Un homme sans foi : je ne sais ce qu'il faut en faire. Un grand char sans joug, un petit char sans collier, comment peut-on le faire avancer ?

CONFUCIUS, *Lun-yu*.

Chacun peut dire de sa foi qu'il la considère comme la meilleure et comme la seule vraie; mais c'est, à un haut degré, un signe d'orgueil injustifié que de la déclarer comme la mesure de toutes choses et de considérer tous ceux qui sont d'un autre avis comme des insensés, frappés d'aveuglement.

H. DE GLASENAPP, *Les cinq grandes religions du monde.*

FOLIE

Ne réponds pas à l'insensé selon sa folie,
De peur que tu ne lui ressembles toi-même.
Réponds à l'insensé selon sa folie,
Afin qu'il ne se regarde pas comme sage.

ANC. TEST., *Proverbes*, XXVI, 4, 5 (Segond).

Qui vit sans folie, n'est pas si sage qu'on croit.

LA ROCHEFOUCAULD, *Maximes.*

Les hommes ne vous trouvent sages que lorsqu'on partage ou qu'on approuve leur folie.

Alphonse KARR.

FORCE

La force prime le droit.

(Maxime faussement attribuée à BISMARCK).

Le monde moderne se croyait soustrait à l'influence des forces mystiques. Jamais pourtant l'humanité n'y fut plus asservie. Ce sont elles qui mirent l'Europe en feu.

G. LE BON, *Hier et Demain.*

FORET

J'ai revu ma forêt, captive des hivers,
S'éveiller mollement à de tièdes haleines :
Déjà, dans l'air plus bleu, les grands arbres sont verts
Et le parfum des bois s'exhale vers les plaines.

F. SEVERIN, *Un Chant dans l'Ombre.*

FORME (voy. artiste)

Le style n'est rien du tout par lui-même, mais la forme est l'incarnation de l'être véritable. Où il n'y a ni forme ni ordre, il n'y a rien. La mort est la dissolution d'un ordre.

André SUARES.

« Toutes les formes créées sont irréelles. » Une fois que la sagesse a fait comprendre cela, on est à l'épreuve de la douleur. Ceci est le sentier de la pureté.

(BOUDDHA), *Le Dhammapada.*

Toute forme créée, même par l'homme, est immortelle. Car la forme est indépendante de la matière, et ce ne sont pas les molécules qui constituent la forme.

Ch. BAUDELAIRE, *Journaux intimes, CII.*

FORTUNE

Il lit au front de ceux qu'un vain luxe environne
Que la Fortune vend ce qu'on croit qu'elle donne.

LA FONTAINE, *Poèmes, Philémon et Baucis.*

Le bien de la fortune est un bien périssable;
Quand on bâtit sur elle, on bâtit sur le sable.

RACAN, *Stances à Tircis sur la retraite.*

La fortune n'a rien qui puisse me tenter;
A ses fausses grandeurs, je ne veux point prétendre.
Il faut mille degrés pour qui veut y monter;
Il n'en faut qu'un pour redescendre.

ANONYME, XVIIIe siècle.

Il y a des gens qui n'ont de leur fortune que la crainte de la perdre.

RIVAROL, *Maximes et pensées.*

Il y a des fortunes qui crient « Imbéciles! » à l'honnête homme.

E. et J. de GONCOURT, *Les Frères Zemganno.*

Et je me suis écrié : « O Fortune, le soleil est levé et tu dors encore! » Et la fortune m'a répondu : « Malgré tout, ne désespère pas! »

HAFIZ, *Les Ghazels.*

La Fortune aime les gens peu sensés; elle aime les audacieux et ceux qui ne craignent pas de dire : *Le sort en est jeté.*

ERASME, *Eloges de la folie.*

FOU (voy. illusion)

Tous les hommes sont fous, et qui n'en veut point voir
Doit rester dans sa chambre et casser son miroir.

(Attribué au Marquis de SADE.)

fou • 171

Les fous se précipitent où les anges craignent de poser les pieds.

A. POPE, *Essai sur la critique.*

N'avons-nous pas eu tous les fous de la ville de notre côté? Et n'y a-t-il pas une grosse majorité dans chaque ville?

Mark TWAIN, *Huckleberry Finn.*

Le Fossoyeur. — Ce fut le jour même où naquit le jeune Hamlet, celui qui est devenu fou et que l'on a envoyé en Angleterre.
Hamlet. — Et pourquoi donc?
Le Fossoyeur. — On ne s'apercevra pas qu'il est fou : tous les gens de ce pays-là sont aussi fous que lui.

SHAKESPEARE, *Hamlet.*

Le fou se croit sage et le sage reconnaît lui-même n'être qu'un fou.

SHAKESPEARE, *Comme il vous plaira.*

FOULE (voy. comprendre, élite)

Quant à flatter la foule, ô mon esprit, non pas!
Car le peuple est en haut, mais la foule est en bas.

V. HUGO, *Les Chansons des rues et des bois.*

FOURBERIE

J'admire le train de la vie humaine; nous plumons une coquette; la coquette mange un homme d'affaires; l'homme d'affaires en pille d'autres; cela fait un ricochet de fourberies le plus plaisant du monde.

LE SAGE, (cité dans le *Gr. Dict. Univ. du XIXe siècle*).

FRAGILITE

Fragilité, ton nom est femme!

SHAKESPEARE, *Hamlet.*

FRANÇAIS (voy. clarté, langue)

On dit que l'homme est un animal sociable. Sur ce pied-là, il me paraît qu'un Français est plus homme qu'un autre, c'est l'homme par excellence; car il semble être fait uniquement pour la société.

MONTESQUIEU, *Lettres Persanes.*

Je reconnais là nos Français. Ils tournent à tout vent.

SHAKESPEARE, *Henri VI*.

Si les Français perdent une bataille, une épigramme les console; si un nouvel impôt les charge, un vaudeville les dédommage; si une affaire sérieuse les occupe, une chansonnette les égaye, et le style le plus simple et le plus naïf est toujours relevé par des traits malins et par des pointes piquantes.

Carlo GOLDINI, *Mémoires*.

FRANÇAISE

Toutes les Françaises sont rousses.

(Un Anglais débarquant à Calais et écrivant chez lui.)

FRANCE (voy. adieu, Paris, patrie)

La France n'est réellement elle-même qu'au premier rang; seules de vastes entreprises sont susceptibles de compenser les ferments de dispersion que son peuple porte en lui-même.

Charles de GAULLE, *Mémoires de guerre*.

France, mère des arts, des armes et des lois.

J. du BELLAY, *Les Regrets*.

Point d'esclaves chez nous; on ne respire en France
Que les plaisirs, la liberté, l'aisance.
Tout citoyen est roi sous un roi citoyen.

Ch.-S. FAVART, *Les Trois Sultanes*.

En France, le premier jour est pour l'engouement, le second pour la critique et le troisième pour l'indifférence.

J.-F. de LA HARPE.

Combien j'ai douce souvenance
Du joli lieu de ma naissance!
Ma sœur, qu'ils étaient beaux les jours
    De France!
O mon pays, sois mes amours
    Toujours!

CHATEAUBRIAND, *Poésies diverses*.

Pour tout homme, le premier pays est sa patrie, et le second, c'est la France.

Thomas JEFFERSON (3me prés. des U.S.A.).

france ● 173

La France a trente-six millions de sujets sans compter les sujets de mécontentement.

Henri ROCHEFORT, *La lanterne.*

La France est divisée en 43 millions de Français... La France est le seul pays du monde où, si vous ajoutez dix citoyens à dix autres, vous ne faites pas une addition, mais vingt divisions.

Pierre DANINOS, *Les carnets du Major Thompson.*

Tout homme a deux pays, le sien et puis la France!

Henri de BORNIER, *La fille de Roland.*

FRERE

Un frère est un ami donné par la nature.

G. LEGOUVE, *La Mort d'Abel.*

FROMAGE

Un dessert sans fromage est une belle à qui il manque un œil.

BRILLAT-SAVARIN, *Psychologie du Goût.*

FUIR

Il ne suffit pas de fuir, il faut fuir dans le bon sens; il ne faut pas fuir excentriquement, il faut fuir concentriquement; fuir le monde, en ce sens-là, c'est le retrouver, et plus grand, plus vrai, plus essentiel.

C.-F. RAMUZ, *Taille de l'homme.*

FUMEUR

L'homme qui fume pense comme un sage et agit comme un Samaritain.

Lord LYTTON, *Nuit et Matin.*

FUTUR

Je ne pense jamais au futur; il vient assez tôt.

EINSTEIN, *Interview* (déc 1930).

g

GASTRONOMIE

Glouton

GONDOLE

GAIN

Chaque joie est un gain
Et un gain est un gain, si petit soit-il.

R. BROWNING, *Paracelsus*, IV.

GAITE

La gaîté est aux hommes ce que la mélancolie est aux femmes; mais la mélancolie est une voilette, et la gaîté est un voile plus difficile à soulever.

Maurice DONNAY, *Le Geste*.

GALANTERIE (voy. femme, prostitution)

On peut trouver des femmes qui n'ont jamais eu de galanterie, mais il est rare d'en trouver qui n'en aient jamais eu qu'une.

LA ROCHEFOUCAULD, *Maximes*.

Ah! qu'en termes galants ces choses-là sont mises!

MOLIERE, *Le Misanthrope*.

GASTRONOMIE

Dieu a fait l'aliment; le diable, l'assaisonnement.

James JOYCE, *Ulysse*.

Le plaisir de la table est la sensation réfléchie qui naît de diverses circonstances de faits, de lieux, de choses et de personnes qui accompagnent le repas.

BRILLAT-SAVARIN, *Psychologie du Goût*.

GEL

Gèle, gèle, ciel rigoureux,
Ta morsure est moins cruelle
Que celle d'un bienfait oublié.

SHAKESPEARE, *Comme il vous plaira*.

GENERATION

Après trente ans, on voit vraiment ce que l'on vaut, parce que les plus jeunes arrivent. Jusque vers les trente ans, il faut batailler avec les anciens, et l'entreprise est plus commode. Nous sommes juges et bourreaux au nom de la force irrésistible de la croissance, qui veut, elle aussi, un peu de soleil pour fleurir.

G. PAPINI, *Un homme fini.*

GENERATION (jeune)

Elle n'est ni plus ni moins libre ou amorale que les générations qui l'ont précédée. Seulement, elle néglige, elle, de tirer les rideaux.

Edwige FEUILLERE.

GENIE (voy. amour)

Quant au génie, c'est affaire de biologie.

ETIEMBLE.

Faire aisément ce que d'autres trouvent difficile à réaliser, c'est le talent; faire ce qui est impossible au talent, c'est le génie.

H. F. AMIEL, *Journal* (déc. 1856).

Le génie représente un pour cent d'inspiration et quatre-vingt-dix-neuf pour cent de transpiration.

T. A. EDISON, *Interview* (1931).

Je n'ai rien à déclarer excepté mon génie.

Oscar WILDE (à la douane des E.U., 1882).

Le génie n'est qu'une plus grande aptitude à la patience.

(Attribué à BUFFON).

Ah! frappe-toi le cœur, c'est là qu'est le génie.
C'est là qu'est la pitié, la souffrance et l'amour.

A. de MUSSET, *Premières poésies.*

Les hommes de génie font la grandeur intellectuelle d'une nation mais rarement sa puissance.

G. LE BON, *Hier et Demain.*

Le génie est un flot baigné par la folie.

Emile AUGIER, *Maître Guérin.*

Vous appelez le génie à votre secours, lorsque le danger est imminent, et dès qu'il se présente, vous vous effrayez de lui.

SCHILLER, *Wallenstein.*

Le génie, en définitive, n'est guère plus que la faculté de percevoir sur un mode inhabituel.

W. JAMES, *Précis de psychologie.*

GENRE

Il n'est pas de genres inférieurs; il n'est que des productions ratées, et le bouffon qui divertit prime le tragique qui n'émeut pas.

G. COURTELINE, *La Philosophie de G. Courteline.*

GENS

Il y a des honnêtes gens, et leur cas n'est pas très clair.

Gonzague TRUC, *Immoralité de la morale.*

GESTE

Tous les gestes sont bons quand ils sont naturels. Ceux qu'on apprend sont toujours faux.

Sacha GUITRY, *Debureau.*

GLOIRE

La gloire se donne seulement à ceux qui l'ont toujours rêvée.

Charles de GAULLE, *Mémoires.*

La gloire n'est jamais où la vertu n'est pas.

Le Franc de POMPIGNAN, *Didon* (souvent attribué à Lamartine).

Les feux de l'aurore ne sont pas si doux que les premiers regards de la gloire.

VAUVENARGUES, *Pensées et Maximes.*

La gloire est le soleil des morts.

H. de BALZAC, *La Recherche de l'Absolu.*

gloire ● 179

Ainsi passe la gloire du monde.

>T. a KEMPIS, *L'imitation de Jésus-Christ* (phrase employée lors de l'installation d'un nouveau pape).

La gloire, astre tardif, lune sereine et sombre
Qui se lève sur les tombeaux.

>V. HUGO, *Toute la Lyre.*

On parlera de sa gloire
Sous le chaume bien longtemps.

>BERANGER, *Les Souvenirs du Peuple.*

Mais le temps? Il n'est plus. Mais la gloire? Hé!
[qu'importe
Cet écho d'un vain son qu'un siècle à l'autre apporte,
Ce nom, brillant jouet de la postérité!

>LAMARTINE, *Nouv. Méditations poétiques.*

La gloire ressemble au marché : parfois, quand vous y restez quelque temps, les prix baissent.

>BACON, *Les Essais.*

La gloire des grands hommes tient pour un quart à leur audace, pour deux quarts au hasard, pour le dernier quart à leurs crimes.

>Ugo FOSCOLO, *Les dernières lettres de Jacques Ortis.*

La gloire que donnent les richesses et la beauté est passagère et fragile; le mérite, au contraire, est un bien éclatant impérissable.

>SALLUSTE, *Catilina.*

A chacune de ses escales, le bateau du Temps débarque une gloire. Mais il arrive qu'il la réembarque lors d'une escale nouvelle.

>F. van den BOSCH, *Aphorismes du temps présent.*

Il est né sans raison de naître celui qui ne vit que pour lui seul, et c'est cette noble passion qui seule enseigne à s'oublier pour autrui. Tout ce qu'il y a de bon ici-bas, c'est la gloire qui le produit.

>METASTASE, *Regulus.*

La gloire est comme un cercle dans l'onde qui va toujours s'élargissant, jusqu'à ce qu'à force de s'étendre, il finisse par disparaître.

SHAKESPEARE, *Henri VI.*

Ne te glorifie point en toi-même, mais plutôt en ton voisin.

(Maxime bouddhiste siamoise).

Un homme seul avec la gloire, c'est déjà bête. Une femme seule avec la gloire, c'est ridicule.

J. GIRAUDOUX, *Ondine.*

GLOUTON

Il mange tout, ce gros glouton,
Il boit tout ce qu'il a de rente;
Son pourpoint n'a plus qu'un bouton,
Mais son nez en a plus que trente.

J. O. de GOMBAULD.

GONDOLE

Gondole de Venise,
Un couple d'amoureux y cache son bonheur.
Au jour des funérailles,
Elle aussi porte le cercueil.

A. von PLATEN, *A deux fins.*

GOURMANDISE

Celui qui mange l'estomac plein, creuse sa tombe avec ses dents.

(Proverbe turc).

GOUT

Que chacun vante ses goûts, moi, j'aime ma bergère!

Martin OPITZ, *Sylves poétiques.*

Le goût est une aptitude à bien juger des choses de
[sentiment.
Il faut donc avoir de l'âme pour avoir du goût.

VAUVENARGUES, *Introduction à la connaissance de l'Esprit humain.*

Le goût est la faculté de juger un objet ou un mode de représentation par la satisfaction ou le déplaisir d'une façon goût • 181

toute désintéressée. On appelle beau l'objet de cette satisfaction.

E. KANT, *La critique du jugement.*

Dans tous les pays où il y aura de la vanité, le goût sera mis
au premier rang parce qu'il sépare les classes et qu'il est
le signe de ralliement entre tous les individus de la première.

Mme de STAEL, *De l'Allemagne.*

Le goût populaire : deux mots qui hurlent d'être accouplés;
tout peut être populaire, excepté le goût qui est le résultat
de l'éducation.

H. RABUSSON.

Le goût, tel un canal artificiel, traverse une belle contrée;
mais ses bords sont bornés et son étendue, limitée. La
connaissance navigue sur l'océan, et elle est perpétuellement
en voyage de découverte.

DISRAELI, *Curiosités de la littérature.*

Le goût n'est pas seulement une partie et un index de la
moralité; c'est la « seule » moralité.

J. RUSKIN, *La Couronne d'Olivier Sauvage.*

GOUVERNEMENT (voy. démocratie, dictature)

Le gouvernement d'un peuple, à certains moments de son
histoire, est aux mains de demi-fous.

Th. RIBOT.

Un gouvernement du peuple, par le peuple, pour le peuple.

A. LINCOLN, *Discours de Gettysburg,* 1863.

Le gouvernement a un bras long et un bras court; le long
sert à prendre et arrive partout, le bras court sert à donner,
mais il arrive seulement à ceux qui sont tout près.

I. SILONE, *Le pain et le vin.*

Le premier et le pire effet du gouvernement populaire est
que le pouvoir suprême est placé dans des mains irresponsables.

Lord BROUGHAM, *De la Démocratie.*

GOUVERNER

Gouverner, c'est maintenir les balances de la justice égales pour tous.

F. D. ROOSEVELT, *Combats pour Demain.*

GRACE

La bonne grâce est au corps ce que le bon sens est à l'esprit.

LA ROCHEFOUCAULD, *Maximes.*

GRAIN (de beauté)

Neuf grains de beauté gracieux
Que de neuf baisers je décompte,
Et les comptant je me rends compte
D'un secret plus doux que les cieux.
Sur le cou tendre, aux joues sans ombre,
Et sur le sein où le cœur bat...
Aucun baiser n'effacera
Ce qui plus que le musc est sombre.

M. A. KOUZMINE (*Anthologie de la poésie russe,* par J. David).

GRAMMAIRIEN

Fuyez! grammairiens pleins de bile et d'audace,
Vous qui pour une lettre, un seul point hors de place,
D'abord la plume en main, versez l'encre à torrent,
Et sonnez le tocsin sur tous les ignorants.

Anonyme, cité par GAYOT de PITAVAL.

GRAMMATISTE

Les grammatistes trouvent des taches dans le soleil, et souvent ces taches n'existent que sur leurs médiocres lunettes.

Louis VEUILLOT.

GRANDE-BRETAGNE (voy. Angleterre)

La Grande-Bretagne elle-même est une île flottante qui, selon les inflexions de sa politique, se rapproche ou s'éloigne de l'Europe.

Alfred FABRE-LUCE.

GRANDEUR (voy. Egypte)

Il n'y a pas de grandeur où il n'y a pas de vérité.

G.-E. LESSING, *Dramaturgie.*

grandeur • 183

La vraie grandeur consiste à être maître de soi-même.
Daniel DEFOE, *Robinson Crusoë*.

Le mal de la grandeur, c'est quand du pouvoir elle sépare la conscience.
SHAKESPEARE, *Jules César*.

GRAVITE

La gravité est le bonheur des imbéciles.
MONTESQUIEU.

GREC

Excusez-moi, monsieur, je n'entends pas le grec.
MOLIERE, *Les Femmes Savantes*.

GRENIER

Dans un grenier qu'on est bien à vingt ans!
BERANGER, *Le Grenier*.

GRIMACE

Un miroir à nos yeux distraits
Vient-il offrir notre grimace?
Il ne faut pas briser la glace,
Mais, s'il se peut, changer nos traits.
Elie FRERON, *Epître persane à Saadi*.

GROSSIERETE (voy. éducation)

GUERRE (voy. courage, opportuniste, paix, politique)

La guerre révèle à un peuple ses faiblesses, mais aussi ses vertus.
G. LE BON, *Hier et Demain*.

Hélas! Est-ce une loi sur notre pauvre terre
Que toujours deux voisins auront entre eux la guerre;
Que la soif d'envahir et d'étendre ses droits
Tourmentera toujours les meuniers et les rois?
Fr. ANDRIEUX, *Contes, anecdotes, etc.* Le Meunier sans Souci.

La guerre est un mal qui déshonore le genre humain.
FENELON, *Dialogue des morts*.

Pour obtenir un bien si grand, si précieux,
J'ai fait la guerre aux rois, je l'eusse faite aux dieux.

DU RYER, *Alcionée.*

Il n'y a jamais eu de bonne guerre ni de mauvaise paix.

B. FRANKLIN, *Lettre à J. Quincy.*

Cette guerre n'est pas une guerre de chefs de clans, ni de princes, de dynasties ou d'ambition nationale; c'est la guerre des peuples et des causes. Nombreux sont ceux qui serviront fidèlement, non seulement dans notre île, mais dans tous les pays, sans que jamais leur nom ne soit connu, ni que leurs actes soient consignés par écrit. C'est la guerre des Soldats Inconnus.

Sir W. CHURCHILL (discours à la B. B. C., 1940).

La guerre est donc divine en elle-même, puisque c'est une loi du monde.

J. de MAISTRE, *Les Soirées de Saint-Pétersbourg.*

Depuis six mille ans, la guerre
Plaît aux peuples querelleurs,
Et Dieu perd son temps à faire
Les étoiles et les fleurs.

V. HUGO, *Les chansons des rues et des bois.*

La guerre, l'art de tuer en grand et de faire avec gloire ce qui, fait en petit, conduit à la potence.

J.-H. FABRE, *Souvenirs entomologiques.*

La guerre seule porte toutes les énergies humaines à leur tension maximum et imprime le sceau de noblesse sur ceux qui ont le courage de lui faire face.

Benito MUSSOLINI, *Fascisme.*

Quand je vous dis que la guerre est la source de tous les arts, j'entends dire aussi qu'elle est la source de toutes les grandes vertus et facultés des hommes.

J. RUSKIN, *La Couronne d'Olivier Sauvage*

Toutes les grandes nations ont appris dans la guerre l'exactitude des termes de la pensée; qu'elles ont « profité » pendant la guerre et dépéri pendant la paix; qu'elles ont été

guerre ● 185

instruites par la guerre et trompées par la paix; dressées par la guerre et trahies par la paix; en un mot, qu'elles sont nées dans et par la guerre et mortes dans la paix.

J. RUSKIN, *La Couronne de l'Olivier sauvage.*

La guerre! c'est une chose trop grave pour la confier à des militaires.

G. CLEMENCEAU, en 1886 (cité par G. Suarez

dans *Clémenceau*).

Braves devant l'ennemi, lâches devant la guerre, c'est la devise des vrais généraux.

J. GIRAUDOUX, *La guerre de Troie n'aura pas lieu.*

h

HASARD

HERMETISME

HEURE

HABILETE

Je sais, quand il le faut, quitter la peau du lion pour prendre celle du renard.

NAPOLÉON Ier en 1807 (cité par Talleyrand, *Mémoires*, I).

HABIT

Ah! mon habit, que je vous remercie!
Que je valus hier, grâce à votre valeur!

SEDAINE, *A mon habit*.

L'habit ne fait pas le moine.

SHAKESPEARE, *Henri VIII*.

Chez certaines gens, un habit neuf, c'est presque un beau visage.

MARIVAUX.

Chaque peuple, chaque métier, chaque état s'habille à sa guise, et cependant ils sont tous chrétiens; tandis que nous, Maures, on nous défend le costume des Maures, comme si notre croyance était dans nos habits et non dans nos cœurs.

MENDOZA, *Histoire de la guerre de Grenade*.

Pour moi, je voudrais que mon dévot et ma dévote fussent toujours les mieux habillés de la troupe, mais les moins pompeux et affétés, et, comme il est dit au proverbe, qu'ils fussent parés de grâce, bienséance et dignité.

Saint FRANÇOIS DE SALES, *Introduction à la vie dévote*.

HABITUDE

L'habitude est une seconde nature.

Saint AUGUSTIN, *Contre Julien*,
(souvent attribué à Montaigne, *Essais*, III).

habitude ● 189

On ne se débarrasse pas d'une habitude en la flanquant par la fenêtre; il faut lui faire descendre l'escalier marche par marche.

Mark TWAIN

Les habitudes de la vieillesse ne sont pas de moindres obstacles pour notre salut que les passions de la jeunesse.

Mme de LA SABLIERE.

On ne perd pas sans regret même ses pires habitudes; ce sont peut-être celles qu'on regrette le plus.

O. WILDE, *Le portrait de Dorian Gray.*

Les chaînes de l'habitude sont, en général, trop peu solides pour être senties, jusqu'à ce qu'elles deviennent trop fortes pour être brisées.

Samuël JOHNSON.

L'habitude est l'énorme poulie de la société, son agent conservateur le plus précieux.

William JAMES, *Précis de Psychologie.*

Le chacal, qui hante un bosquet de palmiers, n'y craint pas le bruit des feuilles.

(Maxime de l'Inde méridionale).

HAINE

En opposant la haine à la haine, on ne fait que la répandre, en surface comme en profondeur.

Mahatma GANDHI, cité dans *Tous les hommes sont frères.*

On a peine à haïr ce qu'on a bien aimé.
Et le feu mal éteint est bientôt rallumé.

CORNEILLE, *Sertorius.*

Le monde est fatigué de la haine.

Mahatma GANDHI.

J'ai assez vécu pour voir que différence engendre haine.

STENDHAL, *Le Rouge et le Noir.*

Jamais la haine ne cesse par la haine; seule, la bienveillance annihile la haine : ceci est la loi éternelle et immuable.

Le *Dhammapada* ou Sentier de la Doctrine, 5.

La haine ne peut jamais être bonne. Elle s'augmente par une haine réciproque et au contraire, elle peut être étouffée par l'amour, de telle sorte que la haine se change en amour.

SPINOZA, *Ethique.*

Vous pensez honnêtement, et, à cause de cela, vous haïssez le monde entier. Vous haïssez les croyants parce que la foi est un indice de bêtise et d'ignorance; et vous haïssez les incroyants parce qu'ils n'ont ni foi ni idéal. Vous haïssez les vieillards pour leurs vues arriérées et leur conservatisme; et les jeunes pour leur libéralisme.

A.-P. TCHEKHOV, *Ma femme.*

Vivons donc heureusement, sans haïr ceux qui nous haïssent. Parmi ceux qui nous haïssent, passons dépourvu de haine.

(BOUDDHA) *Dhammapada.*

HASARD (voy. providence)

Plus on vieillit et plus on se persuade que Sa sacrée Majesté le Hasard fait les trois quarts de la besogne de ce misérable univers, et que ceux qui pensent être les plus sages sont les plus fous de l'espèce à deux jambes et sans plumes dont nous avons l'honneur d'être.

FRÉDÉRIC II, *Lettre à Voltaire, 1759.*

Quelqu'un disait que la providence était le nom de baptême du hasard; quelque dévot dira que le hasard est un sobriquet de la providence.

CHAMFORT, *Maximes et Pensées.*

Le hasard, dans certains cas, c'est la volonté des autres.

A. CAPUS.

HATE

Hâte-toi lentement!

AUGUSTE (cité par Suétone, *Vies des douze Césars*).

HEREDITE

L'hérédité est comme une diligence dans laquelle tous nos ancêtres voyageraient. De temps en temps, l'un d'eux met la tête à la portière et vient nous causer toutes sortes d'ennuis.

O.-W. HOLMES, *Sélection du Reader's Digest.*

HERESIE

L'hérésie est la vie de la religion. C'est la foi qui fait les hérétiques. Dans une religion morte, il n'y a plus d'hérésies.

A. SUARES, *Péguy*.

HERETIQUE

Le propre de l'hérétique, c'est-à-dire de celui qui a une opinion particulière, est de s'attacher à ses propres pensées.

BOSSUET, *Hist. des Variations*.

HERITAGE (intellectuel)

Comme un chercheur d'or, je ne puis transmettre à la postérité que le minerai précieux que j'ai extrait, et non pas mon travail, mes recherches et mes privations, mes joies et mes déceptions.

C. STANISLAVSKI, *Ma vie dans l'art*.

HERMETISME

Aimez les choses à double sens, mais assurez-vous bien d'abord qu'elles ont un sens. Souvenez-vous qu'on peut être hermétique et ne rien renfermer. N'oubliez pas que hermétique, ça veut dire également bouché. Et quand une phrase ténébreuse, alambiquée, vous donne le vertige, souvenez-vous que ce qui vous donne encore le vertige, c'est le vide.

Sacha GUITRY, *L'Esprit de Paris*.

HEROS

Tant que sa faveur vous seconde,
Vous êtes les maîtres du monde.
Votre gloire nous éblouit;
Mais, au moindre revers funeste,
Le masque tombe, l'homme reste,
Et le héros s'évanouit

J.-B. ROUSSEAU, *Odes*.

Il n'y a point de héros pour son valet de chambre.

C. CORNUEL (cité par Mlle Aïssé et souvent attribué à G. Sand).

On aime toujours avoir un héros à produire et un ami à qui le montrer.

G. MEREDITH, *Les comédiens tragiques*.

HEURE (voy. temps)

La morale la meilleure,
En ce monde où les plus fous
Sont les plus sages de tous,
C'est encor d'oublier l'heure.

Paul VERLAINE, *Les Uns et les Autres.*

Usez de l'heure présente en vous souvenant de la dernière.

(Lu sur un cadran solaire du XVIIIe s.).

Faire passer les heures — au lieu de les retenir.
Elles passent déjà si vite !
Et toutes celles qu'on nous fait perdre !
Et toutes celles que nous perdons !

S. GUITRY, *Si j'ai bonne mémoire*, I.

Voir un monde en un grain de sable,
Un firmament dans une fleur des champs,
L'infini dans le creux de la main,
Et l'éternité en une heure.

William BLAKE, *Chants de l'Expérience.*

HEUREUX (voy. bonheur)

Nous agissons toujours comme si le confort et le luxe étaient essentiels à notre existence, alors qu'il suffit pour être réellement heureux de trouver quelque chose qui nous intéresse passionnément.

Charles KINGSLEY.

L'explication du malheur de bien des gens, c'est qu'ils ont le temps de se demander s'ils sont heureux ou s'ils ne le sont pas.

G.-B. SHAW.

Quand on l'est, il reste beaucoup à faire : à consoler les autres.

J. RENARD, *Journal*, 1897.

Le grand art d'être heureux n'est que l'art de bien vivre.

J.-F. DUCIS, *Epître à M. Droz.*

Ne proclamons heureux nul homme avant sa mort.

SOPHOCLE.

heureux ● 193

Il ne faut pas juger sur ce qu'on voit paraître.
Seigneur, on n'est heureux qu'autant qu'on le croit être.

> Th. CORNEILLE, *Ariane*.

Pour vivre heureux, vivons caché.

> FLORIAN, *Le Grillon*.

Pour être heureux, il faut avoir
Plus de vertus que de savoir,
Plus d'amitié que de tendresse,
Plus de conduite que d'esprit,
Plus de santé que de richesse,
Plus de repos que de profit.

> C. PANARD, *Théâtre et Œuvres diverses*.

HIER

Maman! Est-ce que hier n'est pas fini?...

> LOUIS XVII à Marie-Antoinette (Varennes, 1791).

HIRONDELLE

Pourquoi cette année-ci
Vos traces ne sont-elles point là?
Pour les rideaux d'une salle dorée
Avez-vous abandonné mon humble demeure?

> TAI SHIH P'ING, *Recueil de Shih P'ing*.

HISTOIRE (voy. anecdote)

Ce que raconte l'histoire n'est, en effet, que le long rêve, le
songe lourd et confus de l'humanité.

> A. SCHOPENHAUER, *Le monde comme
> volonté et représentation*.

Et voilà justement comme on écrit l'histoire.

> VOLTAIRE, *Charlot ou La Comtesse de Givry*.

L'histoire est une résurrection de la vie intégrale non pas
dans ses surfaces, mais dans ses organismes intérieurs et
profonds.

> J. MICHELET, *Hist. de France*.

La première loi de l'Histoire est de ne pas oser mentir; la
seconde, de ne pas craindre d'exprimer toute la vérité.

> LEON XIII.

L'histoire justifie ce que l'on veut. Elle n'enseigne absolument rien, car elle contient tout et donne des exemples de tout. Elle est le produit le plus dangereux que la chimie de l'intellect ait élaboré.

Paul VALERY, *Regards sur le monde actuel.*

L'histoire est le roman qui a été; le roman est de l'histoire qui aurait pu être.

GONCOURT, *Journal.*

Il est permis de violer l'histoire, à condition de lui faire un enfant.

Alexandre DUMAS.

HISTOIRE SAINTE

Ce n'est donc pas seulement une solide tradition, enracinée au cours de notre culture occidentale et chrétienne, c'est aussi la considération la plus objective de ces faits qui nous justifie quand, pour résumer toute cette longue suite d'événements significatifs, nous lui donnons pour titre ces deux mots : histoire sainte.

DANIEL-ROPS, *Peuple de la Bible.*

HISTORIEN

Il n'y a pas d'Histoire avec un H majuscule; il n'y a que des historiens.

Pierre GAXOTTE, *Le Figaro,* 1969.

HIVER

Voici venir l'hiver, tueur de pauvres gens.

Jean RICHEPIN, *La chanson des gueux*

C'était avant le gel. Les chars
Grinçaient dans les chemins de glaise
Et la terre tirait à soi
Le châle bleu des feux d'hiver.

Pierre SEGHERS, *Le Cœur-Volant*

Dans un large fauteuil, près du foyer béni,
Comme on peut voyager, l'hiver, à l'infini!

Hippolyte LAROCHE

HOMERE

Trois mille ans ont passé sur la cendre d'Homère,
Et depuis trois mille ans Homère respecté
Est jeune encor de gloire et d'immortalité.

M.-J. CHENIER, *Epître à Voltaire.*

HOMME (voy. ancêtre, conscience, indécision, manger, pays, promesse, tromper)

Face à l'événement, c'est à lui-même que recourt l'homme de caractère. Son mouvement est d'imposer à l'action sa marque, de la prendre à son compte, d'en faire son affaire.

Charles de GAULLE, *Mémoires de guerre.*

Un homme dépourvu de sincérité et de fidélité est un être incompréhensible à mes yeux. C'est un grand char sans flèche, un petit char sans timon; comment peut-il se conduire dans le chemin de la vie?

CONFUCIUS, *Doctrine ;* Le Lun-Yu.

La place de l'homme dans la vie est marquée non par ce qu'il sait, mais par ce qu'il veut et ce qu'il peut.

G. LE BON, *Hier et Demain.*

L'homme est une corde tendue entre l'animal et le Surhomme, une corde au-dessus d'un abîme.

F.-W. NIETZSCHE, *Ainsi parlait Zarathoustra.*

Les hommes de pensée préparent les hommes d'action. Ils ne les remplacent pas.

G. LE BON, *Hier et Demain.*

Heureuse par l'amour, quelle femme discute son bonheur? L'homme qui le lui donne est le premier parmi les hommes. Il n'est pas question de le comparer : il est roi...

Marcel PREVOST, *Sa Maîtresse et moi.*

Il ne suffit pas d'être un grand homme, il faut l'être au bon moment.

Georges POMPIDOU.

A ces mots l'animal pervers
(C'est le serpent que je veux dire
Et non l'homme : on pourrait aisément s'y tromper).

LA FONTAINE, *L'Homme et la Couleuvre.*

Les hommes en général ressemblent aux chiens qui hurlent
quand ils entendent de loin d'autres chiens hurler.

VOLTAIRE, *Fragments Historiques.*

De tous les animaux qui s'élèvent dans l'air,
Qui marchent sur la terre, ou nagent dans la mer,
De Paris au Pérou, du Japon jusqu'à Rome,
Le plus sot animal, à mon avis, c'est l'homme.

BOILEAU, *Satire, VIII.*

O Dieu! qu'est-ce donc que l'homme? Est-ce un assemblage
monstrueux de choses incompatibles?

BOSSUET, Oraison fun. de L. de La Vallière.

L'homme n'est qu'un roseau, le plus faible de la nature;
mais c'est un roseau pensant. Il ne faut pas que l'univers
entier s'arme pour l'écraser : une vapeur, une goutte d'eau
suffit pour le tuer. Mais quand l'univers l'écraserait,
l'homme serait encore plus noble que ce qui le tue, parce
qu'il sait qu'il meurt, et l'avantage que l'univers a sur lui,
l'univers n'en sait rien.

PASCAL, *Pensées.*

L'homme n'est ni ange ni bête, et le malheur veut que qui
veut faire l'ange fait la bête.

PASCAL, *Pensées.*

Car l'homme propose et Dieu dispose, et la voie de l'homme
n'est pas dans le pouvoir de l'homme.

T. a KEMPIS, *Imitation de Jésus-Christ.*

L'homme absurde est celui qui ne change jamais.

A.-M. BARTHELEMY, *Ma Justification.*

Borné dans sa nature, infini dans ses vœux,
L'homme est un dieu tombé qui se souvient des cieux.

LAMARTINE, *Premières Méditations poétiques.*

homme • 197

Les hommes font les lois; les femmes font les mœurs.

> Prince Ch. de LIGNE, *Mémoire pour mon cœur accusé.*

Dans les grandes choses, les hommes se montrent comme il leur convient de se montrer; dans les petites, ils se montrent comme ils sont.

> CHAMFORT, *Maximes et Pensées.*

L'homme, par le fait d'être homme, d'avoir conscience, est déjà, par rapport à l'âne ou au crabe, un animal malade. La conscience est une maladie.

> Miguel de UNAMUNO.

Je connus mon bonheur, et qu'au monde où nous sommes
Nul ne peut se vanter de se passer des hommes,
Et depuis ce jour-là, je les ai tous aimés.

> SULLY-PRUDHOMME, *Les Epreuves.*

L'homme n'est rien d'autre que la série de ses actes.

> HEGEL, *Encyclopédie*

Nature! que ne suis-je un homme, rien qu'un homme vis-à-vis de toi! Oh! ce serait alors la peine de vivre.

> W. GŒTHE, *Le Second Faust.*

On peut beaucoup plus largement se passer des hommes [que des femmes], c'est pourquoi c'est eux qu'on sacrifie dans la guerre.

> G.-B. SHAW, *Sainte-Jeanne.*

Homme humain et divin, homme, je suis ton frère.

> F.-L. BERNARDEZ, *Sonnets fraternels.*

Les hommes ne savent être ni entièrement bons, ni entièrement mauvais.

> MACHIAVEL, *Pensées.*

Un être qui s'habitue à tout, voilà, je pense, la meilleure définition qu'on puisse donner de l'homme.

> F. DOSTOIEVSKY, *Souvenirs de la maison des morts.*

Je vis partout le développement de son grand principe que la nature a fait l'homme heureux et bon, mais que la société le déprave et le rend misérable.

> ROUSSEAU, *Rousseau juge de Jean-Jacques.*

Comment a-t-on pu dire que l'homme est un animal raisonnable! Il est tout ce qu'on veut, sauf raisonnable.

O. WILDE, *Phrases et Philosophies.*

L'homme vulgaire est celui qui n'a que des sentiments d'égoïsme sans disposition bienveillante pour tous les hommes en général.

CONFUCIUS, *Doctrine ; Le Lun-Yu.*

L'homme est une marionnette consciente qui a l'illusion de la liberté.

F. LE DANTEC, *Science et Conscience.*

Il faut quatre hommes pour faire une salade : un prodigue pour l'huile, un avare pour le vinaigre, un sage pour le sel et un fou pour le poivre.

François COPPEE.

Jamais les hommes ne deviennent plus tendres que lorsqu'on leur a pardonné une infidélité de passage.

Ninon de LENCLOS.

L'homme est la mesure de toute chose.

Protagoras d'Abdère.

L'homme, considéré biologiquement, est la plus formidable de toutes les bêtes de proie, et, vraiment, la seule qui dévore systématiquement sa propre espèce.

William JAMES, *Mémoires et Etudes.*

Il ne faut pas s'affliger de n'être pas connu des hommes, mais, au contraire, de ne pas les connaître.

Le *Ly-Kin.*

L'homme qui s'attache à cueillir les plaisirs comme des fleurs, est saisi par la mort qui l'emportera comme un torrent débordé emporte un village endormi.

(BOUDDHA), Le *Dhammapada.*

La racine de l'univers est la nation, la racine de la nation est la famille, la racine de la famille est l'homme lui-même.

MENG K'O, dit MENCIUS, *Li Léou.*

homme • 199

Montrez-moi un homme heureux, moi, je vous montrerai
la suffisance, l'égoïsme, la malignité, à moins que ce ne soit
la totale ignorance.

Gr. GREENE, *Le fond du problème.*

Car enfin, qu'est-ce que l'homme dans la nature? Un néant
à l'égard de l'infini, un tout à l'égard du néant, un milieu
entre rien et tout.

PASCAL, *Pensées.*

Les hommes, à certains moments, sont maîtres de leur sort;
et si notre condition est basse, la faute n'en est pas à nos
étoiles; elle en est à nous-mêmes.

SHAKESPEARE, *Jules César*, I. 2.

L'homme! C'est magnifique! Cela sonne... fier! L'homme!
Il faut respecter l'homme! Ne pas en avoir pitié... ne pas
l'abaisser par la pitié... il faut le respecter!

M. GORKI, *Les Bas-Fonds.*

Rien ne peut être plus conforme à la nature d'une chose
que les individus de la même espèce, et conséquemment
rien ne peut être plus utile à l'homme pour conserver son
être et jouir de la vie raisonnable que l'homme lui-même
quand la raison le conduit.

SPINOZA, *Ethique.*

Qu'es-tu, pauvre mortel? Une pipe allumée,
Qui se consume et qui devient à rien.
Tes plaisirs, ton honneur, toi et ton bien,
Qu'êtes-vous? Cendre et fumée.

Dom R. GUERARD.

On ne vit pas pour être un homme. Souffre. Meurs.
Mais sois ce que tu dois être : un Homme.

R. ROLLAND, *Jean-Christophe.*

— Dieu a fait l'homme à son image, disait un abbé.
— Oh! l'homme le lui a bien rendu, répliqua Fontenelle.
Les nations n'ont de grands hommes que malgré elles.

BAUDELAIRE, *Mon cœur mis à nu.*

Honnête homme est un homme poli et qui sait vivre.

BUSSY-RABUTIN (Lettre à Corbinelli, 1679).

Rien ne doit déranger l'honnête homme qui dîne.

J. BERCHOUX, *La Gastronomie.*

Je vois passer l'homme moderne avec une idée de lui-même et du monde qui n'est plus une idée déterminée... Il lui est devenu impossible d'être l'homme d'un seul point de vue et d'appartenir réellement à une seule langue, à une seule conception, à une seule physique.

Paul VALERY.

L'homme supérieur c'est celui qui d'abord met ses paroles en pratique, et ensuite parle conformément à ses actions.

CONFUCIUS, *Doctrine ; Le Lun-Yu.*

L'homme supérieur est celui qui a une bienveillance égale pour tous, et qui est sans égoïsme et sans partialité.

CONFUCIUS, *Doctrine ; Le Lun-Yu.*

HOMME D'ETAT

Le véritable homme d'Etat est celui qui s'institue arbitre impartial entre ses ambitions et l'intérêt général.

F. van den BOSCH, *Aphorismes du temps présent.*

HONNEUR

L'honneur est un vieux saint que l'on ne chôme plus.
Il ne sert plus de rien, sinon d'un peu d'excuse.

M. REGNIER, *Satires.*

Qu'est-ce que l'honneur ? Un mot. Qu'est-ce que ce mot, Honneur ? De l'air.

SHAKESPEARE, *Henri IV.*

L'honneur parle, il suffit : ce sont là nos oracles.

RACINE, *Iphigénie.*

« Plutôt la mort que le déshonneur ». Mais l'honneur ressemble aux jupes des femmes. Il se porte long, il se porte court, il se porte **large**, il se porte étroit, il se porte avec des jupons, il se **porte sans** culotte.

Aldous HUXLEY, *La paix des profondeurs.*

HONTE

Il y a une espèce de honte d'être heureux à la vue de certaines misères.

LA BRUYERE, *Les Caractères.*

honte ● **201**

La honte est dans l'offense, et non pas dans l'excuse.

Nivelle de LA CHAUSSEE, *Le Préjugé à la mode*

La honte n'est pas de perdre, d'être inférieur à l'ennemi.
Mais d'être inférieur à soi-même : voilà qui gâte
A la fois le sort du vaincu, le mérite du vainqueur.

E. SPENSER, *La Reine des Fées.*

Mes yeux baissés tombèrent sur la claire fontaine et en m'y voyant, je les reportai sur l'herbe, tant de honte se chargea mon front!

DANTE, *Purgatoire*, Chant XXX.

Je ne m'étonne jamais de voir des hommes mauvais, mais je m'étonne souvent de ne les point voir honteux.

SWIFT, *Pensées sur divers sujets.*

Honteux comme un renard qu'une poule aurait pris.

LA FONTAINE, *Le Renard et la Cigogne.*

HUMANITE (voy. bêtise, idéal)

L'humanité marche à reculons vers l'avenir, les yeux tournés vers le passé.

Gugliemo FERRERO.

Celui qui n'est que militaire est un mauvais militaire; celui qui n'est que professeur est un mauvais professeur; celui qui n'est qu'industriel n'est qu'un mauvais industriel. L'homme complet, celui qui veut remplir sa pleine destinée doit avoir ses lanternes ouvertes sur tout ce qui fait l'honneur de l'humanité.

Maréchal LYAUTEY.

Le sort de l'humanité en général sera celui qu'elle méritera.

A. EINSTEIN, *Comment je vois le monde.*

L'Humanité! Fut-il jamais entre toutes les vieilles, une vieille plus horrible (si ce n'est peut-être la « Vérité»; un problème à l'usage des philosophes?). Non, nous n'aimons pas l'Humanité.

F. NIETZSCHE, *Le gai savoir.*

Que l'humanité disparaisse, il en est bien temps. L'humanité a cessé de matérialiser l'expression de l'incompréhensible.

L'humanité est morte. Il y aura une nouvelle matéria-
lisation d'un nouveau genre. Que l'humanité disparaisse
aussi vite que possible.

D.-H. LAWRENCE, *Femmes amoureuses.*

HUMILITE

Attache plus de prix à être un humble vertueux qu'un riche
orgueilleux.

CERVANTES, *Don Quichotte.*

HUMORISTE

Tout écrivain complet aboutit à un humoriste!

MALLARME (cité par S. Guitry, *Théâtre, je t'adore*).

HYPOCRISIE-HYPOCRITE

Dès que la prudence et la perspicacité existèrent, on vit
naître une grande hypocrisie.

Le TSHOUN-TSIEOU (ou Livre du Printemps et de
l'Automne).

Hypocrite, ôte premièrement la poutre qui est dans ton œil,
et alors tu verras à ôter la paille de l'œil de ton frère.

NOUV. TEST., *Matth.* VII, 5 (Oltramare).

Vous ressemblez à des sépulcres blanchis. Au-dehors, ils
paraissent beaux; au-dedans, ils sont pleins d'ossements, de
cadavres et de toute sorte de pourriture. Vous de même,
vous paraissez justes; au-dedans, vous êtes pleins d'hypocrisie et d'iniquité.

NOUV. TEST., *Matthieu*, XXIII, 27-28 (Maredsous).

Bois, Hâfiz, et sois gai : ne fais pas comme l'hypocrite
Qui croit masquer sa ruse en citant bien haut le Koran.

HAFIZ, *Odes.*

index

INVA

i

imitation

INVA

SION

NOIS

IDEAL

La femme idéale, pour l'homme, est une colombe qui a les qualités de la fourmi; et l'homme idéal, pour la femme, est un lion avec la patience de l'agneau.

X...

Nul ne rencontre deux fois l'idéal. Combien peu le rencontrent même une fois!

O. WILDE, *Le portrait de Dorian Gray.*

Ne vous servez donc pas de ce terme élevé d'*idéal* quand nous avons pour cela, dans le langage usuel, l'excellente expression de *mensonge.*

H. IBSEN, *Le canard sauvage.*

L'idéal permanent de l'évolution humaine n'est pas douteux. Ce qui manque à l'humanité, c'est la force de s'imposer à elle-même la poursuite constante de cet idéal.

Jules ROMAINS, *Le Problème n° Un.*

Idéal perdu dans la nuit d'un monde qui n'est plus,
Monde qui pensait en contes et parlait en poèmes,
Oh, je te vois, je t'entends, je rêve à toi, jeune et doux
[messager
D'un ciel peuplé d'étoiles, de paradis, de dieux qui ne
[sont pas les nôtres.

Mihail EMINESCU, *Entretiens littéraires.*

Ce qui nous fait vieillir, ce n'est pas de prendre de l'âge, c'est de déserter notre idéal.

Normal Instructor & Primary Plans.

IDEALISTE

Un idéaliste est une personne qui aide les autres à prospérer.

H. FORD (1919).

idée ● 205

IDEE (voy. infini)

Une lettre parfaite est une lettre qui ne contient qu'une idée.

Si vous avez une idée, dites-la et arrêtez- vous.

C'est déjà si beau, d'avoir une idée!

Paul REBOUX, *Le nouveau savoir-écrire.*

La virilité d'une idée ne consiste pas moins dans sa puissance à créer un passage à travers la pensée contemporaine que dans sa capacité à dominer les mouvements futurs.

O. KAKUZO, *Le Livre du Thé.*

IDOLE (voy. dieux, divinité)

IDYLLE

Quel enfant tu fais! Dix-huit ans et tu te laisses impressionner par une idylle! Idylle, mon vieux, ça commence comme idiot et ça finit comme imbécile.

Maurice DONNAY, *Le Geste.*

IGNORANCE (voy. ténèbres)

Pour être sage, une heureuse ignorance
Vaut souvent mieux qu'une faible vertu.

Mme DESHOULIERES.

Oh! que c'est doux et mol chevet, et sain que l'ignorance et l'insécurité, à reposer une tête bien faite!

MONTAIGNE, *Essais.*

L'ignorance et l'insécurité sont deux oreillers fort doux, mais, pour les trouver tels, il faut avoir la tête aussi bien faite que Montaigne.

DIDEROT, *Pensées Philosophiques.*

Où l'ignorance est la béatitude,
Il est fou d'être sage.

T. GRAY, *Sur une perspective du Collège d'Eton.*

Etre ignorant de son ignorance est la maladie de l'ignorant.

A.-B. ALCOTT, *Conversation de table.*

C'est la profonde ignorance qui inspire le ton dogmatique.

LA BRUYERE, *Les Caractères.*

L'ignorance toujours est prête à s'admirer.

BOILEAU, *Art poétique.*

Le peu que je sais, c'est à mon ignorance que je le dois.

Sacha GUITRY, *Toutes réflexions faites.*

Mon père, un brave homme, me disait : « Ne perds jamais ton ignorance; tu ne pourras pas la remplacer. »

Erich. M. REMARQUE, (Interview, 1946).

ILLUSION (voy. âge, espérance, vérité)

Flatteuse illusion! doux oubli de nos peines!
Oh! qui pourrait compter les heureux que tu fais?

COLLIN d'HARLEVILLE, *Les Châteaux en Espagne.*

Dieu fit la douce illusion
Pour les heureux fous du bel âge;
Pour les vieux fous, l'ambition,
Et la retraite pour le sage.

VOLTAIRE, *Epîtres.*

L'illusion est au cœur ce que l'oxygène est à l'appareil respiratoire.

Maurice DES OMBIAUX, *Le Guignol de l'Après-Guerre.*

IMAGINATION

Le bonheur, c'est peut-être ça : l'imagination. Quand on en manque, il ne reste que les platitudes de la vie.

Henri DUVERNOIS, *Un gentleman-farmer.*

L'imagination qui, déployant la hardiesse de son vol, a voulu, pleine d'espérance, s'étendre dans l'éternité, se contente alors d'un petit espace, dès qu'elle voit tout ce qu'elle rêvait de bonheur s'évanouir dans l'abîme du temps.

W. GŒTHE, *Faust.*

L'imagination! Elle fait plus de victimes que toutes les maladies réunies! Elle engendre des maladies! C'est une forme de folie!

Eugène O'NEILL, *L'étrange intermède.*

imagination • 207

O puissance d'imaginer, toi qui nous emporte parfois si loin
hors de nous qu'on ne s'aperçoit pas que sonnent alentour
mille trompettes, qui te met en mouvement, si les sens ne
t'excitent?

DANTE, *La Divine Comédie ; Le Purgatoire.*

IMBECILE

L'exploitation des imbéciles? Mais les imbéciles ont
toujours été exploités, et c'est justice. Le jour où ils cesseront
de l'être, ils triompheraient, et le monde serait perdu.

A. CAPUS, *Mariage bourgeois.*

IMITATION

L'imitation est la plus sincère des flatteries.

C.-C. COLTON, *Lacon.*

IMMIGRATION

Donnez-moi vos pauvres, épuisés et las,
Vos foules entassées qui aspirent à un air plus libre,
Misérables déchets de vos rives grouillantes.
Envoyez-les-moi, ceux-là, les sans toit, balottés par
[la tempête.

Emma LAZARUS (vers gravés sur le
socle de la statue de la Liberté, à New York).

IMMORTALITE

Sortir des limites de notre sensibilité et de notre vision
mentale, et atteindre à une liberté plus vaste, telle est la
signification de l'immortalité.

Rabindranath TAGORE, *L'Inde et son âme.*

L'immortalité, c'est de travailler à une œuvre éternelle.

E. RENAN, *L'avenir de la science.*

Que ne puis-je monter sur un dragon céleste
Pour respirer l'essence du soleil et de la lune
Afin d'être immortel!

LI T'AI PO, *Poèmes.*

Désirer l'immortalité, c'est désirer la perpétuation éternelle
d'une grande faute.

SCHOPENHAUER, *La mode comme
volonté et comme représentation.*

Existe-t-il au-delà de la silencieuse nuit
Un jour sans fin ?
La mort est-elle une porte conduisant vers la lumière ?
Nous ne le pouvons dire.

R.-C. INGERSOLL, *Déclaration de l'homme libre.*

IMPASSIBILITE

Si, quand cet homme (Talleyrand) vous parle, son derrière recevait un coup de pied, sa figure ne vous en dirait rien.

MURAT (roi de Naples).

IMPERIALISME

Impérialisme est civilisation pure. Le destin d'Occident est dans ce phénomène irrévocable. L'homme cultivé a son énergie dirigée en dedans, le civilisé en dehors.

O. SPENGLER, *Le déclin de l'Occident.*

IMPERMANENCE UNIVERSELLE (voy. vie)

Les flots passent les uns après les autres et se poursuivent éternellement.

LI T'AI PO.

Apparu, disparu, c'est toute l'histoire d'un homme, comme celle d'un monde et celle d'un infusoire.

H.-F. AMIEL, *Fragments d'un journal intime.*

La vie d'un homme entre ciel et terre passe comme le saut d'un poulain blanc franchissant un fossé : un éclair et c'est fait.

TCHUANG-TSE.

Je n'ai fait que passer, il n'était déjà plus.

RACINE, *Esther.*

La convenance de l'habitation est fort appréciable, bien qu'il ne s'agisse pour nous que d'un séjour temporaire. Et pourtant, ceux qui habitent là pourront-ils y rester long-temps ? Eux aussi doivent se dissiper comme la fumée, dans un instant !

KENKO, *Les mauvaises herbes de la paresse.*

IMPORTUN

Gens qui de leur savoir paraissent toujours ivres;
Riches, pour tout mérite, en babil importun;
Inhabiles à tout, vides de sens commun.

MOLIERE, *Les Femmes Savantes.*

IMPOSSIBLE (voy. possible)

Impossible est un mot que je ne dis jamais.

COLLIN d'HARLEVILLE, *Malice pour Malice.*

J'aime celui qui rêve l'impossible.

W. GŒTHE, *Le Second Faust.*

La chose difficile, nous la faisons immédiatement; l'impossible prend un peu plus de temps.

(Devise des Armées de l'Air des E.-U.).

INACTION (voy. épitaphe, paresse)

L'inaction morne de certains hommes rebelles à tout effort ne diffère pas sensiblement du repos de la tombe. Ces morts vivants n'ont de la vie que l'apparence.

G. LE BON, *Hier et Demain.*

Le pénible fardeau de n'avoir rien à faire.

BOILEAU, *Epîtres.*

Ah! qu'il est doux
De ne rien faire
Quand tout s'agite autour de nous.

J. BARBIER et M. CARRE, *Galatée.*

INCANTATION

Songeons à ces formules, à ces incantations dépourvues de sens mais douées d'une indéniable puissance thérapeutique et dont le peuple garde la mémoire; il nous semble y entendre l'appel d'un fantôme ou d'un dieu.

Stefan GEORGE.

INCAPACITE

Ils sont trop verts, dit-il, et bons pour des goujats.

LA FONTAINE, *Fables ; Le Renard et les Raisins.*

Ceux qui sont incapables de sentir en eux-mêmes la petitesse des grandes choses sont mal préparés à discerner la grandeur des petites choses chez les autres.

Okakura KAKUZO, *Le Livre du Thé.*

INCERTITUDE

Rien ne m'est sûr que la chose incertaine.

François VILLON.

INCOMPETENCE (voy. danseur)

Amis, vous avez beau changer de place,
Vous n'êtes pas bons pour êtres musiciens.

Y.-A. KRYLOV, *Le Quatuor.*

INCONNU

Une femme inconnue,
Qui ne dit point son nom, et qu'on n'a point revue.

RACINE, *Athalie.*

INCONSTANCE

Elles changent de teinte
Sous le vent automnal
Les feuilles des arbres.
Mais du cœur humain
Que devons-nous penser ?

SOSEI, *Tanka.*

INCREDULITE

Il est vrai qu'il n'y a pas de sentiment moins aristocratique que l'incrédulité.

TALLEYRAND.

INDECISION

Quiconque met la main à la charrue et regarde en arrière, n'est pas propre au royaume de Dieu.

NOUV. TEST., *Luc*, IX, 62 (Oltramare).

Il n'y a pas d'homme plus malheureux que celui chez qui l'indécision est une habitude.

W. JAMES, *Précis de psychologie.*

indépendance • 211

INDEPENDANCE

Je préférerais m'asseoir sur un potiron et le posséder bien à moi que d'être à plusieurs sur un coussin de velours.

H.-D. THOREAU, *Walden.*

Il voyage plus vite celui qui voyage seul.

R. KIPLING, *Les vainqueurs.*

INDEX

Mettre à l'index, c'est montrer du doigt.

X...

INDIFFERENCE

Je t'ai donné une poésie où j'avais célébré ta beauté, mais tu l'as déchirée et tu en as jeté les morceaux dans le lac... parce qu'il n'avait pas de nénuphars, m'as-tu dit.

HI-TSONG, *Poèmes.*

Ta bien-aimée, Hâfiz, sur ta tombe scellée
Peut-être passera comme passe le vent :
Tu frémiras alors dans ta prison étroite,
Et tu déchireras ton suaire en lambeaux.

HAFIZ, *Odes.*

Ayons les pieds chauds et laissons rire les gens.

L. de GONGORA.

Voilà! Mon poème est fini, et je puis me moquer, en longeant les bords de cette rivière,
Du succès des honneurs et des richesses. Car les suffrages du monde sont-ils vraiment de longue durée?
Mais non! il serait aussi fou de le croire que de croire que les eaux du Han pourraient remonter leur cours.

LI T'AI PO, *Un chant sur la rivière.*

INDISCRETION

Les questions ne sont jamais indiscrètes. Mais parfois les réponses le sont.

O. WILDE, *Phrases et Philosophies.*

INDULGENCE (voy. action, connaissance)

Et surtout soyons-nous l'un à l'autre indulgents.

P. VERLAINE, *Jadis et Naguère.*

INFAMIE

Maintenant nous savons que l'infamie des méthodes se multiplie dans l'infamie des résultats.

A. SOLJENITSYNE, *Appel à la Résistance.*

INFERIORITE

Le sentiment d'infériorité gouverne la vie mentale; on peut clairement le reconnaître dans le sens de l'imperfection et de l'incomplétude, et dans la lutte ininterrompue à la fois des individus et de l'humanité.

Alfred ADLER, *Intérêt social.*

En réalité, nous ne savons plus rien, nous ne sommes plus sûrs de rien. Lorsqu'on regarde les œuvres des anciens, on n'a vraiment pas à faire les malins.

Auguste RENOIR (à Albert ANDRE).

INFIDELITE

Il y a des femmes dont l'infidélité est le seul lien qui les attache encore à leur mari.

S. GUITRY, *Elles et toi.*

INFINI

Le mot infini, comme les mots Dieu, esprit et quelques autres expressions, dont les équivalents existent dans toutes les langues, est, non pas l'expression d'une idée, mais l'expression d'un effort vers cette idée.

Edgar POE, *Euréka.*

Le silence éternel de ces espaces infinis m'effraie.

PASCAL, *Pensées.*

INFLATION (voy. opportuniste)

INFLUENCE

Vous savez, sur ce chapitre des influences qu'a pu subir un écrivain, on ne dit généralement que des sottises. Lui-même n'est guère fixé.

Hervé BAZIN, (Interview).

INGENIOSITE

Il n'y a d'esprit, de grâce, de bon goût qu'en France.
Donnez aux Français n'importe quel objet, et je suis sûre que l'ingéniosité française en fera quelque chose de charmant.

Princesse de METTERNICH (à un ambassadeur d'Allemagne).

INGRAT

Il y a beaucoup moins d'ingrats qu'on ne croit, car il y a bien moins de généreux qu'on ne pense.

SAINT-EVREMOND, *Sur les Ingrats.*

Il est deux fois ingrat
Celui dont l'insuccès rend l'ingratitude inutile.

SAADI, *Le Jardin des Roses.*

INGRATITUDE (voy. enfant)

Le bien a pour tombeau l'ingratitude humaine,

A. de MUSSET, *La Coupe et les Lèvres.*

Tous ceux à qui j'ai enseigné l'art invincible
De bander l'arc et de lancer le trait
M'ont finalement pris pour cible.

SAADI, *Le Jardin des Roses.*

Fais rire le public. Dissipe son ennui. Et s'il te méprise et t'oublie sitôt qu'il a passé la porte, ah! laisse-le, ça ne fait rien. On oublie toujours ceux qui vous ont fait du bien.

Sacha GUITRY, *Debureau.*

Et tu Brute? Alors tomba César!

SHAKESPEARE, *Jules César,* III, 2.

INIQUITE

Qui aime l'iniquité appelle l'infortune.

Jitsu-go-kiyô.

De même que celui qui aime la vie évite le poison, le sage évite l'iniquité.

Udânavarga.

INJURE

C'est un principe de la nature humaine de haïr ceux que vous avez injuriés.

TACITE, *Agricola*.

INJUSTICE (voy. public)

Une injustice n'est rien, si on parvient à l'oublier.

CONFUCIUS.

L'injustice agrandit une âme libre et fière.

M.-J. CHENIER, *Discours sur la calomnie*.

L'injustice appelle l'injustice; la violence engendre la violence.

LACORDAIRE, *Pensées*.

Tu supportes des injustices; console-toi, le vrai malheur est d'en faire.

DEMOCRITE.

J'aime mieux une injustice qu'un désordre.

W. GŒTHE, Le siège de Mayence.

INNOCENCE (voy. coupable)

Mon sang criera bientôt devant le Seigneur : Merci pour l'innocence!

Jane GREY (lettre à son père avant son exécution).

INOCCUPATION (voy. retraite)

INSATIABILITE

Trois choses sont insatiables,
Quatre ne disent jamais : Assez!
Le séjour des morts, la femme stérile,
La terre qui n'est pas rassasiée d'eau,
Et le feu, qui ne dit jamais : Assez!

ANC. TEST., *Proverbes*, XXX, 15, 16 (Segond).

INSENSE

Avec de grands gestes, il s'éloigne dans la nuit. Il avait l'air de cueillir des étoiles.

CHANG-WOU-KIEN *Poèmes*.

INSOUCIANCE

A chaque terrible époque humaine, on a toujours vu un monsieur assis dans un coin, qui soignait son écriture et enfilait des perles.

P. VALERY, *Toulet ou l'inactuel*.

INSOUMIS

Le monde ne sera sauvé, s'il peut l'être, que par des *insoumis*. Sans eux, c'en est fait de notre civilisation, de notre culture, de ce que nous aimions et qui donnait à notre présence sur terre une justification secrète. Ils sont, ces insoumis, le « sel de la terre » et les responsables de Dieu.

A. GIDE, *Journal*.

INSPIRATION (voy. action, bas-bleu)

Où donc est-il le temps charmant
Où le mot m'arrivait si vite ?
Le mot venait d'abord et la pensée ensuite.
J'étais un poète vraiment!

Tristan BERNARD.

Croyez-vous que je pense à un sacré violon quand l'Esprit me parle, et que j'écris ce qu'il me dicte ?

L. van BEETHOVEN, à Schuppanzich.

INSTINCT (voy. sagesse)

Cet instinct qui fait à l'enfance découvrir tant de merveilles que nous maquillons ensuite en leur mettant des rides, que nous affublons de notre propre vieillesse!...

L. PIRANDELLO, (Interview).

INSTITUTEUR

Le village entier proclamait l'étendue de ses
[connaissances;
Il était certain qu'il savait écrire, et même calculer;
Il savait arpenter, annoncer les sessions et les fêtes,
Et même le bruit courait qu'il savait jauger.

O. GOLDSMITH, *Le Village abandonné*.

INSTRUCTION

On n'est jamais trop âgé pour s'instruire.

B. FRANKLIN.

Vivez dans la paix sereine des laboratoires et des bibliothèques. Dites-vous d'abord : « Qu'ai-je fait pour
m'instruire ? » Et, à mesure que vous progressez : « Qu'ai-je
fait pour mon pays ? » Ceci jusqu'au moment où vous
pourrez penser avec un immense bonheur que vous avez
contribué en quelque manière au progrès et au bien de
l'humanité!

Louis PASTEUR, (Sorbonne, 1892).

INTELLIGENCE (voy. jugement)

Des hommes d'intelligence supérieure ont parfois, au
point de vue sentimental, une mentalité voisine de celle d'un
sauvage.

G. LE BON, *Hier et Demain.*

En matière de prévision, le jugement est supérieur à
l'intelligence. L'intelligence montre toutes les possibilités
pouvant se produire. Le jugement discerne parmi ces
possibilités celles qui ont le plus de chance de se réaliser.

G. LE BON, *Hier et Demain.*

L'intelligence est le moteur de toutes les nations, le
conducteur de toutes les armées, l'artillerie de toutes les
guerres. Sans l'intelligence, l'imbécillité elle-même n'aurait
pas de signification.

G. PAPINI, *Visages découverts.*

Il y a trois sortes d'intelligence : l'intelligence humaine,
l'intelligence animale et l'intelligence militaire.

Aldous HUXLEY, *Point et Contrepoint.*

INTENTIONS

L'enfer est pavé de bonnes intentions.

S. JOHNSON, (cité par J. Boswell), *La vie de Johnson.*

INTERET (voy. heureux)

Il n'existe pas de sujet peu intéressant; il n'y a que des
personnes peu intéressées.

C.-K. CHESTERTON.

Ainsi votre intérêt est toujours la boussole
Que suivent nos opinions.

FLORIAN, *Fables ; Le Hibou, le Chat, l'Oison et le Rat.*

intérêt ● 217

Le pur intérêt personnel est devenu à peu près indéfinissable, tant il y entre d'intérêt général, tant il est difficile de les isoler l'un de l'autre.

H. BERGSON, *Les deux sources de la morale et de la religion.*

Le véritable secret de la vie est de s'intéresser à une chose profondément et à mille autres suffisamment.

Hugh WALPOLE.

INTERRUPTION (voy. bruit)

INVASION

Toi qui semblais trop étroite à tes fils, toi qui ne sais pas les nourrir en paix, terre fatale, tu subis les étrangers. C'est par toi que commence le jugement du ciel. Un ennemi que tu n'as point offensé se rue, l'outrage à la bouche, pour prendre place à la table. Ils se partagent la dépouille des insensés; ils arrachent l'épée de la main de tes rois.

MANZONI, *Carmagnola.*

INVENTEUR (voy. songerie)

IRONIE (voy. bêtise, conversation)

Redouter l'ironie, c'est craindre la raison.

Sacha GUITRY, *L'Esprit de Paris.*

ISOLEMENT

Je crois à la vertu du petit nombre; le monde sera sauvé par quelques-uns.

A. GIDE, (quelques mois avant sa mort).

ITALIE

Italie! Italie! toi qui possèdes
Le don fatal de la beauté.

Lord BYRON, *Pèlerinage de Childe Harold* (Chant IV).

IVRESSE

D'autant plus forte est l'ivresse que plus amer est le vin.

G. d'ANNUNZIO, *Phaedre.*

Sous la lune et devant les fleurs, je m'enivre, ne nous occupons pas de bonheur ni de malheur!
Combien de gens comprennent-ils cette joie?
Avec du vin et des fleurs, qu'attendons-nous encore pour boire?

SU CHE, *Yu-mei-jen*.

Oui, je suis ivre, je le sais;
Allons, des verres, des coupes, je boirai encore!
Cent ans contiennent trente-six mille cinq cents jours,
Puissé-je vider chaque jour trois cents verres!

LI T'AI PO, *Chanson de Siang-yang*.

La tête d'un pauvre buveur tourne après deux coupes;
Un homme vain perd son équilibre avec une petite flatterie.

Proverbe chinois (début de notre ère).

j

JARDIN

journaliste

JUSTICE

JALOUSIE

La sombre Jalousie, au teint pâle et livide,
Suit d'un pied chancelant le Soupçon qui la guide.

VOLTAIRE, *La Henriade.*

La jalousie est une preuve de cœur, comme la goutte, de
jambes.

P.-J. TOULET, *Monsieur du Paur, homme public.*

O, gardez-vous, mon seigneur, de la jalousie;
C'est le monstre aux yeux gris qui se moque
De la viande dont il se nourrit.

SHAKESPEARE, *Othello*, III.

Veux-tu que ta femme soit sage?
Ne prends point de jaloux ombrages :
Qu'une heureuse crédulité
Te fasse bien vivre avec elle;
Un soupçon d'infidélité
Fait quelquefois une infidèle.

A.-L. LE BRUN, *Odes et Epigrammes.*

JALOUX

Les femmes détestent un jaloux qui n'est point aimé, mais
elles seraient fâchées qu'un homme qu'elles aiment ne fût
pas jaloux.

Ninon de LENCLOS

JARDIN

Dieu Tout-Puissant planta tout d'abord un jardin. Et,
vraiment, c'est le plus pur des plaisirs humains.

Sir Fr. BACON, *Essais : Des Jardins.*

jardin ● 221

Voulez-vous profiter vraiment de votre jardin ? Mettez des vêtements souples et lâches, un grand chapeau de paille, ayez dans une main un râteau et dans l'autre une boisson glacée. Indiquez ensuite au jardinier la plate-bande qu'il doit bêcher.

New York Times.

Que m'importent les tulipes et les roses, puisque par la pitié du Ciel, j'ai, pour moi seul, tout le jardin.

HAFIZ, *Les Ghazels.*

JEU

C'est l'enfant de l'avarice, le frère de l'iniquité et le père du mal.

G. WASHINGTON, *Lettre à Bushod Washington.*

JEUNE

Beaucoup de gens ne sont jamais jeunes ; quelques personnes ne sont jamais vieilles.

G.-B. SHAW.

Etre jeune, c'est être spontané, rester proche des sources de la vie, pouvoir se dresser et secouer les chaînes d'une civilisation périmée, oser ce que d'autres n'ont pas eu le courage d'entreprendre ; en somme, se replonger dans l'élémentaire.

Thomas MANN, *Le docteur Faustus.*

JEUNER

Je défie un ermite de jeûner sans donner un goût exquis à son eau claire et à ses légumes.

Aldous HUXLEY.

JEUNESSE (voy. sagesse)

Pendant une aimable jeunesse,
On n'est bon qu'à se divertir,
Et quand le bel âge vous laisse,
On n'est bon qu'à se convertir.

Mme de la SABLIERE.

C'était pour m'enseigner qu'il faut dès la jeunesse,
Comme d'un usufruit, prendre son passe-temps :
Que pas à pas nous suit l'importune vieillesse,
Et qu'Amour et les fleurs ne durent qu'un printemps.

RONSARD, *Sonnets pour Hélène*

J'avais vingt ans, une folle maîtresse,
De francs amis et l'amour des chansons.

BERANGER, *Le Grenier*.

Cédez-moi vos vingt ans si vous n'en faites rien.

P.-L. de LACRETELLE, *Discours en vers sur les faux
chagrins*.

Donc, si vous me croyez, mignonne,
Tandis que votre âge fleuronne
En sa plus verte nouveauté,
Cueillez, cueillez votre jeunesse :
Comme à cette fleur la vieillesse
Fera ternir votre beauté.

RONSARD, *Ode à Cassandre*.

La jeunesse en sa fleur brille sur son visage.

BOILEAU, *Le Lutrin*.

En perdant la beauté, petite ou grande, on perd tout.
La jeunesse est le seul bien qui vaille.

O. WILDE, *Le portrait de Dorian Gray*.

Quelle est admirable la jeunesse de l'homme! Elle est toute
d'angoisse et de féeries, et il n'arrive jamais à la connaître
sous son vrai jour, que lorsqu'elle l'a quitté pour toujours.

Th. WOLFE, *Au fil du temps*.

Qu'as-tu fait, ô toi que voilà
Pleurant sans cesse,
Dis, qu'as-tu fait, toi que voilà
De ta jeunesse?

P. VERLAINE, *Sagesse*.

La jeunesse montre l'homme comme le matin montre le
jour.

J. MILTON, *Paradis retrouvé*, IV.

Jeune homme, réjouis-toi dans ta jeunesse, livre ton cœur
à la joie pendant les jours de ta jeunesse, marche dans les
voies de ton cœur et selon les regards de tes yeux.

ANC. TEST., *Ecclésiaste*, XII, I (Segond).

jeunesse • 223

Enfant émerveillé, j'allais par le chemin;
Je regardais danser le soleil sur la mousse.
Adorable et terrible, éblouissante et douce,
Tu m'apparus, Jeunesse, une rose à la main!

Gabriel VICAIRE, *Jeunesse.*

La jeunesse est plus apte à inventer qu'à juger, à exécuter qu'à conseiller, à lancer des projets nouveaux qu'à poursuivre des anciens.

Sir Fr. BACON, *Les Essais.*

On met longtemps à devenir jeune.

PICASSO.

JOIE

Belle joie, étincelle
des dieux, fille de l'Empyrée...
Miroir de Vérité,
la joie, parmi tes flammes,
va sourire au chercheur!

F. SCHILLER, *Ode à la Joie.*

La joie réside au plus intime de l'âme; on peut aussi bien la posséder dans une obscure prison que dans un palais.

Sainte THERESE (de Lisieux).

Viens à la joie et chante! Rejette ton habit austère et danse; sinon, va t'asseoir dans ton coin, caché sous des voiles hypocrites.

HAFIZ, *Les Ghazels.*

J'ai trouvé plus de joie dans la tristesse
Que vous pourriez en trouver dans la joie.

Sara TEASDALE, *La Réponse.*

Mangez avec le riche, mais allez jouer avec le pauvre qui est capable de joie.

Logan Pearsall SMITH, *Réflexions tardives.*

Exister et rien autre chose, cela suffit!
Respirer suffit!
Joie, joie! Joie partout!

W. WHITMAN, *Feuilles d'herbe.*

Le cœur de deux chambres se compose
Dans lesquelles habitent Joie et Chagrin
Lorsque Joie dans l'une s'éveille,
Dans l'autre s'endort Chagrin.
O Joie, prenez garde!
Parlez donc bas,
De crainte d'éveiller Chagrin.

H. NEUMAN, *Le Cœur.*

La joie est en tout; il faut savoir l'extraire.

CONFUCIUS.

JOUEUR

Qu'un joueur est heureux! Sa poche est un trésor!
Sous ses heureuses mains le cuivre devient or.

J.-F. REGNARD, *Le Joueur.*

JOUR

Ne vous mettez pas en souci du lendemain, car le lendemain
aura souci de lui-même; à chaque jour suffit sa peine.

NOUV. TEST., *St-Matthieu*, VI, 34 (Oltramare).

Chaque jour est un bien que du ciel je reçois;
Je jouis aujourd'hui de celui qu'il me donne :
Il n'appartient pas plus aux jeunes gens qu'à moi
Et celui de demain n'appartient à personne.

Chanoine F. de MAUCROIX.

L'ombre s'évapore,
Et déjà l'aurore
De ses rayons dore
Les toits d'alentour;
Les lampes pâlissent,
Les maisons blanchissent,
Les marchés s'emplissent,
On a vu le jour!

A. DESAUGIERS, *Chansons.*

La course de nos jours arrive bien vite au relais.
La mort les suit en croupe. Aussi, tant que j'aurai la vie,
Deux de mes jours comptés ne me tourmenteront jamais :
Hier, cet oublié, Demain, dont je n'ai nulle envie.

Omar KHAYYAM, *Roubaiyat.*

JOURNAL (voy. tort)

J'étais convaincu depuis longtemps que les gazettes sont faites uniquement pour amuser la foule et l'éblouir sur le moment, soit qu'une force extérieure empêche le rédacteur de dire la vérité, soit que l'esprit de parti l'en détourne : aussi n'en lisais-je plus aucune.

GŒTHE, *Annales*, 1808-1811.

Tout journal, de la première ligne à la dernière, n'est qu'un tissu d'horreurs. Guerres, crimes, vols, impudicités, tortures, crimes des princes, crimes des nations, crimes des particuliers, une ivresse d'atrocité universelle.
Et c'est de ce dégoûtant apéritif que l'homme civilisé accompagne son repas de chaque matin. Je ne comprends pas qu'une main pure puisse toucher un journal sans une convulsion de dégoût.

C. BAUDELAIRE, *Journaux intimes*, CIII.

Lisons donc les journaux, mais dans le même esprit où nous lirions aujourd'hui des journaux d'il y a cinquante ans, en nous souvenant qu'un homme qui reste six semaines sans ouvrir un journal, loin que sa valeur humaine en pâtisse en quoi que ce soit, c'est là une véritable cure pour son imagination et son intelligence.

H. de MONTHERLANT, *Service inutile*.

JOURNALISME (voy. presse)

Le journalisme mène à tout — à condition d'en sortir.

Attribué à Jules JANIN.

Grand est le journalisme. Chaque éditeur capable n'est-il pas un gouverneur du monde, étant l'un de ceux qui le persuadent, quoique élu personnellement et cependant sanctionné par la vente de ses numéros ?

CARLYLE, *La Révolution française*, II.

JUGE (voy. justice)

JUGEMENT (voy. culture, intelligence, sens)

En matière de prévision, le jugement est supérieur à l'intelligence. L'intelligence montre toutes les possibilités pouvant se produire. Le jugement discerne parmi ces possibilités celles qui ont le plus de chance de se réaliser.

G. LE BON, *Hier et Demain*.

Ne serait-il donc pas à craindre que cette sévérité continuelle de nos jugements ne nous fît contracter une habitude d'humeur dont il deviendrait malaisé de nous dépouiller ensuite ? Le seul moyen d'empêcher que cette humeur prenne sur nous trop d'empire, serait peut-être d'abandonner la petite et facile critique des défauts pour la grande et difficile critique des beautés.

CHATEAUBRIAND, *Mélanges littéraires.*

Au lieu de regarder et d'attendre l'arrivée des saisons, ne vaudrait-il pas mieux profiter des avantages de chacune ? Au lieu de laisser naître et croître naturellement les êtres, ne vaudrait-il pas mieux dépenser nos forces intellectuelles pour les faire prospérer davantage ? Ainsi, abandonner ce qui regarde l'homme et rêver du ciel, c'est se tromper sur la nature des choses.

SIUN HOUANG, (*Antho. de la Litt. chinoise*, par Sung-Nien Hsu).

Pourquoi s'en prendre à la flèche, quand le tireur est présent ?

(Maxime de l'Inde méridionale).

Selon que vous serez puissant ou misérable,
Les jugements de cour vous rendront blanc ou noir.

LA FONTAINE, *Fables ; Les animaux malades de la peste.*

Ce n'est pas le puits qui est trop profond, mais c'est la corde qui est trop courte.

(Proverbe chinois).

Le jugement d'un seul n'est pas la loi de tous.

GRESSET.

Ne jugez point, afin de n'être pas jugés, car on vous jugera comme vous avez jugé, et l'on se servira pour vous de la mesure dont vous mesurez les autres.

NOUV. TEST., *St-Matthieu*, VII, 2 (Oltramare).

JUGEMENT DERNIER

Quand les saints anges trembleront d'effroi, ceux qui ne firent aucune faute contre leur Seigneur, que ferais-je, moi, chétif, qui suis si grand pécheur ? Ah ! je m'épouvante dès maintenant, tant ma frayeur est grande !

Gonzalo de BERCEO, *Les signes du Jugement dernier.*

jugement dernier • 227

Ce sera le jour de la colère, le jour qui réduira le monde en cendres : David et la Sybille nous l'affirment.

Attribué à T. di CELANO *Dies Irae.*

JUGER

Mon Dieu! le plus souvent l'apparence déçoit.
Il ne faut pas toujours juger sur ce qu'on voit.

MOLIERE, *Tartuffe.*

Les œuvres ne se jugent pas d'après les explications que l'auteur en donne, ni par les théories dont il se prévaut, ce qui n'est que du boniment, mais par la sensibilité qu'elles éveillent.

Maurice DES OMBIAUX, *Le Guignol de l'Après-Guerre.*

Il n'est pas vrai (ce qu'a dit Rousseau, après Plutarque) que plus on pense, moins on sent; mais il est vrai que plus on juge, moins on aime. Peu d'hommes vous mettent dans le cas de faire exception à cette règle.

CHAMFORT, *Maximes et Pensées.*

Dieu nous juge tout entiers et d'un regard, et non pas comme les hommes, sur des sentiments ou des actes isolés.

G. ELIOT, *Pensées.*

Ne juge point ton voisin.

(Maxime bouddhiste siamoise).

JUIF

Une race sujette à la superstition, opposée à la religion.

TACITE, *Annales,* V.

Et Israël sera un sujet de sarcasmes et de raillerie parmi tous les peuples.

ANC. TEST., *I Rois,* IX, 7 *(Segond).*

Comment te prendraient-ils pour arbitre? Ils ont le Pentateuque où sont renfermés les préceptes du Seigneur, mais ils flottent dans le doute, et ils ne croient point.

MAHOMET, *Le Koran,* V, 47.

Oui, je suis un Juif, et quand les ancêtres du très honorable gentleman étaient des sauvages brutaux dans une île inconnue, les miens étaient prêtres dans le temple de Salomon.

B. DISRAELI, (Réponse à Daniel O'Connell).

Vous m'avez appelé Juif damné. Ma race était vieille quand vous étiez tous des sauvages. Je suis fier d'être un Juif.

J. GALSWORTHY, *Fidélités*, I.

JUSTE

A force d'être juste, on est souvent coupable.

CORNEILLE, *La Mort de Pompée*.

Ne sois pas juste à l'excès, ni sage outre mesure. Pourquoi te rendrais-tu stupide ?

ANC. TEST., *Ecclésiaste*, VII, 16 (*Maredsous*).

JUSTICE (voy. avocat, douceur, épigramme, miséricorde)

Où règne la justice, c'est à la liberté d'obéir.

J. MONTGOMERY, *Greenland*.

Le glaive de la justice n'a pas de fourreau.

J. de MAISTRE, *Les Soirées de Saint-Pétersbourg*.

La justice sans force, et la force sans justice : malheurs affreux.

JOUBERT, *Pensées*.

Si le juge était juste, peut-être le criminel ne serait pas coupable.

F. DOSTOIEVSKY, *Les frères Karamazov*.

Quand la justice a parlé, l'humanité doit avoir son tour.

Pierre VERGNIAUD, (*Discours à la Convention*, 1793).

Ce qu'il y a de plus horrible au monde, c'est la justice séparée de la charité.

Fr. MAURIAC, *L'affaire Favre-Bulle*.

On peut obtenir la justice pour les autres, jamais pour soi.

A. CAPUS, *Notes et Pensées*.

Si par hasard tu fais incliner la balance de la justice, que ce ne soit jamais sous le poids d'un cadeau, mais sous celui de la miséricorde.

CERVANTES, *Don Quichotte*.

La justice est une machine qui, ayant reçu une poussée de quelqu'un, continue à rouler d'elle-même.

J. GALSWORTHY, *Justice*, II.

Paie le mal avec la justice, et la bonté avec la bonté.

LAO-TSE.

...garde ceci dans ton esprit : accueille l'esprit de justice et repousse la violence, car le Kroniôn a imposé cette loi aux hommes. Il a permis aux poissons, aux bêtes féroces, aux oiseaux de proie, de se dévorer entre eux, parce que la justice leur manque; mais il a donné aux hommes la justice, qui est la meilleure des choses.

HESIODE, *Les Travaux et les jours*.

LETTRE

LACHE

Les lâches meurent plusieurs fois avant leur mort;
Le brave ne goûte jamais la mort qu'une fois.

SHAKESPEARE, *Jules César.*

LAIDEUR

Celui qui ajoute du vert au printemps, des roses à l'automne, du pourpre à de jeunes lèvres, crée de la laideur parce qu'il ment.

A. RODIN (cité par S. Guitry, *Théâtre, je t'adore*).

La laideur est moins horrible chez un démon que chez une femme.

SHAKESPEARE, *Le roi Lear.*

LANGAGE

Je vis de bonne soupe, et non de beau langage.

MOLIERE, *Les Femmes Savantes.*

Le langage natal, climat de la pensée, hors de qui nul ne respire amplement et ne ressemble plus à soi-même. Tout ce qui est tient son existence du verbe.

Comtesse de NOAILLES, (1922).

LANGUE (voy. usage)

La langue française est une noble gueuse, et elle ne souffre pas qu'on l'enrichisse malgré elle.

Marcel PREVOST, *Les Bavardages de Françoise.*

Ecrire proprement sa langue est une des formes du patriotisme.

Lucie DELARUE-MARDRUS, *La Liberté* (oct. 1933).

langue ● 233

Les Anglais n'ont aucun respect pour leur langue et ils
ne veulent pas apprendre à leurs enfants à la parler correc-
tement. Il est impossible à un Anglais d'ouvrir la bouche
sans se faire mépriser ou détester par un autre Anglais.

G.-B. SHAW, *Pygmalion*. Préface.

La difficulté d'écrire l'anglais m'est extrêmement ennuyeuse.
Ah, mon Dieu! si l'on pouvait toujours écrire cette belle
langue de France!

Ch. DICKENS, (Lettre à J. Forster, 1850).

C'est une langue bien difficile que le français. A peine
écrit-on depuis quarante-cinq ans qu'on commence à s'en
apercevoir.

COLETTE.

J'ai appris l'italien pour parler au Pape, l'espagnol pour
parler à ma mère, l'anglais pour parler à ma tante, l'allemand
pour parler à mes amis et le français pour parler à
moi-même.

CHARLES-QUINT.

Il y a, sans doute, beaucoup de langues différentes dans
le monde, mais aucune n'est sans signification; et si je
ne connais pas le sens des mots, je serai un barbare pour
celui qui parle, et celui qui parle, à mon sens, sera un
barbare.

NOUV. TEST., *I - Paul aux Corinthiens*, XIV, 10 et 11
(Oltramare).

On ne la trouve pauvre, cette vieille et admirable langue
(française) que quand on ne la sait pas; on ne prétend
l'enrichir que quand on ne veut pas se donner la peine de
connaître sa richesse.

E. RENAN, (Discours prononcé le 3 août 1879).

La langue française est une femme. Et cette femme est si
belle, si fière, si modeste, si hardie, si touchante, si volup-
tueuse, si chaste, si noble, si familière, si folle, si sage,
qu'on l'aime de toute son âme, et qu'on n'est jamais tenté
de lui être infidèle.

A. FRANCE, *Propos*, 1921.

LANTERNE

Il n'avait oublié qu'un point :
C'était d'éclairer sa lanterne.

> FLORIAN, *Fables ;* Le singe qui montre la lanterne magique.

LARME

Dieu sait que nous n'avons jamais à rougir de nos larmes, car elles sont comme une pluie sur la poussière aveuglante de la terre qui recouvre nos cœurs endurcis.

> Ch. DICKENS, *Les Grandes Espérances.*

Ma demeure est près de la mer,
Votre pavillon près de la rivière.
Les larmes que je vous destine
Y remontent avec la marée.

> TS'AO CH'UNG CHIH, *Poèmes.*

LECTEUR

Pour un lecteur, aucune journée n'est perdue; chacune lui apporte une connaissance ou une sympathie de plus. Et il aura d'autant plus d'indulgence pour les hommes que les écrivains lui auront mieux fait comprendre les motifs de leur action et les fatalités de leur conduite.

> Edmond JALOUX (extrait de ses papiers).

Passé un certain âge, lire détourne trop l'esprit de ses activités créatrices. Un homme qui lit trop et qui fait trop peu d'efforts cérébraux prend vite des habitudes de paresse d'esprit.

> A. EINSTEIN.

LECTURE (voy. lire)

Je me félicite toujours plus du hasard qui nous a portés à aimer la lecture... C'est un magasin de bonheur toujours sûr et que les hommes ne peuvent nous ravir.

> STENDHAL, (lettre à sa sœur Pauline, 1810).

La lecture de tous les bons livres est comme une conversation avec les plus honnêtes gens des siècles passés.

> DESCARTES, *Discours de la Méthode.*

lecture • 235

Je chéris l'Arioste et j'estime le Tasse;
Plein de Machiavel, entêté de Boccace,
J'en parle si souvent qu'on en est étourdi;
J'en lis qui sont du Nord et qui sont du Midi.

LA FONTAINE, *Poésies Diverses; Epître à Mgr. l'évêque
de Soissons.*

Quand une lecture vous élève l'esprit et qu'elle vous
inspire des sentiments nobles et courageux, ne cherchez
pas une autre règle pour juger de l'ouvrage : il est bon
et fait de main d'ouvrier.

LA BRUYERE, *Les Caractères.*

Toutes les grandes lectures sont une date dans l'existence.

LAMARTINE, *Cours familiers de littérature.*

La lecture, une porte ouverte sur un monde enchanté.

F. MAURIAC, *Le Figaro littéraire.*

« Dis-moi ce que tu lis, je te dirai qui tu es », il est vrai,
mais je te connaîtrai mieux si tu me dis ce que tu relis.

F. MAURIAC, *Mémoires intérieures.*

Ce jour-là, nous ne lûmes pas plus avant.

DANTE, *La Divine Comédie; Enfer.*

Je n'ai jamais eu de chagrin qu'une heure de lecture n'ait
dissipé.

MONTESQUIEU.

LEGISLATEUR

Malheur à vous aussi, docteur de la Loi! car vous chargez
les hommes de fardeaux difficiles à porter, et vous-mêmes
vous n'y touchez pas du bout du doigt.

NOUV. TEST., *Luc*, XI, 46 (Oltramare).

LENDEMAIN

Ne vous mettez pas en souci du lendemain, car le lendemain
aura souci de lui-même : à chaque jour suffit sa peine.

NOUV. TEST., *Matth.* VI, 34 (Oltramare).

LETTRE (Alphabet)

Même en ce moment j'entends S,
Qui fait là-bas de la diablesse.

VOITURE.

A noir, E blanc, I rouge, U vert, O bleu, voyelles.
Je dirai quelque jour vos naissances latentes,
A, noir corset velu des mouches éclatantes
Qui combinent autour des puanteurs cruelles.

A. RIMBAUD, *Poésies ; Voyelles.*

Maudit est nom qui par C se commence :
Coquin, cornard, caignard, cocu, cafard;
Aussi par B : badaud, badin, bavard;
Mais pire est C, si j'ai bien remembrance.

Roman de VAUDEMONT, *Ditiés et Proverbes.*

Depuis dix ans dessus l'F on travaille,
Et le destin m'aurait fort obligé
S'il m'avait dit : Tu vivras jusqu'au G.

Abbé de BOISROBERT, *Epigramme.*

Zed! toi lettre inutile!

SHAKESPEARE, *Le Roi Lear.*

LETTRE (Art épistolaire)

Je n'ai fait celle-ci plus longue que parce que je n'ai pas
eu le loisir de la faire plus courte.

B. PASCAL, *Lettres Provinciales.*

Ma bonne Rose (Mme Rodin, 65 ans), je t'envoie cette
lettre comme une réflexion que je fais de la grandeur
du cadeau que Dieu m'a fait en te mettant près de moi.
Mets ceci dans ton cœur généreux. Je reviens mardi.
Ton ami.

Auguste RODIN, 1913 (âgé de 73 ans), coll. S. Guitry.

Tout l'art d'écrire des lettres est dans l'emploi de ces
finesses opportunes, de ces nuances par l'effet desquelles
on donne aux gens l'impression que l'on parle d'eux, tout
en ne parlant que de soi.

Paul REBOUX, *Le nouveau savoir-écrire.*

lettre • 237

Il y a plus d'intimité, plus de correspondance de l'âme dans ce qu'une lettre fait penser que dans ce qu'elle dit.

SISMONDI (à la comtesse d'Albany).

Ecris-moi, je le veux. Ce commerce enchanteur,
Aimable épanchement de l'esprit et du cœur,
Cet art de converser sans se voir, sans s'entendre,
Ce muet entretien si charmant et si tendre,
L'art d'écrire, Abeilard, fut sans doute inventé
Par l'amante captive et l'amant agité.

C. P. COLARDEAU, *Epître d'Héloïse à Abeilard.*

L'esprit n'est jamais las d'écrire
Lorsque le cœur est de moitié.

J. B. GRESSET.

LIAISON (voy. union)

Les liaisons sont des serments tacites que la morale peut désapprouver, mais que l'usage excuse et que la fidélité justifie.

LAMARTINE.

LIBELLULE

Un piment
Mettez-lui des ailes :
Une libellule rouge !

BASHO, *Haïkaï.*

LIBERTE (voy. état)

La liberté est l'expression française de l'unité de l'être humain, de la conscience générique et du rapport social et humain de l'homme avec l'homme.

K. MARX, *La Sainte Famille.*

A peine un mot, et nous voilà en flammes,
Les joues en feu, et le cœur bat et crie.
Pourquoi ton seul nom nous émeut jusqu'à l'âme
Liberté ! Liberté chérie !

Antoni SLONIMSKI (cité dans *Un demi-siècle de poésie*, t. 4).

Un jour, une heure de vertueuse liberté.
Vaut une éternité entière d'esclavage.

ADDISON, *Caton.*

On rencontre beaucoup d'hommes parlant de liberté, mais on en voit très peu dont la vie n'ait pas été principalement consacrée à se forger des chaînes.

G. LE BON, *Hier et Demain.*

La liberté est le droit de faire tout ce que les lois permettent.

MONTESQUIEU, *L'Esprit des Lois.*

J'ai toujours été la même, vive et triste; j'ai aimé Dieu, mon père, et la liberté.

Mme de STAEL à Chateaubriand (cité par Sainte-Beuve).

Quand je suis le plus faible, je vous demande la liberté parce que tel est votre principe; mais quand je suis le plus fort, je vous l'ôte, parce que tel est le mien.

Louis VEUILLOT, Conversation avec Augustin Cochin.

Dieu fit la liberté, l'homme a fait l'esclavage.

M. J. CHENIER, *Fénelon.*

Je dis que je suis né libre et que j'entends vivre librement. Ouvrier libre, je veux aller où il me plaît, et qui me veut me sollicite.

Benvenuto CELLINI.

Je ne crois point, au sens philosophique du terme, à la liberté de l'homme. Chacun agit non seulement sous une contrainte extérieure, mais aussi d'après une nécessité intérieure.

A. EINSTEIN, *Comment je vois le monde.*

En donnant la liberté aux esclaves nous assurons celle des hommes libres. Ce que nous offrons est aussi honorable pour nous que ce que nous préservons.

A. LINCOLN, *Second message annuel au Congrès* (1862).

La liberté n'est pas une chose dont on vous fait cadeau, on peut vivre en pays de dictature et être libre : il suffit de vivre contre la dictature. L'homme qui pense avec sa tête à lui est un homme libre. L'homme qui lutte pour ce qu'il croit juste est un homme libre. On ne va pas mendier sa liberté aux autres. La liberté, il faut la prendre.

I. SILONE, *Le pain et le vin.*

liberté ● 239

Dans une société fondée sur le pouvoir de l'argent, dans une société où les masses laborieuses végètent dans la misère, tandis que quelques poignées de riches ne savent être que des parasites, il ne peut y avoir de « liberté » réelle et véritable.

> LÉNINE, *L'organisation du parti et la littérature du parti.*

Tandis que l'Etat existe, pas de liberté; quand régnera la liberté, il n'y aura plus d'Etat.

> LÉNINE, *L'Etat et la Révolution.*

Tant il est aisé d'écraser, au nom de la liberté extérieure, la liberté intérieure de l'homme.

> Radindranath TAGORE, *L'appel de la Vérité.*

Le monde tout entier aspire à la liberté, et pourtant chaque créature est amoureuse de ses chaînes. Tel est le premier paradoxe et le nœud inextricable de notre nature.

> Shrî AUROBINDO, *Aperçus et Pensées.*

Ce que la lumière est aux yeux, ce que l'air est aux poumons, ce que l'amour est au cœur, la liberté est à l'âme humaine.

> R. G. INGERSOLL, *Progrès.*

Ce que l'on appelle liberté chez les uns s'appelle licence chez d'autres.

> QUINTILIEN, *L'Institution oratoire.*

J'ai trop le désir qu'on respecte la mienne pour ne pas respecter celle des autres.

> Françoise SAGAN, *Qui je suis ? (Le Soir,* 20/4/60).

La grande révolution dans l'histoire de l'homme, passée, présente et future, est la révolution de ceux qui sont résolus à être libres.

> John F. KENNEDY à N. Khrouchtchev, 1961.

LIBERTIN

Heureux libertin qui ne fait
Jamais rien que ce qu'il désire,
Et désire tout ce qu'il fait !

> CHAULIEU, *Epître au chevalier de Bouillon.*

LIBRAIRE

Et cependant un fripon de libraire.

Des beaux esprits écumeur mercenaire,
Vendeur adroit de sottise et de vent,
En souriant d'une mine matoise,
Lui mesurait des livres à la toise,
Car Monseigneur est surtout fort savant.

VOLTAIRE, *Le Temple du Goût* (édit. 1733).

LICENCE (voy. liberté)

La licence étend toutes les vertus et tous les vices.

VAUVENARGUES, *Pensées et Maximes*.

Jamais les hommes ne font le bien que par nécessité; mais là où chacun, pour ainsi dire, est libre d'agir à son gré et de s'adonner à la licence, la confusion et le désordre ne tardent pas à se manifester de toutes parts.

MACHIAVEL, *Le Prince*.

LIEN

La femme est un lien aux pieds, l'enfant un frein à la bouche.

(Maxime de l'Inde méridionale).

LIRE (voy. lecture)

Il est absurde d'avoir une règle rigoureuse sur ce qu'on doit lire ou pas. Plus de la moitié de la culture intellectuelle moderne dépend de ce qu'on ne devrait pas lire.

O. WILDE, *Phrases et Philosophies*.

Les sots admirent tout dans un auteur estimé. Je ne lis que pour moi; je n'aime que ce qui est à mon usage.

VOLTAIRE, *Candide*.

Les braves gens ne savent pas ce qu'il en coûte de temps et de peine pour apprendre à lire. J'ai travaillé à cela quatre-vingts ans, et je ne peux pas dire encore que j'y sois arrivé.

GŒTHE, *Conversations*.

LIS

Considérez comment croissent les lis des champs : ils ne travaillent ni ne filent; cependant, je vous dis que Salomon même, dans toute sa magnificence, n'était point vêtu comme l'un d'eux.

NOUV. TEST., *Matth.* VI, 28 (Oltramare).

LITTERATURE (voy. corruption)

Tout ce qu'on dénomme aujourd'hui littérature, combien c'est léger, superficiel, inutile presque, comparé aux livres de Taine, de Renan.

P. LEAUTAUD.

Je suis arrivé à cette opinion que la littérature, comme tous les arts, est une faribole.

P. LEAUTAUD.

La littérature doit être aisée à comprendre et difficile à écrire, non difficile à comprendre et aisée à écrire.

WANG CHUNG, *Pensées.*

La littérature anticipe toujours la vie. Elle ne la copie point, mais la moule à ses fins.

O. WILDE, *La décadence du mensonge.*

La littérature est l'orchestration des platitudes.

Thornton WILDER, *Littérature.*

Il y a tout d'abord la littérature de la *connaissance*, et secondement, la littérature de la *puissance*. La fonction de la première est d'enseigner; la fonction de la seconde est d'émouvoir.

T. de QUINCEY, *Essais sur les poètes : Pope.*

Il suffit d'ouvrir un manuel de littérature grecque ou latine pour constater que les belles époques littéraires sont d'un demi-siècle alors que les littératures dites de décadence durent six cents ans.

Julien BENDA, *La France byzantine.*

LIVRE (voy. critique, esprit, lecture)

Il y a des livres dont il faut seulement goûter, d'autres qu'il faut dévorer, d'autres enfin, mais en petit nombre, qu'il faut, pour ainsi dire, mâcher et digérer.

Sir Francis BACON, *Essais*, sur l'étude.

Vous aimez les livres ? Vous voici heureux pour la vie.

Jules CLARETIE.

Aucune garniture n'est aussi charmante que les livres, même si vous ne les ouvrez jamais, ni n'en lisez un simple mot.

Sydney SMITH, *Mémoires*.

L'amour commun des livres crée la plus bienfaisante des solidarités : celle de l'ordre, de la méthode, de la clarté, du travail, de l'étude. Il n'y a pas de goût plus noble.

Louis BARTHOU.

Si vous aviez une entière confiance dans les livres, il vaudrait mieux ne pas avoir de livres du tout.

Attribué à MENG-TSE, dit Mencius.

On a souvent dit et répété que les livres se font avec les livres et que rien n'est plus facile que de copier. Mais, pour rendre utiles tous les matériaux rassemblés en vue d'une publication spéciale, avoir de la justesse dans l'esprit et ramener toutes ses pensées sur un même sujet, préciser toutes les opinions, quel est le fond et la forme que l'on doit adopter, il faut s'éclairer de toutes les divergences, de toutes les critiques, et ne publier que ce qui a un intérêt indiscutable pour créer un livre substantiel. Il ne s'agit plus seulement de copier, il faut du discernement, du goût, du travail et de l'expérience.

Thomas BRUNTON, *Esquisses morales et littéraires* (1874).

Un livre n'est excusable qu'autant qu'il apprend quelque chose.

VOLTAIRE, *Lettre à Damilaville*.

J'ai la maladie de faire des livres, et d'en être honteux quand je les ai faits.

MONTESQUIEU, *Pensées diverses*.

C'est un métier de faire un livre, comme de faire une pendule.

LA BRUYERE, *Les Caractères*.

Mes livres ne sont pas des livres, mais des feuilles détachées et tombées presque au hasard sur la route de ma vie.

CHATEAUBRIAND.

livre • 243

Il faut, à certaines heures, que l'homme soucieux, anxieux, tourmenté, se retire dans la solitude et qu'il ouvre un livre pour y chercher un principe d'intérêt, un thème de divertissement, une raison de réconfort et d'oubli.

Georges DUHAMEL.

Il n'existe pas de livre moral ou immoral. Les livres sont bien ou mal écrits. C'est tout.

O. WILDE, *Le Portrait de Dorian Gray* (Préface).

Un livre obscène, c'est tout simplement un livre mal écrit. Le talent n'est jamais obscène. Ni à plus forte raison immoral.

R. POINCARE (Procès de *La Chanson des Gueux*, de J. Richepin).

Les livres nous charment jusqu'à la moelle, nous parlent, nous donnent des conseils et sont unis à nous par une sorte de familiarité vivante et harmonieuse.

PETRARQUE, *Lettres.*

Tel est le triste sort de tout livre prêté ;
Souvent il est perdu, toujours il est gâté.

Attribué à Ch. NODIER, à Pixérécourt et à Th. Leclercq.

Nous vivons trop dans les livres et pas assez dans la nature, et nous ressemblons à ce niais de Pline le Jeune qui étudiait un orateur grec pendant que sous ses yeux le Vésuve engloutissait cinq villes sous la cendre.

A. FRANCE, *Le jardin d'Epicure.*

Il est un bonheur pur auquel mon cœur se livre,
C'est d'avoir un ami sage, instruit, parlant bien,
Qu'à mon gré je consulte en intime entretien,
Et chacun peut avoir cet ami, c'est le livre. !

Hippolyte LAROCHE, *Poésies diverses.*

Celui qui tue un homme tue un être raisonnable créé à la ressemblance de Dieu, mais celui qui détruit un bon livre anéantit la raison elle-même.

John MILTON, *Areopagitica.*

Comment serais-je seul? J'ai pour ami les esprits les plus adorables qui soient descendus sur ce monde; je n'ai qu'à faire mon choix; ils se précipiteront pour me tenir compagnie, qu'il s'agisse d'Apulée ou de Porphyre, de Pétrarque ou de John Done, de La Fontaine ou de Lope de Vega, d'Edgar Poe ou de Nerval, de Hölderlin ou de Pouchkine.

Edmond JALOUX (extrait de ses papiers).

Il n'y a de mauvais livres que pour les mauvais lecteurs. La vie ne salit que les âmes basses!

G. DUHAMEL (interview).

Les livres sont la lumière qui guide la civilisation.

F. D. ROOSEVELT.

Le livre peut sembler le bien et la sagesse
De tous, et dont chacun profite avec largesse;
Et quand il est utile et noblement écrit,
C'est le double aliment du cœur et de l'esprit.

Hippolyte LAROCHE, *Poésies diverses.*

Les trois règles pratiques que j'ai à offrir sont :
1. Ne jamais lire un livre qui date de moins d'un an.
2. Ne lire que des livres réputés.
3. Ne lire que des livres que vous aimez.

EMERSON, *Société et Solitude :* Livres.

La véritable Université de nos jours, est une collection de livres.

CARLYLE, *Héros et culte des héros.*

Un beau livre, c'est celui qui sème à foison les points d'interrogation.

Jean COCTEAU.

Ce qui nous plaisait dans les livres, c'étaient surtout les phrases-clefs, qui servaient à notre jargon personnel, c'était un souvenir...

Robert BRASILLACH, *Notre avant-guerre.*

LOI (voy. mœurs)

Je prends plaisir à la loi de Dieu, selon l'homme intérieur, mais je vois dans mes membres une autre loi qui lutte

contre la loi de ma raison, et fait de moi le captif de la loi
du péché, qui est dans mes membres.

NOUV. TEST., *Rom.* VII, 23 (Oltramare).

Les lois sont des toiles d'araignées à travers lesquelles
passent les grosses mouches et où restent les petites.

H. de BALZAC, *La Maison Nucigen.*

Des mesures non constitutionnelles peuvent devenir légitimes quand elles sont indispensables.

A. LINCOLN.

La loi, l'unique loi, farouche, inexorable,
Qui régit tout progrès, c'est la loi du plus fort.

Daniel LESUEUR, *Poésies,* La lutte pour l'existence.

Mieux vaut pour chacun sa propre loi d'action, même
imparfaite, que la loi d'autrui, même bien appliquée.

La *Baghavad-Gitâ* (livre sacré de l'Inde).

Ecoute-moi, et apprend qu'il n'est pas de guichet à la
porte des lois! Celui qui n'aurait voulu que l'entrebâiller
un moment, est bientôt conduit à forcer tous les verrous
de l'entrée redoutable : l'occasion, l'habitude, les passions,
l'orgueil, se réunissent pour agrandir la brèche et enlever
la barrière.

Sir Walter SCOTT, *Le Braconnier.*

L'ignorance de la loi n'excuse personne; non que tous
les hommes connaissent la loi, mais parce que c'est là
une excuse que chacun invoquerait, et personne ne pourrait
la réfuter.

John SELDEN, *Conversation de table.*

LOI MORALE

La raison pure est pratique par elle seule et donne à l'homme
une loi universelle que nous nommons la loi morale.

E. KANT, *Fondements de la métaphysique des mœurs.*

LOISIR

Le loisir, voilà la plus grande joie et la plus belle conquête
de l'homme.

Rémy de GOURMONT.

Ne dis donc pas : « Je verrai quand j'aurai le loisir. » Qui t'a dis que tu en auras ?

(Proverbe juif).

LONDRES

Il y a entre Londres et Paris cette différence que Paris est fait pour l'étranger et Londres pour l'Anglais. L'Angleterre a bâti Londres pour son propre usage; la France a bâti Paris pour le monde entier.

R. W. EMERSON.

LOUANGES

Le refus des louanges est un désir d'être loué deux fois.

LA ROCHEFOUCAULD, *Maximes.*

Les gens sollicitent vos critiques, mais ils ne désirent seulement que des louanges.

W. S. MAUGHAM, *Esclavage humain.*

LUBRICITE (voy. ardeur)

La fausse piété
Qui, sous couleur d'éteindre en nous la volupté,
Par l'austérité même et par la pénitence,
Sait allumer le feu de la lubricité.

Jean BOLLAND, Epigr. XXXVII.

LUMIERE

Délicieuse lumière! chaque rayon
Est la caresse d'un immense et long regard.

R. POMBO, *L'heure des ténèbres.*

C'est la nuit qu'il est beau de croire à la lumière.

E. ROSTAND, *Cyrano de Bergerac.*

LUNE

La lune brillait dans les ténèbres, mais les ténèbres ne ne l'ont point reçue.

NOUV. TEST., *Jean,* I, 5 (Oltramare).

C'était dans la nuit brune,
Sur le clocher jauni,
La lune
Comme un point sur un i.

A. de MUSSET, *Ballade à la lune.*

lune ● 247

Dans l'océan du ciel,
Sur les vagues de nuages,
Le vaisseau de la lune
Semble voguer
Parmi une forêt d'étoiles.

HITOMARO (cité dans le *Man'yoshu*).

LUNETTE

Chacun de nous a sa lunette
Qu'il retourne suivant l'objet :
On voit là-bas ce qui déplaît,
On voit ici ce qu'on souhaite.

FLORIAN, *Fables ; Le Chat et la Lunette.*

LUTTE

Nous lutterons sur les plages, nous lutterons sur les terrains
de débarquement, nous lutterons dans les champs et les
rues (1).

Sir W. CHURCHILL (discours du 4 juin 1940).

LUXURE

Luxure, fruit de mort à l'arbre de vie.
Fruit défendu qui fait claquer les dents d'envie.

A. SAMAIN, *Au Jardin de l'Infante.*

(1) Selon le Doyen de Canterbury, l'orateur aurait ajouté, après avoir posé la
main sur le microphone : « Et nous les frapperons à la tête avec des bouteilles
à bière, car c'est là tout ce que nous possédons vraiment. »

m

MALHEUR
MALHEUREUX

MOINE

MOR✝

mouvement

MACHIAVELISME

Je crois que vous vous êtes laissé entraîner aux grands principes du machiavélisme : ruinez qui pourrait un jour vous ruiner; assassinez votre voisin qui pourrait devenir assez fort pour vous tuer.

VOLTAIRE, *Polit. et légist. Comm. Esp. des Lois*, V.

MACHINE

On a senti le diable dans la machine et on n'a pas tort. Elle signifie, aux yeux d'un croyant, le Dieu détrôné.

O. SPENGLER, *Le déclin de l'Occident*.

La machine a gagné l'homme, l'homme s'est fait machine, fonctionne et ne vit plus.

Mahatma GANDHI.

MAI

Qu'il est doux, dit la vieille ballade, d'errer parmi les bocages verts, dans les beaux jours de l'aimable mois de mai, quand les oiseaux voltigeant de branche en branche vous y invitent par leur sauvage mélodie.

Sir W. SCOTT, *Harold l'indomptable*.

Voici mai, ce beau mois,
Qui réjouit tous les cœurs,
Fait fleurir les arbres.
Voici Mai aux belles fleurs!

(Chanson populaire toscane).

Le mois de Mai siégeait couronné de fleurs, fardant les campagnes de couleurs variées, habillant de fête les jeunes filles et chantant les amours, faisant poindre l'épi des moissons qu'ont semées les laboureurs.

J. L. SEGURA, *Poème d'Alexandre*.

MAIN

Ces mains qui fermeront mes yeux et ouvriront mes armoires.

Sacha GUITRY (cité par F. Choisel, *Sacha Guitry intime*).

Joindre les mains, c'est bien ; mais les ouvrir, c'est mieux.

Louis RATISBONNE, *La Comédie enfantine*.

Sans te maudire je me livre
Triste, à nos tristes adieux,
Mais je veux les baiser encore,
Tes mains prêtes à me ravir.

Nikolaï COUMILEV (*Antho. de la poésie russe*, par J. David).

Pour caresser l'odeur des bois
Une main aux cent mille doigts
Pour aller dans l'enfance ancienne.
Une main pour tenir la tienne.

Pierre SEGHERS, *Le Cœur-Volant*.

MAISON

Ma maison, ma maison, quoique tu sois petite, tu es pour moi l'Escurial.

G. HERBERT, *Jacula Prudentum*.

Avoir une maison commode, propre et belle,
Des jardins tapissés d'espaliers odorants,
Des fruits, d'excellents vins, peu de train, peu d'enfants,
Posséder seul, sans bruit, une femme fidèle.

Christophe PLANTIN, *Sonnet du Bonheur*.

Je souhaite dans ma maison,
Une femme ayant sa raison,
Un chat passant parmi les livres,
Des amis en toute saison
Sans lesquels je ne peux pas vivre.

Guillaume APOLLINAIRE.

Je n'aime pas les maisons neuves :
Leur visage est indifférent.

SULLY-PRUDHOMME, *Les Solitudes*.

MAITRE

Si tu veux, au logis, être seigneur et maître,
Ne tarde pas d'un jour à te faire connaître.

Don Juan MANUEL, *Le Comte Lucanor.*

Nul ne peut servir deux maîtres; car, ou il haïra l'un
et aimera l'autre, ou il s'attachera à l'un et méprisera
l'autre. Vous ne pouvez servir Dieu et Mammon.

NOUV. TEST., *Matth.* VI, 24 (Maredsous).

MAITRESSE (voy. apparition, jeunesse)

Si, comme Saadi, tu n'as des maîtresses qu'en songe,
tu es à l'abri des chagrins et des désillusions.

SAADI, *Le Jardin des Fruits.*

MAL (voy. bien)

Si tu crains beaucoup la souffrance, si elle n'est pour
toi nullement agréable, ne fais le mal ni ouvertement,
ni en secret.

Udânavarga, IX, 3.

La volupté unique et suprême de l'amour gît dans la
certitude de faire le mal. Et l'homme et la femme savent,
de naissance, que dans le mal se trouve toute volupté.

Ch. BAUDELAIRE, *Journaux intimes*, III.

Il m'a fait trop de bien pour en dire du mal,
Il m'a fait trop de mal pour en dire du bien.

CORNEILLE, *Poésies diverses.*

Même si un homme a commis le mal mille fois, ne le
laissez point le faire encore.

Udânavarga, XXVIII, 21.

Je ne dirai du mal de personne et je dirai tout le bien
que je sais de tout le monde.

B. FRANKLIN.

Antisthène disait que la science la plus difficile était de
désapprendre le mal.

FENELON, *Antisthène.*

Quand une fois on a accueilli le Mal chez soi, il ne demande plus qu'on lui fasse confiance.

Franz KAFKA, *Journal intime.*

Ce qui commence dans le mal s'affermit par le mal.

SHAKESPEARE, *Macbeth*, III, 2.

Le mal que font les hommes vit après eux ;
le bien est souvent enseveli avec leurs cendres.

SHAKESPEARE, *Jules César.*

Ne te laisse pas vaincre par le mal, mais triomphe du mal par le bien.

NOUV. TEST., *Romains*, XII, 21 (Maredsous).

MALADIE

Le diable est-il malade, il se fait solitaire ;
L'infirmité le quitte, il quitte aussi la haire.

LEONIUS.

MALE

Il vaut mieux être mâle un seul jour que femelle dix jours de suite.

(Proverbe kurde).

MALHEUR

Tout est affaire de point de vue, et le malheur n'est souvent que le signe d'une fausse interprétation de la vie.

H. de MONTHERLANT, *Textes sous une occupation.*

L'homme heureux ne croit pas qu'il arrive encore des prodiges ; c'est dans le malheur qu'on apprend que le doigt de Dieu dirige les bons vers le bien.

W. GŒTHE, *Hermann et Dorothée.*

Nous mettons tant de beauté en nous-mêmes et tout autour de nous, qu'il n'y aura plus de place pour le malheur et la tristesse, et s'ils veulent entrer malgré tout, il faudra bien qu'ils deviennent doux, avant d'oser frapper à notre porte.

M. MAETERLINCK, *Aglavaine et Sélysette.*

Il n'est pour le vrai sage aucun revers funeste.

MOLIERE, *Les Femmes Savantes.*

Le malheur, comme la piété, peut devenir une habitude.
Gr. GREENE, *La puissance et la gloire.*

Gémir sur un malheur passé, c'est le plus sûr moyen d'en attirer un autre.
SHAKESPEARE, *Othello.*

MALHEUREUX

Nous querellons les malheureux pour nous dispenser de les plaindre.
VAUVENARGUES, *Pensées et Maximes.*

Je n'ai jamais fermé mon cœur aux cris des malheureux : c'est la plus consolante idée que j'aie dans mes derniers moments.
MARIE-THERESE d'Autriche (à la fin de sa vie).

N'appelez aucun être vivant malheureux. Même un amour non payé de retour possède son arc-en-ciel.
Sir J. M. BARRIE, *Le Petit Ministre.*

MAMAN (voy. mots de la fin)

MANGER

Les animaux se repaissent, l'homme mange, l'homme d'esprit seul sait manger.
BRILLAT-SAVARIN, *La Physiologie du goût.*

MANQUER

Je vous cherche toujours, et je trouve que tout me manque, parce que vous me manquez.
Marquise de SEVIGNE, *Lettres,* 1673.

MARIAGE (voy. mari, union)

Le mariage est un loyer;
On entre en octobre; on en sort en janvier.
BERANGER, *Juge de Ch.*

Il y a de bons mariages, mais il n'y en a point de délicieux.
LA ROCHEFOUCAULD, *Maximes.*

Il vaut mieux se marier que de brûler.
NOUV. TEST., *Corinthiens,* VII, 9 (Maredsous).

mariage ● 255

De toutes les choses sérieuses le mariage étant la plus
bouffonne...

BEAUMARCHAIS, *Le Mariage de Figaro.*

Et l'hymen le plus doux est toujours une chaîne.

COLLIN d'HARLEVILLE, *Les Châteaux en Espagne.*

L'hymen est trop souvent un écueil pour l'amour.

J. F. REGNARD, *Le Distrait.*

Il vaut mieux encore être marié qu'être mort.

MOLIERE, *Les Fourberies de Scapin.*

J'ai vu beaucoup d'hymens; aucuns d'eux ne me tentent.

LA FONTAINE, *Fables ;* Le Mal marié.

Un bon mariage serait celui où l'on oublierait le jour
qu'on est amant, la nuit qu'on est époux.

Jean ROSTAND.

Ce qui se fait au ciel, nous l'ignorons; ce qui ne s'y fait
pas, on nous le dit expressément : on ne s'y marie pas
et l'on est pas donné en mariage.

J. SWIFT, *Pensées.*

Quand un vieux garçon épouse une jeune femme, il mérite...
non, la faute porte sa punition avec elle.

SHERIDAN, *L'Ecole de la Médisance.*

Laissez-moi vous dire que me marier serait la même chose
que m'étrangler ou m'empoisonner. Me marier, mourir,
c'est tout un.

MORETO Y CABANA, *Dédain pour dédain.*

Le mariage, tel qu'il existe aujourd'hui, est le plus odieux
de tous les mensonges, la forme suprême de l'égoïsme.

L. TOLSTOI, *La Sonate à Kreutzer.*

Il n'y a pas de mauvais mariage, il n'y a que de mauvais
époux.

RACHILDE.

Où il y a mariage sans amour, il y aura amour sans mariage.

FRANKLIN, *L'Almanach du Pauvre Richard pour 1734.*

Où allez-vous, ma jolie fille?
Je m'en vais traire les vaches, monsieur, dit-elle.
Vous épouserais-je, ma jolie fille?
Oh! oui, s'il vous plaît, mon bon monsieur, dit-elle.
Et quelle est votre fortune, ma jolie fille?
Ma figure est ma fortune, monsieur, dit-elle.
Alors, je ne puis vous épouser, ma jolie fille.
Personne ne vous l'a demandé, monsieur, dit-elle.

(Chanson folklorique anglaise).

Dans tous les cas, mariez-vous. Si vous tombez sur une bonne épouse, vous serez heureux; et si vous tombez sur une mauvaise, vous deviendrez philosophe, ce qui est excellent pour l'homme.

SOCRATE.

Epouser une femme qu'on aime et qui vous aime, c'est parier avec elle à qui cessera le premier d'aimer.

A. CAPUS, *Notes et Pensées.*

Elever une fille pour lui faire épouser un soldat, mieux vaudrait, à sa naissance, la jeter sur la route!

TOU-FOU, *Poèmes.*

Le mariage est une des plus importantes actions de la vie, mais c'est peut-être celle de toutes où l'on examine le moins les convenances.

BOCCACE, *Décaméron.*

Ne sois pas déçu en surestimant le bonheur dans le mariage. Souviens-toi des rossignols qui chantent seulement dans les mois du printemps, mais sont généralement silencieux lorsqu'ils ont pondu.

T. FULLER, *Etat saint et profane; Du mariage.*

Nous savons, pour ce qui est du genre humain, que la communion des deux fleuves de sang de l'homme et de la femme, dans le sacrement du mariage, parachève la création : elle complète le rayonnement du soleil et le rutilement des étoiles.

D. H. LAWRENCE, *Défense de lady Chatterley.*

Mariez votre fils quand vous voulez; votre fille quand vous pouvez.

G. HERBERT, *Jacula Prudentum.*

mariage • 257

Le mariage peut être un lac orageux, mais le célibat est presque toujours un abreuvoir boueux.

T. L. PEACOCK, *Mélincourt*.

MARI

Je crois aux maris aveugles, je crois aux maris complaisants, je crois aux maris à qui c'est égal, je crois à ceux qui en meurent, je crois à ceux qui en vivent, je crois à tous les maris, mais je ne crois pas au mari qui veut savoir et qui ne sait pas!

A. CAPUS, *L'Adversaire*.

Si vous épousez le grand-père,
Savez-vous ce que vous ferez?
Tous les jours vous ferez grand'chère;
Toute la nuit vous dormirez.
Mais, si vous choisissez pour maître
Un mari plus jeune et plus dru,
Le jour vous jeûnerez peut-être,
Mais la nuit, bouche que veux-tu?

Abbé Regnier DESMARAIS, *Poésies franç.* I.

Avoir un mari
Ne fut-ce que pour l'heur d'avoir qui vous salue
D'un Dieu vous soit en aide! alors qu'on éternue.

MOLIERE, *Le Cocu imaginaire*.

MARIN

Marin, prends garde! Marin, prends garde!
Tu côtoies le danger, attention! attention!
Bien des cœurs braves dorment au fond,
Ainsi donc, attention! attention!

A. J. LAMB, *Chansons* (1898).

MARS

Tandis qu'à leurs œuvres perverses,
Les hommes courent haletants,
Mars qui rit, malgré les averses,
Prépare en secret le printemps.

T. GAUTIER, *Emaux et Camées*.

Mars avait grande hâte de travailler ses vignes, hâte de les tailler, hâte de les piocher; il rendait égaux les jours et les nuits, il inspirait l'amour aux oiseaux et aux bêtes.

J. L. SEGURA, *Poème d'Alexandre*.

MARTYRE

Et quand tes fils sont condamnés aux fers
Et plongés dans l'obscurité du cachot humide,
Ils sauvent leur patrie par leur martyre
Et la gloire de la liberté ouvre l'aile à tous les vents.

Lord BYRON, *Le Prisonnier de Chillon.*

MASQUE

Il est permis aux laides demoiselles de se masquer pour
n'être connues, mais quant aux belles, je les condamne
d'aller à visage découvert.

Etienne Pasquier, *Epître à Abel l'Angelier.*

MATIERE (voy. argent)

MATIN

N'abrégez pas le matin en vous levant tard; regardez-le
comme la quintessence de la vie, jusqu'à un certain point
sacré.

A. SCHOPENHAUER, *Conseils et Maximes.*

MAUDIRE

Sois le maudit et non le maudissant.

Le TALMUD; *Sanhedrin.*

MECHANT

Tous les méchants sont buveurs d'eau;
C'est bien prouvé par le déluge.

L.-Ph. SEGUR l'aîné, *Chanson morale.*

MECONDUITE

Je trouve qu'avant de se mal conduire, une femme doit
faire tout ce qui est possible pour se conduire bien, et
l'on n'a pas le droit de mal tourner que lorsqu'on ne peut
pas faire autrement.

A. CAPUS, *Le Beau Jeune Homme.*

MEDECIN

Ah! docteurs, j'ai bien failli vous perdre!

Sacha GUITRY (reprenant conscience après une très
grave opération).

médecin • 259

Tant que les hommes pourront mourir et qu'ils aimeront à vivre, le médecin sera raillé et bien payé.

LA BRUYERE, *Les Caractères*.

Ton oncle, dis-tu, l'assassin
M'a guéri d'une maladie :
La preuve qu'il ne fut jamais mon médecin,
C'est que je suis encore en vie.

BOILEAU, *Epigrammes* (1687).

S'il n'est nul médecin près de votre personne,
Qui dans l'occasion puisse être consulté,
En voici trois que l'on vous donne :
Un fonds de belle humeur, un repos limité,
Et surtout la sobriété.

L'Ecole de Salerne, 1749.

Les médecins les plus dangereux sont ceux qui, comédiens nés, imitent le médecin né avec un art consommé d'illusion.

F. NIETZSCHE, *Humain, trop humain*.

Oh ! je soutiens un combat contre quatre médecins ?
S'il en vient un cinquième, je suis mort.

Le curé d'ARS (1843, une maladie l'ayant mis en péril).

Les meilleurs médecins sont : le Dr Diète, le Dr Tranquille et le Dr Joyeux.

Jonathan SWIFT, *Conversation polie*.

MEDICAMENT

Je crois fermement que si la *meteria medica* telle qu'elle est maintenant utilisée pouvait être précipitée au fond de la mer, ce serait pour le plus grand bien de l'humanité... et le plus grand dommage des poissons.

Oliver W. HOLMES (discours à la Société médicale du Massachusetts, 1860).

MEDIOCRITE (voy. age)

La véritable cause de nos malheurs actuels est l'étonnante médiocrité qui égalise tous les individus. Si un homme de génie paraissait, il serait le maître.

J.-A. de SEGUR, *Essai sur l'Opinion*.

C'est un grand signe de médiocrité de louer toujours modérément.

VAUVENARGUES, *Réflexions et Maximes.*

Chaque fois qu'on produit un effet, on se donne un ennemi. Il faut rester médiocre pour être populaire.

O. WILDE, *Le portrait de Dorian Gray.*

L'âge moderne représente le triomphe de la médiocrité collective.

Gustave LE BON, *Hier et Demain.*

Les esprits médiocres condamnent d'ordinaire tout ce qui passe leur portée.

LA ROCHEFOUCAULD, *Maximes.*

Je crois que la médiocrité, si nous la cultivons volontairement, peut devenir une forme d'orgueil intellectuel. Et l'humilité aussi.

Charles MORGAN, *Défi à Vénus.*

C'est toujours un grand trait de médiocrité que de ne pas savoir associer la méfiance et la clairvoyance.

Abel BONNARD.

MÉDISANT

Je ferai taire les médisants en continuant de bien vivre : voilà le meilleur usage que nous puissions faire de la médisance.

PLATON.

MÉDITER

Ne pas avoir le temps de méditer, c'est n'avoir pas le temps de regarder son chemin, tout occupé à sa marche.

A. SERTLLANGES, O. P.

J'ose presque dire que l'état de réflexion est un état contre nature et que l'homme qui médite est un animal dépravé.

ROUSSEAU, *Discours sur les sciences et les arts.*

Demeurer immobile, à écouter... c'est la tranquillité de l'axe au centre de la roue... L'axe qui avance avec la roue, mais ne tourne jamais.

Charles MORGAN, *Fontaine.*

mélancolie • 261

MELANCOLIE

L'anémone et l'ancolie
Ont poussé dans le jardin
Où dort la mélancolie.
Entre l'amour et le dédain.

Guillaume APOLLINAIRE.

Et toi, sœur rêveuse et pâlie,
Monte, monte, ô Mélancolie,
Lune des ciels roses défunts.

A. SAMAIN, *Au Jardin de l'Infante.*

La mélancolie est donc le plus légitime de tous les tons poétiques.

Edgar POE, *Génèse d'un poème.*

Je suis le ténébreux — le veuf — l'inconsolé,
Le prince d'Aquitaine à la tour abolie,
Ma seule étoile est morte — et mon luth constellé
Porte le soleil noir de la Mélancolie.

Gérard de NERVAL, *Chimères.*

Plaisirs des jours premiers, jeux, rires, gais soleils,
Et toi, divin Amour, frère de la jeunesse,
Tourment de l'âge mûr, regret de la vieillesse,
De vous je ne veux rien! loin de là, je vous fuis.

LEOPARDI, *Le Passereau.*

MEMOIRE (voy. souvenir)

O mémoire, ennemie de mon repos, ne t'occuperas-tu pas mieux à me faire oublier les maux présents qu'à me rappeller les joies d'autrefois!

MONTEMAYOR, *Diane.*

MENDIANT

Tantôt,
lentement, il s'éloigne
d'un rayon de lumière
à un autre :
Une existence passe,
traînant une âme
qui la suit comme un enfant délaissé...

Shiro MURANO, *Poèmes.*

Errant maintenant, pauvre et méprisé, il tendait la main de porte en porte, et, faisant entendre, pour charmer l'oreille d'un paysan, cette harpe dont un roi avait chéri les accords.

Sir W. SCOTT, *Le Lai du dernier ménestrel.*

MENSONGE (voy. idéal, statistique, vérité)

Le jour où Dieu les ressuscitera, ils jureront qu'ils lui sont fidèles, comme ils vous l'ont juré. Ils croient que ce serment leur sera de quelque utilité; vain espoir. Le mensonge n'est-il pas dans leur cœur?

MAHOMET, *Le Koran*, LVIII.

J'aime la vérité. Je crois que l'humanité en a besoin; mais elle a bien plus grand besoin encore du mensonge qui la flatte, la console, lui donne des espérances infinies. Sans le mensonge, elle périrait de désespoir et d'ennui.

A. FRANCE, *La Vie en fleur.*

Aucun homme n'a assez de mémoire pour réussir dans le mensonge.

ABRAHAM LINCOLN.

Le secret pour voyager d'une façon agréable consiste à savoir poliment écouter les mensonges des autres et à les croire le plus possible; on vous laissera, à cette condition, produire à votre tour votre petit effet, et ainsi le profit sera réciproque.

F. DOSTOIEVSKI, *Journal d'un écrivain.*

Parfois, le mensonge explique mieux que la vérité ce qui se passe dans l'âme.

M. GORKI, *Les Vagabonds.*

Le mensonge, comme l'huile, flotte à la surface de la vérité.

H. SIENKIEVICZ, *Quo Vadis?*

Il y a des circonstances où le mensonge est le plus saint des devoirs.

E. LABICHE, *Les vivacités du capitaine Tic.*

Le péché possède beaucoup d'outils, mais le mensonge est le manche convenant à tous.

O. W. HOLMES, *Un autocrate au petit-déjeuner.*

mensonge ● 263

Rosaure. — Mais, êtes-vous de Venise ou étranger?
Lélio. — Je suis gentilhomme napolitain.
Arlequin, *à part.* — Gentilhomme et napolitain! Deux
mensonges d'un seul coup!

GOLDONI, *Le Menteur*, I.

Les voluptés apportent des jouissances, l'argent donne
le pouvoir et le plaisir..., mais le mensonge! le mensonge!
il n'apporte que la honte.

ALARCON Y MENDOZA, *La Vérité suspecte*.

Avec l'amorce d'un mensonge, on pêche une carpe de
vérité.

SHAKESPEARE, *Hamlet*.

Qu'est-ce qu'un personnage? Ce n'est que la vérité d'une
mascarade.

BYRON, *Don Juan*.

Je suis toujours la ligne droite, mais je change parfois
de ligne droite.

Armand SALACROU, *Histoire de rire*.

MENTALITE (voy. intelligence)

MENTEUR

Un menteur a besoin d'une grande mémoire.

QUINTILIEN, *L'Institution oratoire*.

Voici la punition du menteur : il n'est pas cru même
lorsqu'il dit la vérité.

TALMUD BABYLONIEN, *Sanhedrin*.

Montre-moi un menteur, et je te montrerai un voleur.

G. HERBERT, *Jacula Prudentum*.

MENTIR

A beau mentir qui vient de loin.

A. de MONTESQUIEU, *Fables ;* Le jeune lièvre et sa Mère.

L'honnête homme, à Paris, ment dix fois par jour, l'honnête
femme vingt fois par jour, l'homme du monde cent fois
par jour. On n'a jamais pu compter combien de fois par
jour ment une femme du monde.

H. TAINE, *Vie et opinions de Th. Graindorge*.

MER

Adieu donc, ô mer. Mais je n'oublierai
Jamais ta majesté ni tes spendeurs,
Et longtemps, longtemps en moi j'entendrai
Ton lourd bruissement aux heures du soir.

> A. S. POUCHKINE, *Poésies*, A la mer.

Je retournerai vers la grande et douce mère,
Mère et amante des hommes, la mer.
Je retournerai vers elle, moi et aucun autre,
Tout contre elle, l'embrasserai et me fondrai en elle.

> SWINBURNE, *Le Triomphe du Temps*.

MERCENAIRE

Ah! malheureux celui qui succombe en guerre, non pas
pour les rivages de sa patrie, ni pour sa tendre épouse et
pour ses chers enfants, mais frappé par les ennemis d'autrui,
pour une autre nation, et qui ne peut dire en mourant :
Douce terre natale, la vie que tu m'as donnée, voici que
je te la rends!

> LEOPARDI, *A l'Italie*.

MERE

Oh! l'amour d'une mère! amour que nul n'oublie!
Pain merveilleux qu'un dieu partage et multiplie!
Table toujours servie au paternel foyer!
Chacun en a sa part et tous l'ont tout entier.

> V. HUGO, *Les Feuilles d'Automne*.

L'asile le plus sûr est le sein d'une mère.

> FLORIAN, *Fables*, « La Mère, l'Enfant et les Sarigues ».

L'épouse, c'est pour le bon conseil; la belle-mère, c'est
pour le bon accueil; mais rien ne vaut une douce maman.

> L. TOLSTOI, *Anna Karénine*.

Dieu n'aurait pu être partout et, par conséquent, il créa
les mères.

> (Proverbe juif).

Mère est le nom pour Dieu sur les lèvres et dans les cœurs
des petits enfants.

> THACKERAY, *La Foire aux Vanités*.

mère • 265

Ma mère! lorsque j'appris que tu étais morte,
Dis, avais-tu conscience des larmes que je versai?
Ton esprit planait-il sur ton fils affligé,
Malheureux même, dont la vie était un voyage à peine
[commencé?
Peut-être me donnas-tu, quoiqu'invisible, un baiser;
Peut-être une larme, si les âmes peuvent pleurer dans leur
[béatitude...

Ah! ce sourire maternel! il répond : Oui!

> W. COWPER, *A la réception du portrait de ma mère.*

MERITE

L'importance sans mérite obtient des égards sans estime.

> CHAMFORT, *Maximes et Pensées.*

MESURE

Peu d'hommes ont le sentiment de la mesure. Peu d'hommes, et aucun peuple! Ou ils se croient capables de tout, ou ils se sentent impuissants à tout.

> Jacques CHASTENET.

METAPHYSIQUE

La métaphysique n'est pas une discussion stérile sur des notions abstraites qui échappent à l'expérience, c'est un effort vivant pour embrasser du dedans la condition humaine dans sa totalité.

> J.-P. SARTRE, *Qu'est-ce que la littérature?*

MIDI

Midi, roi des étés, épandu sur la plaine,
Tombe en nappes d'argent des hauteurs du ciel bleu.
Tout se tait. L'air flamboie et brûle sans haleine;
La terre est assoupie en sa robe de feu.

> LECONTE DE LISLE, *Poèmes antiques.*

MINISTRE

Rien n'est comparable aux qualités d'un ministre qui arrive si ce n'est les défauts d'un ministre qui part.

> E. BANNING, *Réflexions morales et politiques.*

La médiocrité des ministres fait la puissance des parlements et l'impuissance des Etats.

> E. BANNING, *Réflexions morales et politiques.*

MIRAGE

Lorsqu'on n'a pas de vie véritable, on la remplace par des mirages.

A.-P. TCHEKHOV, *La mouette*.

MISANTHROPE

Passe devant ma tombe et sans me saluer,
Sans chercher à savoir mon nom ni ma naissance.
Prends un autre chemin. Si tu dois me croiser,
Oblique, et passe au loin, et garde le silence.

LEONIDAS DE TARENTE (épitaphe du Misanthrope).

L'ami du genre humain n'est point du tout mon fait.

MOLIERE, *Le Misanthrope*.

MISERE (voy. pauvreté)

Je n'ai pas subi la misère, je l'ai épousée par amour, ayant pu choisir une autre compagne.

Léon BLOY.

MISERICORDE

Si tu laisses quelquefois plier la verge de la justice, que ce ne soit pas sous le poids des cadeaux, mais sous celui de la miséricorde.

CERVANTES, *Don Quichotte*.

Le Bouddha répand sa miséricorde même sur la plus insignifiante chose.

Cullavagga.

MISSION (voy. art)

MITRAILLE

Je suis plus à l'aise sous la mitraille qu'entouré d'un essaim de jolies filles décolletées.

Le maréchal LEFEBVRE à Talleyrand.

MODE

Il faut qu'à la mode
Chacun s'accommode;
Le fou l'introduit,
Le sage la suit.

LEGRAND, *Les Paniers* (chanson, 1722).

mode • 267

Son influence est si puissante qu'elle nous oblige parfois à admirer des choses sans intérêt et qui sembleront même quelques années plus tard d'une extrême laideur.

G. LE BON, *Les Opinions et les Croyances.*

Les femmes nulles suivent la mode, les prétentieuses l'exagèrent, mais les femmes de goût pactisent agréablement avec elle.

Marquise du CHATELET.

La mode, c'est ce qui se démode.

Coco CHANEL, (attribué aussi à Salvador Dali).

MODERATION

Rien de trop — En tout la mesure.

(Inscription dans le pronaos du temple de Delphes).

MODERNE

L'épithète « moderne » n'est pas une mesure de grandeur, c'est même trop souvent, hélas, le contraire; et si le mot « moderne » doit être le slogan magique, par le truchement duquel on veut nous faire accepter des bègues pour des orateurs et des petits malins pour des génies, nous avons le devoir de protester contre cette farce de mauvais goût.

Joris DE BRUYNE, *Martin Bollé.*

Rien n'est plus dangereux que d'être trop moderne; on risque de devenir soudain ultra démodé.

O. WILDE, *Phrases et Philosophies.*

MODESTIE

La modestie est au mérite ce que les ombres sont aux figures dans un tableau : elle lui donne de la force et du relief.

LA BRUYERE, *Les Caractères.*

La modestie doit être la réaction naturelle de l'homme qui reçoit les acclamations que lui ont valu le sang versé par ses subordonnés et le sacrifice de ses amis.

D. D. EISENHOWER, allocution au Guild-hall, Londres, 1945.

Il y a des modesties artificieuses et étudiées qui couvrent un orgueil secret.

C. ROLLIN, *Traité des Etudes.*

La modestie est le seul éclat qu'il soit permis d'ajouter à la gloire.

DUCLOS, *Considérations sur les mœurs.*

MŒURS

Les hommes font les lois, les femmes font les mœurs.

Comte de GUIBERT, *Le Connétable de Bourbon.*

MOINE (voy. défiance, entêtement)

Une ombre passe sur la rivière.
Sur le pont un moine traverse.
Arrête... O moine, parle-moi.
   Où vas-tu...
Mais son doigt montre les blancs nuages
Et, silencieux, il continue sa route.

Ancien poème anonyme (Corée).

Il y avait un moine, le plus beau de tous les moines, un excellent cavalier, grand amateur de chasse, un homme tout à fait viril et capable d'être abbé.

CHAUCER, *Contes de Canterbury.*

MOLIERE

Rien ne manque à sa gloire, il manquait à la nôtre.

B.-J. SAURIN, *Sur le buste de Molière placé dans le foyer de la Comédie Française.*

Chaque homme de plus qui sait lire est un lecteur de plus pour Molière.

SAINTE-BEUVE, *Portraits litt.*

MOMENT

L'Amour prit le sablier du Temps et le retourna dans ses mains étincelantes. Chaque moment, sous la secousse légère, s'écoula en sable d'or...

A. TENNYSON, *Locksley Hall.*

Un à un, les grains de sable s'écoulent,
Un à un les moments passent;
Certains vont, certains viennent :
Ne tentez point de tous les saisir.

Adelaïde A. PROCTER, *Un à un,*

MONARCHIE

La monarchie a sa devise : tout pour la patrie et tout à la patrie. Le jour où la monarchie cesserait de se confondre avec le pays, elle mériterait de disparaître.

LEOPOLD II, (cité par le comte de Lichtervelde, *Léopold II*) (1901).

La monarchie constitutionnelle est un moyen pour combiner l'inertie d'une idole de bois avec la crédibilité en une idole de chair et de sang.

G.-B. SHAW, *Maximes pour Révolutionnaires.*

MONDE (voy. admiration, charme, isolement, mots de la fin, solitude)

Quand vous aurez reconnu que le monde est irréel et éphémère, vous ne l'aimerez plus, votre esprit s'en détachera; vous y renoncerez et vous vous libérerez de tous vos désirs.

Shri RAMAKRISHNA, *Enseignement de Râmakrisna.*

N'ayant jamais pu réussir dans le monde, il se vengeait par en médire.

VOLTAIRE, *Zadig.*

Le monde est une pensée qui ne se pense pas, suspendue à une pensée qui se pense.

Jules LACHELIER.

Ah! que le monde est grand à la clarté des lampes!
Aux yeux du souvenir que le monde est petit!

C. BAUDELAIRE, *Les Fleurs du mal.*

Les philosophes n'ont fait qu'interpréter diversement le monde; il s'agit maintenant de le transformer.

K. MARX, *Thèses sur Feuerbach.*

Notre monde n'est pas tout l'univers. Peut-être y a-t-il un endroit où le Christ n'est pas mort.

Graham GREENE, *La puissance et la gloire.*

Ce monde, vous savez, ce monde de grandes personnes, je n'en suis pas.

K. MANSFIELD, *Lettres à J. Middleton Murry.*

Le monde est une comédie pour ceux qui réfléchissent et une tragédie pour ceux qui sentent.

H. WALPOLE, *Lettre à Sir H. Mann* (1770)

Je n'ai pas aimé le monde et le monde ne m'a pas aimé ; je n'ai jamais loué son haleine fétide, ni fléchi patiemment le genou devant ses idoles — ni ridé mes joues à lui sourire — ni fatigué ma voix en criant à ses échos.

Lord BYRON, *Le pèlerinage de Childe Harold*.

Le monde et moi ne formons qu'un seul livre ;
Pour bien l'écrire, il faut vivre pour lui.

Robert SABATIER, *Dédicace d'un Navire*.

Le monde est né de l'amour, il est soutenu par l'amour, il va vers l'amour et il entre dans l'amour.

Taittirîya Upanishad (livre sacré de l'Inde).

Quand tout le monde a tort, tout le monde a raison.

NIVELLE DE LA CHAUSSEE, *La Gouvernante*.

— Certes, je sortirai quant à moi satisfait
D'un monde où l'action n'est pas la sœur du rêve...

BAUDELAIRE, *Les fleurs du mal*.

Errant entre deux mondes, l'un mort,
L'autre impuissant à naître...

Matthew ARNOLD, *Stances de la Grande Chartreuse*.

Tout ce monde visible n'est qu'un trait imperceptible dans l'ample sein de la nature. Nulle idée n'en approche. Nous avons beau enfler nos conceptions au-delà des espaces imaginables, nous n'enfanterons que des atomes au prix de la réalité des choses. C'est une sphère dont le centre est partout, la circonférence nulle part.

PASCAL, *Pensées*.

N'espérons plus, mon âme, aux promesses du monde,
Sa lumière est un verre et sa faveur une onde,
Que toujours quelque vent empêche de calmer ;
Quittons ces vanités, lassons-nous de les suivre.

MALHERBE, *Poésies*.

Comment peut-on traiter sérieusement le monde quand le monde lui-même est si ridicule? L'esprit de trafic est partout. L'Honneur et la Chasteté!

O. KAKUZO, *Le Livre du Thé*.

Le monde entier est un théâtre,
Et tous, hommes et femmes, n'en sont que les acteurs.
Chacun y joue successivement les différents rôles
D'un drame en sept âges.

SHAKESPEARE, *Comme il vous plaira*.

Pour leurrer le monde, ressemble au monde; ressemble à l'innocente fleur, mais sois le serpent qu'elle cache.

SHAKESPEARE, *Macbeth*.

Le monde est un mauvais génie pour la science, la science est le mauvais génie pour le monde.

(Maxime de l'Inde méridionale).

Ah! Que le monde est donc mal fait, et pourquoi faut-il que certains êtres finalement deviennent cibles pour avoir été trop points de mire!

Sacha GUITRY, *Théâtre, je t'adore*.

Le monde est un tyran dont je fais mon esclave;
Du poids de sa censure accablant qui le craint,
Il se laisse enchaîner par celui qui le brave.

J. de CORSEMBLEU-DESMAHIS, *Œuvres diverses*.

MONTEE

Tout ce qui monte converge.

P. TEILHARD de CHARDIN.

(SE) MONTRER

Si je me montrais aux autres comme je suis, ils me croiraient fou. Mais s'ils se montraient à moi ce qu'ils sont, peut-être les croirais-je fous aussi?

Benjamin CONSTANT.

MOQUERIE

La moquerie est souvent indigence d'esprit.

LA BRUYERE, *Les Caractères*.

MORALE (voy. éloquence)

La vraie éloquence se moque de l'éloquence, la vraie morale se moque de la morale.

PASCAL, *Pensées.*

Il y a une morale humaine supérieure même à la morale légale, là où celle-ci ferait défaut.

SAINTE-BEUVE.

Ce que nous appelons « morale » est simplement une obéissance aveugle à des mots de commande.

Havelock ELLIS, *La danse de la vie.*

Ce qui est moral est ce que vous trouvez bon après et ce qui est immoral est ce que vous trouvez mauvais après...

E. HEMINGWAY, *La mort dans l'après-midi.*

MORALITE (voy. religion)

La moralité est l'attitude que nous adoptons vis-à-vis de personnes que nous ne pouvons pas sentir.

O. WILDE, *Phrases et Philosophies.*

La moralité est un luxe privé et coûteux.

H. B. ADAMS, *L'Education d'Henry Adams.*

Celui qui ne porte sa moralité que comme son meilleur vêtement ferait mieux d'être nu.

Kahlil GIBRAN, *Le Prophète ; De la religion.*

MORT (voy. lâche, naissance)

Las d'espérer et de me plaindre,
Des Muses, des Grands et du Sort,
C'est ici que j'attends la mort,
Sans la désirer ni la craindre.

MAYNARD (au-dessus de la porte de son cabinet de travail).

O Mort! Que ne viens-tu! Que n'enlèves-tu mon âme de ce corps misérable, puisqu'on t'en rendrait grâces!

Romancero du roi Rodrigue.

Je te salue, ô Mort! Libérateur céleste;
Tu ne m'apparais point sous cet aspect funeste
Que t'a prêté longtemps l'épouvante ou l'erreur.

LAMARTINE, *Premières Méditations.*

La mort n'est qu'un déplacement d'individualités. L'hérédité fait circuler les mêmes âmes à travers la suite des générations d'une même race.

G. LE BON, *Hier et Demain.*

La mort est la fin d'une prison obscure, pour les nobles âmes; c'est un malaise pour les autres qui ont placé dans la fange toute leur sollicitude.

PETRARQUE, *Triomphe de la mort.*

Quand on a tout perdu, quand on n'a plus d'espoir,
La vie est un opprobe, et la mort un devoir.

VOLTAIRE, *Mérope.*

Sais-je si le plaisir de vivre n'est pas une tromperie? si la mort ne ressemble pas à un jeune homme qui a quitté de bonne heure son pays natal et qui n'y retournera plus?

TCHOUANG TSCHEOU (*Antho. de la Litt. chinoise*, par Sung-Nien Hsu)

Chaque pas dans la vie est un pas vers la mort.

C. DELAVIGNE, *Louis XI.*

Et toi, divine mort, où tout rentre et s'efface,
Accueille tes enfants dans ton ciel étoilé;
Affranchis-nous du temps, du nombre et de l'espace,
Et rends-nous le repos que la vie a troublé.

LECONTE de LISLE, *Poèmes antiques.*

L'image touchante de la mort ne s'offre pas à l'homme sage comme un objet d'effroi, ni à l'homme pieux comme un dernier terme. Elle ramène le premier à l'étude de la vie, et lui apprend à en profiter; elle présente au second un avenir de bonheur, elle lui donne l'espérance au milieu de ses jours de tristesse. Pour l'un et pour l'autre, la mort devient la vie.

GŒTHE.

Méphistophélès. — Et pourtant la mort n'est jamais un hôte très bien venu.
Faust. — O, heureux celui à qui, dans l'éclat du triomphe, elle ceint les tempes d'un laurier sanglant, celui qu'après l'ivresse d'une danse ardente, elle vient surprendre dans les bras du sommeil!

W. GŒTHE, *Faust.*

La mort peut bien t'oublier un jour, mais elle ne t'oubliera pas le lendemain...

Les Mille et Une Nuits.

MORTS

Les uns sont devenus un petit tas de cendre,
Rien... des os où la chair a cessé de s'étendre
Et qui dans les chemins ont été parsemés.
Les autres ne sont plus que des troncs déformés,
Que des têtes sans bras, sans mains, en pourriture.
Les vers ont de ceux-ci déjà fait leur pâture
Et ceux-là n'ont été que d'hier inhumés.

CALAVERA, *Les neiges d'antan* (trad. Puymaigre).

Quand je serai morte, mon très cher,
    Ne chante point tristement pour moi;
Ne plante pas de roses à ma tête
    Ni de cyprès ombreux.
Sois l'herbe verte au-dessus de moi
    Humide de pluies et de rosée;
Et si tu veux, souviens-toi;
    Et si tu veux, oublie.

Christina ROSSETTI, *Chant.*

Les morts gouvernent les vivants.

A. COMTE, *Catéchisme positiviste.*

Les morts vont vite.

G.-A. BURGER, *Lénore* (refrain).

Il est des morts qu'il faut qu'on tue!

F. DESNOYERS, *A Casimir Delavigne.*

MOT

Donnez-moi, s'il en est dans la langue des hommes,
Des mots légers, des mots tremblants, des mots ailés,
De ces mots que le vent semble avoir modulés,
Pour rendre, en leur douceur subtile et fugitive,
Tous mes tressaillements ignorés!

F. SEVERIN, *Source au fond des bois.*

Un mot n'est pas le même dans un écrivain et dans un autre. L'un se l'arrache du ventre. L'autre le tire de la poche de son pardessus.

Charles PEGUY.

mot • 275

Car le mot, qu'on le sache, est un être vivant.

V. HUGO, *Les Contemplations.*

Les mots peuvent ressembler aux rayons X, si l'on s'en sert convenablement, ils transpercent n'importe quoi.

A. HUXLEY, *Le meilleur des mondes.*

« Cherchez les effets et les causes »
Nous disent les rêveurs moroses.
Des mots! des mots!... cueillons les roses.

Th. de BANVILLE, *Odelettes.*

L'amour, le travail, la famille, la religion, l'art, le patriotisme sont des mots vides de sens pour qui meurt de faim.

O'HENRY, *Le Cœur de l'Ouest.*

Il n'y a pas une grande sagesse à dire un mot de reproche; mais il y a une plus grande sagesse à dire un mot qui, sans se moquer du malheur de l'homme, le ranime, lui rende du courage, comme les éperons rendent du courage à un cheval que l'abreuvoir a rafraîchi.

N. GOGOL, *Tarass Boulba.*

Car le mot, c'est le Verbe, et le Verbe c'est Dieu.

V. HUGO, *Les Contemplations.*

Tout a été dit. Sans doute. Si les mots n'avaient changé de sens; et les sens, de mots.

Jean PAULHAN, *Clef de la poésie.*

Mais les mots sont des choses, et une petite goutte d'encre,
Tombant comme la rosée sur une pensée, produit
Ce qui fait penser des mille, peut-être des millions.

Lord BYRON, *Don Juan* (Chant III).

Polonius. Que lisez-vous, Monseigneur?
Hamlet. Des mots, des mots, des mots.

SHAKESPEARE, *Hamlet.*

A toutes époques révolutionnaires, les événements ont été produits non par les mots écrits, mais par les mots parlés.

HITLER, *Mon Combat.*

Les mots sans les pensées ne vont jamais au ciel.

SHAKESPEARE, *Hamlet*.

Les mots sont femmes; les actions sont hommes.

G. HERBERT, *Jacula Prudentum*.

Les mots, « ces passants mystérieux de l'âme », sont de grands magiciens et de redoutables entraîneurs de foules.

Raymond POINCARE.

Montaigne a des mots qui valent des livres.

P. LAROUSSE.

La connaissance des mots conduit à la connaissance des choses.

PLATON.

Entre deux mots, il faut choisir le moindre.

Paul VALERY.

MOTS DE LA FIN

C'est ici le combat du jour et de la nuit.

V. HUGO (dernier vers prononcé au cours de son agonie).

Ah! mon ami, je m'en vais enfin de ce monde, où il faut que le cœur se brise ou se bronze.

CHAMFORT, expirant, à Sieyès.

Je m'arrêterais de mourir, s'il me venait un bon mot ou une bonne idée.

VOLTAIRE.

Je m'en vais ou je m'en vas... L'un et l'autre se dit ou se disent.

VAUGELAS.

Je vais faire semblant de ne pas mourir.

CHAMFORT (refusant l'extrême-onction).

Oh! je m'ennuie déjà.

Francis de CROISSET.

Ah! quel talent je vais avoir demain.

H. BERLIOZ.

Eh ben! je m'en souviendrai de cette planète.

VILLIERS de L'ISLE-ADAM.

mots de la fin ● 277

A son médecin qui lui demandait ce qu'il éprouvait en sentant venir la mort;

— Oh! rien qu'une très grande difficulté à mourir.

FONTENELLE (âgé de 102 ans).

En avant! Vive Marie-Thérèse!...

Prince Charles de LIGNE (1814).

Soyez certain que je confirmerai devant Dieu ce que j'ai affirmé devant les hommes.

Vicomte de RIO-BRANCO (homme d'Etat brésilien).

Quel artiste périt en moi!

NERON (cité par Suétone).

Soldats! droit au cœur!

Maréchal NEY (commandant son peloton d'exécution).

Pourtant, j'avais quelque chose là!

André CHENIER (avant de monter à l'échafaud).

Maman!... rien que toi!

H. de TOULOUSE-LAUTREC.

Si peu fait; tant à faire.

Cecil J. RHODES.

Qu'il est affreux de mourir ainsi de la main des Français!

Le duc d'ENGHIEN, (lors de son exécution).

Maintenant, je suis à la source du bonheur.

CHOPIN.

Huit jours avec de la fièvre! J'aurais encore eu le temps d'écrire un livre!

Honoré de BALZAC (avant son agonie).

Tirez le rideau, la farce est jouée.

RABELAIS (dernier mot avant sa mort).

Hélas! Quel dommage! maintenant que je commençais!

Léopoldo MIGUEZ (compositeur brésilien).

Mes amis! je m'en vais de ce pas.

(Dernier calembour du marquis de BIEVRE mourant à Spa, où il était allé prendre les eaux).

MOULIN

Le moulin tourne au fond du soir, très lentement,
Sur un ciel de tristesse et de mélancolie;
Il tourne et tourne, et sa voile couleur de lie
Est triste et faible et lourde et lasse, infiniment.

E. VERHAEREN, *Les Soirs ; Le Moulin.*

MOURIR (voy. mots de la fin, mercenaire)

Mourir sans vider mon carquois!
Sans percer, sans fouler, sans pétrir dans leur fange
Ces bourreaux barbouilleurs de lois.

A. CHENIER, *Dernières poésies.*

Mourir pour le pays est un si digne sort
Qu'on briguerait en foule une si belle mort.

CORNEILLE, *Horace.*

Quand je mourrai, que l'on me mette,
Avant de clouer mon cercueil,
Un peu de rouge à la pommette,
Un peu de noir au bord de l'œil.

Th. GAUTIER, *Emaux et Camées.*

Je meurs. Avant le soir j'ai fini ma journée.
A peine ouverte au jour ma rose s'est fanée.
La vie eut bien pour moi de volages douceurs;
Je les goûtais à peine, et voilà que je meurs.

A. CHENIER, *Elégies.*

Au banquet de la vie, infortuné convive,
     J'apparus un jour, et je meurs :
Je meurs, et sur la tombe où lentement j'arrive,
     Nul ne viendra verser des pleurs.

N. GILBERT, *Odes.*

Qu'un homme est méprisable, à l'heure du trépas,
Lorsque, ayant négligé le seul point nécessaire,
Il meurt connu de tous et ne se connaît pas.

N. VAUQUELIN.

Je serai comme cet arbre; je mourrai au sommet.
     Jonathan SWIFT (cité par W. Scott dans *La Vie de Swift*).

MOUVEMENT

Tout mouvement, de quelque nature qu'il soit, est créateur.
Edgar POE, *Puissance de la parole*.

Défiez-vous des premiers mouvements, parce qu'ils sont bons.
Attribué à TALLEYRAND.

MUSEE

Je suis las des musées, cimetières des arts.
LAMARTINE, *Voyage en Orient*.

Ce carrefour de la pensée et de la sensibilité du monde.
X...

MUSIQUE

Sans la musique, la vie serait une erreur.
F. W. NIETZSCHE, *Le crépuscule des idoles*.

De la musique avant toute chose.
P. VERLAINE, *Jadis et Naguère*.

Je considère la musique dans son essence comme impuissante à exprimer quoi que ce soit : un sentiment, une attitude, un état psychologique, un phénomène de la nature, etc. L'expression n'a jamais été la propriété immanente de la musique.
Igor STRAVINSKY.

La musique est l'expression de l'idéal artistique le plus élevé; réflexion des Harmonies Célestes, elle place l'homme directement devant les Mystères les plus profonds de la vie.
Charte spirituelle de l'Humanité, 1946.

Il y a de la musique dans le soupir du roseau;
Il y a de la musique dans le bouillonnement du ruisseau;
Il y a de la musique en toutes choses, si les hommes
[pouvaient l'entendre.
Leur terre n'est qu'un écho des astres.
Lord BYRON, *Don Juan*, XV.

La musique possède des charmes pour charmer un sauvage,
Pour attendrir les rochers, ou tendre un chêne noueux.
W. CONGREVE, *La Mariée du matin*, I.

La musique est une révélation plus haute que toute sagesse et toute philosophie.

L. van BEETHOVEN, à Bettina, 1810.

Le plus coûteux de tous les bruits.

Théophile GAUTHIER.

Le chef d'orchestre abaissa sa baguette, et toutes les personnes qui étaient sur la scène se mirent ensemble à faire du bruit.

Henri de MONTHERLANT, *Les jeunes filles.*

La musique crève le ciel.

BAUDELAIRE.

MYSTERE

Puisque ces mystères me dépassent, feignons d'en être l'organisateur.

Jean COCTEAU, *Les mariés de la Tour Eiffel.*

Le vrai mystère du monde est le visible, non l'invisible.

O. WILDE, *Le portrait de Dorian Gray.*

MYSTERIEUX

La plus belle chose que nous puissions éprouver, c'est le côté mystérieux de la vie. C'est le sentiment profond qui se trouve au berceau de l'art et de la science véritable.

A. EINSTEIN, *Comment je vois le monde.*

n

NAPOLÊON

NOUVEL AN

NOIX

NOUVEAUTÉ

NAISSANCE

Qu'avez-vous fait pour tant de biens? Vous vous êtes donné la peine de naître, et rien de plus.

BEAUMARCHAIS, *Le Mariage de Figaro*.

L'instant où nous naissons est un pas vers la mort.

VOLTAIRE, *Supplément aux Mélanges de Poésie*.

NAPLES

Sur la mer scintille
L'astre d'argent,
Paisible est l'onde,
Favorable est le vent.
Venez dans ma barque légère!
Sainte Lucie!
Sainte Lucie!

(Célèbre romance napolitaine).

NAPOLÉON

Il me semble que Napoléon serait content de tous les livres dont il fait le sujet. C'était un auteur. Au silence, il préfère toujours l'éreintement.

Jacques BAINVILLE, *Napoléon*.

Ce siècle avait deux ans. Rome remplaçait Sparte.
Déjà Napoléon perçait sous Bonaparte,
Et du premier consul déjà, par maint endroit,
Le front de l'empereur brisait le masque étroit.

V. HUGO, *Les Feuilles d'Automne*.

Oh! que de fois, quand le jour stérile, inerte déclinait vers le soir, les bras croisés sur la poitrine, son regard étincelant cloué sur le sol, il se tenait jusqu'à ce que le souvenir l'emportât vers des temps lointains!

MANZONI, *Le Cinq Mai*.

Il est grand pour avoir fait renaître l'ordre du sein du chaos. Il est grand surtout pour être né de lui seul.

CHATEAUBRIAND, *Mémoires d'Outre-Tombe.*

Sauf pour la gloire, sauf pour l'art, il eût probablement mieux valu qu'il n'eût pas existé.

Jacques BAINVILLE, *Napoléon.*

NATION (voy. armée, peuple)

NATIONALISME

Qu'est-ce que le nationalisme? C'est un patriotisme qui a perdu sa noblesse et qui est au patriotisme noble et raisonnable, ce que l'idée fixe est à la conviction normale.

A. SCHWEITZER, *Décadence et renaissance de la culture.*

Le nationalisme est une maladie infantile. C'est la rougeole de l'humanité.

A. EINSTEIN.

NATIONALITE

Si ma théorie de la relativité est prouvée, l'Allemagne me revendiquera comme Allemand et la France déclarera que je suis un citoyen du monde. Mais si ma théorie est fausse, la France dira que je suis un Allemand et l'Allemagne déclarera que je suis un Juif.

A. EINSTEIN (discours en Sorbonne).

NATURE (voy. anarchie, livre)

La nature, pour être commandée, doit être obéie.

BACON, *Novum Organum.*

Ce qui est une imitation de la nature ne peut pas être un défaut.

G.-E. LESSING, *Dramaturgie.*

Il est un principe qu'on ne peut ni imiter ni aider, et pourtant il est en nous; c'est la nature; mais on peut l'imiter et s'efforcer de le rendre bon; c'est l'artifice.

SIUN KUANG (*Antho. de la Litt. chinoise,* par Sung-Nien Hsu).

Cinq choses contre nature : belle femme sans amour, ville marchande sans larrons, jeunes enfants sans gaillardise, greniers sans rats et chiens sans puces.

Remontrance aux Mariés et Mariées, 1643.

NATUREL

Chassez le naturel, il revient au galop.

(Faussement attribué à Boileau), DESTOUCHES, *Le Glorieux*, III.

Il a chassé le naturel, le naturel n'est pas revenu.

Jules RENARD, *Mémoires*.

NEANT (voy. silence)

Faire l'amour comme un devoir, écrire comme un métier, des deux côtés : néant.

P. LEAUTAUD.

La suprême ambition de tout ce qui existe
Est de se perdre dans le néant, s'anéantir,
Dormir sans rêves...

G. NAJERA, *Poésies*.

NECESSITE

La nécessité qui est la mère de l'invention...

PLATON, *La République*, II.

La nécessité est la meilleure des vertus.

SHAKESPEARE, *La vie et la mort du roi Richard II*.

La nécessité ne connaît pas de loi.

Saint AUGUSTIN, *Solil. Animae ad Deum*.

NEGATION (voy. opposition)

NEGLIGENCE

Par-dessus tout, ne soyez point négligent, car la négligence est le pire ennemi de la vertu.

Fo-sho-hing-tsan-king.

Faute d'un clou le fer fut perdu,
Faute d'un fer le cheval fut perdu,
Faute d'un cheval le cavalier fut perdu,
Faute d'un cavalier la bataille fut perdue,

négligence • **285**

Faute d'une bataille le royaume fut perdu.
Et tout cela faute d'un clou de fer à cheval
FRANKLIN, Almanach du pauvre Richard, 1758.

NEIGE

Elle est tombée en un pays où on la voit bien rarement,
[la neige.

Dure, entassée,
La neige recouvre toute chose
Et tout ce qu'elle cache est beau,
Sommes-nous préparés, je me le demande, à la laideur
[du dégel?
Fuyuhiko KITAGAWA, Neige de printemps.

Mais où sont les neiges d'antan?
Fr. VILLON, Ballade des dames du temps jadis.

Ne foule pas la neige
Tombée auprès de ce palais!
Rarement elle y fut si abondante
Comme on la voit sur la montagne,
Oh! passant, je t'en supplie
Cette neige, ne la foule point.
MIKATA NO SAMI, Poèmes.

NEZ

Le nez de Cléopâtre, s'il eût été plus court, toute la face
de la terre aurait changé.
PASCAL, Pensées.

NOBLESSE

Les choses doivent pourtant être dites avec art; mais
un mot, celui de la noblesse, supprime cet autre; il n'y
a pas d'art sans noblesse; et, encore là, une épargne de
vocabulaire nous est commandée, puisque, sans modestie
il ne saurait y avoir de noblesse.
Ch.-A. CINGRIA.

Il y a certaine classe de gens qui fait preuve et se vante
avec orgueil d'être « illustre » depuis plusieurs générations,
quoique depuis le temps elle reste dans une oisive inutilité.
Elle s'appelle la noblesse.
V. ALFIERI, De la Tyrannie.

La vraie noblesse est exempte de crainte.
SHAKESPEARE, Henri VI.

Se conduire en chevalier, c'est l'être. Telle a été la source des maisons nobles. Et vous, mon fils, si vos habitudes vous rendent infâme, vous n'êtes plus noble. Ecussons paternels, antiques aïeux, qu'importe? vous noble! vous n'êtes rien!

ALARCON Y MENDOZ, *La Vérité suspecte.*

NOIR

Non! non! pas de noir sur Monet. Le noir n'est pas une couleur.

CLEMENCEAU (devant la dépouille mortelle de C. Monet, 1926).

NOIX

Des noix! (*Nuts!*).

Brig. Gén. A. C. McAULIFFE à Bastogne (1944).

NOM (voy. tyran)

Il n'y a point au monde un si pénible métier que celui de se faire un grand nom : la vie s'achève que l'on a à peine ébauché son ouvrage.

LA BRUYERE, *Les Caractères.*

C'est un poids bien pesant qu'un nom trop tôt fameux.

VOLTAIRE, *La Henriade.*

Voilà de vos arrêts, Messieurs les gens de goût!
L'ouvrage est peu de chose et le seul nom fait tout.

A. PIRON, *La Métromanie.*

Il n'est pas si aisé de se faire un nom par un ouvrage parfait que d'en faire valoir un médiocre par le nom qu'on s'est déjà acquis.

LA BRUYERE, *Les Caractères.*

Le plus beau patrimoine est un nom révéré.

V. HUGO, *Odes et Ballades.*

J'ai fait illustre un nom qu'on m'a transmis sans gloire.
Qu'il soit ancien, qu'importe? Il n'aura de mémoire
Que du jour seulement où mon front l'a porté.

A. de VIGNY, *Les Destinées.*

Un grand nom est un magnifique piédestal qui n'est pas pour une figure ordinaire ni commune.

> Anonyme (cité par GAYOT de PITAVAL, *L'Art d'orner son esprit en l'amusant*).

Ici repose un homme dont le nom fut écrit sur l'onde.

> John KEATS (épitaphe de sa tombe à Rome).

Il est un nom caché dans l'ombre de mon âme,
Que j'y lis nuit et jour et qu'aucun œil n'y voit,
Comme un anneau perdu que la main d'une femme
Dans l'abîme des mers laissa glisser du doigt.

> LAMARTINE, *Un nom*.

— Oh! dites-nous ce nom, ce nom qui fait qu'on aime,
Qui laisse sur la lèvre une saveur de miel!
— Non, je ne le dis pas sur la terre à moi-même :
Je l'emporte au tombeau pour m'embellir le ciel.

> LAMARTINE, *Un nom*.

Mon nom est Légion, car nous sommes plusieurs.

> NOUV. TEST., *Marc*, V, 9 (Oltramare).

Qu'y a-t-il dans un nom? Ce que nous appelons rose
Par n'importe quel autre nom sentirait aussi bon.

> SHAKESPEARE, *Roméo et Juliette*.

NON-VIOLENCE

La plus grande force dont puisse disposer l'humanité est la non-violence. Elle est plus puissante que la plus puissante des armes de destruction élaborées par l'intelligence de l'homme.

> GANDHI (cité dans *Tous les hommes sont frères*).

NOSTALGIE

Ce rayon si clair au pied de mon lit,
Serait-ce déjà le gel?
Me soulevant, j'ai regardé; c'était le clair de lune.
Et retombant, j'ai pensé soudain à ma maison.

> LI-TAI-PO, *Dans la nuit calme*.

Oh! mes frères noirs, que mon cœur se lasse,
Loin des vieux de chez nous!

> S. C. FOSTER, *Les vieux de chez nous*.

Au revoir, Piccadilly,
Adieu, Leicester Square,
Il y a loin, bien loin jusqu'à Tipperary,
Mais mon cœur y est vraiment !

H. J. WILLIAMS et J. JUDGE, *Tipperary*.

Devant mon lit est le clair de lune,
Le sol paraît plein de gelée blanche.
Je lève la tête et contemple la lune,
Puis je la baisse et songe à mon pays natal.

LI PAI, *Poèmes*.

NOURRITURE

Les autres hommes vivent pour manger, tandis que je
mange pour vivre.

SOCRATE (cité par Diogène Laërce).

NOUVEAUTE

Il me faut du nouveau, n'en fût-il point au monde.

LA FONTAINE, *Clymène*, (comédie).

Aimons les nouveautés en novateurs prudents.

Casimir DELAVIGNE, *Les Comédiens*.

NOUVEL AN

Le premier janvier, seul jour de l'année où les femmes
oublient notre passé grâce à notre présent.

Sacha GUITRY.

Encore une année passée,
Et je porte toujours
mes sandales et mon chapeau de pèlerin.

M. BASHO, *Haïkaï*.

NUAGE

J'aime les nuages... les nuages qui passent... là-bas...
là-bas... les merveilleux nuages.

BAUDELAIRE, *Le Spleen de Paris*.

NU

Nu comme un plat d'argent — nu comme un mur d'église,
Nu comme le discours d'un académicien.

A. de MUSSET, *Namouna*.

Nu, je suis venu en ce monde, et nu dois-je le quitter.

CERVANTES, *Don Quichotte*.

Etre nu n'est pas inconvenant.

MAHOMET.

L'homme et la femme étaient tous deux nus et ils n'en avaient pas honte.

ANC. TEST., *Genèse*, III, 25 (Segond).

NUIT

Une pareille nuit, contemplée dans la solitude,
Mon cœur ne peut y tenir;
Trop poignante est son irrésistible beauté;
Trop profonde est la peur qu'elle inspire de Dieu.

R. POMBO, *L'aimée immobile*.

C'est la nuit qu'il est beau de croire à la lumière.

E. ROSTAND, *Cyrano de Bergerac*.

Nuptiale est toute nuit pour la femme raffinée.

I.-V. SIEVERIANINE, *Poèmes*.

Nuit claire, et pourtant sans lune :
Mon aimée a rêvé d'une verte couronne,
Elle a souri dans son sommeil
Et son sourire illumina la nuit.

Jovan JAVANOVIC-ZMAJ, *Roses*.

La nuit! Elle est si noire et si profonde, qu'elle ne finira jamais. Inconcevable éternité!

G. DUHAMEL, *Les Plaisirs et les Jeux*.

O Nuit, selon sa vie, à tout homme qui veille
Inspire ton horreur ou ta sérénité,
Et donne pour jamais à celui qui sommeille
Le rêve qu'il a mérité!

SULLY-PRUDHOMME, *Poésies*, A la Nuit.

Je respire sans joie le parfum des pruniers. Arrive, ô douce nuit, ô douce amie, et que ma peine s'endorme dans tes bras légers!

TCHOU-JO-SU, *Poèmes*.

Les moindres instants d'une nuit de printemps valent plus de mille pièces d'or.

SOU CHE, *Poèmes.*

NYMPHE

Si le jour fait place à la nuit,
On voit danser sous les feuillées
A la simple clarté de la lune qui luit,
Mille nymphes déshabillées
Qu'au travers des buissons le faune amoureux suit.

J.-G. SARASIN, *Œuvres.*

O

OBSESSION
OBSESSION
OBSESSION
OBSESSION

oisiveté

original

OBEISSANCE

Maintenant, voici les Lois de la Jungle, et elles sont puissantes et nombreuses ; mais la tête et le sabot de la Loi, comme les hanches et la bosse, c'est : obéissez !

R. KIPLING, *Premier Livre de la Jungle.*

On ne doit jamais donner d'ordre à une femme que lorsqu'on est bien sûr d'avance d'être obéi.

A. CAPUS, *Notes et pensées.*

OBLIGATION

Qui oblige s'oblige.

N. ROQUEPLAN, *Nouvelles à la main.*

OBSERVATION

Comme les hommes sont plus capables de distinguer le mérite des femmes, de même les femmes jugent plus sainement des hommes. Les deux sexes semblent avoir été faits pour s'observer l'un l'autre, et sont pourvus de talents différents pour cette observation mutuelle.

O. GOLDSMITH, *Le Vicaire de Wakefield.*

OBSESSION

Toujours lui ! lui partout ! Ou brûlante ou glacée,
Son image sans cesse ébranle ma pensée.

V. HUGO, *Les Orientales.*

OBTENIR

En ce monde, il n'y a que deux tragédies. L'une consiste à ne pas obtenir ce qu'on désire et l'autre à l'obtenir. Cette dernière est de beaucoup la pire — cette dernière est une réelle tragédie.

Oscar WILDE, *Phrases et Philosophies.*

OCCASION

Où le cœur est préparé au mal, l'occasion se fait rarement attendre longtemps.

Sir W. SCOTT, *Le Cœur de Midlothien.*

Chambre vide fait dame folle,
Aise de prendre fait larron,
Dame folle fait maison vide.

X...

ŒIL

Le sieur Argus avait cent yeux :
Leur secours lui fut inutile;
L'amour en voit plus avec deux
Que la jalousie avec mille.

DUMOUSTIER, *Lettres à Emilie sur la Mythologie.*

Elle a d'assez beaux yeux
Pour des yeux de province.

J.-B. GRESSET, *Le Méchant.*

Grave et serein, avec un éclair dans les yeux.

V. HUGO, *Les Orientales.*

Bleus ou noirs, tous aimés, tous beaux,
Ouverts à quelque immense aurore;
De l'autre côté des tombeaux
Les yeux qu'on ferme voient encore.

SULLY PRUDHOMME, *Stances et Poèmes.*

La flamme de ton cœur par tes yeux étincelle.

Mathurin REGNIER, *Poésies diverses.*

Tu as des diamants, des perles,
Et tout ce qu'on peut souhaiter;
Tu as les plus beaux yeux du monde,
Que veux-tu de plus, mon aimée?
. . . .
Ces beaux yeux, les plus beaux du monde,
M'ont fait endurer le martyre
Et réduit à l'extrémité —
Que veux-tu de plus, mon aimée?

H. HEINE, *Poésies.*

D'où te viennent-ils donc, mon enfant, tes yeux bleus?
C'est que lorsque l'orage a traversé le ciel,
Les éclairs qui brillaient étaient de flamme bleue;
J'ai regardé la danse, au loin, de ces feux pâles,
Et tout le firmament qui bleuissait aussi.

> Konstantin D. BALMONT (*Antho. de la poésie russe,* par J. David).

L'acheteur a besoin de cent yeux; le vendeur, d'aucun.

> G. HERBERT, *Jacula Prudentum.*

Oh! les yeux, les beaux yeux des femmes!
Que de choses nous y voyons!
C'est de la lumière des âmes
Que nous croyons faits leurs rayons.

> Edmond ROSTAND, *Les Musardises.*

Lumière de mes yeux, tu es mon regard même :
Pourtant mes yeux sont noirs des larmes de la nuit.

> HAFIZ, *Odes.*

Oh! qu'ils aient perdu leur regard.
Non, non, cela n'est pas possible!
Ils se sont tournés quelque part
Vers ce qu'on nomme l'invisible.

> SULLY PRUDHOMME, *Stances et Poèmes*

ŒUVRE

Les écrivains laissent quelquefois des œuvres posthumes
les peintres laissent presque toujours des œuvres... apocryphes...

> Léo LARGUIER, *L'Après-midi chez l'Antiquaire*

ŒUVRE D'ART

Ce qui nous impressionne dans une œuvre d'art est bien
rarement l'œuvre en elle-même, mais l'idée que les autres
s'en font, et c'est pourquoi sa valeur commerciale subit
d'énormes changements.

> G. LE BON, *Les Opinions et les Croyances*

Les œuvres d'art sont d'une infinie solitude; rien n'est pire
que la critique pour les aborder. Seul l'amour peut les
saisir, les garder, être juste envers elles.

> R. M. RILKE, *Lettres à un jeune poète*

œuvre d'art • 295

On doit être une œuvre d'art ou porter une œuvre d'art.

O. WILDE, *Phrases et Philosophies.*

Une œuvre d'art est le messager du parfum du lotus caché, la floraison invisible de l'esprit.

Ecritures sanscrites.

Une œuvre d'art n'est jamais immorale. L'obscénité commence où l'art finit.

R. POINCARE (procès de *La Chanson des Gueux,* de J. Richepin).

Une œuvre d'art n'est supérieure que si elle est, en même temps, un symbole et l'expression exacte d'une réalité.

MAUPASSANT, *La Morte.*

OFFRE

Je n'ai rien à offrir que du sang, du labeur, des larmes et de la sueur.

Sir W. CHURCHILL (Chambre des Communes, 1940).

OISEAU

Oiseaux, oiseaux, ne pleurez pas les fleurs tombées,
Les fleurs sont impuissantes quand le vent les assaille,
Si le printemps trop vite disparaît,
Est-ce la faute d'un oiseau?

(Chanson folklorique de Corée).

Vous ne savez donc pas, enfant, quel Saint Mystère,
En becquetant partout, remplit l'oiseau pieux?
Les petits sont dans l'arbre au fond du nid joyeux;
Pour vous, c'est un oiseau; mais, pour eux, c'est un père!

A. DUMAS, fils.

OISILLON

La la la
L'oisillon du bois Madame
La la la
L'oisillon du bois s'en va.

P. ATTAIGNANT, *Chansons musicales* (1530).

OISIVETE

Il ne manque cependant à l'oisiveté du sage qu'un meilleur nom, et que méditer, parler, lire et être tranquille, s'appelât travailler.

LA BRUYERE, *Les Caractères.*

L'oisiveté est le début de tous les vices, le couronnement de toutes les vertus.

Franz KAFKA, *Journal intime.*

L'oisiveté est comme la rouille; elle use plus que le travail.

FRANKLIN.

OMBRE

Assis à l'ombre d'un rocher,
J'aperçus l'ombre d'un cocher,
Qui, tenant l'ombre d'une brosse,
Nettoyait l'ombre d'un carosse.

Les frères PERRAULT, *L'Enéide travestie* (attribué à tort à Scarron).

Il y a des gens qui n'embrassent que des ombres; ceux-là ne possèdent que l'ombre du bonheur.

SHAKESPEARE, *Le Marchand de Venise.*

C'est dans l'ombre que les cœurs causent,
et l'on voit beaucoup mieux les yeux
quand on voit un peu moins les choses...

Paul GERALDY, *Toi et Moi.*

OMELETTE

Voilà bien du bruit pour une omelette au lard!

J. DES BARREAUX

OPINION

A mon âge, il ne convient pas d'avoir ma propre opinion.

A. S. GRIBOIEDOV, *Le Malheur d'avoir trop d'esprit*

Beaucoup d'hommes ont raison d'affirmer l'invariabilité de leurs opinions, mais tort de s'en vanter. C'est montre qu'ils n'ont rien appris depuis le jour où elles se sont formées. Une preuve aussi évidente d'ignorance ou d'imbécillité ne s'affiche pas.

> LE BON, *Hier et Demain.*

Incalculables sont les personnes n'ayant jamais eu d'autres opinions que celles de leur journal.

> G. LE BON, *Les Opinions et les Croyances.*

Un homme doit savoir braver l'opinion ; une femme s'y soumettre.

> Mme de STAEL, *Delphine* (épigraphe).

Rien ne contribue davantage à la sérénité de l'âme que de n'avoir aucune opinion.

> G.-C. LICHTENBERG, *Aphorismes.*

Que lui reproche-t-on ?
Ses idées politiques.
En voilà une idée !
Alors qu'il est déjà si difficile de croire aux opinions politiques des hommes politiques !

> Sacha GUITRY, *Théâtre, je t'adore.*

L'opinion est la reine du monde, parce que la sottise est la reine des sots.

> CHAMFORT, *Maximes et Pensées.*

OPPORTUNISTE

La première panacée d'une nation mal gouvernée est l'inflation monétaire ; la seconde, c'est la guerre. Toutes deux apportent une prospérité temporaire ; toutes deux apportent une ruine permanente. Mais toutes deux sont le refuge des opportunistes politiques et économiques.

> E. HEMINGWAY, *Notes sur la prochaine guerre* (Esquire, 1935).

OPPOSITION

Toute œuvre d'opposition est une œuvre négative et la négation, c'est le néant. Il ne faut pas renverser, il faut bâtir.

> GŒTHE, *Conversations,* 1825.

OPTIMISTE

Il serait injuste de passer sous silence la définition mystérieuse mais suggestive donnée, paraît-il, par une petite fille : « Un optimiste est un homme qui regarde vos yeux, un pessimiste, un homme qui regarde vos pieds. »

G. K. CHESTERTON, *Orthodoxie.*

OR

L'officier de police qui l'arrêta lui demanda : « Pourquoi avez-vous volé de l'or à la vue de tant de gens ? » « Quand j'ai pris l'or, répondit-il, je n'ai vu personne. Tout ce que j'ai vu, c'était l'or... »

LIEH TZU (cité dans *Chinese Literature,* nº 10, 1959).

Ce qui est d'or
En toutes formes reste d'or.
Rien de divin, dans ce
Qu'il est advenu de lui, ne disparaît.

SHANKARA, *Aparokshânubhûti,* 51.

Jamais surintendant ne trouva de cruelles.
L'or, même à la laideur, donne un teint de beauté.

BOILEAU, *Satires,* VIII.

ORATEUR

Il n'y a pas d'éloquence solitaire et tout orateur a deux génies, le sien et celui du siècle qui l'écoute.

LACORDAIRE.

ORDRE

Napoléon entendait que les hommes fussent des hommes et que les femmes fussent des femmes. C'est bien, il faut en convenir, l'un des principes essentiels du régime de l'Ordre.

Louis MADELIN, *La France de l'Empire.*

Une place pour chaque chose et chaque chose à sa place.

Samuel SMILES, *Frugalité.*

L'ordre est le plaisir de la raison : mais le désordre est le délice de l'imagination.

Paul CLAUDEL, *Le soulier de satin.*

ordre social ● 299

ORDRE SOCIAL (voy. révolution)

L'ordre social ne vient pas de la nature. Il est fondé sur des conventions.

J.-J. ROUSSEAU, *Contrat Social.*

ORFEVRE

Vous êtes orfèvre, monsieur Josse, et votre conseil sent son homme qui a envie de se défaire de sa marchandise.

MOLIERE, *L'Amour Médecin.*

ORGUEIL

Mon orgueil s'est coloré avec la pourpre de ma honte.

Jean GENET, *Journal du Voleur.*

Il vaut mieux être homme mécontent qu'un pourceau satisfait, être Socrate malheureux plutôt qu'un imbécile content, et si l'imbécile et le pourceau sont d'un autre avis, c'est qu'ils ne connaissent qu'un côté de la question. Les autres connaissent les deux côtés.

J. S. MILL, *Pour la Liberté.*

Voix de l'orgueil : un cri puissant, comme d'un cor,
Des étoiles de sang sur des cuirasses d'or.

P. VERLAINE, *Sagesse.*

Porté jusques aux nues,
Tous puissant dans l'empire;
Mais le sage d'en rire :
Fourmis grouillant, sans plus.

LI KONG-TSOUO, *Le Gouverneur de l'Etat tributaire du Sud.*

Que nous a procuré notre orgueil,
Et que nous a rapporté la richesse unie à l'arrogance?
Tout cela a disparu comme une ombre,
Comme une nouvelle qui court;
Comme un navire qui fend l'eau mouvante,
Sans qu'on puisse retrouver la trace de son itinéraire,
Ni le sillage de sa quille dans les flots.

ANC. TEST., *Livre de la Sagesse*, V, 8-10 (Maredsous).

ORIGINAL

Autrefois, je considérais que chaque original était un malade et un anormal, mais à présent, je considère que l'état normal d'un homme est d'être un original.

A. P. TCHEKOV, *L'oncle Vania.*

ORPHELIN

Il faut plaindre tous ceux qui n'ont pas eu de mère,
Car leur espoir est triste et leur joie est amère.

P. BOURGET, *Les Aveux.*

Oh! pourquoi donc le vent, sur moi, souffle-t-il si fort?
Est-ce parce que je suis l'enfant de personne?

P.-H. CASE, *L'Enfant de personne.*

ORTHOGRAPHE

Je mettrais l'orthographe même sous la main du bourreau.

Th. GAUTIER (cité par Baudelaire, *Journaux intimes*).

OUBLI

Et le rapide oubli, second linceul des morts,
A couvert le sentier qui menait vers ces bords.

LAMARTINE, *Harmonies poét. et relig.*

Comme vous, je suis homme et mortel, et, comme vous, il peut m'arriver d'oublier.

MAHOMET.

Vous ne m'oublierez pas, disiez-vous?
Ce n'était là que vains mots!
La lune, qui brillait cette nuit,
A présent, reparue,
Voilà tout ce qu'il en reste!

FUJIWARA NO ARIIE, *Tanka.*

J'ai rencontré un voyageur d'une terre antique
Qui disait : Deux jambes de pierre, massives et sans tronc,
Se dressent dans le désert.
(. . . . .)
Et sur le piédestal apparaissent ces mots :
« Mon nom est Ozymandias, Roi des rois;
Regardez mes œuvres, vous, Puissant, et disparaissez! »
C'est tout ce qu'il en reste.

SHELLEY, *Ozymandias d'Egypte.*

oubli • 301

Eh bien! oubliez-nous, maison, jardin, ombrages!
Herbe, use notre seuil! ronce, cache nos pas!
Chantez, oiseaux! ruisseau, coulez! croissez, feuillages!
Ceux que vous oubliez ne vous oublieront pas!

V. HUGO, *La Tristesse d'Olympio.*

Si j'avais le pouvoir d'oublier, j'oublierais. Toute mémoire humaine est chargée de chagrins et de troubles.

Ch. DICKENS, *Contes de Noël.*

L'oubli de ses propres fautes est la plus sûre des absolutions.

Konrad ADENAUER.

OUBLIEUX

Bénis soient les oublieux, car ils l'emportent même sur leurs bévues.

F.-W. NIETZSCHE, *Au-delà du Bien et du Mal.*

p

pe dre

PAR TAGE

peinture

papillon

r

PAIN

La renommée du poète est ici montrée en emblème;
Il demandait du pain et reçut une pierre.

Samuel WESLEY, *Sur le monument de Butler.*

Mangez, moi je préfère
O gloire, ton pain bis.

. . . .

Mangez, moi je préfère
Ton pain noir, liberté!

V. HUGO, *Les Châtiments.*

PAIX

L'intervalle entre deux guerres!

J. GIRAUDOUX, *Amphitryon 38.*

Si tu veux que ta paix ne soit pas altérée, crois beaucoup
en Dieu, et pas du tout aux femmes.

R. de CAMPOAMOR, *Humoresques.*

Paix sur la constellation chantante des eaux
Entrechoquée comme les épaules de la multitude
Paix dans la mer aux vagues de bonne volonté
Paix sur la dalle des naufrages
Paix sur les tambours de l'orgueil et les pupilles téné-
Et si je suis le traducteur des vagues   [breuses
Paix aussi sur moi.

V. HUIDOBRO, *Monument à la mer.*

Nous sommes une civilisation qui sait faire la guerre, mais
qui ne sait plus faire la paix.

G. FERRERO, *La fin des aventures.*

La paix universelle se réalisera un jour non parce que les
hommes deviendront meilleurs (il n'est pas permis de

l'espérer); mais parce qu'un nouvel ordre de choses, une science nouvelle, de nouvelles nécessités économiques leur imposeront l'état pacifique.

A. FRANCE, *Sur la pierre blanche*.

La paix a ses victoires
Non moins célèbres que celles de la guerre.

MILTON, *Sonnets*.

Gloire à Dieu, au plus haut des cieux, et sur terre, paix aux hommes, objets de la bienveillance (*divine*).

NOUV. TEST., *Luc*, 11, 14 (Maredsous).

De leurs épées ils forgeront des socs,
Et de leurs lances des serpes.
Une nation ne tirera plus l'épée contre une autre,
Et l'on ne s'entraînera plus à la guerre.

ANC. TEST., *Isaïe*, 11, 4 (Maredsous).

Tu m'avais dit : « Abandonne dans mes mains ta vie et tu auras la paix. » J'ai donné ma vie sans regret, mais la paix n'est pas venue.

HAFIZ, *Les Ghazels*.

PAPE

Ces deux moitiés de Dieu, le pape et l'empereur.

V. HUGO, *Hernani*.

Le pape est une idole à qui on lie les mains et dont on baise les pieds.

VOLTAIRE, *Le Sottisier*.

PAPILLON

Comme ils s'aiment les papillons!
Puissé-je après la mort renaître,
Dans la plaine, papillon!

ISSA (*haikû* cité par G. Bonneau, *La sensibilité japonaise*).

Les papillons ne sont que des fleurs envolées un jour de fête où la nature était en veine d'invention et de fécondité.

G. SAND, *Contes d'une Grand-Mère*.

Réveille-toi! réveille-toi!
Tu deviendras mon ami,
O, petit papillon endormi.

BASHO, *Haïkaï*.

PARADIS

Un livre de vers sous la ramée,
Un pichet de vin, une miche de pain... et toi
A mes côtés chantant dans la solitude...
Et la solitude est à présent le paradis!

O. KHAYYAM, *Rubaiyat*.

Le séjour de la félicité sera le partage des hommes
vertueux.
Il sera planté d'arbres et de vignes.
Des filles célestes au sein arrondi et palpitant en feront
l'ornement.

MAHOMET, *Koran*, LXXVIII.

PARDON

Bonne nature et bon sens doivent toujours se rejoindre;
L'erreur est humaine; le pardon, divin.

A. POPE, *Essai sur la critique*.

Pardonnez! Combien diront « Pardonnez » et trouveront
Une sorte d'absolution dans le son
Pour haïr un peu plus longtemps.

TENNYSON, *Rêves maritimes*.

Il fait bon s'endormir sur un sourire de pardon; chaque
pensée s'épanouit en une tige d'argent irréelle.
Et la main de celui qui plante les âmes caresse,
compatissante, toute la nuit, chaque battement du cœur.

Mme Desanka MAKSIMOVIC, *Poèmes ;* Prières du soir.

On pardonne à un être sur quelques minutes, comme à un
livre sur quelques phrases.

Jean ROSTAND.

Comprendre, c'est pardonner.

Mme de STAEL, *Corinne*.

parents • 307

PARENTS

Les enfants commencent par aimer leurs parents ; quand ils sont grands, ils les jugent ; parfois, il leur pardonnent.

O. WILDE, *Le Portrait de Dorian Gray*.

Honore ton père et ta mère, afin que tes jours se prolongent dans le pays que l'Eternel, ton Dieu, te donne.

ANC. TEST., *Exode*, XX, 12 (Segond).

Il est bien malheureux que les hommes et les femmes oublient qu'ils ont été des enfants. Les parents sont capables d'être des étrangers pour leurs fils et leurs filles.

G.-W. CURTIS, *Prue et moi*.

PARESSE

Ah ! qu'il est doux
De ne rien faire
Quand tout s'agite autour de nous.

J. BARBIER et M. CARRE, *Galatée*.

Ainsi la paresse est mère. Elle a un fils, le vol, et une fille, la faim.

V. HUGO, *Les Misérables*.

PARESSEUX

Paresseux, jusques à quand seras-tu couché ?
Quand te lèveras-tu de ton sommeil ?
Un peu de sommeil, un peu d'assoupissement,
Un peu croiser les mains pour dormir !...
Et la pauvreté te surprendra, comme un rôdeur
Et la disette, comme un homme en armes.

ANC. TEST., *Prov.* VI, 9-11 (Segond).

Tu dis qu'Oronte ne fait rien,
Tu devrais dire le contraire ;
Il dort, il boit, il mange bien,
Il jure, il joue, il perd son bien ;
Mentor, est-ce là ne rien faire ?

A.-L. LE BRUN, *Odes et Epigrammes*.

Quant à son temps, bien le sut dispenser :
Deux parts en fit, dont il voulait passer
L'une à dormir et l'autre à ne rien faire.

LA FONTAINE, *Poésies diverses ; Epitaphe d'un paresseux*.

PARFUM (voy. pensée)

Donne au vent un bouquet cueilli sur ton visage en fleurs,
Et je respirerai l'odeur des sentiers que tu foules.

HAFIZ, *Odes.*

La senteur des fleurs, ou du santal, ou de l'encens, ou du
jasmin ne remonte pas le vent; mais le parfum de la sagesse
remonte le vent. Dans toutes les directions, l'homme sage
répand le parfum de sa vertu.

(BOUDDHA), *Le Dhammapada.*

Impossible de dormir cette nuit.
Par la fenêtre entrouverte,
Pénètre le parfum des pruniers.

OTSOUYOU, *Haïkaï.*

PARI (DE PASCAL) (voy. Dieu)

PARIS (voy. épigramme)

Si le roi m'avait donné
Paris, sa grand'ville,
Et qu'il me fallût quitter
L'amour de ma mie,
Je dirais au roi Henri :
Reprenez votre Paris;
J'aime mieux ma mie, au gué!
J'aime mieux ma mie. (1)

MOLIERE, *Le Misanthrope.*

Mais Paris guérit tout et les absents ont tort.

J.-B. GRESSET, *Le Méchant.*

On ne vit qu'à Paris, et l'on végète ailleurs.

J.-B. GRESSET, *Le Méchant.*

Il y a entre Londres et Paris cette différence que Paris
est fait pour l'étranger et Londres pour l'Anglais.
L'Angleterre a bâti Londres pour son propre usage; la
France a bâti Paris pour le monde entier.

R.-W. EMERSON.

---

(1) Cette vieille chanson aurait été composée par Antoine de Navarre, duc de
Vendôme.

L'homme sensuel moyen dont la patrie est la France et la
ville Paris, et dont l'idéal est la vie libre, gaie, plaisante de
Paris...

Matthew ARNOLD, *Essais mélangés.*

La Côte (d'Azur) est la serre où poussent les racines.
Paris est la boutique où l'on vend les fleurs.

J. COCTEAU.

Quand Paris est souffrant, tout le monde a mal à la tête.

V. HUGO.

Il y a des lieux où il faut appeler Paris, Paris, et d'autres
où il la faut appeler capitale du royaume.

PASCAL, *Pensées.*

...la ville où sont infuses
La discipline et la gloire des Muses.

RONSARD.

J'ai deux amours : mon pays et Paris.

Joséphine BAKER.

PARISIENNES

Prince, aux dames parisiennes
De bien parler donnez le prix;
Quoi qu'on dise d'Italiennes,
Il n'est bon bec que de Paris.

Fr. VILLON, *Le Grand Testament.*

Les Parisiennes s'habillent si bien ou du moins, elles en ont
tellement la réputation, qu'elles servent, en cela comme en
tout, de modèle au reste du monde.

J.-J. ROUSSEAU.

PARLER (voy. silence)

Il y a des gens qui parlent, qui parlent — jusqu'à ce qu'ils
aient enfin trouvé quelque chose à dire.

Sacha GUITRY (cité par F. Choisel, *Sacha Guitry intime*).

On reproche aux gens de parler d'eux-mêmes. C'est
pourtant le sujet qu'ils traitent le mieux.

A. FRANCE, *La Vie litt. ; Journal des Goncourt.*

Le parler que j'aime, c'est un parler simple et naïf, et tel sur le papier qu'à la bouche, un parler succulent et nerveux, court et serré.

MONTAIGNE, *Essais.*

Bien parler est nécessaire, aussi nécessaire que d'avoir les ongles nets.

Marcel PREVOST, *Les Bavardages de Françoise.*

Si quelqu'un parle et agit avec un mauvais esprit, la souffrance le suit comme le char suit le cheval de trait. Si quelqu'un parle et agit avec un bon esprit, le bonheur le suit aussi sûrement que son ombre inséparable.

Le Dhammapada ou Sentier de la Doctrine, 1-2.

Parlez-nous de lui, grand-mère,
Parlez-nous de lui.

BERANGER, *Les Souvenirs du Peuple.*

Que l'homme parle est un fait dû à la nature; mais qu'il parle de telle ou telle façon, la nature s'en remet ensuite à vous, selon votre plaisir.

DANTE, *La Divine Comédie ; Le Paradis.*

Qu'on parle de vous, c'est affreux. Mais il y a une chose pire : c'est qu'on n'en parle pas.

Oscar WILDE, *Phrases et Philosophies.*

Il est plus aisé de ne point dire un mot que de dire plus de mots qu'il ne convient.

Thomas a KEMPIS, *Imitation du Christ.*

Si tu ne parles pas, je remplirai mon cœur de ton silence et je le subirai.
Tranquille, je t'attendrai comme la nuit en sa vigile étoilée, la tête courbée et en patience.

Rabindranath TAGORE, *Poèmes.*

Savez-vous pas que je suis femme? Quand je pense, il faut que je parle.

SHAKESPEARE, *Comme il vous plaira.*

parler • 311

Conversation et éloquence ne sont guère synonymes ; parler et bien parler sont deux choses.

Ben JONSON, *Découvertes.*

Il ne suffit pas de parler, il faut parler juste.

SHAKESPEARE, *Le songe d'une nuit d'été.*

As-tu vu un homme pressé de parler,
Il y a plus à espérer d'un sot que de lui.

ANC. TEST., *Proverbes*, XXIX, 20 (Maredsous).

Puissé-je parler aimablement et doucement à quiconque j'ai la chance de rencontrer.

(Inscription dans le Temple de Nakhom Vat).

Un langage offensant est pénible, même à la brute.

Suttavaddhananîti.

Un Français doit toujours parler, qu'il soit au courant de ce dont il parle ou non ; un Anglais est content de ne rien dire quand il n'a rien à dire.

Samuel JOHNSON, (cité par Boswell, *La vie du Dr Johnson*).

En vérité, seules les jolies femmes peuvent parler d'elles pendant une heure. Elles le font de si bonne grâce, dans leurs yeux brillent de si exquises flammes, leur bouche s'entrouvre de façon si engageante, leur rire souligne si heureusement les bons endroits, que leur cause est gagnée d'avance.

Marcel ACHARD, dans *Les Annales*, 1953.

PAROLE (voy. pensée)

L'abondance de paroles inutiles est un symptôme certain d'infériorité mentale.

G. LE BON, *Hier et Demain.*

Tous les discours sont des sottises,
Partant d'un homme sans éclat ;
Ce serait paroles exquises
Si c'était un grand qui parlât.

MOLIERE, *Amphitrion.*

Veuillent les immortels, conducteurs de ma langue,
Que je ne dise rien qui doive être repris.

LA FONTAINE, *Le Paysan du Danube.*

La parole a été donnée à l'homme pour déguiser sa pensée.

E. YOUNG, *Amour de la Renommée,* attribué à Talleyrand, Fouché et Harel).

C'est aux paroles à servir et à suivre, et que le gascon y arrive, si le français n'y peut aller.

MONTAIGNE, *Essais,* I.

Il faut être ignorant comme un maître d'école
Pour se flatter de dire une seule parole
Que personne ici-bas n'ait pu dire avant nous.

A. de MUSSET, *Namouna.*

Telle une fleur riche en couleurs, mais dépourvue de parfum, sont les belles paroles de celui qui n'agit pas en conséquence.

Dhammapada, verset 51.

Dix mesures de paroles sont descendues en ce monde; les femmes en prirent neuf et les hommes une.

Le TALMUD, *Kiddouchin.*

Prends la parole dans deux circonstances : ou quand il s'agit de choses que tu sais parfaitement, ou quand la nécessité l'exige.

ISOCRATE.

Je ne crois pas, ô Christ, à ta parole sainte.
Je suis venu trop tard dans un monde trop vieux.

A. de MUSSET, *Rolla.*

Alors, tes paroles s'envolent en chansons, de tous les nids de mes oiseaux, et tes mélodies s'épanouiront en fleurs dans tous les bosquets de ma forêt.

Radindranath TAGORE, *Poèmes.*

PARTAGE

Si tu vois les autres se lamenter, joins-toi à leurs lamentations; si tu entends les autres se réjouir, joins-toi à leur joie.

Jitsu-go-kiyô.

partage • 313

Mon fils, raconte-moi ta peine, afin qu'elle puisse devenir plus supportable en la partageant.

Nâgânanda, V.

PARTI

Je me méfie des partis; ils deviennent facilement des partis-pris.

Charles de MAZADE.

Le parti est la folie de beaucoup au bénéfice de quelques-uns.

A. POPE, *Pensées sur des sujets variés.*

PAS (voy. but)

Il n'y a que le premier pas qui coûte.

Mme du DEFFAND, *Lettre à d'Alembert*, (1763).

PASSE

Le passé ne nous fascine pas dans la mesure où il ressemble à notre temps; ce qui nous fascine, ce sont les formes que l'homme a prises sur la terre, et à travers lesquelles nous tentons de le connaître.

A. MALRAUX, *Musée Imaginaire de la Sculpture Mondiale* (Introduction).

Le seul charme du passé, c'est qu'il est le passé.

O. WILDE, *Le portrait de Dorian Gray.*

Tout cela est passé, passé, passé :
Des jours le périple est parachevé.
Quel est le mensonge ou quelle est la force,
O passé, qui peut te faire renaître?

Alexandre A. BLOK, (*Antho. de la poésie russe*, par J. David).

Le passé se nourrit des minutes présentes.

Sacha GUITRY.

Ceux qui ne peuvent se rappeler le passé sont condamnés à le répéter.

SANTAYANA, *Vie de Raison.*

Le ciel lui-même n'a pas de puissance sur le passé.

DRYDEN, *Imitations d'Horace.*

Ce qui est le plus ennuyeux dans le passé de quelqu'un, c'est que les autres ne l'oublient pas si vite.

O.-A. BATTISTA (cité dans le *Digeste Catho.*).

Le carrosse du passé ne vous conduit nulle part.

M. GORKI, *Les Bas-Fonds.*

Il serait totalement fallacieux — et, partant, nombreux sont ceux qui le prétendent — de croire qu'il est possible d'équilibrer le présent et de préparer l'avenir sans se souvenir du passé. Nous en souvenir est, au contraire, notre richesse et notre privilège.

A. BURNET, *Le Soir*, 10-1-1976.

PASSE-AVENIR

Ne soyez pas sentimentaux à l'égard du passé et n'ayez pas une vision trop enthousiaste de l'avenir. Scrutez, analysez, dégagez le réel et l'actuel.

MAO DUN.

Il faut laisser le passé dans l'oubli et l'avenir à la Providence.

BOSSUET.

PASSION

Il est difficile de vaincre ses passions, et impossible de les satisfaire.

Mme de la SABLIERE.

Lorsque la passion est réellement forte,
Il n'est digue ni mur que son courant n'emporte.

Emile AUGIER, *Gabrielle.*

Rien de grand ne s'est accompli dans le monde sans passion.

HEGEL, *Introd. à la Philo. de l'Histoire.*

Dans sa première passion, la femme aime son amant;
Dans toutes les autres, tout ce qu'elle aime, c'est l'amour.

Lord BYRON, *Don Juan*, (Chant III).

Il en est de nos passions comme du feu et de l'eau;
ce sont de bons serviteurs, mais de mauvais maîtres.

Sir Roger L'ESTRANGE, *Esope.*

passion • **315**

Donnez-moi cet homme
Qui n'est point l'esclave de la passion, et je le porterai
Au fond de mon cœur, oui, dans le cœur de mon cœur.

SHAKESPEARE, *Hamlet.*

PASTEUR

Je suis le bon pasteur. Le bon pasteur expose sa vie pour
ses brebis... Je connais mes brebis et mes brebis me
connaissent.

NOUV. TEST., *Jean*, X, 11 et 14 (Maredsous).

PATIENCE

C'est avec les fils
Du saule pleureur, qui, contre le vent,
Ne discutent pas,
Qu'il faut coudre
Le sac de patience.

Katsubé MAGAO, *Poèmes.*

La patience est l'art d'espérer.

VAUVENARGUES, *Réflexions et Maximes.*

Rien ne fait plus d'honneur à une femme que sa patience,
et rien ne lui en fait aussi peu que la patience de son mari.

JOUBERT, *Pensées.*

Combien pauvres sont ceux qui n'ont point de patience.

SHAKESPEARE, *Othello.*

La patience est le devoir,
La patience est la vérité,
La patience est le Véda des ascètes,
Et les mondes les plus élevés sont réservés à ceux dont la
patience a toujours surmonté la colère.

Loi de Manon.

PATRIE (voy. roi)

Si l'art n'a pas de patrie, les artistes en ont une.

C. SAINT-SAENS (attribué à Pasteur).

Ma patrie est partout où rayonne la France,
Où son génie éclate aux regards éblouis!
Chacun est du climat de son intelligence;

Je suis concitoyen de toute âme qui pense :
La vérité, c'est mon pays.

LAMARTINE, *Poésies diverses.*

A tous les cœurs bien nés, que la patrie est chère!

H. HEINE, *Germania.*

Aux grands hommes, la Patrie reconnaissante.

(Dédicace au fronton du Panthéon, Paris).

La première des vertus est le dévouement à la patrie.

NAPOLÉON Ier.

Amour sacré de la patrie
Rends-nous l'audace et la fierté.
C'est à toi que je dois la vie,
La vie et la liberté.

SCRIBE et DELAVIGNE, *La Muette de Portici* (Duo).

Pour la patrie, les enfants, la terre et le foyer.

SALLUSTE, *Catilina.*

PATRIOTISME

On ne peut être patriote en ayant l'estomac vide.

W.-C. BRANN, *L'Iconoclaste.*

Le patriotisme est la plus puissante manifestation de l'âme d'une race. Il représente un instinct de conservation collectif qui, en cas de péril national, se substitue immédiatement à l'instinct de conservation individuelle.

G. LE BON, *Hier et Demain.*

Le patriotisme est la source du sacrifice, par cette seule raison qu'il ne compte sur aucune reconnaissance quand il fait son devoir.

L. KOSSUTH, *Souvenirs et écrits de mon exil ;* Avant-Propos.

PAUVRE

Il y a deux espèces de pauvres, ceux qui sont pauvres ensemble et ceux qui le sont tout seuls. Les premiers sont les vrais, les autres sont des riches qui n'ont pas eu de chance.

J.-P. SARTRE, *Le Diable et le Bon Dieu.*

pauvreté • 317

PAUVRETE (voy. misère)

L'enfant était malade dès sa naissance, frappé d'une maladie héréditaire dont seulement peuvent se débarrasser les hommes les plus vitaux; je veux dire la pauvreté, la plus mortelle et la plus impérieuse des maladies.

Eugène O'NEILL, *Brouillard.*

La pauvreté est une compagne ardente et redoutable; elle est la plus vieille noblesse du monde. Bien peu sont dignes d'elle.

A. SUARES, *Péguy.*

Grands hommes inconnus! la froide pauvreté
Dans vos âmes glaça le torrent du génie;

GRAY, *Elégie écrite dans un cimetière de campagne.*

Pique, pique, pique!
Dans la pauvreté, la faim et la boue;
Et pourtant d'une voix à l'accent douloureux,
Puisse cet air atteindre le riche,
Elle chantait le *Chant de la Chemise!*

Th. HOOD, *Le Chant de la Chemise.*

Il existe seulement deux familles dans le monde : ceux qui possèdent et ceux qui ne possèdent pas.

CERVANTES, *Don Quichotte.*

A sa place, ils iraient aussi chez le marchand de vins, car un ventre de misérable a plus besoin d'illusion que de pain.

Georges BERNANOS, *Journal d'un curé de campagne.*

PAYS (voy. aïeux, Paris)

Mon pays est le monde, et ma religion est de faire le bien.

Thomas PAINE, *Droits de l'homme.*

Vous pouvez arracher l'homme du pays, mais vous ne pouvez pas arracher le pays du cœur de l'homme.

J. DOS PASSOS, *Bilan d'une nation.*

PAYSAGE

J'ai pour voisin et compagnon
Un vaste et puissant paysage

Qui change et luit comme un visage
Devant le seuil de ma maison.

E. VERHAEREN, *Les Flammes hautes.*

PECHE (voy. chair, curiosité, luxure, pénitence)

Ceux qui ont le péché dans le cœur, mais la parole
séduisante, ressemblent à la cruche enduite de nectar, mais
pleine de poison.

Lalita Vistara, XII.

Le péché, c'est comme la vertu; il ne faut pas en abuser.

Anonyme.

Je pleure mes péchés et ceux que j'ai commis
Et ceux que j'eusse aimé commettre.

F. MAURIAC, *Délectation, Orages.*

De quoi vivrait l'Eglise, si ce n'est du péché de ses
fidèles?

A. HITLER.

La religion chrétienne est essentiellement la religion de la
volupté. Le péché est le grand attrait qui suscite l'amour
de la divinité. Plus on se sent pécheur, plus on est chrétien.
Le but du péché et de l'amour, c'est l'union inconditionnée
avec le divin.

NOVALIS, *Fragments inédits.*

Il existe des péchés dont le souvenir, plus que l'accomplissement, fait le charme; d'étranges triomphes qui flattent
l'orgueil plus encore que la passion.

O. WILDE, *Le portrait de Dorian Gray.*

Je hais le péché, mais j'aime le pécheur.

T.-B. READ, *Ce qu'un mot peut faire.*

Tout ce qu'on ne fait pas par conviction est péché.

NOUV. TEST., *Romains*, XIV, 3 (Oltramare).

Que celui de vous qui est sans péché lui jette le premier la
pierre.

NOUV. TEST., *Jean*, VIII, 7 (Maredsous).

pêche • 319

Les péchés que vous faites deux à deux, vous devez les payer un à un.

R. KIPLING, *Tomlinson*.

Il n'y a pas d'homme juste sur la terre qui fasse le bien sans jamais pécher.

ANC. TEST., *Ecclésiaste*, VII, 20 (Maredsous).

PECHEUR (voy. saint)

PEDANT

Ainsi, sur chaque auteur, il trouve de quoi mordre;
L'un n'a point de raison, et l'autre n'a point d'ordre;
L'un avorte avant temps les œuvres qu'il conçoit.

M. REGNIER, *Satires*.

PEINE (voy. amour)

PEINTRE

Et moi aussi, je suis peintre!

Le CORREGE, devant une peinture de Raphaël.

Le grand peintre, comme le grand auteur, personnifie *ce qu'il est possible* à l'homme, il est vrai, mais *ce qu'il n'est pas commun* à l'humanité.

BULWER-LYTTON, *Zanoni*.

PEINTURE (voy. critique)

La peinture n'est pour moi qu'un moyen d'oublier la vie. Un cri dans la nuit. Un sanglot raté. Un rire qui s'étrangle.

Georges ROUAULT.

Etudie et dessine des bambous pendant dix ans, deviens un bambou toi-même, puis oublie tout au sujet de ces copies quand tu te mettras à les peindre.

(Précepte Zen).

La peinture est une poésie qui se voit au lieu de se sentir et la poésie est une peinture qui se sent au lieu de se voir.

Léonard de VINCI, *Traité de la peinture*.

La peinture abstraite fait très souvent braire les ânes, se pâmer les poules et bâiller les singes.

Me R. FLORIOT.

PENSEE

Les grandes pensées viennent du cœur.

VAUVENARGUES, *Réflexions et Maximes.*

C'est aux pensées à nourrir les paroles, aux paroles à vêtir les pensées.

(Maxime orientale).

N'employez aucun parfum si ce n'est le charme des pensées.

(Maxime bouddhiste siamoise).

L'homme digne d'être écouté est celui qui ne se sert de la parole que pour la pensée, et de la pensée que pour dire la vérité et la vertu.

FENELON, *Lettre à (M. Dacier) l'Académie,* IV.

Je pense : ma pensée atteste plus un dieu
Que tout le firmament et ses globes de feu.

ECOUCHARD-LEBRUN, *Epoques de la nature.*

La pensée qui est parvenue à la véritable profondeur est humble. Sa seule préoccupation est que la flamme qu'elle entretient brûle du feu le plus ardent et le plus pur, et non de savoir jusqu'où pénètre sa vérité.

Albert SCHWEITZER, *Les Grands penseurs de l'Inde.*

La pensée n'est qu'un éclair au milieu de la nuit. Mais c'est cet éclair qui est tout.

Henri POINCARE, *La valeur de la science.*

Il n'est nul si beau passe-temps
Que se jouer à sa pensée..

CHARLES D'ORLEANS.

PENSER

Penser est, pour un grand nombre de femmes, un accident heureux plutôt qu'un état permanent.

Daniel STERN.

penser ● 321

Ne vous tracassez pas de ce que les gens pensent de vous,
car ils ne pensent pas à vous et se demandent seulement ce
que vous pensez d'eux.

The Reader's Digest.

Honni soit qui mal y pense!

EDOUARD III (devise de l'Ordre de la Jarretière).

Hélas! Ne plus apprendre! penser!

ALAIN-FOURNIER.

Pense avant de parler et pèse avant d'agir.

SHAKESPEARE, *Hamlet.*

Je ne me suis proposé rien d'autre que de savoir ce que je
disais quand je parlais comme tout le monde, je veux
dire comme tous penseraient s'ils se mettaient à penser.
Car on dit bien des choses qu'on ne pense nullement, et
chacun commence par là.

ALAIN, *Propos d'un Normand* (t. IV).

Je suppose que vous pensez rarement. Il y a très peu de gens
qui pensent plus de trois ou quatre fois par an. Moi qui
vous parle, je dois ma célébrité à ce que je pense une ou
deux fois par semaine.

G.-B. SHAW (Début d'une allocution).

Rien n'est en soi bon ni mauvais; tout dépend de ce qu'on
en pense.

SHAKESPEARE, *Hamlet.*

PERDRE

Quand on a tout perdu, quand on n'a plus d'espoir,
La vie est un opprobre, et la mort un devoir.

VOLTAIRE, *Mérope.*

PERE

Où donc un enfant dormirait-il avec plus de sécurité que
dans la chambre de son père?

NOVALIS, *Journal intime.*

Un père vaut plus qu'une centaine de maîtres d'école.

G. HERBERT, *Jacula Prudentum.*

PERFECTION (voy. amélioration, biographie, développement)

La véritable perfection d'un homme réside, non dans ce qu'il a, mais dans ce qu'il est.

O. WILDE, *Phrases et Philosophies.*

Il est bon de suivre sa pente, pourvu que ce soit en montant.

A. GIDE, *Les Faux Monnayeurs.*

PERIL

Ce n'est rien d'entreprendre une chose dangereuse, mais d'échapper au péril en la menant à bien.

BEAUMARCHAIS, *Le Mariage de Figaro.*

PERRUQUE

Faites des perruques, maître André, faites des perruques, des perruques, des perruques.

VOLTAIRE (à un perruquier-auteur).

PERSECUTION (voy. vérité)

PERSEVERANCE

C'est une leçon que vous devriez observer :
Essayez, essayez, essayez encore.
Si, tout d'abord, vous ne réussissez pas,
Essayez, essayez, essayez encore.

W.-E. HICKSON, *Essayer et essayez encore.*

Persévérez, et tenez-vous toujours ferme à l'heure présente. Chaque moment, chaque seconde est d'une valeur infinie, car elle est le représentant d'une éternité tout entière.

GŒTHE, *Conversations,* 1823.

Un ver lui-même, bien qu'ayant été foulé aux pieds, continuera de ramper.

CERVANTES, *Don Quichotte.*

personnalité • 323

PERSONNALITE

Après tout, c'est le développement de la personnalité humaine qui est le but suprême de la civilisation.

Dr Alexis CARREL, *L'Homme, cet inconnu.*

La personnalité est à l'homme ce que le parfum est à la fleur.

C.-M. SCHWAB, *Les Dix Commandements du Succès.*

PERSONNE

Quatre sortes de personnes dans le monde : les amoureux, les ambitieux, les observateurs et les imbéciles. Les plus heureux sont les imbéciles.

H. TAINE, *Vie et opinions de Th. Graindorge.*

PERSUASION

L'affirmation, la répétition, le prestige et la contagion constituent les grands facteurs de la persuasion, mais leurs effets dépendent de celui qui les emploie.

G. LE BON, *Hier et Demain.*

PESSIMISME (voy. optimiste)

Si un jour votre cœur allait être mordu par le pessimisme et rongé par le cynisme, puisse Dieu avoir pitié de votre âme de vieillard.

Général MAC ARTHUR.

Pessimisme, signe d'impuissance : on est pessimiste parce qu'on se sent incapable de dominer la vie.

A. MARBEAU, *Pensées.*

PEUPLE

Il est à propos que le peuple soit guidé et non pas qu'il soit instruit.

VOLTAIRE, *Lettre à Damilaville* (1766).

Ah! peuple mobile qui cède au moindre vent. Malheur à celui qui s'appuie sur ce roseau!

SCHILLER, *Marie Stuart.*

C'est une chose connue, et la sainte Ecriture le dit, que la voix du peuple est la voix de Dieu. Il est impossible d'imaginer rien de plus sensé que ce qu'à imaginé le peuple.

N. GOGOL, *Tarass Boulba.*

Un peuple qui vit travaille pour son avenir.

(Gravé sur un monument de l'ancien Zuidersée).

Le peuple n'aime ni le vrai ni le simple : il aime le roman et le charlatan.

E. et J. de GONCOURT, *Journal.*

Qui pourrait souhaiter de régner sur un peuple inconscient, orgueilleux et frivole, aussi vain que la feuille emportée par le courant, aussi variable qu'un rêve trompeur, aussi volage, aussi capricieux qu'une femme, aussi cruel que l'insensé dont le sang est enflammé par la fièvre ? O toi, monstre à têtes innombrables ? qui peut désirer d'être ton roi ?

Sir Walter SCOTT, *La Dame du lac,* chant V.

La voix du peuple, la voix de Dieu.

ALCUIN, *Epître à Charlemagne.*

Le peuple ? Un âne qui se cabre !

V. HUGO, *Les Châtiments.*

PEUPLES ET NATIONS

L'indépendance du gouvernement et les droits politiques font les peuples; la langue et l'origine commune font les nations.

SISMONDI (lettre à la comtesse d'Albany, 1814).

PEUR

C'est de ta peur que j'ai peur.

SHAKESPEARE, *Roméo et Juliette.*

Je n'ai pas d'autre ennemi à craindre que la peur.

F.-L. KNOWLES, *La Peur.*

PHILANTHROPIE

La charité est une vertu agissante. La philanthropie n'est souvent qu'une attitude électorale.

F. van den BOSCH, *Aphorismes du temps présent.*

philatéliste • 325

PHILATELISTE (voy. société)

PHILOSOPHE

Etre philosophe, ce n'est pas écrire, c'est vivre.

F. TIMMERMANS, *Pallieter.*

Car jamais il n'y eut philosophe
Qui, patiemment, pût endurer mal de dent.

SHAKESPEARE, *Beaucoup de bruit pour rien*, V, I.

PHILOSOPHIE (voy. érudition)

L'art de trouver de mauvaises raisons à ce que l'on croit
en vertu d'autres mauvaises raisons, — c'est cela la philosophie.

A. HUXLEY, *Le meilleur des mondes.*

Peu de philosophie mène à mépriser l'érudition ; beaucoup
de philosophie mène à l'estimer.

CHAMFORT, *Maximes et Pensées.*

Se moquer de la philosophie, c'est vraiment philosopher.

PASCAL, *Pensées.*

Il vrai qu'un peu de philosophie incline l'esprit de l'homme
à l'athéisme, mais une philosophie profonde amène les
esprits des hommes à la religion.

Sir F. BACON, *Essai sur l'Athéisme.*

Rends légère la barque de la vie et munis-la des seules
choses dont tu aies besoin : un intérieur et des plaisirs
simples, un ou deux amis dignes de ce nom, quelqu'un
qui t'aime et que tu aimes — un chat, un chien, une pipe
ou deux — prends assez de provisions pour te nourrir et
te vêtir, un peu plus que le nécessaire pour te désaltérer, la
soif étant une chose terrible.

Jérôme K. JEROME, *Trois hommes dans un bateau.*

La philosophie, ainsi que la médecine, a beaucoup de
drogues, très peu de bons remèdes et presque point de
spécifiques.

CHAMFORT, *Maximes et Pensées.*

Tiens! tiens! Cette neige rose, comme dans les jardins où
se promènent les Immortels...

Merci, petits oiseaux turbulents! Je n'aurai pas beaucoup
de pêches, mais sur quel beau tapis je m'étendrai tout à
l'heure!

KHENG-TSIN, *Poèmes.*

Il y a plus de choses dans le ciel et la terre, Horatio,
Qu'il est rêvé dans votre philosophie.

SHAKESPEARE, *Hamlet.*

PITIE

La pitié, c'est le côté par où une œuvre s'ouvre aux hommes
sur l'infini. Je suis entré dans ma geôle avec un cœur de
pierre. Mon cœur s'y est brisé, et je sais maintenant que la
pitié est ce qu'il y a de plus beau au monde.

Oscar WILDE à André Gide (vers 1900).

La pitié, plus que tout autre sentiment, est une émotion
cultivée; c'est un enfant qui en aura le moins. La pitié
provient de la mémoire de l'homme, des dépôts successifs
de l'expérience, de l'angoisse et de la douleur de la vie.

T. WOLFE, *La toile et le roc.*

Puisqu'aujourd'hui, Seigneur, je suis en ton pouvoir, aie
pitié de moi. Demain, quand je ne serai plus qu'un peu
d'argile, où trouverai-je, pour t'attendrir, les larmes du
pénitent?

HAFIZ, *Les Ghazels.*

Toute passion meurt, tout amour s'épuise, mais la pitié
survit à tout. Rien ne parvient à l'user. La vie la nourrit
sans cesse.

Gr. GREENE, *Le fond du problème.*

La pitié sans orgueil n'appartient qu'à la femme.

I. TOURGUENIEV, *Etranges histoires.*

PLACE

On pense à moi pour une place, mais par malheur j'y étais
propre; il fallait un calculateur, ce fut un danseur qui
l'obtint.

BEAUMARCHAIS, *Le Mariage de Figaro.*

PLAIRE

Je voudrais bien savoir si la grande règle de toutes les règles n'est pas de plaire, et si une pièce de théâtre qui a attrapé son but n'a pas suivi un bon chemin.

MOLIERE, *Le Critique de l'Ecole des Femmes*.

Le désir de plaire naît chez les femmes avant le besoin d'aimer.

Ninon de LENCLOS.

Il n'est point de serpent ni de monstre odieux
Qui, par l'art imité, ne puisse plaire aux yeux.

BOILEAU, *L'Art Poétique*.

L'art de plaire est l'art de tromper.

VAUVENARGUES.

PLAISANTERIE (voy. conversation)

PLAISIR (voy. bonheur, confort)

Le plaisir le plus délicat est de faire celui d'autrui.

LA BRUYERE, *Les Caractères*.

L'homme est né pour le plaisir : il le sent, il n'en faut point d'autre preuve.

PASCAL, *Discours sur les Passions de l'Amour*.

Le plaisir est le bonheur des fous. Le bonheur est le plaisir des sages.

BARBEY D'AUREVILLY.

Le plaisir de l'ouvrier buvant et vociférant au cabaret diffère sensiblement de celui de l'artiste, du savant, de l'inventeur, du poète composant leurs œuvres. Le plaisir de Newton, découvrant les lois de la gravitation, fut sans doute plus vif que s'il avait hérité des nombreuses femmes du roi Salomon.

G. LE BON, *Les Opinions et les Croyances*.

Le plaisir est, tout compte fait, un guide plus sûr que le droit et le devoir. Car, si difficile que cela soit de distinguer ce qui nous donne du plaisir, le droit et le devoir sont souvent encore plus difficiles à distinguer et si nous nous trompons en ce qui les concerne, ils nous mettront dans un aussi grand embarras que nous y aurait mis une conception erronée de notre plaisir.

S. BUTLER, *Ainsi va toute chair* (Tr. V. Larbaud).

Les plaisirs de l'amour sont selon moi les seuls vrais plaisirs de la vie corporelle.

MONTAIGNE, *Essais*.

Plaisir léger, volage, fugitif qu'accompagnent mille tourments, à travers l'éclat trompeur dont tu nous éblouis, tu caches des maux cruels, et ta riche et brillante parure couvre des monstres hideux.

Laurent de MEDICIS, *Sursum*.

Enivrez-vous de plaisirs; vous en jouirez peu, parce que vous êtes livrés à l'iniquité.

MAHOMET, *Le Koran*, LXXVIII.

PLEUR (voy. pluie)

Ah ! qui versa des pleurs tremble d'en voir couler ;
Et plus on a souffert, mieux on sait consoler !

P. de BELLOY, *Gaston et Bayard*.

Il faut pleurer les hommes à leur naissance, et non pas à leur mort.

MONTESQUIEU, *Lettres persanes*.

PLUIE

Dans le deuil, dans le noir et le vide des rues
La pluie; elle s'égoutte à travers nos remords
Comme les pleurs muets des choses disparues,
Comme les pleurs tombant de l'œil fermé des morts,
Dans le deuil, dans le noir et le vide des rues!

G. RODENBACH, *Le Règne du Silence ; Paysages de ville*.

Tombe doucement
O toi, pluie de printemps!
Et n'éparpille pas
Les fleurs des cerisiers
Avant que je ne les aie vues.

(Poème anonyme japonais cité dans le *Man'yoshu ;*
VIIIe siècle.

Au crépuscule doré, la pluie avait encore tracé ses fils de soie.

SOU CHE, *Poèmes*.

Voici venir la longue pluie
Qui naquit aux bords de l'automne
Lorsque l'été des vieilles femmes
Mourait parmi ses chasselas.

Pierre SEGHERS, *Le cœur-volant*.

POEME

Aucune race ne peut prospérer si elle n'apprend qu'il y a autant de dignité à cultiver un champ qu'à composer un poème.

B.-T. WASHINGTON, *Hors de l'esclavage*.

Un poème jamais ne valut un dîner.

J. BERCHOUX, *La Gastronomie*.

Jupiter meurt et l'hymne du poète reste.

G. CARDUCCI, *Œuvres poétiques*.

POESIE (voy. chant, peinture, terre)

Le temps a beau aller ses étapes, les choses passer, les joies et les tristesses croiser leurs routes; quand le rythme est là, comment la Poésie pourrait-elle périr?

Ki no TSURAYUKI, *Préface au Kokinshû*.

La poésie, c'est le vocable vierge de tout préjugé; c'est le verbe créé et créateur, la parole à l'état naissant. Elle se meut à l'aube originelle du monde. Sa précision ne vise pas à désigner les choses, mais à ne pas s'éloigner de cette aube.

Vincente HUIDOBRO, *La Nacion*, (1933).

Aucun poème ne peut se comprendre sans le tissu de circonstances dans lequel il naît; il le sera moins encore si nous tentons de le réduire à ce tissu de circonstances. La poésie est toujours l'effet qui excède à toutes ses causes. En cet excès se situe sa consistance et sa raison d'être.

Cintio VIVIER, *Rev. de Literature mexicana*, (1956).

La poésie n'a été pour moi que ce qu'est la prière, le plus beau et le plus intense des actes de la pensée, mais le plus court et celui qui dérobe le moins de temps au travail du jour. La poésie, c'est le chant intérieur.

CHATEAUBRIAND.

On ne se consacre pas à la poésie; on s'y sacrifie.

J. COCTEAU.

Il est aussi difficile à un poète de parler poésie qu'à une plante de parler horticulture.

J. COCTEAU à Fr. Mauriac.

La poésie est une peinture qui se sent au lieu de se voir.

Léonard de VINCI, *Traité de la peinture.*

Douce poésie! le plus beau des arts! Toi qui suscitant en nous le pouvoir créateur nous met tout proches de la divinité.

G. APOLLINAIRE, *La Femme assise.*

Sans le rêve, il n'y a pas de poésie possible.
Et sans poésie, il n'y a pas de vie supportable.

Pasteur VALLERY-RADOT.

Tant qu'il y aura des yeux reflétant les yeux qui les regardent; tant qu'une lèvre répondra en soupirant à la lèvre qui soupire; tant que deux âmes pourront se confondre dans un baiser; tant qu'il existera une femme belle, il y aura de la poésie!

BECQUER, *La poésie est éternelle.*

Ma définition de la poésie pure : quelque chose créé par le poète hors de sa personnalité.

G. MOORE, *Anthologie de la poésie pure*, Introduction.

La poésie est la surabondance spontanée de sentiments puissants; son origine se trouve dans l'émotion dont on a souvenance dans la tranquillité.

WORDSWORTH, *Ballade lyrique.* Préface.

POETE (voy. destin, deuil, solitude)

L'art de faire des vers, dût-on s'en indigner,
Doit être à plus haut prix que celui de régner.
Tous deux également nous portons des couronnes;
Mais, roi, je la reçus; poète, tu la donnes.

(Attribué à CHARLES IX, s'adressant à Ronsard).

poète • 331

Le poète est semblable aux oiseaux de passage
Qui ne bâtissent point leurs nids sur le rivage,
Qui ne se posent pas sur les rameaux des bois;
Nonchalamment bercés sur le courant de l'onde,
Ils passent en chantant loin des bords, et le monde
Ne connaît rien d'eux que leur voix.

LAMARTINE, *Le Poète mourant.*

Chaque grand poète intègre le monde d'une façon qui n'est
qu'à lui.

Pierre EMMANUEL, (*Les Nouvelles Littéraires*).

L'art ne fait que des vers, le cœur seul est poète.

A. CHENIER, *Elégies.*

Où les historiens s'arrêtent, ne sachant plus rien, les poètes
apparaissent et devinent. Ils voient encore, quand les
historiens ne voient plus. C'est l'imagination des poètes
qui perce l'épaisseur de la tapisserie historique ou qui la
retourne, pour regarder ce qui est derrière.

H. BARBEY D'AUREVILLY, *Une histoire sans nom.*

Les poètes nous aident à aimer : ils ne servent qu'à cela.
Et c'est un assez bel emploi de leur vanité délicieuse.

A. FRANCE, *Le jardin d'Epicure.*

Lis quelque humble poète
Dont les chants ont jailli du cœur
Comme les averses des nuages d'été,
Ou les larmes des paupières.

LONGFELLOW, *Le Jour est passé.*

Un poète est un rossignol qui, assis dans l'obscurité, chante
pour égayer de doux sons sa propre solitude.

SHELLEY, *Défense de la Poésie.*

POLEMISTE

Le polémiste est admirable à 20 ans, supportable à 30 ans,
ennuyeux jusque 50 ans, et obscène au-delà...

G. BERNANOS.

POLITESSE

Il a la politesse du cœur, bien supérieure à celle des manières.

Abbé BARTHELEMY, *Voyage du j. Anacharsis en Grèce.*

La politesse est la première et la plus engageante de toutes les vertus sociales.

J. LOCKE, *Quelques pensées sur l'éducation.*

— Eh bien! duchesse, aimez-vous toujours les hommes? demandait Napoléon à la duchesse de Fleury.
— Oui, Sire, quand ils sont polis.

POLITICIEN

Ces hommes à projets et toujours mécontents,
A force d'innover produisent le désordre.
Sachons les éloigner à temps

Baron de STASSART, *Fables; Le Singe et la Montre.*

Et il émit l'opinion que quiconque pourrait faire pousser deux épis de blé, ou deux brins d'herbe, à un endroit du sol où un seul croissait auparavant mériterait bien plus de l'humanité et rendrait un service plus éminent à son pays que la race tout entière des politiciens.

J. SWIFT, *Les voyages de Gulliver.*

POLITIQUE (voy. opinion)

La politique est l'art d'obtenir de l'argent des riches et des suffrages des pauvres, sous prétexte de les protéger les uns des autres.

Pourquoi pas?

Quelle est la première partie de la politique? L'éducation. La seconde? L'éducation. Et la troisième? L'éducation.

J. MICHELET, *Le Peuple.*

La politique est une guerre sans effusion de sang et la guerre, une politique sanglante.

MAO-TSE-TOUNG, *De la guerre prolongée.*

Si vous désirez la sympathie des masses, vous devez leur dire les choses les plus stupides et les plus crues.

HITLER, *Mon Combat.*

poltron • 333

POLTRON

Les poltrons meurent plusieurs fois avant leur mort;
Le vaillant ne goûte jamais à la mort qu'une fois.

SHAKESPEARE, *Jules César.*

Il n'est, je le vois bien, si poltron sur la terre,
Qui ne puisse trouver un plus poltron que soi.

LA FONTAINE, *Fables ; Le Lièvre et les Grenouilles.*

PONCTUALITE

L'art d'arriver au rendez-vous juste à temps pour s'indigner
du retard de l'autre.

Liverpool Echo.

POPULARITE

La popularité! la popularité! Je l'ai eue, elle m'a quitté;
c'est le flux et le reflux. Elle est faite d'une pousse légère;
ce n'est même pas de l'écume... Il n'en reste rien... rien...

Léopold II, (1909), (cité par le comte de Lichterveld,
Léopold II).

La popularité? c'est la gloire en gros sous.

V. HUGO, *Ruy Blas.*

S'il est au monde rien de plus fâcheux que d'être quelqu'un
dont on parle, c'est assurément d'être quelqu'un dont on ne
parle pas.

O. WILDE, *Le portrait de Dorian Gray.*

La popularité est plus communément un écueil qu'une
récompense.

Emile de GIRARDIN.

PORTRAIT

Tout portrait qu'on peint avec âme est un portrait, non du
modèle, mais de l'artiste.

O. WILDE, *Le portrait de Dorian Gray.*

POSITIVISME

L'amour pour principe, l'ordre pour base, et le progrès
pour but; tel est, d'après ce long discours préliminaire,

334

le caractère fondamental du régime définitif que le positivisme vient inaugurer.

A. COMTE, *Système de Politique positive.*

POSSESSION

La possession est les neuf points de la loi.

T. FULLER, *Guerre sainte.*

Ces deux mots fatals : le Mien et le Tien.

CERVANTES, *Don Quichotte.*

POSSIBLE

Ce n'est pas possible, m'écrivrez-vous ; cela n'est pas français. (1)

NAPOLEON Ier, *Correspondance*, Lettre au général Lemarois, 1813.

POULE

Une poule est seulement la façon d'un œuf de faire un autre œuf.

Samuel BUTLER, *Vie et Habitude.*

PRATIQUES RELIGIEUSES

Nous plaçons un certain Christ et une certaine piété dans un lieu, dans un culte, dans un genre de vie et dans des cérémonies. J'ose déclarer que le grand danger pour la piété chrétienne vient de ces choses qu'on appelle pratiques religieuses bien qu'elles soient l'expression d'un zèle pieux.

ERASME, lettre à Rogerus, 1514, (trad. Th. Quoniam).

PREFACE (voy. « Préface » p. 5 et 9)

PREJUGE (voy. vertu)

Les préjugés, ami, sont les rois du vulgaire.

VOLTAIRE, *Mahomet ou le Fanatisme.*

Que conclure à la fin de tous mes longs propos ?
C'est que les préjugés sont la raison des sots.

VOLTAIRE, *Poème sur la Loi Naturelle.*

---

(1) Citation plus connue sous sa forme elliptique : « Impossible n'est pas français. »

préjugé • 335

Le préjugé est l'enfant de l'ignorance.
William HAZLITT, *Sketches et Essais.*

PRESENCE

Et si parfois tu sens sur toi
Comme aujourd'hui comme autrefois
Une main aux cent mille doigts,
Redis-toi toujours que c'est moi.
Pierre SEGHERS, *Le Cœur-Volant.*

PRESENT

Je ne veux ni gémir sur le passé qui n'est plus, ni rêver
follement de l'avenir qui n'est pas. Le devoir de l'homme
se concentre sur un point, l'action du moment présent.
Cardinal MERCIER.

PRESSE (voy. journalisme)

Bien que la presse ait servi tour à tour
Le pour, le contre et les fous et les sages,
Elle ressemble à la splendeur du jour
Qui nous éclaire à travers les nuages.
Antoine CLESSE, *Chansons,* La Presse.

Comptez l'argent pour rien, les places pour rien, la popularité pour rien; c'est la presse qui est tout. Achetez la
presse, et vous serez maîtres de l'opinion, c'est-à-dire les
maîtres du pays.
A. CREMIEUX, (mot d'ordre aux Loges, 1842).

La presse est le quatrième Etat du royaume.
Th. CARLYLE, *Des Héros.*

PRET (voy. emprunt)

PRETRE (voy. roi)

Nos prêtres ne sont pas ce qu'un vain peuple pense;
Notre crédulité fait toute leur science.
VOLTAIRE, *Œdipe.*

Le blâme qui voudra, moi je l'aime, ce prêtre.
P. DEROULEDE, *Chants du Soldat.*

Que sont les serviteurs de Dieu, sinon comme ses jongleurs qui doivent élever les cœurs des hommes et les émouvoir de la joie spirituelle ?

Saint FRANÇOIS d'ASSISE (à ses disciples).

Sans avoir même une seule fois
Touché une douce poitrine
Veinée de sang chaud,
Ne souffrez-vous pas de votre solitude,
Vous tous, les prêcheurs de morale ?...

Akiko YOSANO, *Tankas.*

PREVARICATION

Si nous savons que nous avons fait le mal et que nous refusons de le reconnaître, nous sommes coupables de prévarication.

Le *Pratimôksha* chinois.

PRIERE (voy. espérance)

Songeons aussi à de vieilles prières qui nous ont consolés, bien que nous n'ayons nullement pensé à leur signification, à des chants et à des poèmes anciens, pour lesquels il n'est pas d'explication précise, mais qui, récités devant nous, inondent nos cœurs de toutes sortes de jouissances et de souffrances.

Stefan GEORGE.

Aime, et fais ce que tu veux.

Saint AUGUSTIN.

Il vaut mieux mettre son cœur dans la prière sans trouver de paroles que trouver des mots sans y mettre son cœur.

Mahatma GANDHI.

Prie pour mon âme. La prière a un plus grand pouvoir que les hommes ne l'imaginent. Que la voix s'élève donc vers le ciel.

TENNYSON, *Les Idylles du Roi.*

Tennyson a dit que la prière accomplit plus de choses que le monde ne se l'imagine ; mais il a sagement évité de dire si ce sont de bonnes ou de mauvaises choses.

S. BUTLER, *Ainsi va toute chair.*

prière • 337

Prier n'est pas demander; c'est une aspiration de l'âme.

Mahatma GANDHI.

Dans cette union intense qu'est la prière, Dieu et l'âme sont comme deux morceaux de cire fondus ensemble.

Le curé d'ARS.

Quand tu pries, ne regarde pas ta prière comme une observance fixée, mais comme un appel à la miséricorde et à la grâce du Tout-Présent.

Le TALMUD; *Aboth.*

C'est la clé du matin et le verrou du soir.

GANDHI.

Quel que soit le but de la prière d'un homme, il demande un miracle. Chaque prière se résume en ceci : « Grand Dieu, faites que deux fois deux ne fassent pas quatre ».

Ivan S. TOURGENIEV, *Prière.*

Rhamsès. — Bien plus, j'ai senti que de moi venait toute puissance. Et quand je n'ai pas pu réaliser moi-même l'objet de ma prière, ma prière a été vaine.
Ameni. — C'est qu'elle était, sans doute, indigne d'être exaucée.

José ECHEGARAY, *Un miracle en Egypte.*

Quand les dieux désirent nous punir, ils exaucent nos prières.

O. WILDE, *Un mari idéal.*

Je ne m'agenouille point maintenant
Pour te prier de blanchir un péché véniel;
Je m'agenouille seulement, Seigneur,
Pour te remercier de ce que je n'ai pas été.

Harry KEMP, *Une prière.*

Si par la prière
Incessante je pouvais espérer changer la volonté
De celui qui peut toutes choses, je ne cesserais point
De l'importuner de mes cris assidus.

MILTON, *Paradis perdu*

Les gens du commun ne prient guère, ils mendient uniquement.

G.-B. SHAW, *Mésalliance.*

Dans la prière les lèvres ne jouent jamais la partie gagnante
Sans la douce concurrence du cœur.

R. HERRICK, *Le Cœur*.

O grand Saint, je suis une graine parfumée de la lumière,
semée dans une épaisse forêt parmi les épines.
Accorde-moi une abondante miséricorde, recueille-moi,
conduis-moi sur l'aire de la Loi, dans la grange de la
lumière.

(Hymne manichéen chinois).

Tout ce que vous demanderez dans la prière, croyez
fermement que vous l'avez obtenu, et cela vous sera accordé.

NOUV. TEST., *Marc*, XI, 24 (Maredsous).

Je t'adore, ô éternel Bouddha! (*Namu Amida Butsu*).

Nembutsu (évocation traditionnelle au Bouddha).

Quand il s'embarque, l'homme doit prier Dieu une fois;
quand il va à la guerre, deux fois; et quand il se marie,
trois fois.

(Copla espagnole).

PRINCE

Heureux qui ne les connaît guère!
Plus heureux qui n'en a que faire!

VOITURE.

Les princes ne méritent pas
Qu'un autre annonce leur trépas
Plutôt que la mort d'un autre homme
Leur corps ne vaut pas une pomme.

Jean de MEUNG, *Le Roman de la Rose*.

PRINCIPE

Un cœur miséricordieux et compatissant est le principe de
l'humanité; le sentiment de la honte et de l'aversion est
le principe de l'équité et de la justice; le sentiment d'abnégation et de déférence est le principe des usages sociaux;
le sentiment du vrai et du faux ou du juste et de l'injuste
est le principe de la sagesse.

CONFUCIUS, *Doctrine; Meng-tseu*.

principe • 339

Les principes sont les principes, dussent les rues ruisseler de sang.

R. KIPLING, *Souvenirs.*

Les principes sont faits pour être violés. Etre humain est aussi un devoir.

Gr. GREENE, *Le troisième homme.*

En politique, comme en toute autre chose, un principe entraîne inévitablement avec lui un système, une série de conséquences, une progression d'applications faciles à prévoir pour quiconque a du bon sens.

J. MAZZINI, *République et Royauté en Italie.*

PRINTEMPS

Viens, doux Printemps, fraîcheur éthérée, viens, descends dans nos plaines du sein de la nue et baigne de rosée nos arbrisseaux; descends, la musique des airs s'éveille autour de ces groupes de roses.

THOMSON, *Les Saisons.* Printemps.

A chaque fleur qui s'ouvre
Aux branches du prunier,
Le printemps un peu plus s'attiédit.

RANTSETSU, *Haïkaï.*

Ah! le tardif printemps!
Toutes les choses semblent souffrir
une masse de nuages qui fond.
Les parfums des nuages du ciel immense,
et les rêves aussi;
Tout est tourmenté!
Ah! le tardif printemps!

H. KITHARA, *Camélias affolés.*

Le printemps revient pour toi, les roses vont s'épanouir pour toi, et tu voudrais mourir? Sors, dans la plus suave nuit de l'année. Il pleut des fleurs de pruniers, qui sécheront tes larmes.

TAI-CHOU-LOUEN, *Poèmes.*

Si j'étais un arbre ou une plante, je sentirais la douce influence du printemps. Je suis un homme... Ne vous étonnez pas de ma joie.

Auteur chinois anonyme (XIe siècle).

PRISON (voy. triste)

L'homme le plus inquiet d'une prison est le directeur.

G.-B. SHAW, *Maximes pour Révolutionnaires.*

La fleur noire d'une société civilisée, une prison.

N. HAWTHORNE, *La lettre écarlate*, Douane.

— En prison pour médiocrité!

MONTHERLANT, *La reine morte.*

PROFESSEUR

A quoi ressemble un professeur? A un flacon qui contient un onguent aromatique. Quand on le débouche, le parfum se répand; quand on le ferme, le parfum disparaît.

Le TALMUD; *Aboda zara.*

PROFESSION

Il faut que l'un bâtisse des palais et que l'autre fasse des besaces.

(Maxime de l'Inde méridionale).

PROFIT

Où il y a des figues, il y a des amis.

(Proverbe espagnol).

PROGRES (voy. agir, civilisation)

L'histoire universelle est le progrès dans la conscience de la liberté; — progrès que nous avons à reconnaître dans ce qui en fait la nécessité.

HEGEL, *Introd. à la Philo. de l'hist.*

C'est par des artifices dialectiques qu'on a pu rendre l'idée de progrès solidaire du développement des sciences mécaniques, chimiques ou biologiques. Le vrai progrès n'intéresse que l'âme, il demeure indépendant des expédients et des pratiques de la science.

Georges DUHAMEL.

Pour que la loi du progrès existât, il faudrait que chacun voulût la créer; c'est-à-dire que, quand tous les individus s'appliqueront à progresser, alors, l'humanité sera en progrès.

Ch. BAUDELAIRE, *Journaux intimes.*

Si le progrès est la loi, la liberté est l'instrument du progrès.

Maurice SCHUMANN.

projet ● 341

PROJET

« Je vivrai ici pendant la saison des pluies là pendant la saison froide; ailleurs pendant la canicule »; ainsi l'insensé fait en son cœur des projets sans s'assurer de ce qui peut les contrarier.

(Bouddha), Le *Dhammapada*.

PROLETAIRE

Prolétaires de tous les pays, unissez-vous!

K. MARX et F. ENGELS, *Manifeste du Parti communiste*.

PROMENADE

Je m'en vais promener tantôt parmi la plaine,
Tantôt en un village et tantôt en un bois,
Et tantôt par les lieux solitaires et cois.

RONSARD, *Œuvres*.

Faire route à pied par un beau temps, dans un beau pays, sans être pressé, et avoir pour terme de ma course un objet agréable : voilà de toutes les manières de vivre celle qui est le plus à mon goût.

J.-J. ROUSSEAU, *Confessions*.

PROMESSE

Tenir une femme par sa parole, c'est tenir une anguille par la queue.

CERVANTES, *Les Nouvelles exemplaires*.

On promet beaucoup pour se dispenser de donner peu.

VAUVENARGUES, *Réflexions et Maximes*.

PROPHETE

Prophète n'est pas celui qui aurait reçu une éducation de prophète, mais celui qui a la conscience intime de ce qu'il est, doit et ne peut pas ne pas être. Cette conscience est rare, et ne peut être éprouvée que grâce aux sacrifices que l'homme fait à sa vocation. De même que la vraie science et l'art véritable.

L. TOLSTOI (lettre à Romain Rolland, 1887).

PROPRIETE

Il vous faut est fort bon!… Mon moulin est à moi,
Tout aussi bien, au moins, que la Prusse est au roi.

ANDRIEUX, *Contes, anecd. et fab. en vers ;* Le Meunier
sans souci.

PROSPERITE

L'homme prospère est comme l'arbre : les gens l'entourent tant qu'il est couvert de fruits; mais sitôt les fruits tombés, les gens se dispersent à la recherche d'un arbre meilleur.

Les mille et une nuits.

PROSTITUTION

Il n'y a, pour les nobles, qu'un moyen de fortune, et de même pour tous ceux qui ne veulent rien faire : ce moyen, c'est la prostitution. La Cour l'appelle galanterie.

P.-L. COURIER, *Procès de P.-L. Courier.*

PROVERBE

Les proverbes sont le fruit de l'expérience de tous les peuples, et comme le bon sens de tous les siècles réduit en formules.

RIVAROL, *Pensées.*

PROVIDENCE (voy. hasard)

Quelqu'un disait que la Providence était le nom de baptême du Hasard, quelque dévot dira que le Hasard est un sobriquet de la Providence.

CHAMFORT, *Maximes et Pensées.*

PRUDENCE

Mettez votre confiance en Dieu, mes gars, et conservez votre poudre bien sèche.

O. CROMWELL, avant une bataille.

Quand la prudence est partout, le courage n'est nulle part.

Cardinal MERCIER.

PUBLIC

En tout temps, en tous lieux, le public est injuste,
Horace s'en plaignait sous l'empire d'Auguste.

VOLTAIRE, *Epître à Mlle Clairon.*

Un directeur disait à Mirande d'une pièce qui ne marchait pas :
— Le public n'aime pas ça.
— Qu'en sais-tu ? répondit Yves, il n'est jamais venu.

Il n'existe point d'animal plus vil, plus stupide, plus lâche, plus impitoyable, plus égoïste, plus rancunier, plus envieux, plus ingrat que le public.

W. HAZLITT, *Conversation à table.*

PUBLICITE

Ce que je suis, je le sais : un monument de publicité.

G.-B. SHAW.

PUR

Un pur trouve toujours un plus pur qui l'épure.

Attribué à E. PICARD.

PURIFICATION

Aucun homme ne peut purifier un autre.

Dhammapada, verset 165.

q - r

QUAI

j'emment
reř

roseau

QUAI

Tendrement sur le port le soir s'obscurcit.
Des feux hésitants peu à peu s'allument
Suspendus aux mâts des bâtiments ancrés.
Qu'il est long, ce quai autour de la ville,
Avec ses entrepôts, avec ses grues en file!
Qu'il est long, ce quai avec ses eaux huileuses!

Ribeiro COUTO, (cité dans *Un demi-siècle de poésie*, t. 4).

QUALITE

Libéralité, courtoisie, bienveillance, altruisme en toutes circonstances vis-à-vis de tous, ces qualités sont au monde ce que la cheville de roue est au chariot qui roule.

Sigâlovâda-sutta.

QUERELLE

Les querelles d'auteurs sont pour le bien de la littérature, comme dans un gouvernement libre les querelles des grands et les clameurs des petits sont nécessaires à la liberté.

VOLTAIRE (cité par Dr Burney, *Tours musicaux en Europe*).

QUESTION (voy. apprendre, indiscrétion)

QUIPROQUO

Le quiproquo!... Mais est-ce bien cela : « qui proquo! »
Je pense que le quiproquo, c'est d'abord la vie même qui en est un, et le plus compliqué de tous.

L. PIRANDELLO, (Interview).

RACE

En raison de leur structure psychologique dissemblable, les races sont diversement impressionnées par les mêmes sujets. Sentant et agissant de façons différentes, elles ne sont pas accessibles aux mêmes évidences et ne sauraient dès lors se comprendre.

G. LE BON, *Hier et Demain.*

La race est la pierre angulaire sur laquelle repose l'équilibre des nations. Elle représente ce qu'il y a de plus stable dans la vie d'un peuple.

G. LE BON, *Hier et Demain.*

RAILLEUR

Il faut beaucoup d'esprit pour soutenir le personnage de railleur, et peu de bon sens pour l'entreprendre.

G.-E. LESSING, *Manuel de morale.*

RAISON (voy. action, erreur, tort)

J'entends par raison non pas la faculté de raisonner, qui peut être bien et mal employée, mais l'enchaînement des vérités qui ne peut produire que des vérités, et une vérité ne saurait être contraire à une autre.

G.-W. LEIBNIZ, *Œuvres hist. et pol.*

Ce n'est pas à la raison, mais au bon sens, qu'il eût fallu jadis élever un temple. Beaucoup d'hommes sont doués de raison, très peu de bon sens.

G. LE BON, *Hier et Demain.*

Quand l'eau courbe un bâton, ma raison le redresse.

LA FONTAINE, *Un animal dans la lune.*

Quand tout le monde a tort, tout le monde a raison.

NIVELLE DE LA CHAUSSEE, *La Gouvernante.*

Le cœur a ses raisons que la raison ne connaît point.

PASCAL, *Pensées.*

La raison nous commande bien plus impérieusement qu'un maître; car en désobéissant à l'un on est malheureux, et en désobéissant à l'autre on est un sot.

PASCAL, *Pensées.*

Raison sans sel est fade nourriture,
Sel sans raison n'est solide pâture.
De tous les deux se forme esprit parfait;
De l'un sans l'autre un monstre contrefait.

J.-B. ROUSSEAU, *Odes.*

La raison, faculté moyenne, chemine d'un pas assuré, mais le sentiment, faculté presque divine, voltige et plane dans l'immensité sur les ailes de l'amour.

O. PIRMEZ, *Heures de Philosophie.*

Aimez donc la raison; que toujours vos écrits
Empruntent d'elle seule et leur lustre et leur prix.

BOILEAU, *Art poétique.*

Il faut se piquer d'être raisonnable, mais non pas d'avoir raison; de sincérité et non pas d'infaillibilité.

JOUBERT, *Pensées.*

La pire des pestes est la raison humaine.

CALVIN.

Soyez certain d'avoir raison, et alors, allez de l'avant.

David CROCKETT, (Devise pendant la guerre de 1812).

La raison se trouve entre l'éperon et la bride.

G. HERBERT, *Jacula Prudentum.*

Deux excès · exclure la raison, n'admettre que la raison.

PASCAL, *Pensées.*

raisonnement • 349

RAISONNEMENT (voy. âme)

Quand la populace se mêle de raisonner, tout est perdu.
VOLTAIRE, *Lettre à Damilaville* (1766).

RANG

Tel brille au second rang qui s'éclipse au premier.
VOLTAIRE, *La Henriade.*

A chacun le sien, un os au chien.

(Maxime tchèque).

RECHERCHE

Gardons-nous de chercher ce qu'on ne peut atteindre.
Le comte DARU, *L'Homme à plaindre.*

Il y a deux catégories de chercheurs dont les uns ne seraient que des manœuvres, tandis que les autres auraient pour mission d'inventer. L'invention doit être partout, jusque dans les plus humbles recherches de faits, jusque dans l'expérience la plus simple. Là où il n'y a pas un effort personnel et même original, il n'y a même pas un commencement de science.

Henri BERGSON.

RECOMMENCER

Horloge à entretenir,
Jeune femme à son gré servir,
Vieille maison à réparer,
C'est toujours à recommencer.

(Dicton du XVIIe s.).

RECOMPENSE

Est-ce que celui qui a mangé de la canne à sucre demandera une récompense?

(Maxime de l'Inde méridionale).

REFLEXION

Il vaut mieux ne pas réfléchir du tout que ne pas réfléchir assez.

Tristan BERNARD.

Quand tout le monde est du même avis, c'est que personne ne réfléchit beaucoup.

Walter LIPPMANN.

REGARD

Que l'importance soit dans ton regard, non dans la chose regardée.

A. GIDE, *Les Nourritures terrestres*.

Si tu me regardes et que je te regarde, tous deux nous baissons les yeux, et nous ne nous disons rien, et nous nous disons tout.

(Copla espagnole).

Dieu voulut résumer les charmes de la femme
En un seul, mais qui fût le plus essentiel,
Et mit dans son regard tout l'infini du ciel.

F. COPPEE, *Les récits et les élégies*.

Ne parlons pas d'eux, mais regarde et passe.

DANTE, *La Divine Comédie ; Enfer*.

REGRET

Et la vie un si grand bien,
Que ce vieillard, ce gueux, ce chien,
Regrette tout, lui qui n'a rien.

Jean RICHEPIN, *La Chanson des Gueux*.

Ce qu'on donne aux méchants, toujours on le regrette.
... ...
Laissez-leur prendre un pied chez vous,
Ils en auront bientôt pris quatre.

LA FONTAINE, *Fables ; La Lice et sa Compagne*.

J'en ai telle peine au cœur — la vie était si belle jadis! — telle peine que mon rire doit se changer en pleurs.

W. von der VOGELWEIDE, *Jadis et Maintenant*.

Lorsque, aux assises de la douce pensée silencieuse, j'assigne le souvenir des choses d'autrefois, je soupire sur le manque de maintes choses que j'aimai, et, songeant à la ruine d'un temps cher, de mes douleurs anciennes, je me fais un chagrin nouveau.

SHAKESPEARE, *Sonnets*, XXX.

regret • 351

Hé Dieu! si j'eusse étudié
Au temps de ma jeunesse folle,
Et à bonnes mœurs sacrifié,
J'eusse maison et couche molle.
Mais quoi? je fuyais l'école.

F. VILLON, *Le Grand Testament*, XXVI.

Ne pas regretter ce qui n'est plus, car si rien ne changeait,
tout deviendrait vite monotone, fût-ce la douceur.

Gérard BAUER, *L'Europe sentimentale*.

O Roméo, Roméo! pourquoi donc es-tu Roméo?

SHAKESPEARE, *Roméo et Juliette*.

La lune pleine, le haut pavillon solitaire, ne t'appuie pas sur
la balustrade!...
Et le vin, une fois entré dans le cœur brisé, se transforme
en larmes lourdes de regrets.

FAN TCHONG-YEN, *Sou-tch-mo*.

RELIGIEUSE

De peindre ainsi les nonnes, puis de railler si doucement
leurs menus travers, gourmandise, bavardage, mièvreries et
langueurs, ce fut, pour le jésuite, une façon détournée de
s'occuper des femmes sans offenser le ciel.

J. LEMAITRE, *Théories et impressions*.

Je lui ai dit : Doucette
Où vas-tu maintenant
    M'amour?
— M'en vais rendre nonnette
    Hélas!
En un petit couvent.

Recueil de toutes sortes de chansons nouvelles (1557).

RELIGION (voy. hérésie, pays, tolérance)

Pour que la religion soit appréciée de la masse, il faut
nécessairement qu'elle garde quelque chose du haut goût
de la superstition.

G.-C. LICHTENBERG, *Aphorismes*.

Si un homme atteint le cœur de sa propre religion, il atteint
également le cœur des autres religions.

Mahatma GANDHI (cité dans *Tous les hommes sont frères*).

Le Grand Vicaire peut sourire à un propos contre la
Religion, l'Evêque rire tout à fait, le Cardinal y joindre son
mot.

CHAMFORT, *Maximes et Pensées*

Chose admirable! la religion chrétienne, qui ne semble
avoir d'objet que la félicité de l'autre vie, fait encore notre
bonheur dans celle-ci.

MONTESQUIEU, *L'Esprit des Lois*

Religion sans moralité : arbre sans fruits.
Moralité sans religion : arbre sans racines.

Cardinal SPELLMAN

La religion n'est pas dans le manteau rapiécé du yogi,
Ni dans le bâton sur lequel il s'appuie,
Ni dans les cendres sur son corps.
La religion ignore les boucles d'oreilles
Et les crânes rasés,
Elle ne demande point qu'on souffle dans des conques.
Tu veux trouver le chemin de la religion
A travers les souillures du monde ?
Libère-toi de tes souillures.

NANAK (cité dans le *Granth*

Croire que la religion dans laquelle on a été élevé est fort
bonne, et pratiquer tous les vices qu'elle défend, sont des
choses extrêmement compatibles, aussi bien dans le grand
monde que par le peuple.

BAYLE, *Pensées sur la Comète*

Nous avons tout juste assez de religion pour nous haïr, mais
pas assez pour nous aimer.

Jonathan SWIFT, *Pensées sur divers objets*

La religion est le soupir de la créature accablée, le cœur d'un
monde sans cœur, comme elle est l'esprit d'une époque
sans esprit. Elle est l'opium du peuple.

K. MARX, *Contribution à la critique de la philosophie
du droit de Hegel*

La vraie religion, c'est, concordant avec la raison et
savoir de l'homme, le rapport établi par lui envers la vie
infinie qui l'entoure, qui lie sa vie avec cet infini et
guide dans ses actes.

L. TOLSTOI, *Qu'est-ce que la religion*

religion • 353

La religion n'est autre chose que l'ombre portée de l'univers sur l'intelligence humaine.

V. HUGO, *Préface philosophique.*

...la puissance invisible, dont l'œil
Accompagne pour toujours l'humanité,
N'a jamais considéré d'une façon méprisante toute religion
Inventée par l'homme.

Matthew ARNOLD.

En quoi consiste la religion? En (commettant) le moins possible de tort, en (faisant) le bien en abondance, en (pratiquant) la pitié, l'amour, la vérité ainsi qu'une vie de pureté.

(Inscription sur un pilier d'Asoka).

Les religions sont comme des routes différentes convergeant vers un même point. Qu'importe que nous empruntions des itinéraires différents, pourvu que nous arrivions au même but.

Mahatma GANDHI.

Quand même Dieu n'existerait pas, la religion serait encore sainte et divine.

Ch. BAUDELAIRE, *Journaux intimes.*

REMETTRE (voy. de main)

Ne remettez pas au lendemain ce que vous pouvez faire le jour même.

B. FRANKLIN, *Maximes pour l'almanach du pauvre Richard.*

REMORDS

Il est donc des remords! O fureur! O justice!

VOLTAIRE, *Mahomet ou le Fanatisme.*

RENCONTRE

O ces rencontres fugitives
Dans les rues de nos capitales!
O ces regards involontaires,
Bref entretien de cils battants!
Sur l'âpre houle d'un instant
Nos deux êtres se sont rejoints.

Valéry Y. BRIOUSSOV (*Antho. de la poésie russe, par J. David*).

A Paris, quand on croise une femme dans la rue et qu'on la regarde, on commet presque une infidélité. Regarder une Française et être vu par elle, on dirait qu'on ébauche un roman d'amour!

S. GUITRY, *Théâtre, je t'adore.*

RENDEMENT

Si la courbe de « rendement » d'un homme est en hausse à 45 ans et continue de monter ensuite, il est bien possible que cela dure ainsi toute sa vie; mais si elle est en baisse à cet âge elle ne pourra plus que descendre.

N. M. BUTLER (cité dans *Sélection du Reader's Digest*).

RENIEMENT

Avant que le coq chante, tu me renieras trois fois.

NOUV. TEST., *Matthieu*, XXVI, 75 (Maredsous).

RENOMMEE

La renommée est le parfum des actions héroïques.

SOCRATE (cité par Platon).

La renommée a aussi ce grand recul, que si nous la poursuivons, nous devons gouverner notre vie de façon à plaire à la fantaisie des hommes, évitant ce qu'ils désapprouvent et cherchant ce qui leur plaît.

SPINOZA, *Traité sur la réforme de l'entendement.*

Heureux est celui qui n'a jamais connu le goût de la renommée; l'avoir, c'est le purgatoire; le désirer, c'est l'enfer.

Lord LYTTON, *Le dernier des barons.*

RENONCEMENT

Il n'est pas de détresse pour celui qui a terminé son voyage qui a abandonné tout souci, qui s'est libéré de toutes parts qui a rejeté tous ses biens.

(BOUDDHA), Le *Dhammapada.*

Comment trouver le chemin qui mène au pays où vit ton désir? En renonçant à tes désirs. La couronne d'excellence c'est le renoncement.

HAFIZ, *Les Ghazels.*

REPENTIR

Aussi devons-nous nous humilier et nous repentir de nos fautes. Oh! puissions-nous avoir la force de le faire avec justesse.

Liturgie de Kwan-yin.

Il y aura plus de joie dans le ciel pour un pécheur pénitent que pour quatre-vingt-dix-neuf justes qui n'ont pas besoin de repentance.

NOUV. TEST., *Luc*, XV, 7 (Maredsous).

Cette tristesse, que nos fautes nous causent, a un nom particulier, et s'appelle repentir.

BOSSUET.

REPONSE (voy. indiscrétion)

REPOS

Mais y a-t-il pour la nuit un lieu de repos,
Un toit pour les heures lentes et sombres?

Christina G. ROSSETTI, *Montée.*

Je passerai l'été dans l'herbe, sur le dos,
La nuque dans les mains, les paupières mi-closes,
Sans mêler un soupir à l'haleine des roses
Ni troubler le sommeil léger des clairs échos.

SULLY-PRUDHOMME, *Sieste.*

Il n'y a pas de repos pour les peuples libres; le repos, c'est une idée monarchique.

G. CLEMENCEAU, (à la Chambre, 1883).

De temps en temps, il faut se reposer de ne rien faire.

J. COCTEAU.

REPROCHE

Ne reprenez, dames, si j'ai aimé
Si j'ai senti mille torches brûlantes.
. . . .
Las, que mon cœur n'en soit par vous blâmé
Si j'ai failli les peines sont pressantes.
N'aigrissez point leurs pointes violentes.

Louise LABE, *Sonnets.*

REPUBLIQUE

La République nous appelle;
Sachons vaincre ou sachons périr :
Un Français doit vivre pour elle;
Pour elle un Français doit mourir.

M.-J. CHENIER, *Le Chant du Départ.*

REPUTATION

Réputation, réputation, réputation! Oh, j'ai perdu ma
réputation! J'ai perdu la partie immortelle de moi-même, et
ce qui reste est bestial.

SHAKESPEARE, *Othello.*

RESERVE

Soit réservé sans ostentation pour éviter de t'attirer l'incom-
préhension haineuse des ignorants.

PYTHAGORE, *Vers dorés.*

La décision est une belle chose, mais le vrai principe
fécond, par conséquent le vrai principe artistique, c'est la
réserve.

T. MANN, *Gœthe et Tolstoï.*

RESIGNATION

Le meilleur fruit de notre science est la résignation froide,
qui, pacifiant et préparant l'âme, réduit la souffrance à la
douleur du corps.

Hippolyte TAINE.

Qui est le plus sage ? Celui qui accepte tout ou celui qu
a décidé de ne rien accepter ? La résignation est-elle une
sagesse ?

E. IONESCO, *Ce formidable borde*

RESPONSABILITE (voy. anarchie)

RESSEMBLANCE

Oiseaux de même plumage volent en compagnie.

CERVANTES, *Don Quichotte.*

Quand sur une personne on prétend se régler,
C'est par les beaux côtés qu'il lui faut ressembler.

MOLIERE, *Les Femmes savantes*

ressemblance ● 357

Il est fort amusant de constater combien les gens aiment à se conformer à leur légende — de même qu'il est indéniable que les individus s'identifient aux caricatures qu'on fait d'eux.

S. GUITRY, Théâtre, je t'adore.

RESSENTIMENT

L'homme humain ne garde point de ressentiment envers son frère : il ne nourrit point de haine contre lui : il l'aime, le chérit comme un frère et voilà tout!

MENG-K'O, Entretiens philosophiques.

RESURRECTION

Jour de larmes, où l'homme coupable renaîtra de sa cendre pour être jugé : Pardonnez-lui, ô Dieu!

Attribué à T. di CELANO, Dies Irae.

Notre résurrection n'est pas tout entière dans le futur, elle est aussi en nous, elle commence, elle a déjà commencé.

P. CLAUDEL, Correspondance avec A. Gide.

RETOUR

Il n'y a que les morts qui ne reviennent pas.

BARERE DE VIEUZAC, Rapport à la Convention 1794.

Ah! quel beau jour, lorsque le soldat retournera enfin à une vie réelle, à l'humanité; lorsque les drapeaux se déploieront pour guider et embellir une marche joyeuse et pacifique; lorsque tous les casques et toutes les armures seront ornés de verdure, dernier larcin fait aux champs!

SCHILLER, Wallenstein.

RETRAITE

Il se faut réserver une arrière-boutique toute nôtre, toute franche, en laquelle nous établissons notre vraie liberté et principale retraite et solitude.

MONTAIGNE, Essais.

O bienheureux celui qui peut de sa mémoire
Effacer pour jamais ce vain espoir de gloire...

. . . .

Et qui, loin de la foule importune,
Vivant dans sa maison, content de sa fortune,
A, selon son pouvoir, mesuré ses désirs!

RACAN, Poésies diverses.

Il en coûte trop cher pour briller dans le monde,
Combien je vais aimer ma retraite profonde!
Pour vivre heureux vivons caché.

FLORIAN, *Fables, Le Grillon.*

Misérable à mon gré, qui n'a chez soi, où être à soi, où se
faire particulièrement la cour, où se cacher!

MONTAIGNE, *Essais*, III.

Absence d'occupation ne signifie pas repos; un esprit tout
à fait libre est un esprit en détresse.

William COWPER, *Retraite.*

J'ai bâti ma maison parmi les humains.
Mais nul bruit de cheval ou de voiture ne m'importune.
— Comment cela se peut-il?
— A cœur distant, tout lieu est retraite.

T'AI YUAN MING, *Poèmes.*

Tu peux, à l'heure que tu veux, te retirer en toi-même.
Nulle retraite n'est plus tranquille ni moins troublée pour
l'homme que celle qu'il trouve en son âme.

MARC-AURELE

REUSSIR

L'art d'être tantôt très audacieux et tantôt très prudent es
l'art de réussir.

NAPOLEON Ier

REVE-REVERIE (voy. songerie)

Pense à notre vie humaine,
Qui n'est qu'un faisceau de rêves,
Bonheurs, malheurs,
Tous sont des rêves entre les rêves.
Mais puisque nous vivons un rêve
Pourquoi ne pas jouir du bon temps?
Que pourrions-nous faire d'autre?

Anonyme (Coréc)

Plus je vieillis, plus je vois que ce qui ne s'évanouit pas, c
sont les rêves!

J. COCTEAU à Mme A. Maurois (1955)

rêve-rêverie ● **359**

Les rêves sont les clés pour sortir de nous-mêmes.

G. RODENBACH, *Le Règne du Silence ; Au fil de l'eau.*

La lumière de l'après-midi éclaire les bambous, les fontaines babillent délicieusement, le soupir des pins murmure dans notre bouilloire. Rêvons de l'éphémère et laissons-nous errer dans la belle folie des choses.

Okakura KAKUZO, *Le Livre du Thé.*

En quête de ce rêve? Une longue rame à la main,
Je vogue vers la plus verte des herbes,
Bientôt ma barque est chargée de la lueur des étoiles,
Sous laquelle je veux chanter à pleine voix.

HSU CHIH MO, *Poèmes.*

Voici mon mal : rêver. La poésie est la chemise de fer aux mille pointes cruelles que je porte sur mon âme. Les épines sanglantes laissent tomber les gouttes de ma mélancolie.

R. DARIO, *Chants de vie et d'espérance.*

En pensant à lui,
Je me suis endormie.
Mais je l'ai revu aussitôt.
Ah! si j'avais su que c'était un rêve,
Jamais je ne me fusse réveillée.

Ono No KOMACHI, *Poèmes.*

Qui se grise de rêverie est d'autant plus prêt au délire qu'il prolonge son extase.

G. MEREDITH, *Les comédiens tragiques.*

RÉVOLUTION

La révolution est une transition entre un ordre ancien qui tombe en ruine et un ordre nouveau qui se fonde.

LITTRE.

Dans les révolutions, il y a deux sortes de gens : ceux qui les font et ceux qui en profitent.

NAPOLEON Ier.

Sire, ce n'est pas une révolte, c'est une révolution.

Duc de LA ROCHEFOUCAULD à Louis XVI (Juillet 1789).

Il ne peut y avoir révolution que là où il y a conscience.

J. JAURES, *Œuvres ; Etudes socialistes.*

RHIN

O toi, merveilleux Rhin allemand,
Tu seras toujours la parure de l'Allemagne.

R. FORSTER, *O toi, merveilleux Rhin.*

Ils ne l'auront pas — le libre Rhin allemand
Quoique, semblables à des corbeaux avides,
Ils s'enrouent à le réclamer.

N. BECKER, *Le Rhin allemand* (trad. A. de Musset).

Nous l'avons eu, votre Rhin allemand.
Il a tenu dans notre verre.
Un couplet qu'on s'en va chantant
Efface-t-il la trace altière
Du pied de nos chevaux marqué dans votre sang ?

A. de MUSSET, *Le Rhin allemand.*

Au Rhin! au Rhin! au Rhin allemand!
Qui sera le gardien du courant ?

M. SCHNECKENBURGER, *La garde au Rhin.*

RICHE (voy. bien)

Riche vilain vaut mieux que pauvre gentilhomme.

M. REGNIER, *Satires.*

Qui veut être riche en un an, au bout de six mois est pendu.

CERVANTES, *Les Nouvelles exemplaires.*

Je vous le répète : il est plus aisé qu'un chameau passe par
le chas d'une aiguille, qu'il ne l'est à un riche d'entrer dans
le royaume de Dieu.

NOUV. TEST., *Matthieu*, XIX, 24 (Maredsous)

L'homme qui meurt riche meurt disgracié.

Andrew CARNEGIE, *L'Evangile de la Richesse.*

RICHESSE

Dis-moi, Lubin, que vaut-il mieux avoir :
Beaucoup de biens ou beaucoup de savoir ?
Je n'en sais rien, mais les savants, je vois,
Faire la cour à ceux qui ont de quoi.

(Epigramme du XVIe siècle)

richesse ● **361**

Je suis riche des biens dont je sais me passer.

L. VIGEE, *Epître à Ducis.*

Il faut compter ses richesses par les moyens qu'on a de satisfaire ses désirs.

Abbé PREVOST, *Manon Lescaut.*

Vous vous êtes fait un dieu d'or et d'argent, et quelle différence y a-t-il entre vous et l'idolâtre, sinon qu'il adore une idole et que vous en adorez cent ?

DANTE, *La Divine Comédie ; Enfer.*

RIDEAU DE FER

Un rideau de fer est descendu sur l'Europe.

Sir W. CHURCHILL, Westminster College Fulton (E.-U.) (1).

RIDICULE

Le ridicule n'existe pas : ceux qui osèrent le braver en face conquirent le monde.

O. MIRBEAU, *Les Ecrivains.*

RIEN

Il reste ce qui reste d'une danse de mouches dans un rayon de soleil.

H. de MONTHERLANT, *Service inutile.*

RIMER

Et que sert à Cotin la raison qui lui crie :
N'écris plus, guéris-toi d'une vaine furie;
Si tous ces vains conseils, loin de le réprimer,
Ne font qu'accroître en lui la fureur de rimer?

BOILEAU, *Satire VIII.*

RIRE

Quand vous riez,
Que d'éclat sur votre visage,
Quand vous riez!
Jeune Iris, si vous m'en croyez,
N'affectez point un air sauvage.
Vous plaisez cent fois davantage.
Quand vous riez.

Abbé de L'ATTAIGNANT, *La Jolie Boudeuse.*

---

(1) Selon le *Times*, de Londres, c'est von Krosigh, ministre des Finances sous Hitler, qui aurait utilisé le premier cette expression, reprise par Goebbels avant Churchill.

J'ai ri, me voilà désarmé.

A. PIRON, *La Métromanie*.

La plus perdue de toutes les journées est celle où l'on n'a pas ri.

CHAMFORT, *Maximes et Pensées*.

Il faut rire avant d'être heureux, de peur de mourir sans avoir ri.

LA BRUYERE, *Les Caractères*

Je me presse de rire de tout, de peur d'être obligé d'en pleurer.

BEAUMARCHAIS, *Le Barbier de Séville*.

Rire et faire rire ne convient guère à des chrétiens.

CLEMENT d'ALEXANDRIE (lettre à son disciple Origène).

Très souvent, le rire est une forme de la politesse, ou l'un des moyens innombrables de se faire bien voir.

X...

Malgré l'amour, la vie et l'heure et les périls,
Nous rions quelquefois des rires puérils,
Des rires dont le son doit étonner nos âmes;
Pour rien, pour un détail dont nous nous avisâmes,
Des rires fous qui sont des fous rires vraiment.

Edmond ROSTAND, *Les Musardises*.

Riez et le monde rira avec vous,
Pleurez et vous pleurerez seul,
Car le triste vieux monde doit emprunter sa joie,
Mais il a bien assez de soucis en propre.

E. W. WILCOX, *Solitude*.

L'insensé donne de la voix quand il rit;
C'est à peine tout bas que rit l'homme sage.

ANC. TEST., *Ecclésiastique*, XXI, 23 (Maredsous).

Malheureux, vous qui riez maintenant, car vous serez dans le deuil et dans les larmes!

NOUV. TEST., *Luc*, VI, 25 (Maredsous).

RISQUE

Ceux qui jouent avec des chats doivent s'attendre à être griffés.

CERVANTES, *Don Quichotte*.

ROI

On demanda à l'ambassadeur du Siam comment il avait trouvé l'habit de Louis XIV, qui avait 14 à 15 millions de pierreries :
— Je ne l'ai pas vu, dit-il, je verrais cent fois le roi avec cet habit que je ne verrais jamais que le roi.

GAYOT de PITAVAL, *L'Art d'orner l'esprit en l'amusant*, 1732.

Et ses mains ourdiraient les entrailles du prêtre,
A défaut d'un cordon, pour étrangler les rois.

DIDEROT, *Poésies Diverses*.

Et des boyaux du dernier prêtre
Serrons le cou du dernier roi.

LA HARPE, *Cours de Littérature anc. et mod.*

Ces malheureux rois,
Dont on dit tant de mal, ont du bon quelquefois.

F. ANDRIEUX, *Le Meunier de Sans-Souci*.

Autrefois, un roi de Thulé
Qui, jusqu'au tombeau fut fidèle,
Reçut, à la mort de sa belle,
Une coupe d'or ciselé.

W. GŒTHE, *Faust*.

Pour le Roi, souvent. Pour la Patrie, toujours.

J.-B. COLBERT (Devise).

L'histoire est pleine, jusqu'à ce jour, de l'imbécillité des rois et de celle des gouvernants. C'est une classe de gens à prendre en pitié, car ils ne savent pas ce qu'ils doivent faire.

EMERSON, *Hommes représentatifs*.

Qu'as-tu, Saül ? Tu règnes en ce lieu,
Oui, mais sonde tes reins, qu'est un roi devant Dieu
Sinon un vil amas de poudre couronnée ?

ALFIERI, *Saül*.

Il était un roi d'Yvetot,
Peu connu dans l'histoire,
Se levant tard, se couchant tôt,
Dormant fort bien sans gloire.

BERANGER, *Le Roi d'Yvetot.*

Il n'y a point de roi qui n'ait un esclave parmi ses ancêtres,
et point d'esclave qui n'ait un roi parmi les siens.

K. KELLER, *Histoire de ma vie.*

ROI DE PRUSSE

Il a travaillé, il a travaillé pour le roi de Prusse.

(Refrain d'une chanson sur la défaite du maréchal
Soubize à Rossbach, 1757).

ROMAN (voy. histoire)

Les grands romans viennent du cœur.

François MAURIAC, *Mémoires intérieurs.*

Les romans sentimentaux correspondent, en médecine, à des
histoires de malades.

NOVALIS, *Fragments inédits.*

ROMANCIER (voy. historien)

Le romancier est l'historien de ce qui ne se voit pas.

Charles PLISNIER.

Le romancier est, de tous les hommes, celui qui ressemble
le plus à Dieu : il est le singe de Dieu.

F. MAURIAC, *Le Roman.*

ROME

Quiconque oserait porter la main sur Rome serait coupable
de matricide aux yeux du monde civilisé et dans les
jugements éternels de Dieu.

PIE XII (devant le Collège des Cardinaux, 1944).

On n'a pas bâti Rome en un jour.

CERVANTES, *Don Quichotte.*

J'ai trouvé Rome en briques et l'ai quittée en marbre.

CESAR AUGUSTE (cité par Suetone).

Le Sénat et le Peuple romains.

> (S. P. Q. R. — *Senatus Populusque Romanus*).
> Devise de Rome sur les monuments, etc.

Non pas que j'aimais moins César, mais que j'aimais Rome plus encore.

> SHAKESPEARE, *Jules César*.

Tant que durera le Colisée, Rome durera ; quand le Colisée tombera, Rome tombera, et avec Rome, le monde.

> Lord BYRON, *Le pèlerinage de Childe Harold*.

Salut, Rome divine! Qui te méconnaît a l'esprit cerclé de froides ténèbres et dans son cœur criminel germent paresseusement toutes les semences de la barbarie.

> Giosué CARDUCCI, *Odes barbares*.

ROSE

Moins elle se montre, et plus elle est belle.

> Le TASSE.

Voici le printemps qui revient avec le charme des roses. Regarde leurs joues fraîches, et la plante amère de la tristesse sera déracinée de ton cœur.

> HAFIZ, *Les Ghazels*.

Où j'ai planté des rosiers, toujours j'ai moissonné des roses.

> A. NERVO, *L'aimée immobile*.

Vivez, si m'en croyez, n'attendez à demain :
Cueillez dès aujourd'hui les roses de la vie.

> RONSARD, *Sonnets pour Hélène ; A Hélène*.

Je vous salue, ô roses, étoiles solennelles. Roses, roses joyaux vivants de l'infini, bouches, seins, vagues âmes parfumées, larmes, baisers! grains et pollen de lune, ô doux lotus sur les étangs de l'âme, je vous salue, étoiles solennelles.

> F. GARCIA LORCA, *La prière des roses*.

Une rose d'automne est plus qu'une autre exquise.

> Agrippa d'AUBIGNE, *Les Tropiques*, IV.

Mais elle était du monde, où les plus belles choses
    Ont le pire destin;
Et rose elle a vécu ce qui vivent les roses,
    L'espace d'un matin.

        François de MALHERBE, *Stances à M. du Périer.*

J'ai voulu ce matin te rapporter des roses,
Mais j'en avais tant pris dans mes ceintures closes
Que les nœuds trop serrés n'ont pu les contenir...
Respires-en sur moi l'odorant souvenir...

        M. DESBORDES-VALMORE, *Les roses de Saadi.*

ROSEAU

Le passeur d'eau, les mains aux rames,
A contre flot, depuis longtemps;
Luttait, un roseau vert entre les dents.

        E. VERHAEREN, *Les Villages illusoires; Le Passeur d'eau.*

L'homme n'est qu'un roseau, le plus faible de la nature,
mais c'est un roseau pensant.

        PASCAL, *Pensées.*

ROSSIGNOL

Ils rendent le bruit même agréable au Silence.

        SAINT-AMANT, *Moïse.*

Il n'est point venu
Chanter en ce jour brumeux,
    Le rossignol.
Il dort quelque part, sans doute,
Ses petites pattes croisées.

        Akiko YOSANO, *Tankas.*

RUSSE

Grattez le Russe et vous trouverez le Tartare.

        Attribué à J. de MAISTRE, à NAPOLEON Ier et au
        Prince Ch. de LIGNE.

S

saint

SILENCE

SOUL SEPULTURE

SOUVENIR

SABRE

Eloignez le sabre...
Les Etats peuvent être sauvés sans lui.

BULWER-LYTTON, *Richelieu.*

Un sabre garde un autre dans le fourreau.

G. HERBERT, *Jacula Prudentum.*

SACRIFICE

Une vie de sacrifice est le sommet suprême de l'art.
Elle est pleine d'une véritable joie.

GANDHI, *Lettres à l'Ashram.*

La pensée du sacrifice procure à certaines femmes un
sombre plaisir.

W.-M. THACKERAY, *Histoire de Pendennis.*

SAGE (voy. iniquité)

Un homme devient sage à force de se rendre compte de ce
qui lui arrive quand il ne l'est pas.

Dublin Opinion.

Considère celui qui te fait voir tes défauts comme s'il te
montrait un trésor. Attache-toi au sage qui réprouve tes
fautes. En vérité, c'est un bien et non un mal de fréquenter
un tel homme.

(BOUDDHA), *Le Dhammapada.*

Sois plus sage que les autres si tu peux, mais ne le leur dis
point.

Lord CHESTERFIELD, *Lettre à son fils.*

Les constructeurs d'aqueducs conduisent l'eau à leur gré;
celui qui fabrique les flèches les façonne; les charpentiers
tournent le bois; le sage se façonne lui-même.

(BOUDDHA), *Le Dhammapada.*

Si tu es né dans la cabane du pauvre, sois cependant un sage, alors tu seras comme la fleur de lotus qui croît hors du bourbier.

Jitsu-go-kiyô.

SAGESSE (voy. art, connaissance)

La sagesse des vieillards, c'est une grande erreur. Ce n'est pas plus sages qu'ils deviennent, c'est plus prudents.

E. HEMINGWAY, *L'adieu aux armes.*

Je ne crois nullement que le dernier mot de la sagesse soit de s'abandonner à la nature, et de laisser libre cours aux instincts; mais je crois qu'avant de chercher à les réduire et domestiquer, il importe de les bien comprendre — car nombre des disharmonies dont nous avons à souffrir ne sont qu'apparentes et dues uniquement à des erreurs d'interprétation.

A. GIDE, *Corydon*, Préface.

La sagesse donne au sage plus de force que dix chefs de guerre réunis dans une ville.

ANC. TEST., *Ecclésiaste*, VII, 19 (Maredsous).

A force de sagesse, on peut être blâmable.

MOLIERE, *Le Misanthrope.*

La jeunesse est le temps d'étudier la sagesse; la vieillesse est le temps de la pratiquer.

J.-J. ROUSSEAU, *Rêveries du Promeneur solitaire.*

Et j'ai vu que la sagesse a de l'avantage sur les ténèbres; le sage a ses yeux à la tête, et l'insensé marche dans les ténèbres. Mais j'ai reconnu aussi qu'ils ont l'un et l'autre un même sort. Et j'ai dit en mon cœur : J'aurai le même sort que l'insensé; pourquoi donc ai-je été plus sage?

ANC. TEST., *Ecclésiaste*, II, 13 à 15 (Segond).

Les paroles sages sont comme du sucre de canne qu'on suce : la saveur ne peut en être épuisée.

(Proverbe malgache).

J'ai scruté tout cela avec sagesse. Je me suis dit : « Je veux être sage. » Mais la sagesse est restée loin de moi.

ANC. TEST., *Ecclésiaste*, VII, 23 (Maredsous).

370

SAINT

La seule différence entre le saint et le pécheur, c'est que chaque saint a un passé et chaque pécheur, un futur.

> Oscar WILDE, *Une Femme de peu d'importance.*

Il est plus aisé de faire un saint d'un libertin que d'un faquin.

> Georges SANTAYANA, *Petits Essais.*

Les saints sculptés ont eu beaucoup plus d'influence dans le monde que les saints vivants.

> G.-C. LICHTENBERG, *Aphorismes.*

J'ai bien peur que les saints qu'on voit se moquer des
[ivrognes
N'aillent porter un jour leurs prières au cabaret.

> HAFIZ, *Odes.*

SAINTETE

Mieux que la souveraineté en ce monde, mieux que la domination sur toutes les nations, est la récompense du premier pas dans la sainteté.

> *Dhammapada*, verset 178.

SALUT

Au plus indigne même, il ne doit pas être défendu de chercher le salut.

> *Ta-chwang-yan-king-lun* (LV).

SANG

Exterminez, grands dieux, de la terre où nous sommes,
Quiconque avec plaisir répand le sang des hommes!

> VOLTAIRE, *Mahomet ou le Fanatisme.*

Les hommes mentent quand ils assurent qu'ils ont horreur du sang.

> Ivan BOUNINE, *La nuit.*

SANTE

O santé! santé! bénédiction des riches! richesse des pauvres! qui peut t'acquérir à un prix trop élevé, puisqu'il n'y a pas de joie en ce monde sans toi?

> Ben JONSON, *Volpone.*

santé • 371

Tout préjudice porté volontairement à la santé est un *péché physique*.

H. SPENCER, *De l'éducation.*

La santé est le plus grand des dons; le contentement est la meilleure des richesses.

Dhammapada, verset 204.

SATISFACTION

Parbleu! dit le meunier, est bien fou du cerveau
Qui prétend contenter tout le monde et son père.

LA FONTAINE, *Le Meunier, son Fils et l'Ane.*

SAVANT

Je consens qu'une femme ait des clartés de tout,
Mais je ne lui veux point la passion choquante
De se rendre savante afin d'être savante.

MOLIERE, *Les Femmes Savantes.*

On apprend plus d'un bon savant en fureur que de vingt tâcherons.

R. KIPLING, *Souvenirs.*

Toute bouche de savant qui complimente un autre savant est un vase de fiel emmiellé.

V. HUGO, *Notre-Dame de Paris.*

L'Université m'effraie. Quand on sort de l'Université, il ne reste pas d'autre but que de devenir un grand homme. Or, cela est si difficile, il y a tant de candidats au titre de grand savant.

N. JOUKOVSKI (lettre à sa mère, 1864).

SAVOIR (voy. science)

Cette fantaisie est plus sûrement conçue par interrogation : *Que sais-je?* comme je la porte à la devise d'une balance.

MONTAIGNE, *Essais.*

Nos pères sur ce point, étaient gens bien sensés
Qui disaient qu'une femme en sait toujours assez,
Quand la capacité de son esprit se hausse
A connaître un pourpoint d'avec un haut-de-chausse.

MOLIERE, *Les Femmes Savantes.*

Je sais ce que je fus, je sais ce que je suis,
Je veux ce que je dois, je fais ce que je puis.

BOUSCAL, *La mort de Cléomène.*

Savoir par cœur n'est pas savoir.

MONTAIGNE, *Essais.*

Puisqu'on ne peut être universel et savoir tout ce qu'on
peut savoir sur tout, il faut savoir un peu de tout. Car il est
bien plus beau de savoir quelque chose de tout que de
savoir tout d'une chose; cette universalité est la plus belle.

PASCAL, *Pensées.*

Laissez dire les sots : le savoir a son prix.

LA FONTAINE, *Fables ; L'Avance de la Science.*

Il ne faut point juger des hommes par ce qu'ils ignorent,
mais par ce qu'ils savent, et par la manière dont ils le
savent.

VAUVENARGUES, *Réflexions et Maximes.*

SCANDALE

Malheur au monde à cause des scandales! Ils sont
inévitables; mais malheur à l'homme qui les cause!

NOUV. TEST., *Matthieu*, XVIII, 7 (Maredsous).

SCEPTICISME

Il peut se permettre le luxe du scepticisme celui qui possède
une foi profonde.

F. W. NIETZSCHE, *Le crépuscule des idoles.*

SCIENCE (voy. bonheur, conscience)

Toute découverte de la science pure est subversive en
puissance; toute science doit parfois être traitée comme un
ennemi possible.

A. HUXLEY, *Le meilleur des mondes.*

Savoir que l'on sait ce que l'on sait, et savoir que l'on ne sait
pas ce que l'on ne sait pas : voilà la véritable science.

CONFUCIUS, *Doctrine ; Le Lun-Yu.*

La science a fait de nous des dieux avant que nous ne
fussions devenus des dieux.

Jean ROSTAND.

Le faux rôle que jouent dans notre société les sciences et les arts proviennent de ce que les gens soi-disant civilisés, ayant à leur tête les savants et les artistes, sont une caste privilégiée comme les prêtres.

L. TOLSTOI, lettre à Romain Rolland, 1887.

Non, la science n'est pas une illusion, mais ce serait une illusion de croire que nous puissions trouver ailleurs ce quelle ne peut pas nous donner.

S. FREUD, *L'Avenir d'une illusion.*

Un jour viendra peut-être — qui sait si ce n'est pas aujourd'hui ? — où la science reprendra sa figure normale : source de sagesse et non de puissance, à l'égal de la musique et de la poésie : une interprétation de la Nature, et non une exploitation éhontée.

Charles MORGAN, *Le Cristal ardent.*

Science sans conscience n'est que ruine de l'âme.

RABELAIS, *Pantagruel.*

La véritable science enseigne, par-dessus tout, à douter et à être ignorant.

Miguel de UNAMUNO, *Le sens tragique de la vie.*

SCOUTISME

Des enthousiastes ont dit que le scoutisme était une révolution pédagogique.
Ce n'est pas cela.
Ce n'est qu'une suggestion lancée en faveur d'une jolie manière de se récréer en plein air, qui s'est trouvée être aussi un auxiliaire efficace de l'éducation...
En un mot, c'est une école de civisme par le moyen de la nature.

Lord Robert BADEN-POWELL.
Début de la préface d'*Eclaireurs.*

SECOURS

Reste avec moi : l'ombre du soir tombe vite;
L'obscurité se fait plus profonde, Seigneur, reste avec moi!
Quand les autres secours me manquent, et que les con-
[solations s'enfuient,
Secours des sans-secours, O! reste avec moi!

(Célèbre cantique anglo-saxon).

SECRET (voy. amitié, conduite)

Rien ne pèse tant qu'un secret;
Le porter loin est difficile aux dames,
Et je sais même sur ce fait
Bon nombre d'hommes qui sont femmes.

LA FONTAINE, *Les Femmes et le Secret.*

La divinité qui s'amuse
A me demander mon secret,
Si j'étais Apollon, ne serait point ma Muse;
Elle serait Thétis, et le jour finirait.

Le Marquis de SAINT-AULAIRE (à la duchesse du Maine).

Comment prétendons-nous qu'un autre garde notre secret,
si nous n'avons pu le garder nous-même?

LA ROCHEFOUCAULD, *Pensées.*

Chez moi, le secret est enfermé dans une maison aux
solides cadenas dont la clé est perdue et la porte scellée.

Les Mille et Une Nuits.

Mieux vaut souffrir en silence d'une passion cachée que de
se confier à un campagnon. Il est de tels secrets qu'on ne
dépose pas en des cœurs pleins de malice.

HAFIZ, *Les Ghazels.*

SEDUCTEUR

A chaque femme correspond un séducteur. Son bonheur,
ce n'est que de le rencontrer.

S. KIERKEGAARD, *In vino veritas.*

SEDUCTION

Presque tous les hommes, frappés par l'attrait d'un faux
bien ou d'une vaine gloire, se laissent séduire, volontairement ou par ignorance, à l'éclat trompeur de ceux qui
méritent le mépris plutôt que la louange.

MACHIAVEL, *Discours sur Tite-Live.*

SEIN

Couler une main libre autour d'un sein neigeux.

A. HARDY (cité par Sainte-Beuve, *Portraits contemp.*).

Que j'aime à la presser, quand sa taille légère
Emprunte du sérail les magiques atours ;
Ou qu'à mes sens ravis sa tunique étrangère
D'un sein voluptueux dessine les contours !

Antoine BERTIN, *Les Amours.*

SEMEUR

Et je médite, obscur témoin,
Pendant que, déployant ses voiles,
L'ombre, où se mêle une rumeur,
Semble élargir jusqu'aux étoiles
Le geste auguste du semeur.

V. HUGO, *Saison des Semailles ; Le Soir.*

(BON) SENS

Le paladin vit aussi, parmi tant de choses perdues, ce qu'il croyait, et ce que nous croyons tous posséder en si grande abondance, qu'à peine prions-nous quelquefois le ciel de nous l'accorder : hélas ! le bon sens. Oh ! que le vallon en contenait ! Un bon tiers de son espace en était rempli.

ARIOSTE, *Roland furieux*, chant XXXIV.

Le bon sens est le concierge de l'esprit : son office est de ne laisser entrer ni sortir les idées suspectes.

Daniel STERN.

Le bon sens est la chose au monde la mieux partagée : car chacun pense en être si bien pourvu, que ceux mêmes qui sont les plus difficiles à contenter en toute chose n'ont point coutume d'en désirer plus qu'ils en ont.

DESCARTES, *Discours de la Méthode.*

Ce n'est à la raison, mais au bon sens, qu'il eût fallu jadis élever un temple. Beaucoup d'hommes sont doués de raison, très peu de bon sens.

Gustave LE BON, *Hier et Demain.*

Que Dieu me protège ! s'écria Sancho, n'avais-je pas prévenu Votre Grâce de bien prendre garde ? Ne l'ai-je pas avertie que c'étaient des moulins à vent et que, pour s'y tromper, il fallait en avoir d'autres dans la tête ?

CERVANTES, *Don Quichotte.*

SENS CRITIQUE

Avoir le sens critique, c'est porter le plus vif intérêt à un ouvrage qui, justement, vous paraît en manquer. Avoir le sens critique, c'est déclarer en trois lignes qu'une pièce ou qu'un livre est une œuvre admirable — mais c'est avoir besoin d'une colonne entière de journal pour expliquer qu'une chose est mauvaise.

Sacha GUITRY, *Cent Merveilles* (Préface).

SENSIBILITE (voy. juger)

Ne méprisez la sensibilité de personne. La sensibilité de chacun, c'est son génie.

Ch. BAUDELAIRE, *Journaux intimes*, XVIII.

SENTIMENT (voy. raison)

Dès qu'un sentiment s'exagère, la faculté de raisonner disparaît.

G. LE BON, *Hier et Demain*.

Les morts dorment en paix dans le sein de la terre :
Ainsi doivent dormir nos sentiments éteints.
Ces reliques du cœur ont aussi leur poussière.

A. de MUSSET, *La Nuit d'octobre*.

Chez les amis, tout s'excuse, tout passe;
Chez les amants, tout plaît, tout est parfait;
Chez les époux, tout ennuie et tout lasse.

LA FONTAINE, *Contes et Nouvelles*.

SEPARATION

Va donc en paix, ma fille. Oublie ton berceau et ta maison paternelle; prends la main du fiancé qui devient pour toi un père et une mère. Sois dans sa maison comme une vigne féconde, et que vos enfants couronnent votre table comme les verts rameaux d'un olivier!

J.-H. VOSS, *Louise* (3e Idylle).

Mais si l'on veut les séparer
Le coudrier meurt promptement,
Le chèvrefeuille mêmement.
Belle amie, ainsi est de nous :
Ni vous sans moi, ni moi sans vous.

MARIE de France, *Poésies ; Lai du Chèvrefeuille*.

séparation • 377

Mais pourtant l'heure vint, et tu t'en es allée,
J'ai jeté dans la nuit notre bague d'amour.
Et toi tu as remis ton destin à un autre,
Et j'ai perdu les traits charmants de ton visage.

Alexandre A. BLOK, *Châtiment*.

La flamme de la séparation cruelle me consume tout entier.
O vent du soir, rafraîchis-moi de ton haleine, mais que
cette haleine soit embaumée de son parfum.

HAFIZ, *Les Ghazels*.

Ciel! que le moment fuit! que les plaisirs sont courts!
Déjà la lune errante, aux deux tiers de son cours,
Sous des nuages noirs se perdait éclipsée;
L'airain sonnait minuit, il fallut nous quitter.

Antoine BERTIN, *Elégie XI*.

SEPULTURE

Et vous, arbres élevés et touffus, si vous êtes susceptibles
de quelque sentiment, étendez toujours votre ombre sur ma
sépulture!

SANNAZAR, *Arcadie*.

SERMENT

Les serments les plus forts se consument au feu de la
passion comme une paille légère.

SHAKESPEARE, *La Tempête*.

Pesez serment contre serment, et vous pèserez le néant.

SHAKESPEARE, *Le songe d'une nuit d'été*.

Le serment d'un amoureux n'est pas plus valable que la
parole d'un cabaretier : l'un et l'autre se portent garants de
faux comptes.

SHAKESPEARE, *Comme il vous plaira*.

SERVICE

Les hommes ne s'attachent point à nous en raison des
services que nous leur rendons, mais en raison de ceux qu'ils
nous rendent.

E. LABICHE, *Le Voyage de M. Perrichon*.

Un service au-dessus de toute récompense
A force d'obliger tient presque lieu d'offense.

Pierre CORNEILLE, *Suréna*.

Si vous avez à passer un service avec une injure, ôtez au
poids de l'une et ajoutez à celui de l'autre : vous ne serez que
juste.

SENEQUE.

SERVIR

Bon appétit, messieurs! O ministres intègres!
Conseillers vertueux! voilà votre façon
De servir, serviteurs qui pillez la maison.

V. HUGO, *Ruy Blas*.

Qu'y a-t-il de plus honorable et de plus profitable aussi, que
de servir Dieu d'abord, puis le Roi, son serviteur naturel?

CERVANTES.

On n'est jamais si bien servi que par soi-même.

Ch.-G. ETIENNE, *Brueis et Palaprat*.

SEUL (voy. solitude)

Beaucoup mieux seul qu'avec des sots.

LA FONTAINE, *Fables ; L'Ours et l'Amateur des Jardins*.

L'homme le plus fort du monde entier, c'est celui qui est
le plus seul.

H. IBSEN, *Un ennemi du peuple*.

Ce qui importe avant tout, c'est d'entrer en nous-même pour
y rester seul avec Dieu.

THERESE d'AVILA, *Le chemin de la perfection*.

L'Eternel Dieu dit : « Il n'est pas bon que l'homme soit
seul; je lui ferai une aide semblable à lui.

ANC. TEST., *Genèse*, II, 18 (Segond).

Les textes saints se sont trompés : il est bon — il est même
excellent — que l'homme soit seul, mais il n'est pas assez
sage pour chercher son vrai bonheur.

Ed. JALOUX, *La Grenade mordue*.

seul • 379

Tout notre mal vient de ne pouvoir être seuls : de là le jeu, le luxe, la dissipation, le vin, les femmes, l'ignorance, la médisance, l'envie, l'oubli de soi-même et de Dieu.

LA BRUYERE, *Les Caractères*.

Seulette suis et seulette veux être.
Seulette m'a mon doux ami laissée,
Seulette suis, dolente et affligée,
Seulette suis en langueur malheureuse,
Seulette suis plus que nulle perdue,
Seulette suis sans ami demeurée.

Christine de PISAN, *Cent Ballades*.

Ah! si vous saviez comme on pleure
De vivre seul et sans foyer,
Quelquefois devant ma demeure
Vous passeriez.

SULLY-PRUDHOMME, *Poésies*. Prière.

SEXE

Le sexe d'une femme très fascinante est un défi, non une défense.

Oscar WILDE.

SHAKESPEARE

Shakespeare est le seul biographe de Shakespeare.

EMERSON, *Hommes représentatifs*.

SILENCE (voy. solitude, rossignol)

Dans le silence et la solitude, on n'entend plus que l'essentiel.

Camille BELGUISE, *Echos du Silence*.

J'ai un avis à vous donner : toutes les fois que vous voudrez parler, taisez-vous!

TURENNE (à un officier bavard).

Pour les diplomates comme pour les femmes, le silence est souvent la plus claire des explications.

G. LE BON, *Hier et Demain*.

J'imite de Conrart le silence prudent.

BOILEAU, *Epîtres*.

Le silence est la plus grande persécution; jamais les saints ne se sont tus.

PASCAL, *Pensées*.

Muet, aveugle et sourd au cri des créatures,
Si le Ciel nous laissa comme un monde avorté,
Le juste opposera le dédain à l'absence,
Et ne répondra plus que par un froid silence
Au silence éternel de la Divinité.

A. de VIGNY, *Les Destinées*.

Un silence peut être parfois le plus cruel des mensonges.

R. L. STEVENSON, *Virginibus Puerisque*.

Il y a une sorte de silence où l'enveloppe dure et opaque qui nous enferme et nous protège, la gangue de fictions, de préjugés, de phrases toutes faites qui nous sépare et nous oppose, homme contre homme, commence à se fendre, à s'ouvrir. Il ne faut pas avoir peur de ce silence-là. Il ne faut pas avoir peur de renoncer à toutes les formules, à tous les mots d'ordre, à tous les lieux communs.

I. SILONE, *Le pain et le vin*.

Seul le silence est grand, tout le reste est faiblesse.

A. de VIGNY, *Les Destinées*.

Le silence! Si limpide qu'il n'existe même pas.
Le néant, le néant primitif.
Parfois, le silence semble s'éveiller un peu, sortir de son rêve. Il se met à couler doucement, doucement.
Haleine du temps qui dure. Pluie fine sur une mer sans borne.
Puis de nouveau le néant. Tout est figé; silence et ténèbres sont mêlés, confondus.

G. DUHAMEL, *Les Plaisirs et les Jeux*.

J'écoute, à demi transporté,
Le bruit des ailes du Silence,
Qui vole dans l'obscurité.

SAINT-AMANT, *La Solitude*.

Il faut être au désert, ô Dâssîne, pour savoir quel est le silence de la nuit; on dirait qu'il tombe de la lampe de chaque étoile et du tombeau blanc de la lune.

MARAVAL-BERTHOIN, *Chants du Hoggar*.

silence ● **381**

Le silence est l'élément dans lequel se façonnent les grandes choses.

CARLYLE, *Sartor Resartus.*

Le silence est aussi plein de sagesse et d'esprit en puissance que le marbre non taillé est riche de sculpture.

Aldous HUXLEY, *Contrepoint.*

SIMILITUDE

Tous les gens sont pareils : crevant de peur à la pensée de la mort et obsédés par le sexe.

Claude MAURIAC (*Les Nouvelles littéraires*).

SINCERITE

Les hommes sont toujours sincères, ils changent de sincérité, voilà tout.

Tristan BERNARD, *Ce que l'on dit des femmes.*

SOCIABILITE

Les coquins sont toujours sociables, et le principal signe auquel on reconnaît un homme ayant quelque noblesse de caractère est le menu plaisir qu'il prend dans la compagnie d'autrui.

A. SCHOPENHAUER, *Conseils et Maximes.*

SOCIETE

La société est comme un navire; tout le monde doit contribuer à la direction du gouvernail.

H. IBSEN, *Un ennemi du peuple.*

Ce ne sont pas les philosophes, mais bien ceux qui s'adonnent au bois découpé et aux collections de timbres, qui constituent l'armature de la société.

A. HUXLEY, *Le meilleur des mondes.*

Les activités mentales d'un être humain vivant dans le monde, pourvu qu'il ne soit pas solitaire comme Robinson Crusoë sur une île déserte, doivent être influencées par la société.

KUO MO-JO (cité dans *Chinese Literature*, n° 5, 1959).

SOCIETE

Une société unie n'est pas une société sans différences, mais une société sans frontières intérieures.

Olivier GUICHARD, *Un chemin tranquille.*

SOI

Il n'est pas d'entreprise plus raisonnable que de parler de soi, plus agréable pour l'auteur et ses lecteurs, et soin plus nécessaire, du moins plus avouable.

P. LEAUTAUD.

L'extrême plaisir que nous prenons à parler de nous-mêmes nous doit faire craindre de n'en donner guère a ceux qui nous écoutent.

LA ROCHEFOUCAULD, *Maximes.*

Il faut se connaître soi-même; quand cela ne servirait pas à trouver le vrai, cela au moins sert à régler sa vie, et il n'y a rien de plus juste.

PASCAL, *Pensées.*

La coutume a fait le parler de soi vicieux.

MONTAIGNE, *Essais*, II.

Ce sujet favori, moi-même.

J. BOSWELL, (*Lettre* à Temple, 1763).

Chacun extérieurement, devant les autres, se montre plein de dignité. Mais chacun sait bien tout ce qui se passe d'inavouable en nous dès que nous nous trouvons seuls avec nous-mêmes.

L. PIRANDELLO, *Six personnages en quête d'auteur.*

Je ne parlerai pas de moi à la troisième personne — « l'auteur de ces pages », etc. — parce que c'est une hypocrisie puérile. Je dirai je, parce que c'est là qu'est la simplicité et le naturel.

H. de MONTHERLANT, *Service inutile.*

Tous les autels, les uns après les autres, se sont écroulés sous nos yeux; un seul demeure, éternel, celui sur lequel nous encensons notre idole suprême — nous-mêmes. Notre dieu est grand et l'argent est son prophète.

Okakura KAKUZO, *Le Livre du Thé.*

SOIR

C'était un soir de grâce et de mansuétude.

A. SAMAIN, Elégies ; Le Chariot d'Or.

A l'heure où dans les champs l'ombre des monts s'allonge.

V. HUGO, Aristophane.

J'aime les soirs sereins et beaux, j'aime les soirs,
Soit qu'ils dorent le front des antiques manoirs
Ensevelis dans les feuillages,
Soit que la brume au loin s'allonge en bancs de feu,
Soit que mille rayons brisent dans un ciel bleu
A des archipels de nuages.

V. HUGO, Soleils couchants.

Tu demandes pourquoi je reste sans rien dire...
C'est que voici le grand moment,
l'heure des yeux et du sourire,
le soir... et que ce soir je t'aime... infiniment!

Paul GERALDY, Toi et Moi.

Le jour fuit; de l'airain les lugubres accents
Rappellent au bercail les troupeaux mugissants;
Le laboureur lassé regagne sa chaumière
Délaisse par degrés les monts silencieux;
Un calme solennel enveloppe les cieux.

Thomas GRAY, Elégie sur un cimetière de campagne
(trad. M.-J. Chénier).

A présent, tisonne le feu et ferme bien les volets; baisse
les rideaux, approche le canapé. Et tandis que de l'urne
bouillonnante et bruyante s'élève une colonne de vapeur, et
que les tasses, qui réjouissent sans enivrer, attendent
chacun de nous, faisons donc ici bon accueil à une soirée
paisible.

W. COWPER, La tâche ; La soirée d'hiver.

SOLDAT

J'ai des rêves de guerre en mon âme inquiète;
J'aurais été soldat, si je n'étais poète.

V. HUGO, Odes et Ballades.

Le métier de soldat est l'art du lâche; c'est l'art d'attaquer sans merci quand on est fort, et de se tenir loin du danger quand on est faible. Voilà tout le secret de la victoire.

G.-B. SHAW, *Le Héros et le Soldat.*

J'ai observé que le métier le plus naturel à l'homme est celui de soldat; c'est celui auquel il est porté le plus facilement par ses instincts et par ses goûts, qui ne sont pas le fin de l'espèce.

A. FRANCE, *Les opinions de M. Jérôme Coignard.*

SOLEIL

Je t'adore! Soleil! ô toi dont la lumière,
Pour bénir chaque front et mûrir chaque miel,
Entrant dans chaque fleur et dans chaque chaumière,
Se divise et demeure entière
Ainsi que l'amour maternel!

E. ROSTAND, *Chantecler.*

Je te salue, âme du monde,
Sacré soleil, astre de feu,
De tous les biens source féconde,
Soleil, image de mon Dieu!

MALFILATRE, *Le Soleil fixe au milieu des planètes.*

Eveille-toi, soleil, éveille-toi, monte, monte, plus haut que ma voix, plus haut que les cris de la caravane et que ceux du simoun qui veut enrouler sur ta face d'or le voile noir semblable à celui des Hall-el-Litham.

MARAVAL-BERTHOIN, *Chants du Hoggar.*

SOLITUDE (voy. caractère, coucou, écrivain, paradis, silence, seul)

Tout le pays est blanc sous l'immense linceul,
Où pas un être humain n'apparaît... pas un seul.

André LEMOYNE, *Poésies.*

La solitude désole le cœur et contente l'esprit.

Camille BELGUISE, *Echos du Silence.*

Peu d'hommes s'aperçoivent de ce qu'est la solitude, et combien elle s'étend; car une foule n'est pas une compa-

solitude • 385

gnie, et des figures ne sont qu'une galerie de portraits, et la conversation, une cymbale résonnante, là où il n'y a point d'amour.

Francis BACON, *Essai sur l'Amitié.*

J'errais solitaire comme un nuage
Qui flotte, là-haut, par monts et par vaux.

WORDSWORTH, *Poèmes sur l'Imagination.*

La solitude est à l'esprit ce que la diète est au corps, mortelle lorsqu'elle est trop longue, quoique nécessaire.

VAUVENARGUES, *Pensées et Maximes.*

Une seule chose est nécessaire : la solitude. La grande solitude intérieure. Aller en soi-même et ne rencontrer pendant des heures personne, c'est à cela qu'il faut parvenir. Etre seul, comme l'enfant est seul...

R. M. RILKE, *Lettres à un jeune poète.*

Bienheureux est celui qui, très loin du vulgaire,
Vit en quelque rivage, éloigné, solitaire.

VAUQUELIN de la FRESNAYE, *Satires.*

Bien qu'on vante la solitude,
A la longue elle fait bâiller.

A. TREMBLEY, *Fables Le Lapin, la Marmotte et la Chatte.*

Il faut être perdu dans le désert, ô Dâssîne, pour savoir ce qu'est la solitude, où ne chante ni un arbre ni un oiseau, dans l'aridité des pierres ou du sable.
Celui qui ne connaît pas cela ne peut pas dire qu'il soit jamais resté seul.

MARAVAL-BERTHOIN, *Chants du Hoggar.*

La double solitude où sont tous les amants.

Anna de NOAILLES, *Les Vivants et les Morts.*

Il n'y a plus de solitude là où est la poésie. C'est ainsi que le poète est à la fois le plus solitaire et le moins solitaire des hommes.

C.-F. RAMUZ, *Remarques.*

La solitude ne dépend pas de l'extérieur;
C'est une chose du dedans.

E. ESTAUNIE.

On est plus heureux dans la solitude que dans le monde. Cela ne viendrait-il pas de ce que dans la solitude on pense aux choses, et que dans le monde on est forcé de penser aux hommes?

CHAMFORT, *Maximes et Pensées.*

Cela me paraît physiologique, la solitude... On n'en finit jamais avec le problème de la solitude et le désir d'y échapper... Personne ne peut admettre, quand il refléchit, ce terrible chemin quotidien vers la mort... Cette conscience d'un soi immuable, assez perdu et incommunicable à la fois.

Françoise SAGAN, *Interview.*

La solitude apporte tout, sauf le caractère.

STENDHAL.

Il y aura toujours de la solitude pour ceux qui en sont dignes.

BARBEY D'AUREVILLY.

SOMMEIL

Rarement le sommeil visite le chagrin; quand il daigne le faire, c'est un consolateur tout-puissant.

SHAKESPEARE, *La Tempête.*

Béni soit celui qui inventa le sommeil!

CERVANTES, *Don Quichotte.*

SONGERIE

Encore un peu de temps et les profanes eux-mêmes sauront qu'un inventeur, pour faire jaillir l'étincelle et changer la face de la terre, doit rêver à l'aise, perdre du temps, bégayer du génie. Tout le monde commence à comprendre que la songerie féconde a parfois le visage et la démarche hésitante de l'oisiveté.

G. DUHAMEL, *Le Temps de la Recherche.*

SORT

O cruauté du sort qui n'a jamais de cesse.

RACAN, *Bergeries.*

SOT

Oh! que ceux qui auront été patients avec les sots auront une belle couronne dans le ciel! Mais je crois qu'il n'y en aura pas beaucoup.

L. VEUILLOT, *Correspondance, VII.*

Les sots sont ici-bas pour nos menus plaisirs.

J.-B. GRESSET, *Le Méchant.*

Le sot a un grand avantage sur l'homme d'esprit : il est toujours content de lui-même.

NAPOLEON Ier.

SOTTISE

Des sottises d'autrui nous vivons au Palais.
Messieurs, l'huître était bonne. Adieu. Vivez en paix.

BOILEAU, *Epîtres.*

Des sottises du temps je compose mon fiel.

BOILEAU, *Discours au roi.*

Si un homme commet une sottise, les hommes diront : « Qu'il est bête! » Mais si c'est une femme : « Que les femmes sont bêtes! »

Destroit News.

Je n'en veux point aux sots, j'en veux à la sottise.

J. DU LORENS, *VIIe satire.*

SOUCI

Qui de vous, à force de se faire du souci, peut prolonger la durée de sa vie d'une seule coudée?

NOUV. TEST., *Luc*, XII, 25 (Maredsous).

SOUFFRANCE

Les saints parlent de la beauté de la souffrance. Mais vous et moi, nous ne sommes pas des saints. Pour nous, la souffrance n'est que laide; elle est la puanteur, la foule grouillante, la douleur physique.

Gr. GREENE, *La puissance et la gloire.*

Soyez béni, mon Dieu, qui donnez la souffrance
Comme un divin remède à nos impuretés.

BAUDELAIRE, *Les fleurs du mal.*

Il n'est guère de souffrance dont vous ne puissiez émousser la pointe, en imaginant combien elle pourrait être pire.

H. de MONTHERLANT, *Service inutile.*

SOUPIR

Le premier soupir de l'amour
Est le dernier de la sagesse.

BRET, *L'Ecole Amoureuse.*

Un soupir est un reproche au présent, un sourire au passé.

Mme E. de GIRARDIN.

SOURIRE

On peut sourire et sourire et pourtant être un scélérat.

SHAKESPEARE, *Hamlet.*

Prends la vie comme tu prends cette coupe, le sourire aux lèvres, même si ton cœur saigne. Ne gémis pas comme un luth et cache tes blessures!

HAFIZ, *Les Ghazels.*

Si vous n'avez rien à me dire,
Pourquoi venir auprès de moi?
Pourquoi me faire ce sourire
Qui tournerait la tête au roi?

V. HUGO, *Les Contemplations.*

SOUVENIR

Oh! garder à jamais l'heure élue entre toutes,
Pour que son souvenir, comme un parfum séché,
Quand nous serons plus tard las d'avoir trop marché,
Console notre cœur, seul, le soir, sur les routes!

Albert SAMAIN, *Au Jardin de l'Infante ; Elégie.*

Ton souvenir est comme un livre bien-aimé,
Qu'on lit sans cesse, et qui jamais n'est refermé,
Un livre où l'on vit mieux sa vie, et qui vous hante
D'un rêve nostalgique, où l'âme se tourmente.

A. SAMAIN, *Au Jardin de l'Infante.*

Je rêve que l'enfance m'est rendue, et je secoue ma tête grise. Quoi, vous me hantez encore, images que je croyais depuis longtemps oubliées?

A. von CHAMISSO, *Le château de Boncourt.*

Le souvenir du bonheur n'est plus du bonheur; le souvenir
de la douleur est de la douleur encore.

Lord BYRON, *Marino Faliero.*

Aveugle, inconstante, ô fortune!
Supplice enivrant des amours!
Ote-moi, mémoire importune,
Ote-moi ces yeux que je vois toujours.

A. de MUSSET, *Souvenirs des Alpes.*

Passons, passons, puisque tout passe,
Je me retournerai souvent.
Les souvenirs sont cors de chasse
Dont meurt le bruit parmi le vent.

G. APOLLINAIRE, *Alcools.*

Ton souvenir en moi luit comme un ostensoir!

BAUDELAIRE, *Les fleurs du mal.*

Au crépuscule, sur mon cœur,
Tombe la neige du souvenir...
Douce et tremblante,
Monotone et mélancolique.

Rofu MIKI, *Cloche à travers la neige.*

Une chanson, là-bas... C'est un mendiant. Puisqu'il chante,
ce vieillard qui n'a jamais rien possédé, pourquoi gémis-tu,
toi qui as de si beaux souvenirs?

TOU-FOU, *Poèmes.*

Longtemps, longtemps que mon cœur soit rempli de tels
[souvenirs!
Comme le vase dans lequel, jadis, furent distillées des roses.
Brisez ce vase, réduisez-le en éclats, si vous aimez;
Longtemps encore persistera le parfum des roses.

Thomas MOORE, *Adieu! Mais lorsque...*

Il n'existe point de plus grande peine que de se remémorer,
dans l'adversité, l'époque où l'on était heureux.

DANTE, *L'Enfer, V.*

Dante, pourquoi dis-tu qu'il n'est pire misère
Qu'un souvenir heureux dans les jours de douleur?

A. de MUSSET, *Poésies nouvelles.*

Il y a une période où les souvenirs sont comme des sables mouvants dans lesquels on s'enfonce, on s'enlise... et puis, peu à peu, ils prennent pour ainsi dire de la consistance, jusqu'à devenir comme un terrain solide sur lequel on va d'un pas élastique et léger.

M. DONNAY, *La Patronne.*

D'une joie même, le souvenir a son amertume, et le rappel d'un plaisir n'est jamais sans douleur.

O. WILDE, *Le Portrait de Dorian Gray.*

Et là, dans cette nuit qu'aucun rayon n'étoile,
L'âme, en un repli sombre où tout semble finir,
Sent quelque chose encor palpiter sous un voile...
C'est toi qui dors dans l'ombre, ô sacré souvenir!

V. HUGO, *Tristesse d'Olympio.*

A qui demanderai-je un souvenir de celle qui est partie?
Ce qu'a murmuré la brise, avec la brise s'est enfui.

HAFIZ, *Les Ghazels.*

SPECIALISTE

L'éminence même d'un spécialiste le rend dangereux.

Dr Alexis CARREL, *L'Homme, cet inconnu.*

SPIRITUEL

Un homme spirituel est comme un os de jambon; il donne aux mets du goût et de la saveur, mais plus d'un risque de gâter le potage.

T. G. SMOLLET.

STATISTIQUE

Il y a trois sortes de mensonges : les mensonges, les mensonges maudits et les statistiques.

B. DISRAELI (cité par Mark Twain dans son *Autobiographie*).

STERILITE (voy. attente)

STUPIDITE

Contre la stupidité, même les dieux
Se disputent en vain.

SCHILLER, *La Pucelle d'Orléans.*

style ● 391

STYLE (voy. acrobate)

Quand on voit le style naturel, on est tout étonné et ravi,
car on s'attendait de voir un auteur, et on trouve un homme.

PASCAL, *Pensées.*

Mais dans l'art dangereux de rimer et d'écrire,
Il n'est pas de degré du médiocre au pire.

BOILEAU, *L'Art Poétique.*

Le style est l'homme même.

BUFFON, *Discours sur le Style.*

Le poli et le fini sont au style ce que le vernis est au tableau;
il les conserve, les fait durer, les éternise en quelque sorte.

J. JOUBERT, *Pensées.*

Le style est comme le cristal; sa pureté fait son éclat.

V. HUGO.

Un magistrat demandait à Oscar Wilde s'il reconnaissait
qu'une certaine brochure obscène était immorale. — Elle
est pire, répondit l'écrivain, elle est mal écrite.

Le style est le vêtement des pensées.

Lord CHESTERFIELD, à son fils, 1749.

Ne négligez point votre style, quelque langue que vous
parliez, quel que soit l'homme qui vous écoute, fût-ce même
votre valet. Poursuivez les meilleurs termes et les expressions
les plus heureuses que vous puissiez trouver.

Lord CHESTERFIELD, à son fils, 1749.

Le style sur l'idée, c'est l'émail sur la dent.

V. HUGO.

SUCCES

Voilà! Mon poème est fini, et je puis me moquer, en
longeant les bords de cette rivière,
Du succès, des honneurs et des richesses. Car les suffrages
du monde sont-ils vraiment de longue durée?
Mais non! il serait aussi fou de le croire que de croire que
les eaux du Han pourraient remonter leurs cours.

LI T'AI PO, *Le Chant sur la rivière* (tr. C. Leplae).

Le succès est le seul juge ici-bas de ce qui est bon et mauvais.

A. HITLER, *Mon Combat*.

J'ai souvent observé que la cause du succès ou du non-succès des hommes dépendait de leur manière d'accommoder leur conduite aux temps. Celui qui se trompe le moins, et que la fortune seconde, est celui qui fait accorder, comme je l'ai dit, ses moyens avec le temps et les circonstances; mais on ne chemine jamais qu'entraîné par la force de son naturel.

MACHIAVEL, *Discours sur Tite-Live*.

SUFFISANCE

La suffisance n'exclut pas le talent, mais elle le compromet.

Vicomte L. de BONALD, *Pensées*.

SUFFRAGE (voy. indifférence)

SUGGESTION (poétique)

Nommer un objet, c'est supprimer trois quarts de la puissance du poème qui est faite du bonheur de deviner peu à peu; le suggérer, voilà le rêve.

MALLARME, *Enquête sur l'évolution littéraire*.

SUICIDE (voy. désespoir)

SUPERFLU

La tête réclamera-t-elle des fleurs, lorsque le ventre réclame du riz?

(Maxime de l'Inde méridionale).

SUPERIORITE (voy. esprit)

Celui-ci vaut celui-là : il n'y a de véritable supériorité que celle de l'intelligence et de la vertu.

A. DUMAS, fils, *Le Régent Mustel*.

SUPERSTITION

L'art de se mettre en règle avec les coïncidences.

J. COCTEAU.

SURHOMME

Je vous enseigne le Surhomme. L'homme est quelque chose qui doit être dépassé.

NIETZSCHE, *Ainsi parlait Zarathoustra*.

SURVIVRE

Il y a lieu de placer la *gloire de survivre* au-dessus de la *joie de vivre*.

Miguel de UNAMUNO.

SYMPATHIE

Il est des nœuds secrets, il est des sympathies
Dont par le doux rapport les âmes assorties
S'attachent l'une à l'autre et se laissent piquer.
Par ces je ne sais quoi qu'on ne peut expliquer.

CORNEILLE, *Rodogune.*

N'importe qui peut sympathiser avec les souffrances d'un ami. Sympathiser avec les succès d'un ami exige une très délicate nature.

O. WILDE, *Phrases et Philosophies.*

SYMBOLE

Tout ce qui passe n'est que symbole.

W. GŒTHE, *Le Second Faust, V.*

timidité **t**

TABA**C**

TENEBRES

tentati**on** **TYRANNIE**

TABAC

Quoi qu'en dise Aristote et sa docte cabale,
Le tabac est divin, il n'est rien qui l'égale !

Thomas CORNEILLE, *Le Festin de Pierre.*

C'est la passion des honnêtes gens, et qui vit sans tabac
n'est pas digne de vivre.

MOLIERE, *Don Juan.*

Le tabac est l'herbe la plus souveraine et la plus précieuse
que la terre ait jamais offerte à l'homme.

Ben JONSON, *Chaque homme a son humeur.*

Une femme est seulement une femme, mais un bon cigare
c'est tout un arôme.

R. KIPLING, *Le Fiancé.*

TABLEAU

Ce qui entend le plus de bêtises dans le monde est peut-être
un tableau de musée.

E. et J. de GONCOURT, *Idées et sensations.*

Le premier mérite d'un tableau est d'être une fête pour
l'œil.

Eugène DELACROIX.

TALENT (voy. génie, suffisance)

Au fond, voyez-vous, le classicisme et le romantisme, tout
cela c'est de la blague ; il n'y a que le talent qui compte.

André MAUREAS à M. Barrès.

Ayez du talent, on vous reconnaîtra peut-être du génie.
Ayez du génie, on ne vous reconnaîtra jamais du talent.

Sacha GUITRY.

talent • 397

Le talent se développe dans la retraite; le caractère se forme dans le tumulte du monde.

GŒTHE, *Tasso.*

TALION

Vous avez appris qu'il a été dit : Oeil pour œil, dent pour dent. Mais moi, je vous dis de ne pas résister au méchant. Si quelqu'un te frappe sur la joue droite, présente-lui l'autre aussi.

NOUV. TEST., *Matth.* V, 38-39 (Maredsous).

TARD

Je suis venu trop tard dans un monde trop vieux.

A. de MUSSET, *Rolla.*

TECHNIQUE

La technique ne suffit pas à créer une civilisation. Pour qu'elle soit un élément de progrès, elle exige un développement parallèle de nos conceptions morales, de notre volonté de réaliser ensemble un effort constructif.

BAUDOUIN Ier (Inauguration de l'Expo. Univ. de Bruxelles, 1958).

TEMPS (voy. abandon, moment, tristesse)

Nous vivons un temps où la vie intellectuelle semble s'enivrer de la prolifération de ses mécanismes, jusqu'à devenir trop souvent un jeu dévoyé et confus de doctrines et de mots, indifférents à toute responsabilité comme à toute solidité.

René HUYGUE, *Discours à l'Académie*, 1972.

Il y a des gens qui ne savent pas perdre leur temps tout seuls : ils sont le fléau des gens occupés.

L. de BONALD.

Hâtons-nous; le temps fuit, et nous traîne avec soi :
Le moment où je parle est déjà loin de moi.

BOILEAU, *Epîtres.*

Le temps a laissé son manteau
De vent, de froidure et de pluie,
Et s'est vêtu de broderie
De soleil luisant, clair et beau.

Charles d'ORLEANS, *Rondel.*

Le temps s'en va, le temps s'en va, madame,
Las! le temps, non, mais nous nous en allons,
Et tôt serons étendus sous la lame.

RONSARD, *Pièces retranchées.*

Gardez-vous bien surtout de remettre à l'automne :
L'hiver vient aussitôt : rien n'arrête le temps,
Clymène, hâtez-vous, car il n'attend personne.

LA FONTAINE, *Clymène* (comédie).

Le temps est un grand maître, il règle bien des choses.

CORNEILLE, *Sertorius.*

Le Temps qui, sans repos, va d'un pas si léger
Emporte avec lui que toutes les belles choses;
C'est pour nous avertir de le bien ménager,
Et faire des bouquets dans la saison des roses.

TRISTAN L'HERMITE, *Amours.*

Le Temps, cette image mobile
De l'immobile éternité.

J.-B. ROUSSEAU, *Odes.*

Il n'est rien de plus précieux que le temps, puisque c'est
le prix de l'éternité.

BOURDALOUE, *De la Perte du temps.*

Cet heureux temps n'est plus. Tout a changé de face.

RACINE, *Phèdre.*

O temps! suspends ton vol; et vous, heures propices,
Suspendez votre cours!
Laissez-nous savourer les rapides délices
Des plus beaux de nos jours!

LAMARTINE, *Premières Médit. poét.; Le Lac.*

O temps! courant fatal où vont nos destinées,
De nos plus chers espoirs aveugle destructeur,
Sois béni! car, par toi, nos amours moissonnées
Peuvent encor revivre, ô grand consolateur!

L. FRECHETTE, *Les fleurs boréales*

On n'écoute pas d'autre prédication que le temps, qui vous
inculque toutes les idées que les gens plus âgés que vous
avaient vainement essayé de vous mettre dans la tête.

Jonathan SWIFT

temps ● 399

Ne soyons pas de ceux qui profanent le temps en usant mal de lui; de ceux qui le « tuent » en n'en usant point; de ceux qui le gaspillent en l'employant à des riens; de ceux qui le surchargent et s'en font les « bourreaux » ainsi que d'eux-mêmes.
Le temps veut la mesure étant, lui, déjà une mesure intérieure des choses, le temps veut le sérieux et la profondeur, étant de sa nature, une ondulation de surface, dont le dessous est la substance immuable des choses, et dont l'arrière fond est l'Etre éternel.

A. SERTILLANGES, O.P.

Le temps fait oublier les douleurs, éteint les vengeances, apaise la colère et étouffe la haine; alors le passé est comme s'il n'eût jamais existé.

AVICENNE, *De la connaissance.*

Le Temps ressemble à un hôte du grand monde, qui serre froidement la main à l'ami qui s'en va et qui, les bras étendus, embrasse le nouveau venu.

SHAKESPEARE, *Troïlus et Cressida.*

Souviens-toi que le livre sacré n'est exalté par-dessus tous les livres que parce qu'il a subi lui-même l'épreuve du temps.

HAFIZ, *Les Ghazels.*

TENDRESSE

Cependant, je redoute ta nature;
Elle est trop pleine du lait de la tendresse humaine.

SHAKESPEARE, *Macbeth.*

TENEBRES (voy. lumière)

La puissance des ténèbres.

Léon TOLSTOI (titre d'une pièce de théâtre devenue synonyme de l'ignorance, de l'arriération culturelle et politique).

TENTATION (voy. diable)

Dépêchons-nous de succomber à la tentation avant qu'elle s'éloigne.

EPICURE.

Tout désir que nous cherchons à étouffer couve en notre esprit et nous empoisonne. Le seul moyen de se délivrer de la tentation, c'est d'y céder.

O. WILDE, *Le portrait de Dorian Gray.*

Cette ardente créature passait plus de la moitié de son temps à l'église, suppliant Dieu de la délivrer des tentations. Mais Dieu s'impatienta, à la fin, et lui fit fermer la porte au nez. « Pour l'amour du ciel, dit-il, donnez à la tentation une chance de se montrer. »

K. MANSFIELD, *Journal.*

Je peux résister à tout, sauf à la tentation.

O. WILDE, *L'Eventail de Lady Wintermere.*

TERRE

Ton été, ô Terre, les pluies, l'automne,
l'hiver, les frimas, le printemps,
les saisons réparties, tes années,
les jours et les nuits, ô Terre, qu'elles nous donnent
[leur lait.

Hymne védique.

La poésie de la terre ne meurt jamais.

John KEATS, *Poésies complètes.*

La terre est une mère qui ne meurt jamais.

Proverbe maori

TETE

Comme un lys sur les eaux et que la rame incline
Sa tête mollement penchait sur sa poitrine.

LAMARTINE, *Mort de Socrate*

La vie est un éclair, la beauté dure un jour!
Songe aux têtes de mort qui se ressemblent toutes.

F. COPPEE, *Les récits et les élégies*

THE

Dans le liquide ambré qui emplit la tasse de porcelaine ivoirine, l'initié peut goûter l'exquise réserve de Confucius, le piquant de Laotsé, et l'arôme éthéré de Cakyamouni lui-même.

Okakura KAKUZO, *Le Livre du Thé*

théâtre ● 401

THEATRE (voy. amour)

Le théâtre, bien dirigé, devrait être une école de morale; mais aujourd'hui, j'ai honte de le dire, on semble y aller pour se divertir, purement et simplement.

SHERIDAN, *Le Critique.*

Entrer dans une salle pendant qu'un acteur joue, c'est poser une main sur l'épaule d'un homme qui est en train de dessiner.

S. GUITRY, *Théâtre, je t'adore.*

Ne pas se rendre au théâtre, c'est comme faire sa toilette sans miroir.

A. SCHOPENHAUER, *Observations psychologiques.*

Ecoutez bien, ne toussez pas et essayez de comprendre un peu. C'est ce que vous ne comprendrez pas qui est le plus beau, c'est ce qui est le plus long qui est le plus intéressant et c'est ce que vous ne trouvez pas amusant qui est le plus drôle.

Paul CLAUDEL, *Le soulier de satin.*

THEOLOGIE

Tous ceux qu'anime et que soulève l'esprit du Christ possèdent la vraie théologie, soient-ils fossoyeurs ou tisserands.

Th. QUONIAM, *Erasme.*

THEORIE

Toute théorie est grise, mais vert et florissant l'arbre de la vie.

GŒTHE.

TIMIDITE

Gardez le charme d'une légère timidité sans en éprouver les terreurs, comme certaines femmes savent conserver le ravissant duvet de la pudeur alors qu'elles ne craignent plus l'amour.

A. MAUROIS, *Celle qui se dit timide.*

TOILETTE

On a remarqué que de tous les animaux, les femmes, les mouches et les chats sont ceux qui passent le plus de temps à leur toilette.

Charles NODIER.

TOLERANCE

La règle d'or de la conduite est la tolérance mutuelle, car nous ne penserons jamais tous de la même façon, nous ne verrons qu'une partie de la vérité et sous des angles différents.

> GANDHI (cité dans *Tous les hommes sont frères*).

Ma religion n'est pas une religion de prison. Elle offre une place aux plus déshéritées des créatures de Dieu. Mais elle est à l'épreuve de l'insolence, de l'orgueil de race, de religion ou de couleur. Je ne crois pas qu'il puisse y avoir sur terre une seule religion. C'est pourquoi je m'efforce de découvrir ce qu'elles ont en commun et de prêcher la tolérance mutuelle.

> GANDHI (cité dans *Tous les hommes sont frères*).

A mes yeux, la tolérance est la plus belle et la plus noble des vertus. Rien n'est possible sans cette disposition de l'âme. Elle est une question préalable à tout contact humain. La tolérance ne fait renoncer à aucune idée et ne fait pas pactiser avec le mal. Elle implique simplement qu'on accepte que d'autres ne pensent pas comme vous sans les haïr pour cela.

> Paul-H. SPAAK (2me Congrès de « Fraternité mondiale »,
> Bruxelles, 1955).

TOMBE-TOMBEAU

Sur la plage sonore où la mer de Sorrente
Déroule ses flots bleus au pied de l'oranger,
Il est, près du sentier, sous la haie odorante,
Une pierre, petite, étroite, indifférente
Aux pas distraits de l'étranger!

> LAMARTINE, *Harmonies Poétiques et Religieuses*.

La tombe est la fin de la journée, car c'est dans la tombe que reste morte la flamme enfermée dans notre esprit.

> M. ACUNA, *Devant un cadavre*.

Des larmes d'un enfant sa tombe est arrosée,
Et l'Aurore pieuse y fait chaque matin
Une libation de gouttes de rosée.

> J.-M. de HEREDIA, *Epigramme funéraire*.

Dans la nuit du tombeau, j'enfermerai ma honte.

RACINE, *Iphigénie en Aulide.*

Allons, par-dessus les tombeaux, en avant!

W. GŒTHE à son ami Zelter (1831).

TORT

Le tort que cause à bien des gens le fait d'être réduits à des articles de journaux ou des brochures de propagande pour s'éclairer sur les questions économiques, n'est pas sans ressembler au tort, non moins fâcheux, qui guette les adolescents, lorsqu'ils n'ont, pour accéder à de simples vérités physiologiques, d'autre voie que le détour des romans érotiques ou des publications pornographiques.

VAILATI, *Etudes* (trad. M. Canavaggia)

C'est avoir déjà tort que d'avoir trop raison.

ECOUCHARD-LEBRUN, *A. M. de BRANCAS*

Malheur aux gens qui n'ont jamais tort; ils n'ont jamais raison.

Prince Ch. de LIGNE, *Mes écarts.*

TOUT

Tout n'est formé que des parties d'un Tout prodigieux
Dont le corps est la Nature, et Dieu, l'âme.

A. POPE, *Essai sur l'Homme.*

TRADITION

Les mots vitaux et les actes des esprits d'autrefois
Que ni temps, ni changement ne peuvent dompter,
Les sombres et séculaires traditions, sources de mauvaises croyances,
Dont l'ombre obscure alimente un fleuve de poison.

P.-B. SHELLEY, *La Révolte de l'Islam.*

TRADUCTION

Les traductions sont comme les femmes. Lorsqu'elles sont belles elles ne sont pas fidèles, et lorsqu'elles sont fidèles elles ne sont pas belles.

X..

TRAGEDIE (voy. obtenir)

TRAHISON

Une seule fois les écumes neigent,
Et dénouée tombe la vague.
De trahison le cœur ne saurait vivre...
Trahir!... Mais l'amour est unique!
Nous indigner, mentir, jouer — n'importe...
Au fond du cœur tout n'est que paix.
La trahison n'est point en nos pouvoirs...
A cœur unique, amour unique.

> Zénaïde HIPPIUS (*Antho. de la poésie russe*, par J. David).

(La trahison) s'assied à nos banquets, elle brille dans nos coupes, elle porte la barbe de nos conseillers, elle affecte le sourire de nos courtisans et la gaieté maligne de nos bouffons; par-dessus tout, elle se cache sous l'air amical d'un ennemi réconcilié.

> Sir W. SCOTT, *Quentin Durward.*

Alors l'un des douze, appelé Judas Iscariotte, alla trouver les princes des prêtres et leur dit : « Que voulez-vous me donner? et je vous le livrerai. » Ils lui comptèrent trente pièces d'argent.

> NOUV. TEST., *Matth.* XXVI, 14-15 (Maredsous).

TRAVAIL

Mon cœur trouvait sa joie dans mon travail; c'est le fruit que j'en ai retiré.

> ANC. TEST., *Ecclésiaste*, II, 10 (Maredsous).

Creusez, fouillez, bêchez; ne laissez nulle place
Où la main ne passe et repasse.

> LA FONTAINE, *Le Laboureur et ses Enfants.*

De chacun selon ses capacités à chacun selon ses besoins.

> Karl MARX, *L'Idéologie allemande.*

Le travail éloigne de nous trois grands maux : l'ennui, le vice et le besoin.

> VOLTAIRE, *Candide.*

Après le don qui vient d'en-haut, la condition des grandes choses (en littérature) c'est le travail. Car, d'avoir une

travail • **405**

première fleur d'imagination et de style, c'est la matière
d'un heureux début, et pas du tout d'une grande chose.

L. VEUILLOT, *Mélanges.*

Je n'aime pas le travail, nul ne l'aime; mais j'aime ce qui
est dans le travail l'occasion de se découvrir soi-même,
j'entends notre propre réalité, ce que nous sommes à nos
yeux, et non pas en façade.

J. CONRAD, *Le cœur des ténèbres.*

Debout! Comme un voleur déchaîné,
Dresse-toi! Méprise la molle couche et les rêves!
Vois, là-bas, le Soleil brillant appelle le Travail!

Proka JOVKIC, *Le livre du combat et de la vie.*

Travailler sans en avoir envie, ça n'est pas un travail qu'on
fait, c'est une besogne. Et c'est à ces moments-là qu'on se
rend compte à quel point l'on a peu de mérite à faire les
choses qui vous plaisent.
Quand on travaille dans la joie, dans l'enthousiasme, on n'a
droit à rien. On n'a même pas droit au succès. On est payé
d'avance.

Sacha GUITRY, *Théâtre, je t'adore.*

Travailler, c'est prier (*Laborare est orare*).

(Devise des moines bénédictins).

Il faut travailler, sinon par goût, au moins par désespoir,
puisque, tout bien vérifié, travailler est moins ennuyeux que
s'amuser.

Ch. BAUDELAIRE, *Journaux intimes.*

TRISTE

On dit : « Triste comme la porte
D'une prison ».
Et je crois, le diable m'emporte,
Qu'on a raison.

A. de MUSSET, *Poésies nouvelles.*

TRISTESSE

Sur les ailes du Temps la tristesse s'envole.

LA FONTAINE, *La Jeune Veuve.*

La tristesse est un mur élevé entre deux jardins.

Kahlil GIBRAN, *Sable et Ecume.*

Venez et parlez-moi.
Des choses envolées,
Des tombes muettes,
Des morts aimés et des vivants ingrats.

G. NAJERA, *Mes tristesses en deuil.*

TROMPER

Le bruit est pour le fat, la plainte pour le sot,
L'honnête homme trompé s'éloigne et ne dit mot.

LA NOUE, *La Coquette corrigée.*

Le pire danger qu'il y a à tromper autrui, c'est qu'on finit toujours par se tromper soi-même.

Eleonora DUSE.

Vous pouvez tromper tout le monde un certain temps; vous pouvez même tromper quelques personnes tout le temps; mais vous ne pouvez tromper tout le monde tout le temps.

A. LINCOLN (à un visiteur à la Maison Blanche).

On se trompe toujours lorsqu'on ne ferme pas les yeux pour pardonner ou pour mieux regarder en soi-même.

M. MAETERLINCK, *Pelléas et Mélisande.*

C'est le propre de la femme de se laisser tromper et de tromper les autres.

Saint JEROME.

Chemin faisant, le paladin vit un grand nombre de serpents qui portaient des têtes de femmes, et ne parut point en être surpris; mais saint Jean, de peur qu'il ne s'y méprit, lui dit bien vite que ce n'était que l'emblème des filous, des faux monnayeurs, et de ceux qui savent tromper avec adresse.

ARIOSTE, *Roland furieux*, Chant XXXIV.

TUER

La main destructive de l'homme n'épargne rien de ce qui vit; il tue pour se nourrir, il tue pour se vêtir, il tue pour se parer, il tue pour attaquer, il tue pour se défendre, il tue pour s'instruire, il tue pour s'amuser, il tue pour tuer; roi superbe et terrible, il a besoin de tout, et rien ne lui résiste.

Joseph de MAISTRE.

Tout pasteur sait que le mot « tuer » est employé plus de mille fois dans la Bible et que, dans la plupart des cas, les meurtriers se vantent de leur acte et en rendent gloire à Dieu.

Ivan BOUNINE, *La Nuit.*

TYRAN

Si l'homme est créé libre, il doit se gouverner;
Si l'homme a des tyrans, il les doit détrôner.

VOLTAIRE, *Epîtres.*

Et ton nom paraîtra, dans la race future,
Aux plus cruels tyrans une cruelle injure.

RACINE, *Britannicus.*

TYRANNIE

La volonté ou l'opinion de tous ou de la majorité maintient seule la tyrannie; la volonté ou l'opinion de tous ou de la majorité peut seule véritablement la détruire.

V. ALFIERI, *De la Tyrannie.*

Où finissent les lois, la tyrannie commence.

William PITT, *Cas de Wilkes,* Discours.

u

union

UNIVERS

UN1TE

UNION

On n'attelle pas au même timon le cheval fougueux et la biche craintive.

I. TOURGUENIEV, *Scènes de la vie russe.*

L'homme cultivé qui se lie avec une femme ignorante n'arrive jamais à la mettre à son niveau; bien au contraire, c'est lui qui se trouve épousseté, vidé jusqu'à descendre moralement à ses vues étroites.

A. KOUPRINE, *La fosse aux filles.*

On s'étudie trois semaines, on s'aime trois mois, on se dispute trois ans, on se tolère trente ans, et les enfants recommencent.

H. TAINE, *Vie et opinions de Th. Graindorge.*

Belle amie, si est de nous :
Ni vous sans moi, ni moi sans vous.

MARIE DE FRANCE, *Lai du Chèvrefeuille.*

Comme la cause et l'effet sont liés étroitement, ainsi deux cœurs aimants vivent unis, telle est la puissance de l'amour de ne faire qu'un.

Fo-pen-hing-tsih-king.

Et cette fusion en un seul être, de deux êtres séparés, accomplie graduellement à travers toute une vie, est l'œuvre la plus haute à laquelle puissent prétendre le temps et l'éternité.

D. H. LAWRENCE, *Défense de Lady Chatterley.*

UNITE

Tous pour un, un pour tous.

A. DUMAS, *Les Trois Mousquetaires.*

UNIVERS

Quand nous aimons, nous sommes l'univers et l'univers vit
en nous.

O. PIRMEZ, *Feuillées.*

L'univers m'embarrasse, et je ne puis songer
Que cette horloge existe et n'ait pas d'horloger.

VOLTAIRE, *Satires.*

L'Univers n'est pas seulement une formule mathématique
destinée à élaborer la relation de certaines abstractions
mentales appelées nombres et principes, pour aboutir
finalement à un zéro ou à une unité vide : il n'est pas non
plus simplement une opération physique incarnant une
certaine équation de forces. C'est la joie d'un Dieu amoureux
lui-même, le jeu d'un enfant, l'inépuisable multiplication
de sons d'un poète enivré par l'extase de son propre pouvoir
de création sans fin.

Srî AUROBINDO, *La joie d'être.*

UNIVERSALITE

La littérature *nationale*, cela n'a plus aujourd'hui grand
sens; le temps de la littérature *universelle* est venu, et
chacun doit aujourd'hui travailler à hâter ce temps.

GŒTHE, *Conversations, 1827.*

UNIVERSITE (voy. savant)

USAGE

Quoiqu'on dise communément que l'usage est le maître
des langues, il faut l'entendre de l'usage du peuple lettré
et non de la multitude.

L. de BONALD.

V

VENISE

VER_SLAINE

v isins

vOl

VAILLANT (voy. poltron)

VAINCU

La loi de l'univers, c'est malheur au vaincu.

B. SAURIN, *Spartacus.*

C'est quand on est vaincu qu'on devient chrétien.

E. HEMINGWAY, *L'adieu aux armes.*

Toujours l'audace a forcé le triomphe.
Vaincus sont ceux qui n'espèrent pas vaincre.

J.-J. OLMERO, *Chant à Bolivar.*

VAINQUEUR

Quoique le nom de notre vainqueur puisse vivre dans
l'histoire, maudite soit la marche du conquérant qui
foule aux pieds des cœurs nobles et libres!

Thomas MOORE, *Mélodies irlandaises.*

VALEUR

Je sais ce que je vaux, et crois ce qu'on m'en dit.

CORNEILLE, *Poésies diverses.*

VANITE

Nos vertus resteraient parfois bien incertaines si, à défaut
de l'espoir d'une récompense, elles n'avaient la vanité pour
soutien.

G. LE BON, *Hier et Demain.*

Il était comme le coq qui croyait que le soleil s'était levé
pour l'entendre chanter.

George ELIOT, *Adam Bede.*

vanité • 415

Pourquoi les hommes et les femmes aiment-ils tant à se faire remarquer? N'est-ce pas un instinct qui leur vient des jours d'esclavage?

O. KAKUZO, *Le Livre du Thé*.

La mouche s'assit sur l'essieu du chariot et dit : « Quelle poussière je soulève!... »

Fr. BACON, *Essais* (cité d'Esope).

Ah! Vanité des vanités!
Combien sont capricieux les décrets de la renommée!
Combien très faibles sont les très sages;
Combien très petits sont les très grands!

THACKERAY, *Vanitas Vanitatum*.

A son épée, à sa dragone,
Je prendrais Coliquet, du moins pour un marquis;
Qu'est-il donc aux airs qu'il se donne?
De laquais on l'a fait commis.

E. LENOBLE.

Vanité des vanités! dit l'Ecclésiaste, vanité des vanités! Tout est vanité.

ANC. TEST., *Ecclésiaste*, I. 2 (Maredsous).

VANITEUX

Tout homme a le droit d'être vaniteux tant qu'il n'a pas réussi.

DISRAELI (cité dans *Sélection du Reader's Digest*).

VANTARDISE

En France, tout le monde est un peu de Tarascon.

A. DAUDET, Epigraphe de *Tartarin de Tarascon*.

Que le sage ne se vante pas de sa sagesse,
Que le fort ne se vante pas de sa force,
Que le riche ne se vante pas de sa richesse!

ANC. TEST., *Jérémie*, IX, 22 (Maredsous).

VARIETE

La variété est la véritable épice de la vie
Qui lui donne toute sa saveur.

W. COWPER, *La Tâche*.

VENDANGE

La bouche encore teinte des raisins qu'il a bus,
Le front chargé des fruits d'une heureuse vendange,
Et penché sur son char, le dieu vainqueur du Gange
Du plus riche des mois nous verse les tributs.

A. BERTIN, Les Amours

VENGEANCE

Un homme a toujours le droit de se venger, si peu que
ce soit; la vengeance est bonne pour le caractère; d'elle
naît le pardon.

Gr. GREENE, Le fond du problème

La vengeance procède toujours de la faiblesse de l'âme
qui n'est pas capable de supporter les injures.

LA ROCHEFOUCAULD, Maximes

A moi la vengeance, dit le Seigneur. Si donc ton ennemi
a faim, donne-lui à manger; s'il a soif, donne-lui à boire.
En agissant ainsi, tu amoncelleras des charbons ardents
sur sa tête.

NOUV. TEST., Romains, XII, 19-20 (Maredsous)

Si nous entretenons dans notre cœur la malice et la haine,
et que nous faisions semblant de ne pas vouloir la vengeance,
celle-ci devra faire retour sur nous, et elle nous conduira
à notre perte.

Mahatma GANDHI

VENISE

De quel royal éclat tu brillais, ô Venise!
Au temps où te peignait Paul Véronèse, assise
Sur un velours d'azur, tenant un sceptre d'or!

A. von PLATEN, Venise

VENT

Un vent frais fait voler les feuilles, on dirait
Qu'il murmure l'adieu du soir à la forêt.

N. LENAU, Poésies

Sur la bruyère longue infiniment,
Voici le vent cornant Novembre;
Sur la bruyère, infiniment,
Voici le vent

vent • 417

Qui se déchire et se démembre
En souffles lourds battant les bourgs :
Voici le vent,
Le vent sauvage de Novembre.

E. VERHAEREN, *Les Villages illusoires ; Le Vent.*

Le vent du printemps est comme la jeunesse.
Il erre follement sans se fixer nulle part.
Il confond aujourd'hui et naguère
Il ne sait distinguer le nouveau et l'ancien.

HO CHUNG.

Souffle, souffle, vent d'hiver ;
Tu n'es pas si cruel
Que l'ingratitude de l'homme.

SHAKESPEARE, *Comme il vous plaira.*

N'essaie pas de retenir le vent, même s'il souffle au gré
de ton désir.

HAFIZ, *Les Ghazels.*

D'où vient le vent d'automne ?
Frémissant, frémissant, il nous envoie, par groupes, les
[oies sauvages,
De bon matin, elles entrent dans les arbres de la cour.
Qui les a entendues le premier ? Le voyageur solitaire.

(Quatrain chinois de l'époque T'ang, 618-907).

VERITE (voy. pensée, raison)

C'est étrange, mais vrai ; car la vérité est toujours étrange,
Plus étrange que la fiction.

Lord BYRON, *Don Juan (Chant XIV).*

Ma façon de plaisanter est de dire la vérité. C'est la meilleure
plaisanterie du monde.

G.-B. SHAW, *L'autre Ile de John Bull.*

La vérité est la chose la plus précieuse que nous ayons.
Economisons-la.

MARK TWAIN, *Le Calendrier de Pudd'nhead Wilson.*

La vérité doit s'inspirer de la pratique. C'est par la pratique
que l'on conçoit la vérité. Il faut corriger la vérité d'après
la pratique.

MAO TSE TOUNG.

Trois ordres de vérités nous guident : les vérités affectives, les vérités mystiques, les vérités rationnelles. Issues de logiques.

Gustave LE BON, *Les Opinions et les Croyances.*

J'aime la vérité. Je crois que l'humanité en a besoin; mais elle a bien plus grand besoin encore du mensonge qui la flatte, la console, lui donne des espérances infinies. Sans le mensonge, elle périrait de désespoir et d'ennui.

A. FRANCE, *La Vie en fleur.*

Les hommes trébuchent parfois sur la vérité, mais la plupart se redressent et passent vite leur chemin comme si rien ne leur était arrivé.

Sir W. CHURCHILL.

Descends du haut des cieux, auguste Vérité!
Répands sur mes écrits ta force et ta clarté.

VOLTAIRE, *La Henriade.*

Je sais que vérité vaut infortune;
Je n'y puis pourtant renoncer.

K'IU YUAN.

La vérité est comme la religion; elle n'a que deux ennemis : le trop et le trop peu.

S. BUTLER, *Nouv. voyages en Erewhon.*

La vérité est un symbole que poursuivent les mathématiciens et les philosophes. Dans les rapports humains, la bonté et les mensonges valent mieux que mille vérités.

Gr. GREENE, *Le fond du problème*

Le dicton d'après lequel la vérité triomphe toujours de la persécution, est un des plaisants mensonges que les hommes répètent l'un après l'autre jusqu'à ce qu'ils passent en lieux communs, mais que toute expérience réfute. L'histoire est remplie de faits montrant la vérité réduite au silence par la persécution.

J. S. MILL, *Pour la liberté*

Examinez bien vos paroles et vous trouverez que lors même que vous n'avez aucun motif d'être faux, il est très difficile de dire l'exacte vérité.

G. ELIOT, *Adam Bede*

vérité • 419

Quand vous avez éliminé l'impossible, ce qui reste, même improbable, doit être la vérité.

Sir A. CONAN DOYLE. *Le Signe des Quatre.*

La vérité n'a pas d'heure, elle est de tous les temps, précisément lorsqu'elle nous paraît inopportune.

Albert SCHWEITZER, *A l'orée de la forêt vierge.*

La vérité sera un jour la force. « Savoir, c'est pouvoir » est le plus beau mot qu'on ait dit.

E. RENAN, *Dialogues et fragments philosophiques.*

La vérité plane et ne se laisse jamais dominer.

MAHOMET, *Le Koran.*

La vérité est une illusion et l'illusion est une vérité.

Rémy de GOURMONT.

Ce qui arrête souvent de dire la vérité, c'est qu'elle ressemble trop au mensonge des autres.

Maurice DONNAY, *Pensées.*

On doit des égards aux vivants; on ne doit, aux morts, que la vérité.

VOLTAIRE, *Ire Lettre sur Œdipe.*

La vérité, l'âpre vérité.

DANTON.

Nous entretenons notre conscience, parce que nous avons peur de dire la vérité aux autres; nous nous réfugions dans l'orgueil, parce que nous avons peur de nous dire la vérité à nous-mêmes.

O. KAKUZO, *Le Livre du Thé.*

Il est des vérités qui peuvent tuer un peuple.

J. GIRAUDOUX, *Electre.*

VERLAINE

Quand, jadis, je rencontrais Verlaine, je ne rougissais pas de lui. J'étais riche, joyeux, couvert de gloire, et pourtant je sentais que d'être vu près de lui m'honorait... même quand Verlaine était ivre.

Oscar WILDE à André Gide (vers 1900).

VERS (voy. bas-bleu, écrire, épigramme)

Contre les voluptés des plus heureux du monde
Je n'échangerais pas les maux que j'ai soufferts :
C'est le plus grand soupir qui fait le plus beau vers.

SULLY-PRUDHOMME, *Poésies ; La Source des Vers.*

Des vers que sans rougir la vierge puisse lire.

DU BARTAS, *Première semaine, Second jour.*

Les vers sont enfants de la lyre,
Il faut les chanter, non les dire ;
A peine aujourd'hui les lit-on.

LA MOTTE-HOUDAR, *Odes.*

Sur des pensers nouveaux faisons des vers antiques.

A. CHENIER, *Poèmes.*

Mes vers fuiraient doux et frêles,
Vers notre jardin si beau,
Si mes vers avaient des ailes,
Des ailes comme l'oiseau.

V. HUGO, *Les Contemplations.*

Heureux qui, dans ses vers, sait d'une voix légère
Passer du grave au doux, du plaisant au sévère.

BOILEAU, *L'Art Poétique.*

Que ton vers soit la bonne aventure
Eparse au vent crispé du matin.
Qui va fleurant la menthe et le thym...
Et tout le reste est littérature.

P. VERLAINE, *Jadis et Naguère.*

Ne cherche, poète, chez nul orfèvre
un collier de rimes. Ciseaux ni limes
ne donnent aux meilleurs chants relief ni couleur :
Les chants les meilleurs, ce sont nos amours...
Le meilleur poème est celui de la vie.

R. BLANCO-FOMBONA, *Petit opéra lyrique.*

Qui n'aime point les vers a l'esprit sec et lourd.

VOLTAIRE, *Epîtres, LVII.*

De caractère peu commun,
J'aime à la folie les beaux vers;
Si ma phrase ne frappe personne, je la travaillerai jusqu'à
[la mort.

TOU FOU, *Poésies diverses.*

VERSAILLES

On nous dit que nos rois dépensaient sans compter,
Qu'ils prenaient notre argent sans prendre nos conseils.
Mais quand ils construisaient de semblables merveilles,
Ne nous mettaient-ils pas notre argent de côté?

Sacha GUITRY, *Si Versailles m'était conté.*

VERTU (voy. bonté, calomnie)

Le monde moderne est plein d'anciennes vertus chrétiennes
devenues folles.

G.-K. CHESTERTON, *Orthodoxie.*

Vertu, seule noblesse.

(Devise des NORTH DE GUILFORD).

La vertu n'irait pas loin si la vanité ne lui tenait compagnie.

LA ROCHEFOUCAULD, *Maximes.*

Les mortels sont égaux. Ce n'est pas la naissance,
C'est la seule vertu qui fait leur différence,
C'est elle qui met l'homme au rang des demi-dieux,
Et qui sert son pays n'a pas besoin d'aïeux.

VOLTAIRE, *Eriphyle.*

Ami de la vertu plutôt que vertueux.

BOILEAU, *Epîtres.*

Le Ciel fit la vertu; l'homme en fit l'apparence.

VOLTAIRE, *Poème sur la loi naturelle.*

Et les soins défiants, les verrous et les grilles
Ne font pas la vertu des femmes ni des filles.

MOLIERE, *L'Ecole des maris.*

La vertu seule distingue les hommes dès qu'ils sont morts.

L'abbé de CHOISY, (au duc de Bourgogne).

La vertu n'a besoin que d'elle-même; elle rend l'homme aimable durant sa vie, et mémorable après sa mort.

B. GRACIAN, *Maximes de l'homme de cour.*

La vertu suprême ignore la vertu : c'est pourquoi elle est la vertu.
La vertu secondaire cultive la vertu : c'est pourquoi elle n'est pas la vertu.
La vertu suprême n'agit pas et n'a pas de raison d'agir.

LAO TSEU.

Un ambassadeur est un homme de vertu envoyé à l'étranger par son pays; un reporter est un homme sans vertu qui ment chez lui pour lui-même.

Sir Henry WOTTON, *Reliquæ Wottonianæ.*

En matière de vertu féminine, vérité et renom ont le plus souvent beaucoup de peine à marcher de pair.

Duchesse d'ABRANTES.

C'est beau d'être vertueux, mais apprendre aux autres à l'être, c'est encore plus beau... et tellement plus facile.

Mark TWAIN.

Quand un préjugé disparaît, il y a une vertu qui disparaît en même temps. Une vertu n'est qu'un préjugé qui reste.

A. CAPUS.

La vertu, immuable, ne quitte pas l'homme avec la mort, elle retourne au nourrisson.

LAO TSEU, (*Antho. de la Litt. chinoise,* par Sung-Nien Hsu)

On ne doit jamais penser à la distance, quelle qu'elle soit, qui nous sépare de la vertu.

CONFUCIUS

La vertu accouplée à la beauté, c'est le miel servant de sauce au sucre.

SHAKESPEARE, *Comme il vous plaira*

VERTUEUX

Quand les hommes deviennent vertueux dans leur vieillesse, ils font seulement à Dieu un sacrifice des restes du diable.

A. POPE, *Pensées sur divers sujets*

vêtement ● 423

VETEMENT

Légère et court-vêtue, elle allait à grands pas,
Ayant mis ce jour-là, pour être plus agile,
Cotillon simple et souliers plats.

LA FONTAINE, *La Laitière et le Pot au lait.*

VEUVAGE

Battez, battez des ailes, rossignols dorés,
Deux paires d'ailes pour chacun.
O ce corps est solitaire!
Avec qui volerai-je vers la maison à présent?

Chanson de la Veuve (Corée; 1er s. av. J.-C.?)

Entre la veuve d'une année
Et la veuve d'une journée
La différence est grande.

LA FONTAINE, Fables; *La Jeune Veuve.*

VICE

On ne peut avoir une civilisation aimable sans une bonne
quantité de vices aimables.

A. HUXLEY, *Le meilleur des mondes.*

J'aime mieux un vice commode
Qu'une fatigante vertu...

MOLIERE, *Amphitrion.*

Ce n'est point la vertu, c'est le vice qui coûte.

J.-F. DUCIS.

J'ai l'orgueil des vices qu'on me prête; je suis moins
fier des vices que j'ai!

J. COCTEAU.

Il y a souvent un vice jugulé, dominé à la source de vies
admirables.

Fr. MAURIAC, *Dieu et Mammon.*

Un grand vice chez un homme est capable d'en éloigner
bien des moindres.

F. B. HARTE, *Deux hommes du Bar Sandy.*

Mettez en comparaison les vertus et les vices qui leur sont contraires : Quelle suavité en la patience, au prix de la vengeance; de la douceur au prix de l'ire et du chagrin; de l'humilité, au prix de l'arrogance et ambition; de la charité, au prix de l'envie; de la sobriété, au prix des désordres.

Saint FRANÇOIS DE SALES, *Intro. à la vie dévote.*

Il n'est pas de vice si simple qui n'affiche des dehors de vertu.

SHAKESPEARE, *Le Marchand de Venise.*

Les vices sont comme les bestiaux, qui s'engraissent jusqu'à ce qu'ils soient bons pour la tuerie.

Ben JONSON, *Volpone.*

VICTOIRE

Sire, je ne serai jamais qu'un ignorant; mon précepteur me donne congé toutes les fois que vous remportez une victoire.

Duc du MAINE (à Louis XIV).

Ce n'est pas le nombre qui combat et qui triomphe, c'est le courage : la victoire ne se déclare pas pour la multitude, elle ne favorise que les braves.

Juan de MARIANA, *Histoire de l'Espagne.*

J'entends à l'entour des cris d'allégresse; le temple se pare et retentit des chants des prêtres. Des cœurs homicides déjà montent des actions de grâces et des hymnes que le ciel entend avec horreur. Cependant, du haut des Alpes, l'étranger abaisse ses regards; il voit les héros qui mordent la poussière, et il les compte avec une joie sanguinaire.

MANZONI, *Carmagnola.*

VIE (voy. absurdité, acte, art, artiste, vivre)

Ceux qui peuvent traverser la vie sans « en rabattre » sont bien forts eux-mêmes, ou bien aveugles... ou vraiment, n'ont pas souhaité bien haut.

A. GIDE.

Qu'une vie est heureuse quand elle commence par l'amour et finit par l'ambition. Si j'avais à en choisir une, je prendrai celle-ci.

PASCAL, *Discours sur les Passions de l'Amour*

vie • 425

Amis, qu'est-ce qu'une grande vie, sinon une pensée de la
jeunesse exécutée par l'âge mûr.

> A. de VIGNY, *Cinq-Mars.*

Notre vie vaut ce qu'elle nous a coûté d'efforts.

> Fr. MAURIAC, *Le jeune homme.*

Chaque pas dans la vie est un pas vers la mort.

> C. DELAVIGNE, *Louis XI.*

Celui qui veut faire un emploi sérieux de la vie doit toujours
agir comme s'il avait à vivre longuement et se régler comme
s'il lui fallait mourir prochainement.

> E. LITTRE, *Dict. de la Langue Franç.*

Fi de la vie! Qu'on ne m'en parle plus!

> (Attribué à) MARGUERITE D'ECOSSE, 1444.

La vie est à monter, et non pas à descendre.

> E. VERHAEREN, *La Multiple Splendeur : Les Rêves.*

On entre, on crie,
Et c'est la vie :
On bâille, on sort,
Et c'est la mort.

> A. de CHANCEL, (en tête d'un album).

Sur la terre, ainsi que sur l'onde,
Tout suit le caprice du sort;
Trois aveugles mènent le monde;
L'Amour, la Fortune et la Mort.
La vie est un bal que commence
La Fortune, tant bien que mal;
Vient l'Amour qui mène la danse,
Et puis la Mort ferme le bal!

> *L'Illustration Européenne*, 1882.

Fûmes-nous consultés en recevant la vie?
Qui de nous peut choisir son peuple et sa patrie?
Nos parents, à leur gré, font un juif, un chrétien :
Différence de mots...

> M. J. CHENIER, *Nathan le Sage.*

Cherchons la vie où on peut la trouver. Quand nous l'aurons
trouvée, la vie résoudra tous les problèmes. Luttez pour le

fragile épanouissement de la vie. Et dans cette lutte-là,
ne cédez jamais.

D.-H. LAWRENCE, *Le Serpent à plumes.*

La vie sans religion est une vie sans principe et une vie
sans principe est comme un bateau sans gouvernail.

Mahatma GANDHI

Qu'est-ce que la vie? Un délire. Qu'est-ce que la vie?
Une ombre, une illusion; et le plus grand des biens ne
compte guère. Oui, toute la vie est un songe; et les songes
eux-mêmes, que sont-ils? Songe!

CALDERON DE LA BARCA

Une vie inutile est une mort anticipée.

W. GŒTHE, *Iphigénie en Tauride*

La vie est l'adaptation continue de relations internes à
des relations externes.

H. SPENCER, *Qu'est-ce que la morale*

On peut douter de la valeur d'une vie vertueuse qui se
termine dans le vice autant que d'une vie de péché qui
finit bien.

Gr. GREENE, *La puissance et la gloire*

Nous sommes tous résignés à la mort; c'est à la vie que
nous n'arrivons pas à nous résigner.

Gr. GREENE, *Le fond du problème*

La vie, hélas, s'enfuit et ne s'arrête guère,
Et la mort va bientôt devant nous à grands pas.
Tout ce qui est, qui fut, et tout ce qui sera
Font à cœur troublé une éternelle guerre.

PETRARQUE, *Poésie*

Toute vie qui n'a pour but que de ramasser de l'argent
est une piètre vie.

A. CARNEGIE

La vie humaine? un songe! un songe trompeur, auquel
pourtant nous attachons grand prix : tout comme les
femmes mettent leur confiance dans les superstitions et les
présages.

Ugo FOSCOLO, *Les dernières lettres de Jacques Ortis*

La vie, en toute condition humaine, la vie entière n'est qu'oisiveté, qu'il convient de nommer ainsi le labeur, le tracas qui ne tend pas vers quelque grand objet ou qui tend vers un but qu'il ne saurait rejoindre.

G. LEOPARDI, *Canti.*

Quel aspect présenterait la vie si elle n'était pas dénuée de sens? L'insignifiance absolue est la base sur quoi elle repose.

Pär LAGERKVIST, *Le Nain.*

La vie est un combat dont la palme est au Cieux!

C. DELAVIGNE, *Le paria.*

Plus je songe à la vie humaine, plus je crois qu'il faut lui donner pour témoins et pour juges l'Ironie et la Pitié.

A. FRANCE, *Le jardin d'Epicure.*

Si la vie avait une seconde édition, combien je corrigerais les épreuves.

John CLARE, (lettre à un ami).

La vie est une petite fille; vous êtes la couleur peinte sur son jouet et elle vous lèche à sa fantaisie.

O'HENRY.

Il y a deux buts dans la vie : obtenir d'abord ce que l'on désire, ensuite en jouir. Les sages seuls atteignent le second.

Logan Pearsall SMITH, *Réflexions tardives.*

La vie est charmante, c'est selon le verre par lequel on la regarde.

A. DUMAS, *La Dame aux Camélias.*

Fuyez les vieilles barbes et les cerveaux fumeux et adorez la vie, si vous voulez m'en croire, en dépit des méchants, des jaloux, et des sots qui sont plus redoutables encore que la vermine.

Sacha GUITRY, *Théâtre, je t'adore.*

A quoi puis-je comparer
Notre état en cette vie?
Aux vagues blanches du sillage.
D'un bateau passant à la rame
    A l'aurore!

MANSEI (cité dans le *Man'yoshu*).

La vie n'est ni un spectacle ni une fête; c'est une situation
difficile.

> G. SANTAYANA, *Articles et Essais*

La vie est vaine :
  Un peu d'amour,
Un peu de haine...
  Et puis — bonjour!
La vie est brève :
  Un peu d'espoir,
Un peu de rêve...
  Et puis — bonsoir!

> L. de MONTENAEKEN, *Peu de chose et presque trop*

Qu'est-ce que votre vie? Vous êtes une vapeur qui paraî
un moment, puis disparaît.

> NOUV. TESTAMENT, *Jacques*, IV, 14 (Oltramare

L'homme! ses jours sont comme l'herbe,
Il fleurit comme la fleur des champs.
Lorsqu'un vent passe sur elle, elle n'est plus,
Et le lieu qu'elle occupait ne la reconnaît plus.

> ANC. TESTAMENT, *Psaumes*, *CIII*, *15*, *16* (Segond

Toutes les spéculations sont grises, mon ami,
Mais éternellement vert est l'Arbre d'or de la vie.

> GŒTHE, *Fau*

La vie est faite de marbre et de boue.

> N. HAWTHORNE, *La Maison aux sept toi*

Sois la bienvenue, ô vie! Je vais rencontrer pour la m
lionnième fois la réalité de l'expérience et façonner da
la forge de mon âme la conscience incréée de ma race.

> James JOYCE, *Portrait de l'artiste jeune homm*

Une croûte de pain et un coin pour y dormir,
Une minute pour sourire et une heure pour pleurer,
Une chopine de joie pour beaucoup de chagrin,
Et jamais un rire, mais doublement viennent les plainte
Et voilà bien la vie!

> Paul L. DUNBAR, *La V*

La vie, c'est 10 $\%$ ce que vous en faites et 90 $\%$ vo
façon de la prendre.

> Irving BERLI

Il n'y a pas d'autre richesse que la vie, la vie comprenant toute puissance d'amour, de joie et d'admiration.

John RUSKIN, *En ce dernier.*

Dans un sens, il n'y a point de mort. La vie de l'âme sur la terre dure au-delà de son départ. Vous sentirez toujours cette vie au contact de la vôtre, cette voix vous parlant. Elle continue à vivre dans votre vie et dans les vies de tous les autres qui l'ont connue.

Angelo PATRI, *Eloignez les enfants des enterrements.*

— Voudriez-vous revivre votre vie ? demanda-t-on un jour à G.-B. Shaw très âgé.
— Non, répondit-il, ce serait confesser que je l'ai gâchée.

George-Bernard SHAW.

C'est perdre la vie que de l'acheter par trop de soucis.

SHAKESPEARE, *Le Marchand de Venise.*

La vie est une ombre qui marche, un pauvre acteur qui se pavane et se trémousse une heure en scène, puis que l'on cesse d'entendre.

SHAKESPEARE, *Macbeth.*

Dans deux cents, trois cents ans, la vie sur terre sera d'une beauté indescriptible. Cette vie est nécessaire à l'homme, et si elle n'est pas jusqu'ici, il doit la pressentir, attendre, rêver, s'y préparer.

TCHEKHOV, *Les Trois Sœurs.*

Où il y a de la vie, il y a de l'espoir.

CERVANTES, *Don Quichotte.*

Il me semble qu'on résout le problème de la vie, quand on a découvert ce qui doit prendre le premier rang.

Charles MORGAN, *Fontaine.*

La vie est une chose trop importante pour être prise au sérieux.

G.-K. CHESTERTON.

Balancez le superflu, mes amis! Il faut qu'il soit léger, le bateau qui vous emporte au fil de la vie. Emmenez avec vous le strict nécessaire : un vrai foyer, des plaisirs simples, quelques amis dignes de ce nom. Quelqu'un que vous aimiez et quelqu'un qui vous aime, un chat, un chien, une pipe ou deux, de quoi vous nourrir et vous vêtir. Et à boire, un peu plus que de raison, car la soif est chose dangereuse.

Jérôme K. JEROME, *Trois hommes dans un bateau.*

VIE CHRETIENNE

Voici en quoi consiste la vie chrétienne : vouloir en toutes choses ce que Dieu veut, vouloir sa gloire, et ne rien désirer pour soi-même, ni ici-bas, ni dans l'au-delà.

M. LUTHER, *Commentaires de l'Epître aux Romains.*

VIE ETERNELLE

Si, comme Alexandre, tu prétends à la vie éternelle, cherche-la sur les lèvres roses de cette ravissante beauté.

HAFIZ, *Odes.*

Dieu a tant aimé le monde, qu'il a donné son Fils unique, afin que quiconque croie en lui ne périsse point, mais qu'il ait la vie éternelle.

NOUV. TEST., *Jean*, III, 16 (Oltramare).

VIE INTERIEURE

La vie intérieure est un bain d'amour dans lequel on se plonge.

Le curé d'ARS.

VIEILLARD-VIEILLESSE (voy. jeunesse, vertueux)

Et le présent lui-même est le passé pour lui.

L'abbé DELILLE, *L'Imagination.*

Quand il m'arrive
D'arrêter mes regards
Dans les profondeurs
De mon clair miroir,
Oui, c'est, hélas! un vieillard inconnu
Qu'il me semble rencontrer.

HITOMARO, (cité dans le *Man'yoshu*)

Les idées nouvelles déplaisent aux personnes âgées; elles aiment à se persuader que le monde n'a fait que perdre au lieu d'acquérir, depuis qu'elles ont cessé d'être jeunes.

Mme de STAEL, *Corinne*

vieillard-vieillesse • 431

Brûlez de vieux bois, buvez de vieux vins, lisez de vieux
livres, ayez de vieux amis.

ALPHONSE XI (roi de Castille).

Une femme de 90 ans disait à M. de Fontenelle, âgé de
95 ans : « La mort nous a oubliés. » — « Chut! », lui répondit
M. de Fontenelle, en mettant le doigt sur sa bouche.

(cité par CHAMFORT, *Caractères et Anecdotes*).

J'avance dans l'hiver à force de printemps.

Prince Ch. de LIGNE (*Almanach de Bruxelles*, 1817).

Elle croit que tout change, et seule elle a changé.

SAURIN, *Epître sur la vieillesse.*

Quand une femme lutte par des artifices contre l'âge,
ce duel a quelque chose de touchant; mais quand il s'agit
de l'homme, ce combat est ridicule : c'est une extrême-
onction administrée à ses dernières illusions, avec le secret
espoir qu'elles dureront.

F. van den BOSCH, *Aphorismes du temps présent.*

On ne devient pas vieux pour avoir vécu un certain nombre
d'années; on devient vieux parce qu'on a déserté son
idéal. Les années rident la peau : renoncer à son idéal ride
l'âme.

Général MAC ARTHUR.

La plupart des hommes, arrivés à un certain âge, craignent
et haïssent la vieillesse. C'est pourquoi la plupart vieillissent
mal et meurent avant le temps.

G. PAPINI, *Visages découverts.*

Une vieille femme, ça ne peut pas être très bien — et une
vieille dame, c'est si joli!

Sacha GUITRY, *Théâtre, je t'adore.*

Rien de plus simple que de vieillir jeune. Il suffit de travailler
dans la joie, tout en donnant le plus possible de son cœur.

Henri BORDEAUX.

Je veux bien vieillir en vous aimant, mais non mourir
sans vous le dire.

RIVAROL à une dame.

Là-bas sur la rivière Swanee,
Loin, très loin,
C'est là que mon cœur se tourne toujours,
C'est là que les vieux demeurent.

Le monde entier est triste et lugubre,
Partout où je traîne mes pas.
Oh! mes frères noirs, que mon cœur se lasse,
Loin des vieux de chez nous.

S. C. FOSTER, Les Vieux de chez nous.

Au lieu d'aborder des îles, je vogue donc vers ce large
où ne parvient que le bruit solitaire du cœur, pareil à
celui du ressac. Rien ne dépérit, c'est moi qui m'éloigne,
rassurons-nous. Le large, mais non le désert.

COLETTE, Le Fanal bleu.

VIEILLIR (voy. idéal)

VILLE (voy. campagne)

Dieu a fait la campagne et l'homme, la ville.

W. COWPER, La Tâche.

Tandis qu'au loin, là-bas,
Sous les cieux lourds, fuligineux et gras,
Avec son front comme un Thabor,
Avec ses suçoirs noirs et ses rouges haleines,
Hallucinant et attirant les gens des plaines,
C'est la ville que le jour plombe et que la nuit éclaire.
La ville en plâtre, en stuc, en bois, en marbre, en fer, en or,
    Tentaculaire!

E. VERHAEREN, Les Campagnes hallucinées; Le Départ.

Pendant qu'au loin la ville immense est endormie
Et qu'il n'en reste plus qu'un murmure dans l'air,
Monotone et pareil à celui de la mer.

A. SAMAIN, Poèmes inachevés.

VIN (voy. ivresse)

Ce vin doit porter un jour
Des bons mots à la jeunesse,
Des erreurs à la sagesse,
Des feux même à la vieillesse,
Et des désirs à l'amour.

A. BERTIN, Les Amours.

vin • 433

Jamais homme noble ne hait le bon vin : c'est un apophtegme monacal.

RABELAIS, *Gargantua*, XXVII.

Voici que, de nouveau, le vin me ravit à moi-même!
De nouveau, le vin m'a conquis par ses caresses.
Soit béni mille fois le vin rouge qui donne à mon visage
les couleurs de la joie!

HAFIZ, *Les Ghazels*.

Dieu fit l'homme
Fragile comme une bulle;
Dieu fit l'amour,
L'amour fit le chagrin.

Dieu fit la vigne;
Etait-ce un péché
Que l'homme fit le vin
Pour y noyer le chagrin?

O. HERFORD, *Un procès*.

Il n'y a pas de joie sans vin.

LE TALMUD; *Pesakhim*.

Le vin rouge français a toujours, en Angleterre, un goût
d'encre; en France, il a un goût de soleil.

G. MOORE, *Mémoires de ma vie morte*.

Dieu n'avait fait que l'eau, mais l'homme a fait le vin!

V. HUGO, *Les Contemplations*.

Oh! qui me donnera une gorgée d'un vin
longtemps refroidi dans la terre profonde,
d'un vin qui sente Flore et la campagne verte,
la danse, et les chansons provençales,
et l'allégresse brûlée du soleil!

John KEATS, *Ode au rossignol*.

Les vins fins ne sont, la plupart du temps, justement
appréciés qu'après le dîner. Il est vrai que c'est à l'office.

Miguel ZAMACOIS.

Un soir, l'âme du vin chantait dans les bouteilles.

BAUDELAIRE, *Les fleurs du mal*.

VIOLENCE

On gagne plus par l'amitié et la modération que par crainte. La violence peut avoir de l'effet sur les natures serviles mais non sur les esprits indépendants.

Ben JONSON, *Chaque homme a son humeur.*

Malheureusement, il y a des moments où la violence est la seule façon dont on puisse assurer la justice sociale.

T.-S. ELIOT, *Meurtre dans la cathédrale.*

VIOLON

Les sanglots longs
Des violons
De l'automne
Blessent mon cœur
D'une langueur
Monotone.

P. VERLAINE, *Poèmes Saturniens.*

VIRGINITE

Près de toi rien de moi n'est resté,
Et ton amour m'a fait une virginité.

V. HUGO, *Marion Delorme.*

VISAGE (voy. fard)

La surface la plus passionnante de la terre, c'est, pour nous, celle du visage humain.

G.-C. LICHTENBERG, *Aphorismes.*

Un beau visage n'est souvent que l'étui d'une cervelle démontée.

DEMOCRITE.

VISION (voy. peuple)

Faute de vision, le peuple vit sans frein.

ANC. TEST., *Proverbes*, XXIX, 18 (Maredsous).

VIVRE (voy. amélioration)

Oh! vivre et vivre et vivre et se sentir meilleur
A mesure que bout plus fermement le cœur;
Vivre plus clair, dès qu'on marche en conquête;
Vivre plus haut encor, dès que le sort s'entête
A déssécher la sève et la force des bras.

E. VERHAEREN, *Les Visages de la Vie ; L'action.*

vivre • 435

De toutes les sciences que l'homme peut et doit savoir,
la principale, c'est la science de vivre de manière à faire
le moins de mal et le plus de bien possible.

L. TOLSTOI (Lettre à Romain Rolland, 1887).

Le temps me presse, l'angoisse croît, l'espoir s'étiole
et malgré cela, je vis de mon désir de vivre et je voudrais
reculer le terme fatal.

CERVANTES (au duc de Lemao, 1616).

Hâte-toi de bien vivre et songe que chaque jour est à
lui seul une vie.

SENEQUE, *Lettre à Lucilius.*

L'homme qui a le plus vécu n'est pas celui qui a compté
le plus d'années, mais celui qui a le plus senti la vie.

J.-J. ROUSSEAU, *Emile.*

Il y a si loin de la manière dont on vit à celle dont on
devrait vivre, que celui qui tient pour réel et pour vrai
ce qui devrait l'être sans doute, mais qui malheureusement
ne l'est pas, court à une ruine inévitable.

MACHIAVEL, *Le Prince.*

Vivre n'importe comment, mais vivre!

F. DOSTOIEVSKI, *Crime et Châtiment.*

Faites dès aujourd'hui le bilan clair et sincère de votre
vie, décidez d'après votre passé ce que doit être votre
avenir, mais décidez de vivre d'une manière généreuse;
tout le monde y gagnera; les autres et vous-même.

Aristide QUILLET, *Nouv. Encyclo. Autodidactique.*

Vivre... Ce n'est demander ici-bas ni paix ni trêve. Vivre,
c'est porter la bannière de la croix presque dans les mains
de Dieu.

Guido GEZELLE, *Couronne du Siècle.*

Nous vivons d'une ombre, monsieur, du parfum d'un
vase vide; après nous, on vivra de l'ombre d'une ombre;
je crains par moments que ce ne soit un peu léger.

Ernest RENAN (recevant V. Cherbuliez
à l'Académie Française, 1882).

Vivre, c'est aimer, et principalement aimer la vie.

BLANCHE PIERSON.

Je crois qu'on ne peut mieux vivre qu'en cherchant à devenir meilleur, ni plus agréablement qu'en ayant la pleine conscience de son amélioration.

SOCRATE (cité par Xénophon).

Ainsi, Posthumes, tu vivras demain, dis-tu :
Trop tard, trop tard! le sage vit aujourd'hui-même!

MARTIAL, *Epigrammes.*

Efforçons-nous de vivre de telle sorte que, quand nous ne serons plus, le croque-mort lui-même pleure à notre enterrement.

Mark TWAIN.

Etudiez comme si vous deviez vivre toujours; vivez comme si vous deviez mourir demain.

ISIDORE DE SEVILLE.

Vivez, si m'en croyez, n'attendez à demain :
Cueillez dès aujourd'hui les roses de la vie.

RONSARD, *Sonnets pour Hélène.*

VOCATION

La vocation est un torrent qu'on ne peut refouler, ni barrer, ni contraindre. Il s'ouvrira toujours un passage vers l'océan.

IBSEN, *Brand.*

VŒU

Craignez, seigneur, craignez que le ciel rigoureux
Ne vous haïsse assez pour exaucer vos vœux!

RACINE, *Phèdre.*

Nuit tiède, clair de lune, parfum des pruniers, donnez à ma bien-aimée un rêve délicieux!
Faites qu'elle soit impatiente de me revoir, et, qu'à l'aurore, elle vienne frapper à ma porte.
Parfum des pruniers, clair de lune, nuit tiède, je saurai, par ses baisers, si vous m'avez entendu...

HUNG-SO-FAN (cité par F. Toussaint, *La Flûte de jade*).

VOIE

C'est la voie du Christ crucifié qui nous donnera toujours la lumière et la grâce. Mais si nous suivons une autre voie, nous marcherons de ténèbres en ténèbres et finalement à la mort éternelle.

CATHERINE DE SIENNE (Lettre à un abbé).

Il n'y a qu'une voie pour chacun de nous; la trouver est facile, s'y maintenir très dificile.

Ed. JALOUX.

VOIR

Quand j'étais jeune, on me disait : Vous verrez quand vous aurez cinquante ans. — J'ai cinquante ans, et je n'ai rien vu.

Erik SATIE.

Je marcherai pour vous, vous y verrez pour moi.

FLORIAN, *Fables ; L'Aveugle et le Paralytique.*

Je ne sais rien voir de ce que je vois; je ne vois bien que ce que je me rappelle, et je n'ai de l'esprit que dans mes souvenirs.

ROUSSEAU, *Les Confessions.*

Revois deux fois pour voir juste; ne vois qu'une pour voir beau.

H.-F. AMIEL, *Fragments d'un journal intime.*

On s'étonne trop de ce qu'on voit rarement et pas assez de ce qu'on voit tous les jours.

Comtesse de GENLIS.

Qui vaut la peine d'être vu? Oui, mais non qui vaut la peine d'aller voir.

Samuel JOHNSON (cité par Boswell, *La Vie du Dr Johnson*).

VOISIN

L'existence des voisins est la seule défense des nations contre une perpétuelle guerre civile.

Paul VALÉRY, *Regards sur le monde actuel.*

Nous faisons nos amis, nous faisons nos ennemis; mais Dieu fait notre voisin.

G.-K. CHESTERTON, *Hérétiques.*

VOIX

Ah! voir des bandeaux du couchant
Mourir dans la nuit des sapins,
En s'énivrant de cette voix
Qui ressemblait tant à la tienne.

> Anna A. AKHMATOVA (*Antho. de la poésie russe,
> par J. David*).

Et pour sa voix, lointaine, et calme, et grave, elle a
L'inflexion des voix chères qui se sont tues.

> P. VERLAINE, *Poèmes Saturniens.*

Et les sons troublés revinrent vers moi, tantôt bas et
tantôt élevés, chargés d'une angoisse et d'un désespoir
infinis, comme les voix de multitudes innombrables errant
dans les obscurs espaces désolés, chaque voix reflétant
l'angoisse et le désespoir.

> W.-H. HUDSON, *Un âge de cristal.*

VOL

Qui vole un œuf volera un bœuf.

> G. HERBERT, *Jacula Prudentum.*

VOLONTE

C'est la volonté qui, refrénant ou stimulant le sentiment
et l'intelligence, créera l'harmonie intérieure de votre
âme.

> A. QUILLET, *Nouv. Encycl. Autodidactique.*

Agis de telle sorte que la maxime de ta volonté puisse
être érigée en loi universelle.

> E. KANT, *Critique de la Raison pratique.*

Les volontés précaires se traduisent par des discours,
les volontés fortes par des actes.

> G. LE BON, *Hier et Demain.*

Le plus grand don que Dieu, dans sa largesse, fit en créant,
le plus conforme à sa bonté, celui auquel il accorde le
plus de prix, fut la liberté de la volonté.

> DANTE, *La Divine Comédie ; Le Paradis.*

volonté • **439**

La volonté absolue ne consent pas au mal; mais la volonté y consent dans la mesure où elle craint, par refus, de tomber dans un plus grand malheur.

DANTE, *La Divine Comédie ; Le Paradis.*

C'est une des marques de notre époque qu'il n'y ait plus que les coquins qui aient de la volonté.

A. CAPUS, *Notes et Pensées.*

Pour celui qui veut, le mélia deviendra canne à sucre.

(Maxime de l'Inde méridionale).

De tout ce qu'il est possible de concevoir dans le monde, et même en général hors du monde, il n'est rien qui puisse sans restriction être tenu pour bon, si ce n'est la bonne volonté.

E. KANT, *Fondements de la métaphysique des mœurs.*

Allez dire à ceux qui vous envoient que nous sommes ici par la volonté nationale et que nous n'en sortirons que par la puissance des baïonnettes.

MIRABEAU, (Séance des Etats-Généraux, 1789, texte traditionnel).

VOLTAIRE

Voltaire alors régnait, ce singe de génie
Chez l'homme en mission par le diable envoyé.

V. HUGO, *Les Rayons et les Ombres.*

Voltaire! Quel que soit le nom dont on le nomme,
C'est un cycle vivant, c'est un siècle fait homme.

LAMARTINE, *Premières Médit. poétiques.*

VOLUPTE (voy. mal)

O douce volupté, sans qui, dès notre enfance,
Le vivre et le mourir nous deviendraient égaux;
Aimant universel de tous les animaux,
Que tu sais attirer avecque violence!
   Par toi tout se meut ici-bas.

LA FONTAINE, *Invocation.*

Si Bourdaloue un peu sévère
Nous dit : craignez la volupté,

Escobar, lui, dit-on, mon père,
Nous la permet pour la santé.

> BOILEAU, *Poésies diverses.*

J'appelle volupté proprement ce qu'on nomme
Ne se reprocher rien et vivre en honnête homme,
Appuyer l'innocent contre l'iniquité,
Briller moins par l'esprit que par la probité,
Du mérite opprimé réparer l'injustice,
Ne souhaiter du bien que pour rendre service,
Etre accessible à tous par son humanité :
Non, rien n'est comparable à cette volupté.

> BOURSAULT, *Esope à la cour.*

J'ai orné mon lit de couvertures,
  De tapis de fil d'Egypte;
J'ai parfumé ma couche
  De myrrhe, d'aloès et de cinnamome.
Viens, enivrons-nous d'amour jusqu'au matin,
  Livrons-nous à la volupté.

> ANC. TEST., *Prov.* VIII, 17-18. (Segond).

VOULOIR

Vous l'avez voulu, Georges Dandin, vous l'avez voulu.

> MOLIERE, *Georges Dandin.*

En leur règle n'était que cette clause : Fais ce que voudras.

> RABELAIS, *Gargantua* (Devise de l'abbaye de Thélène).

VRAI (voy. beau)

VULGARITE

On atteint aisément une âme vivante à travers les crimes,
les vices les plus tristes, mais la vulgarité est infranchissable.
Tant pis! J'en prendrai mon parti.

> F. MAURIAC, *Nœud de Vipères.*

W - Z

WATER LOO

ZELE
ZELE
ELE
ZELE
ZELE
ELE
ZELE

WATERLOO

Waterloo! Waterloo! Waterloo! Morne plaine!
Comme une onde qui bout dans une urne trop pleine,
Dans ton cirque de bois, de coteaux, de vallons,
La pâle mort mêlait les sombres bataillons.

V. HUGO, *Les Châtiments.*

Demain c'est Waterloo! demain c'est Sainte-Hélène!
    Demain c'est le tombeau!

V. HUGO, *Chants du Crépuscule.*

La bataille de Waterloo a été gagnée sur les terrains de jeu d'Eton.

Duc de WELLINGTON (assistant à un match de cricket,
à Eton)

ZELE

N'est-il pas honteux que les fanatiques aient du zèle et que les sages n'en aient pas? Il faut être prudent, mais non pas timide.

VOLTAIRE, *Pensées détachées de M. l'Abbé de St-Pierre.*

Je ne vous demande point le prix de mon zèle; ma récompense est dans les mains du souverain des mondes.

MAHOMET, *Le Koran*, XXVI, 164.

Pour moi, je reprends et je châtie tous ceux que j'aime; aie donc du zèle et repens-toi.

NOUV. TEST., *Apocalypse*, III, 19 (Oltramare).

Plaute finit souvent une pièce admirable
En invitant le peuple à l'applaudir des mains;
Mon âme se refuse à des désirs si vains,
Mon livre est trop heureux s'il est jugé passable.

Gayot de PITAVAL, *L'Art d'orner son esprit
en l'amusant* (1732).

POSTFACE

Bénie soit la « postface » qui permet à un auteur d'annexer in extremis à son œuvre des idées, des commentaires ou des matériaux lui paraissant pertinents, mais qu'il n'a guère eu l'occasion d'utiliser antérieurement !

Puisque mon propos, cette fois, est de vous divertir un tantinet, qu'il me soit donc permis de vous faire profiter de notes de lecture et autres glanures susceptibles d'intérêt, et de sacrifier quelque peu au goût des frivolités.

*

Il est souvent curieux, pour peu que l'on dispose de quelques loisirs, de feuilleter les journaux du siècle dernier et même les vénérables livres aux plats recouverts de veau ou de vélin.

On y passe sans transition d'un sujet à l'autre, du grave au plaisant, et l'on y fait parfois des trouvailles dignes d'être publiées.

Ainsi, le hasard — ce dieu des chercheurs, des bibliophiles et des rats de bibliothèque, mes frères — favorisa un jour une découverte dans un registre de recette de biens ruraux de 1622. Dans sa couverture, on trouva un papier sale sur lequel une main anonyme avait écrit une sorte de chanson traçant le portrait des femmes de cette époque.

La voici, sans plus attendre, dans une orthographe modernisée :

> Si tu prends l'Italienne,
> Le poison tu craindras, Colas ;
> Si tu prends l'Espagnole,
> Esclave te fera, Colas ;
> Si tu prends la Française,
> Elle t'en cornera, Colas ;
> Si tu prends l'Allemande,
> Ivrogne elle sera, Colas ;

Si tu prends la Wallonne,
Têtue elle sera, Colas ;
Si tu prends la Flamande,
Trop d'enfants te fera, Colas ;
Quand tu prendras l'Anglaise,
Trop fade elle sera, Colas.

Mais que n'a-t-on pas écrit et chanté sur les femmes ?
Et tout n'a pas été dit... ou médit, peut-être.
Certaines, négligeant de plaire par leurs charmes naturels,
veulent surtout briller dans la société par leur esprit et leur intel-
ligence, voire leurs écrits. Molière et d'autres ont daubé sur leur
compte.
Sont-ce les « bas-bleus » ?
Oui ! mais pourquoi les appelle-t-on ainsi ?
Des auteurs avancent que ce mot fut formé au XVIe siècle,
à Venise. On prétend, en effet, que les membres du cercle littéraire,
la Societa della Calza (c'est-à-dire Société du Bas), portaient
des bas bleus.
Mais l'opinion la plus suivie est celle qui lui assure une origine
britannique. Le blue-stocking *(bas-bleu) fit son apparition*
dans le salon d'une femme de lettres anglaise, Mrs. Elisabeth
Montague (1720-1800). Toutes les célébrités qui passaient par
Londres ne manquaient pas d'aller lui présenter leurs hommages.
Un certain jour, Alexander Pope, familier de ce cénacle de
beaux esprits, fut congédié par l'hôtesse qu'il poursuivait de ses
assiduités. Or, le poète avait remarqué deux détails : Mrs. Montague
portait des bas bleus et ses mains manquaient de soin.
Pope s'empressa de révéler à tout un chacun la couleur inusitée
des bas. Bientôt, on la surnomma « la dame aux bas bleus »,
sobriquet qui désigna par la suite toutes femmes écrivains ou
pédantes (voy. p. 53).
Bien plus, il composa ce distique qu'il répandit à la cour comme
à la ville :

Mon adorée a l'art de charmer les humains ;
Elle n'a pas celui de se laver les mains.

A propos de soin de beauté, saviez-vous, par exemple, qu'en
1718, les élégantes se faisaient peindre les veines en bleu afin,
nous apprend la Duchesse d'Orléans, « de faire croire qu'elles ont
la peau si fine qu'on distingue leurs veines au travers ? »
Et du XIIIe siècle, goûtez cette pointe :

Si de sa florissante mine
Elle perd la belle couleur

postface • 447

Dont moult aurait au cœur douleur,
Que toujours elle ait onguents moites
En sa chambre dedans ses boîtes
Pour se farder en tapinois.

Ce trait, ne semble-t-il pas avoir été lancé par quelque rimeur de notre temps ?

*

Les costumes nationaux disparaissent, et c'est bien dommage.
Dans un gros volume consacré aux costumes des différents peuples et publiés au XVIIe siècle, l'auteur avait, pour chaque nation, donné la reproduction d'un personnage revêtu de son costume national.

Or, savez-vous comment le graveur avait représenté le Français moyen ?... Dans le costume d'Adam, avec un paquet sur les bras et ce commentaire spirituel :

« *Quant à celui-ci, il change si souvent de mode que nous préférons lui donner un paquet d'étoffes, dont il usera à sa guise.* »

Comme quoi rien n'est changé depuis le siècle de Louis XIV.
Aussi, ces vers extraits des œuvres poétiques d'un auteur oublié du XVIIe siècle, F.-S. Desmarets, dit l'abbé Régnier, sont-ils encore d'actualité :

Parle-t-on des talents qu'une charge demande,
Et dit-on qu'il en faut d'autant plus qu'elle est grande,
     J'en demeure d'accord.
Vient-on à discuter, comme on fait d'ordinaire,
Si celui qui la fait a de quoi la bien faire,
     Je me tais, ais-je tort ?

*

En bouquinant, j'ai trouvé un jour un texte curieux dans l'amusant Almanach pittoresque (1861) *que des colporteurs vendaient jadis. Il est intitulé :* « *Le quart d'heure de bon temps* » :

L'homme, dont la vie entière
Est de quatre-vingt-quinze ans,
Dort le tiers de sa carrière,
C'est juste trente-deux ans . . . . .
Ajoutons, pour maladie,
Procès, voyages, accidents,
Au moins un quart de la vie,

32

448

C'est encore deux fois douze ans   24
Par jour, deux heures d'études
Ou de travaux, font huit ans   8
Noirs chagrins, inquiétudes,
Pour le double, font seize   .   .   .   .   .   1€
Pour affaire qu'on projette,
Demi-heure, encore deux ans   2
Cinq quarts d'heure de toilette,
Barbe, *et cœtera*, cinq ans   5
Par jour, pour manger et boire,
Deux heures font bien huit ans   8
Cela porte le mémoire
Jusqu'à quatre-vingt-quinze ans   95

Hélas ! comment trouver sur terre
Un quart d'heure de bon temps ?...

En parallèle à cette pièce plaisante et toujours d'actualité il vous sera sans doute agréable de connaître cette fantaisie consacrée à l'alphabet découverte dans un autre almanach de 1830 C'est un véritable tour de force.

Le jour où l'on nous mari	A
Je m'en souviens, monsieur l'a	B
Nous dit d'un air fort compa	C
Enfants, il faudra vous ai	D
Madame, vous obéir	E
A votre époux, à votre ch	F
Puisqu'il ne pourra vous chan	G
Et pour éviter qu'il vous l	H
Ayez toujours l'air bien gent	I
Montrez un front pur qui rou	J
Evitez tous les mauvais	K
C'est ainsi que toujours près d'	L
Attachant son époux qui l'	M
Une femme évite sa	N
S'il lui tourne pourtant le d	O
Et qu'il se mette à la trom	P
Qu'elle ne se croit pas vain	Q
Qu'elle lui montre meilleur	R
Et l'enchaîne par sa tendr	S
Qu'en lui voyant tant de bon	T
Il en devienne tout conf	U
Son amour sera retrou	V
Le ménage aura le beau f	X
Comme on en voit au p...	Y
Et c'est ainsi que Dieu nous	Z

postface • 449

Connaissez-vous le Spiegel van den Ouden en de Nieuwen Tijt *(Miroir des Temps anciens et nouveaux), de Jacob Cats ? C'est un volumineux recueil de proverbes, dictons et sentences dû à un célèbre homme d'Etat hollandais du XVIIᵉ siècle. Feuilletons-le ensemble, voulez-vous ? Nous y trouverons des dictons peu connus :*

> Lever à six,
> Dîner à dix,
> Souper à six,
> Font l'homme vivre dix fois dix.

•

> Ton fils repu et mal vêtu ;
> Ta fille vêtue et mal repue.

•

> Le premier an qu'on se marie,
> On a la toux, ou maladie.

•

> Lait sur vin,
> C'est venin ;
> Vin sur lait,
> C'est souhait.

•

Les maladies viennent en poste et s'en retournent bellement.

•

> Entre deux petits, un glorieux ;
> Entre deux grands, un lourdaud.

•

Qui me veut du mal, me fait blanchir ;
Qui me veut du bien, me fait rougir.

●

Quand d'autre parler voudras,
Regarde-toi et te tairas.

●

Jamais teigneux n'aima le peigne.

●

Bourse sans argent, je l'appelle cuir.

●

Eau trouble, gain de pêcheur.

●

Jamais homme sage on vit
Buveur de vin sans appétit.

●

Si tous te disent que tu es âne, brais.

●

C'est chose difficile et profonde
De complaire à Dieu et au monde.

●

C'est la plus méchante roue du chariot, qui mène le plus grand bruit.

●

L'on commande au valet, et le valet au chat, et le chat commande à sa queue.

●

Qui en un an veut être riche, à la moitié on le pend.

●

postface ● 451

Lorsque tu es enclume, souffre comme enclume ; lorsque tu es marteau, frappe comme marteau.

●

Ne crois pas à celui qui vient de la foire, mais à celui qui y retourne.

●

Ami, si tu es ménager,
De trois choses te dois garder :
De vin nouveau et de pain chaud,
Et des bois verts, car cela ne vaut.

●

Le marteau de la porte s'enrouille quand le maître est mort.

●

Cette maison est mal en train, où la quenouille commande l'épée.

●

Le jeu, la femme et le vin friant,
Font l'homme pauvre tout en riant.

●

Quand une femme blâme son mari, elle demande la danse de son voisin.

●

Père de famille sois partout ;
Dernier couché, premier debout.

●

Provision faite en saison,
Et dépendue par raison,
Fait du bien à la maison.

●

D'un homme qui ne parle et chien qui n'aboie, garde-toi.

●

> *Amis sont comme le melon,*
> *De dix souvent pas un n'est bon.*

●

Si la pilule avait bon goût, on ne la dorerait pas dehors.

●

> *A la maison de ta tante,*
> *Mais non tous les jours;*
> *A la maison de ton frère,*
> *Mais non tous les soirs.*

●

Quiconque a bouche ne dit à un autre qu'il souffle sur son potage.

★

Au début de la préface de ce Dictionnaire des Citations, il a été fait allusion à l'éloquence de la chaire avant Bourdaloue. Malgré l'exemple de cet éminent orateur, quelques prédicateurs n'avaient pas encore perdu l'habitude de parader.

Un brave dominicain, le père Chatenier, prêchait à Paris vers 1716. Un jour, il s'emporta contre des jeunes gens venus à ses sermons pour se divertir.

Après leur avoir donné du haut de la chaire une leçon bien méritée sur leur comportement, il conclut en s'adressant avec passion à ses auditeurs :

— Après votre mort, où croyez-vous donc aller?... Au bal, à l'Opéra, dans des assemblées où il y aura de belles femmes?...

Puis, d'une voix de stentor, il ajouta :

— Non! au feu! au feu!...

A ces mots, résonnant lugubrement sous les voûtes du lieu saint, l'auditoire s'épouvanta et plusieurs personnes se précipitèrent aussitôt vers la sortie, croyant de bonne foi que le feu était dans l'église.

D'un tout autre genre est ce mot délicieux de l'abbé de Voisenon, qui vivait à la même époque.

Le prince de Conti, ayant invité à dîner ce charmant écrivain, fut fort marri de ne point le recevoir. L'abbé, distrait à son ordinaire, avait oublié l'invitation...

Quelques jours plus tard, le religieux alla présenter ses excuses au prince qui, à sa vue, lui tourna ostensiblement le dos.

postface • 453

— *Je vois avec plaisir*, dit aussitôt Voisenon, *que Votre Altesse n'est pas fâchée contre moi, car ce n'est pas le dos qu'Elle a l'habitude de présenter à ses ennemis.*

On ne pouvait être plus délicatement flatteur.

Eh ! oui, la vie de cour et celle de salon des siècles passés permettaient la floraison de l'esprit d'à-propos. On ne courait pas après lui de crainte, selon un mot de Montesquieu, d'attraper la sottise. La traditionnelle flatterie adressée aux grands, la galanterie de mise auprès des dames, la pratique du sarcasme et de l'épigramme favorisaient l'éclosion de l'esprit. On en trouvera des exemples dans ce volume (voir page 137 et suiv.).

Sans doute me pardonnerez-vous d'éterniser les bagatelles en vous contant une dernière anecdote peu connue, extraite, comme les autres, de vieux papiers et qui a aussi l'intérêt d'être authentique :

Un jeune homme de 33 ans assistait, un soir de 1788, à la sortie des coulisses de l'Opéra de Paris. Vint à passer une jolie cantatrice d'une vingtaine d'années à peine qu'il se permit — oh ! mon Dieu — de pincer à la taille.

— *Ne vous gênez pas !...* lui dit-elle aimablement.

Puis, s'esquivant, elle monta dans sa voiture et s'éloigna.

Le galant, décontenancé, n'insista pas.

Trente ans plus tard, la cantatrice, devenue Mᵐᵉ de Saint-Aubin, faisait ses adieux à la scène du même théâtre. Or, le roi Louis XVIII avait contribué généreusement à la recette de cette représentation.

Afin d'exprimer sa vive gratitude au souverain, l'artiste lui demanda audience. Comme elle pénétrait dans le cabinet, le roi l'accueillit par ces mots inattendus :

— *Ne vous gênez pas !*

Mᵐᵉ de Saint-Aubin, interdite, ne savait quelle attitude prendre.

— *Ne vous gênez pas !* répéta le roi en souriant.

Comme la visiteuse ne semblait pas comprendre, Louis XVIII lui rappela qu'un soir, à l'Opéra, un jeune admirateur avait pris la taille d'une demoiselle sortant des coulisses. Celui-là avait maintenant 63 ans ; celle-ci, 54.

★

Généralement, les personnes âgées n'apprécient guère les idées nouvelles.

Oubliant que l'évolution sociale tend, de nos jours, à dispenser à tous plus de bien-être et plus de justice, elles voudraient nous

*convaincre que le monde ne fait que décroître. Elles déblatèrent
le présent pour mieux regretter le passé, dont le charme est précisément d'être passé.*

*Chose curieuse, ces reproches, on les retrouve dans les auteurs
anciens, avec quelques variantes sans doute.*

Naguère!... Ah! naguère!

*En somme, ce regret du « bon vieux temps » provient, non des
faits observés, mais de l'observateur lui-même. Et puis, en général,
ne retient-on plus souvent leur côté plaisant? On les voit sous un
jour sérieusement amélioré.*

*Certaines Lettres de Russie (1839) du marquis de Custine
sont aussi actuelles qu'au jour où elles furent rédigées.*

Ecoutez Louis-Philippe, en 1840 :

*« Il ne faut pas perdre courage, mais nous vivions des temps
si difficiles qu'on en a rarement vu de tels et qu'on n'en reverra
sans doute jamais. »*

*En 1783, William Pitt, premier ministre britannique, déclarait :
« Je ne vois autour de nous, cette année, que ruine et désespoir. »*

*Mme Deshoulières ne regrettait-elle pas le bel âge des
Bassompierre, alors que Bassompierre lui-même soupirait en
songeant au temps de sa jeunesse? Aussi, est-il amusant de lire
ces lignes que j'emprunte à un recueil de chansons du XVIIe siècle :*

> Dans ma jeunesse
> Les femmes de trente ans
> Renonçaient aux amants;
> Les devoirs importants
> De leurs engagements
> Aujourd'hui, ce n'est plus cela!
> On voit des grand-mères
> Essayer de faire
> Un tour à Cythère
> Danser, voulant plaire,
> Et elle y va
> Cahin-caha!

Ceci est non moins curieux :

> Mépriser les soins du ménage,
> Ne penser qu'à son maquillage,
> Chercher le plaisir, fuir l'ennui,
> Tromper un mari trop crédule,
> Savoir dorer la pilule :
> Voilà les femmes d'aujourd'hui,
> Voilà les femmes de Paris.

Ne croirait-on entendre ici nos moralistes se piquant de perspicacité?...

On trouve dans le célèbre Tsuré-Dzuré-Gusa (litt. *Mauvaises herbes de la paresse*), méditations du moine japonais Kenko Hoshi (XIVᵉ siècle), des regrets semblables, et même chez un illustre philosophe de l'Antiquité :

« *Nos aïeux se sont plaints, nous nous plaignons après eux; nos descendants se plaindront également après nous; mais toutes choses n'en resteront pas moins au même point, un peu en deçà, un peu au-delà, comme les flots poussés par le flux et le reflux de l'immense océan.* »

Ces sages réflexions — l'auriez-vous deviné? — sont de Sénèque, qui les écrivait il y a dix-neuf cents ans.

Ne doutons point de notre époque!

Et si, en un demi-siècle, notre civilisation a été plus bouleversée que jamais, rappelons-nous qu'elle est, en vérité, un temps de fermentation et de brassage.

Ne nous laissons pas assommer par les jérémiades des vieilles barbes, ces prophètes de notre décadence. Tout au contraire, cultivons un bel optimisme, une bonne humeur.

Ayons confiance dans la vie.

Aimons-la.

Frédéric II, roi de Prusse, exprimait ainsi son optimisme : « *Les choses ne vont jamais aussi mal qu'on le craignait, ni aussi bien qu'on l'espérait.* » *Ah! combien il avait raison.*

Et s'il nous arrive parfois d'évoquer le « *bon vieux temps* » *ou les* « *neiges d'antan* », *que ce soit sans gémissements inopportuns.*

Suivons le conseil du grand Molière, notre maître à tous, quand, dans le Misanthrope *(acte I, scène I), il nous dit :*

Mon Dieu! des mœurs du temps mettons-nous moins en peine
Et faisons un peu grâce à la nature humaine :
Ne l'examinons point dans la grande rigueur,
Et voyons ses défauts avec quelque douceur.

La jeunesse a toujours été le temps de l'héroïsme et de l'espérance.

Or, si notre époque est celle des blue jeans, *de la peinture abstraite et des Françoise Sagan, elle est également, ne l'oublions pas, celle des jeunes héros hongrois, des Anne Frank et des Maria Goretti.*

K. P.

INDEX

des auteurs cités
et
des ouvrages anonymes

Abrantès, Laure Saint-Martin Permont, duchesse d' (1784-1838), Française. 422.

Accords, Etienne Tabourot des (1549-1590). Français. 141.

Aceuilly, chevalier d' (alias Jacques de Cailly (1604-1673). Français. 45.

Achard, Marcel (1899-1974). Français. 44, 311.

Ackermann, Louise (1813-1890). Française. 127.

Acuña, Manuel (1849-1873). Espagnol. 402.

Acuña de Figueroa, Francisco (1791-1862). Espagnol. 138.

Adams, Henry Brooks (1838-1918). Nord-Américain. 24, 128, 272.

Adenauer, Konrad (1876-1967). Allemand. 301.

Adler, Alfred (1870-1937). Autrichien. 212.

Addison, Joseph (1672-1719). Anglais. 237.

Agoult, Marie de Flavigny, comtesse d' (1805-1876). Française d'origine allemande. 17, 320, 375.

A Kempis, Thomas H., dit (1379-1471). Allemand. 179, 196, 310.

Akhmatova, Anna A. (1888-). Russe. 438.

Alain, Emile Chartier, dit (1868-1951). Français. 25, 118, 321.

Alain-Fournier. (Voy. Fournier).

Alarcón Y Mendoza, Juan Ruiz de (1580-1639). Espagnol. 263, 286.

Albany, Louise de Stolberg, comtesse d' (1753-1824). Belge. 144.

Albert Ier, roi des Belges (1875-1934). 112, 135.

Alcott, Amos Bronson (1799-1888). Nord-américain. 205.

Alcuin d'York (735-804). Anglo-saxon. 324.

Alfieri, Vittorio (1749-1803). Italien. 285, 363, 407.

Alphonse XI, roi de Castille (1312-1350). 431.

Amicis, Edmondo de (1846-1908). Italien. 128.

Amiel, Henri-Frédéric (1821-1881). Suisse d'expression française. 177, 208, 437.

Ampère, Jean-Jacques (1800-1864). Français. 130.

Anaxilas (IVe siècle av. J.-C.). Grec. 164.

Ancien Testament. 16, 21, 36, 38, 74, 79, 93, 105, 126, 131, 148, 163, 169, 214, 222, 227, 289, 299, 305, 306, 307, 311, 319, 362, 369, 378, 404, 415, 428, 434, 440.

Andrade, Jorge Carrera (1903-). Equatorien. 142.

Andrieux, François (1759-1833). Français. 79, 166, 183, 341, 363.

Annunzio, Gabriele d' (1864-1938). Italien. 143, 217.

Anouilh, Jean (1910-). Français. 79.

Anterroche, comte d' (1705?-1785). Français. 34.

Apollinaire, Wilhelm Apollinaris Kostrowitzky, dit Guillaume (1880-1918). Français. 251, 261, 330, 389.

Arioste, Ludovico Ariosto, dit L' (1474-1533). Italien. 26, 43, 120, 375, 406.

Arnold, Matthew (1822-1888). Anglais. 270, 309, 353.

Arnould, Sophie (1744-1802). Française. 145.

Ars, (curé d'). Voir **Vianney**.

Arsan, Emmanuelle. Française. 142.

Attaignant, Gabriel-Charles, abbé de l' (1697-1778). Français, 361.

Attaignant, Pierre (1500?-1556?). Français. 295.

Attanagalu-vansa. Inde. 158.

Aubert, Jean-Louis, dit l'abbé. (1741-1814). Français. 25.

Aubigné, Théodore Agrippa d' (1552-1630). Français. 166, 365.

Augier, Emile (1820-1889). Français. 133, 163, 178, 314.

Auguste, Caius Julius, empereur (63 av. J.-C. - 14 ap. J.-C.). Latin. 190, 364.

Augustin, saint (354-430). Latin. 26, 73, 188, 336.

Aurevilly. Voir **Barbey d'Aurevilly.**

Aurobindo, Shri (1872-1950). Indien. 96, 115, 239, 411.

Avicenne, alias Ibn Sina (979-1037). Persan. 399.

Bacon, Sir Francis (1561-1626). Anglais. 57, 88, 142, 157, 179, 220, 223, 241, 283, 325, 385, 415.

Bacon, Roger dit le « Docteur admirable » (1214?-1294). Anglais. 57, 88

Baden-Powell, Lord Robert (1857-1941). Anglais. 93, 373.

Baghavad-Gita. Inde. 245.

Bainville, Jacques (1879-1936). Français. 282, 283.

Baker, Joséphine (1906-1975). Nord-américaine. 309.

Balmont, Konstantin Dmitrievitch (1867-1943). Russe. 294.

Balzac, Honoré, dit de (1799-1850). Français. 163, 178, 245, 277.

Balzac, Jean-Louis Guez de (1594-1654). Français. 115.

Bandeira, Manuel (1886-). Brésilien. 23.

Banning, Emile (1836-1898). Belge. 83, 265.

Banville, Théodore de (1823-1891). Français. 109, 147, 275.

Barbey d'Aurevilly, Jules (1808-1889). Français. 13, 60, 327, 331, 386.

Barbier, Jules (1822-1901). Français. 209, 307.

Barbosa, Ruy (1849-1923). Brésilien. 108.

Barère de Vieuzac, Bertrand (1755-1841). Français. 357.

Barrie, Sir James Matthew (1860-

1939). Anglais. 157, 159, 165, 168, 254.

Barthe, Nicolas-Thomas (1734?-1785). Français. 161.

Barthelemy, Auguste-Marseille (1796-1867). Français, 71, 196.

Barthelemy, Jean-Jacques, abbé (1716-1795). Français. 332.

Barthou, Jean-Louis (1862-1934). Français. 242.

Basho, Matsuo (1644-1694). Japonais. 84, 94, 237, 288, 305.

Battista, O. A. Italien. 314.

Baudelaire, Charles (1821-1867). Français. 54, 56, 68, 74, 98, 115, 121, 170, 199, 225, 252, 269, 270, 280, 288, 340, 353, 376, 387, 389, 405, 433.

Baudouin Ier, roi des Belges (1930-). 397.

Bauer, Gérard (1888-1967). Français. 351.

Bayle, Pierre (1647?-1706). Français. 352.

Bazin, Hervé (1911-). Français. 212.

Beaumarchais, Pierre-Augustin Caron de (1732-1799). Français. 59, 66, 71, 104, 255, 282, 322, 326, 362.

Beauvoir, Simone de (1908-). Française. 109.

Becker, Nicolas (1809-1845). Allemand. 360.

Becque, Henry (1837-1899). Français. 106, 139.

Becquer, Gustavo-Adolfo (1836-1870). Espagnol. 330.

Beecher-Stowe, Harriet (1812-1896). Nord-américaine. 142.

Beethoven, Ludwig van (1770-1827). Allemand. 215, 280.

Belguise, Camille. Français? 379, 384.

Bellay, Joachim du. Voy. **Du Bellay, J.**

Belloy, Pierre Lauren Buyrette, dit de (1727-1775). Français. 328.

Benda, Julien (1867-1956). Français. 241.

Benjamin, René (1885-1948). Français. 87.

Bennett, Henry H. (1863-1924). Anglais. 122.

Béranger, Jean-Pierre de (1780-

1857). Français. 83, 151, 179, 183, 222, 254, 310, 364.

Berceo, Gonzalo de (1198?-1260?). Espagnol. 71, 226.

Berchoux, Joseph (1765-1839). Français. 118, 200, 329.

Bergson, Henri (1859-1941). Français. 217, 349.

Berlin, Irving (1888-   ). Nord-américain. 428.

Berlioz, Hector (1803-1869). Français. 276.

Bernanos, Georges (1888-1948). Français. 317, 331.

Bernard, Emile (1868-1941). Français. 39, 41.

Bernard, Paul, dit Tristan (1866-1947). Français. 26, 215, 349, 381.

Béroalde de Verville, François (1558-1612). Français.

Bertin, Antoine (1752-1790). Français. 17, 30, 52, 375, 377, 416, 432.

Beyle, Henri. Voy. Stendhal.

Bibesco, Elisabeth A. (1897-1945). Roumaine. 15.

Bible. Voy. Ancien et Nouveau Testament.

Bierce, Ambrose (1842-1914). Nord-américain. 62, 135, 165.

Bièvre, Marquis de (1747-1789). Français. 277.

Bismarck, Otto von, Prince (1815-1898). Allemand. 169.

Blanco-Fombona, Rufino (1874-1943). Vénézuélien. 420.

Blake, William (1757-1827). Anglais. 25, 192.

Blok, Alexandre A. (1880-1921). Russe. 313, 377.

Bloy, Léon (1846-1917). Français. 226.

Boccace, Giovanni Boccacio, dit (1313-1375). Italien, 26, 256.

Boileau-Despréaux, Nicolas (1636-1711). Français. 54, 56, 64, 69, 70, 90, 139, 140, 196, 206, 209, 222, 259, 298, 327, 348, 361, 379, 387, 390, 397, 420, 421, 440.

Boisrobert, François, abbé de (1592-1662). Français. 236.

Bolland, Jean (1596-1665). Belge d'expression latine. 246.

Bonald, Louis, vicomte de (1754-

1840). Français. 392, 397, 411.

Bonnard, Abel (1883-1968). Français. 20, 30, 260.

Bonneau, Georges. Français. 135.

Bordeaux, Henry (1870-1963). Français. 58, 431.

Bornier, Henri de (1825-1901). Français. 173.

Bosch, Firmin van den (1866-   ). Belge d'expression française. 34, 42, 72, 179, 200, 324, 431.

Bosquet, Pierre (1810-1861). Français. 95.

Bossuet, Jacques-Bénigne (1627-1704). Français. 22, 59, 60, 76, 144, 191, 196, 314, 355.

Boswell, James (1740-1795). Anglais, 80, 382.

Bouddha, (Le), Sidharta Gautama Mouni (VIe s. av. J.-C.). Indien 14, 63, 70, 110, 170, 190, 198, 308, 341, 354, 368.

Boulay de la Meurthe, Antoine (1761-1840). Français. 97.

Bounine, Yvan (1870-1953). Russe. 370, 407.

Bourdaloue, Louis (1632-1704). Français. 21, 143, 398.

Bourdet, Edouard (1887-1945). Français. 37.

Bourget, Paul (1852-1935). Français. 168, 300.

Boursault, Edmé (1638-1701). Français. 139. 440.

Bouscal, Guyon-Guérin de (XVIIe s.). Français. 372.

Brann, William C. (1855-1898). Nord-américain. 316.

Brasillach, Robert (1909-1945). Français. 244.

Brébeuf, Georges de (1618-1661). Français. 97, 127.

Bret, Antoine (1717-1792). Français. 388.

Briand, Aristide (1862-1932). Français. 122.

Brillat-Savarin, Anthelme (1755-1826). Français. 99, 173, 176, 254.

Brioussov, Valéry Yakolevitch (1873-1924). Russe. 353.

Bromfield, Louis (1896-1955). Nord-américain. 14, 60, 128.

Brougham, Lord Henry (1778-1868). Anglais. 181.

Browning, Elisabeth Barrett (1806-1861). Anglais. 28, 94.

Browning, Robert (1812-1889). Anglais. 176.

Brunton, Sir Thomas L. (1844-1916). Ecossais. 242.

Buffon, Georges-Louis Leclerc, comte de (1707-1788). Français. 74, 177, 391.

Bulwer-Lytton, Sir Edward George comte de Lytton (alias O. Meredith) (1831-1891). Anglais. 14, 99.

Bulwer-Lytton, Sr Edward George (1803-1873). Anglais. 30, 146, 319, 368.

Burger, Gottfried August (1747-1794). Allemand. 274.

Burnet, Albert. Belge. 314.

Burns, Robert (1759-1796). Ecossais. 15.

Burton, Robert (1577-1640). Anglais. 134.

Bussy-Rabutin, Roger, comte de (1618-1693). Français. 12, 115, 199.

Butler, Nicholas Murray (1862-1947). Anglais. 354.

Butler, Samuel (1835-1902). Anglais. 327, 334, 336, 418.

Byron. George Gordon, Lord (1788-1824). Anglais. 25, 30, 60, 61, 69, 217, 258, 263, 270, 275, 279, 314, 365, 389, 417.

Cailly, Jacques de (1604-1673). Français. 76.

Calavera, Ferrant Sanchez (XVᵉ s.). Espagnol. 274.

Calderón de la Barca, Pedro (1600-1681). Espagnol. 28, 108, 426.

Calvin ou Cauvain, Jean (1509-1564). Français. 56, 150, 348.

Campoamor, Ramon de (1817-1901). Espagnol. 29, 304.

Camus, Albert (1913-1960). Français. 55.

Capus, Alfred (1858-1922). Français. 17, 38, 56, 72, 78, 94, 130, 190, 207, 228, 256, 257, 258, 292, 422, 439.

Carducci, Giosué (1836-1907). Italien. 329, 365.

Carlyle, Thomas (1795-1881). An-

glais. 57, 225, 335, 381.

Carnegie, Andrew (1835-1919). Nord-américain. 360, 426.

Carré, Michel (1819-1882). Français. 209, 307.

Carrel, Alexis (1873-1944). Français. 54, 80, 108, 129, 323, 390.

Carruth, William Herbet (1859-1924). Nord-américain. 151.

Case, Phila Henrietta (XIXᵉ s.). Nord-américaine (?). 300.

Catherine de Sienne, sainte (1347-1380). Italienne. 41, 120, 437.

Catulle, Caius Valerius (88-55 av. J.-C.). Latin. 19.

Celano, Tomasso di (1185 ?-1255). Italien, 227, 357.

Cellini, Benvenuto (1500-1571). Italien. 238.

Cervantes Saavedra, Miguel de (1547-1616). Espagnol. 46, 92, 105, 113, 136, 156, 164, 202, 228, 266, 289, 317, 322, 341, 356, 360, 363, 364, 375, 378, 386, 429, 435.

César Auguste . Voy. **Auguste.**

César, Caius Julius (100 à 44 av. J.-C.). Latin. 21, 55.

Cézanne, Paul (1839-1906). Français. 94.

Chamfort, Nicolas-Sébastien Roch (1741-1794). Français. 27, 69, 142, 190, 197, 227, 265, 276, 297, 325, 334, 342, 352, 362, 386.

Chamisso, Adalbert von (1781-1838). Allemand. 388.

Chancel, Ausone de (1808-1876). Français. 425.

Chândôgya-Upanishad. Textes brahmaniques. Inde. 96.

Chanel, Gabrielle, dite Coco (1883-1971). Française. 267.

Chang-Wou-Kien, (1879-   ). Chinois. 126, 214.

Chanson de la veuve (La). Anonyme français. 423.

Chaplin, Charles (1889-   ). Anglais. 15.

Charles IX (1550-1574). Roi de France. 330.

Charles d'Orléans (1394-1465). Français. 320, 397.

Charles-Quint (1500-1558). Souverain des Pays-Bas, roi d'Espagne et empereur germanique. 233.

Charte spirituelle de l'Humanité (1946). 279.

Chartier, E.-A. Voy. **Alain.**

Chastenet, Jacques (1893-   ). Français. 265.

Chateaubriand, François René, vicomte de (1768-1848). Français. 16, 172, 226, 242, 283, 329, 400.

Chatelet, Emilie de Tonnelier de Breteuil, marquise du (1706-1749). Française. 267.

Chaucer, Geoffrey (1328-1400). Anglais. 16, 268.

Chaulieu, Guillaume Anfrye, abbé de (1639-1720). Français. 239.

Chénier, André (1762-1794). Français. 277, 278, 331, 420.

Chénier, Marie-Joseph (1764-1811). Français. 143, 195, 214, 238, 356, 425.

Chen-Teuo-Tsan, (1598-1645). Chinois. 15.

Chesterfield, Philip, D.S., Lord (1694-1773). Anglais. 368, 391.

Chesterton, Gilbert-Keith (1874-1936). Anglais. 18, 216, 298, 421, 429, 437.

Choisy, François Thimoléon, abbé de (1644-1724). Français. 421.

Chopin, Frédéric F. (1810-1849). Polonais d'origine française. 277.

Christian Herald (The) (périodique anglais). 151.

Churchill, Sir Winston (1874-1965). Anglais. 80, 114, 184, 247, 261, 295, 418.

Cingria, Charles-Albert (1883-1954). Suisse d'expr. française. 285.

Clark, John Maurice (1884-1963). 88.

Clare, John (1793-1864). Anglais. 427.

Claretie, Jules (1840-1913). Français. 241.

Claudel, Paul (1868-1955). Français. 127, 298, 357.

Claudien, Claudius Claudianus, dit (370 ?-408 ?). Latin. 143.

Clémenceau, Georges (1841-1929). Français. 185, 286, 355.

Clément, Jacques, dit frère (1567 ?-1589). Français. 32.

Clément d'Alexandrie, saint (150 env.-215 env.). Grec. 362.

Clesse, Antoine (1816-1889). Belge d'expression française. 56, 335.

Cocteau, Jean (1889-1963). Français. 64, 244, 280, 309, 330, 355, 358, 392, 423.

Colardeau, Charles Pierre (1732-1776). Français. 237.

Colbert, Jean-Baptiste (1619-1683). Français. 363.

Coleridge, Samuel (Taylor (1772-1834). Anglais. 98.

Colette, Gabrielle Sidonie (1873-1954). Française. 31, 89, 233, 432.

Colletet, Guillaume (1598-1659). Français. 33.

Collin d'Harleville, Jean-François (1755-1806). Français. 206, 209, 255.

Colton, Charles Caleb (1780-1832). Anglais. 207.

Comte, Auguste Isidore (1798-1857). Français. 112, 274, 333.

Condorcet, Marie Jean Caritat, marquis de (1743-1794). Français. 111.

Confucius, Kung Fu Tse, dit (551-479). Chinois. 158, 168, 195, 198, 200, 214, 224, 338, 372, 422.

Congreve, Williams (1670-1729). Anglais. 279.

Conrad, Konrad Korzeniowski dit Joseph (1857-1924). Anglais. 22, 405.

Conscience, Hendrik (1812-1883). Belge d'expression flamande. 163.

Constant de Rebecque, Benjamin H. (1767-1830). Français d'origine suisse. 271.

Constitution des Etats-Unis d'Amér. (1789). 142.

Coppée, François (1842-1908). Français. 50, 198, 350, 400.

Coran. Voy. **Mahomet.**

Corneille, Pierre (1606-1684). Français. 120, 147, 189, 228, 252, 278, 378, 393, 398, 414.

Corneille, Thomas (1625-1695). Français. 85, 97, 193, 396.

Cornélius, Pierre de (1783-1867). Allemand. 39.

Cornuel, Cléophile (1605-1694). Française. 191.

Corrège, Antonio Allegri, dit le (1494-1534). Italien. 319.

Corsembleu-Desmahis, Joseph de (1722-1761). Français. 271.

Courier de Méré, Paul-Louis (1772-1825). Français. 342.

Courteline, Georges Moineaux, dit (1858-1929). Français. 162, 178.

Cousin, Victor (1792-1867). Français. 109.

Couto, Ribeiro (1898-1964). Brésilien. 346.

Cowley, Abraham (1618-1667). Anglais. 101.

Cowper, William (1731-1800). Anglais. 67, 265, 358, 383, 415, 432.

Crane, Nathalia (1913-   ). Nord-américaine, 122, 158.

Crébillon, Prosper Jolyot de (1674-1762). Français. 96.

Crémieux, Adolphe (1796-1880). Français. 335.

Croce, Benedetto (1886-1952). Italien. 71.

Crockett, David (1786-1836). Nord-américain. 348.

Croisset, Francis Wiener, dit de (1877-1937). Français d'origine belge. 276.

Cromwell, Oliver (1599-1658). Anglais. 342.

Cronin, Archibald, Joseph (1893-   ). Anglais. 134.

Cullavagga. Inde. 266.

Curtis, George William (1824-1892). Américain. 307.

Cvetaçvatara Upanishad. Textes brahmaniques. Inde. 116.

Cyrano de Bergerac, Hector S. (1619-1655). Français. 117.

Daniel-Rops, Henri Pétiot, dit (1901-1965). Français. 194.

Daninos, Pierre (1913-   ). Français. 173.

Dante Alighieri, (1265-1321). Italien. 28, 29, 52, 90, 143, 152, 201, 207, 235, 310, 350, 361, 389, 439.

Danton, Georges Jacques (1759-1794). Français. 42, 129, 419.

Dario, Ruben (1867-1916). Nicaraguayen. 359.

Daru, Pierre-Antoine, comte (1767-1829). Français. 145, 349.

Daudet, Alphonse (1840-1897). Français. 13, 133, 415.

D'Avenant, Charles (1656-1714). Anglais. 95.

De Bruyne, Joris. Belge. 267.

Deffand, Marie de Vichy-Chambord, marquise du (1697-1780). Française. 313.

De Foe, Daniel (1660-1731). Anglais. 183.

De Glasenapp, Helmuth. Allemand. 169.

Delacroix, Eugène (1799-1863). Français. 93, 127, 396.

Delarue-Mardrus, Lucie (1880-1945). Française. 127, 232.

Delavigne, Casimir (1793-1843). Français. 67, 118, 132, 156, 167, 273, 288, 316, 425, 427.

Delille, Jacques, abbé (1738-1813). Français. 66, 130, 430.

Deloney, Thomas (1543-1607). Anglais ? 99.

Démocrite d'Abdère (VIᵉ-Vᵉ s.av. J.-C.). Grec. 214, 434.

Déroulède, Paul (1846-1914). Français. 335.

Desaugiers, Antoine (1772-1827). Français. 224.

Des Barreaux, Jacques de La Vallée (1602-1673). Français. 296.

Desbordes-Valmore, Marceline (1786-1859). Française. 141, 366.

Descartes, René (1596-1659). Français. 234, 375.

Deschamps, Eustache (1346-1406). Français. 90.

Deschanel, Paul (1856-1922). Français. 146.

Deshoulières, Antoinette du Ligier de la Garde, dame (1638-1694). Française. 32, 54, 205.

Desmarais R. Voy. **Regnier-Demarais.**

Desnoyers, Fernand (1828-1869). Français. 274.

Des Ombiaux, Maurice (1868-1943). Belge d'expression française. 206, 227.

Desportes, Philippe (1546-1606). Français. 26.

Destouches, Philippe Néricault, dit (1680-1754). Français. 68, 97, 142.

Detroit News (périodique nord-américain). 387.

Deval Jacques. Français. 44.

Dhammapada : recueil de phrases sur la religion, Inde. 63, 92, 158, 190, 310, 312, 343, 370, 371.

Dhingra, Baldoon. 100.

Dickens, Charles (1812-1870). Anglais. 91, 130, 233, 234, 301.

Diderot, Denis (1713-1784). Français. 33, 137, 205, 363.

Digeste catholique (périodique français). 86, 111.

Diogène le Cynique (413-327 av. J.-C.). Grec. 118.

Disraeli, Benjamin, alias Lord Beaconsfield (1804-1881). Anglais. 181, 227, 390, 405.

Donnay, Maurice (1859-1945). Français. 21, 63, 90, 163, 176, 205, 390, 419.

Dos Passos, John (1896-1970). Nord-américain. 317.

Dostoïevski, Fédor Mikhailovitch (1821-1881). Russe. 59, 197, 228, 262, 435.

Doyle, Sir Arthur Conan (1859-1930). Ecossais. 419.

Dreiser, Théodore (1871-1945). Nord-américain. 89.

Dryden, John (1631-1700). Anglais. 5, 162, 313.

Du Bartas, Guillaume (1544-1590). Français. 420.

Du Bellay, Joachim (1515-1560). Français. 172.

Dublin Opinion (périodique irlandais). 80, 368.

Ducis, Jean-François (1733-1816). Français. 192, 423.

Duclos, Charles Pinot (1704-1772). Français. 268.

Du Deffand, Marie. - Voy. Deffand.

Duhamel, Georges (1884   ). Français. 80, 132, 243, 244, 289, 340, 380, 386.

Du Lorens, Jacques (1582-1650). Français. 113, 140, 387.

Dumas, Alexandre (père) (1803-1870). Français. 194, 410.

Dumas, Alexandre (fils) (1824-1895). Français. 16, 37, 112, 139, 295, 392, 427.

Dumoustier, Charles-Albert (début du XIXe s.). Français. 293.

Dunbar, Paul Laurence (1872-1906). Ecossais. 428.

Du Ryer ou Duryer, Pierre (1606-1658). Français. 184.

Duse, Eléonore (1858-1924). Italienne. 406.

Duvernois, Henri (1875- 1937). Français. 206.

Echegaray, José (1833-1916). Espagnol. 337.

Eckhart ou Eckart, dit Maître Johannes (1260 ?-1327). Allemand. 148.

Ecouchard-Lebrun - Voy. Lebrun.

Ecritures sanscrites. 295.

Edgeworth, Maria (1767-1849) Anglaise. 145.

Edison, Thomas Alva (1847-1931). Nord-américain. 177.

Edouard III, roi d'Angleterre (1312-1377). 321.

Einstein, Albert (1879-1955). Nord-américain d'orig. all. 132, 148, 173, 201, 234, 238, 280, 283.

Eisenhower, Dwight-David (1890-1969). Nord-américain. 267.

Eliot, George, alias Mary A.E. Cross (1819-1880). Anglaise. 227, 414, 418.

Eliot, Thomas Stearns (1888-1965). Anglais. 434.

Ellis, Henry Havelock (1859-1940). Anglais d'orig. améric. 104, 272.

Eluard, Paul E. Grindel, dit Paul (1895-1952). Français. 62.

Emerson, Ralph Wolde (1803-1882). Nord-américain. 34, 61, 99, 136, 244, 246, 308, 363, 379.

Eminescu, Mihail (1850-1889). Roumain. 108, 204.

Emmanuel, Pierre (1916-   ). Français. 331.

Empire Tool Company. 76.

Engels, Friedrich (1820-1895). Allemand. 153, 341.

Enghien, Louis A.H. de Bourbon-Condé, duc d' (1772-1804). Français. 277.

Epicure, (342-270 av. J.-C.). Grec. 399.

Erasme de Rotterdam, Désiré (ou Didier) Geert, dit (1467-1536). Hollandais. 50, 160, 170, 334.

Estaunié, Edouard (1862-1942). Français. 149, 385.

Etiemble, (1909-). Français. 177.

Etienne, Charles-Guillaume (1778-1845). Français. 378.

Fabre, Jean-Henri (1823-1915). Français. 184.

Fabre-Luce, Alfred, Français. 182.

Faguet, Emile ('847-1916). Français. 136.

Fan Tchong-Yen (989-1052). Chinois. 350.

Faucher, Daniel (1882-1970). Français. 150.

Faulkner, William (1897-1962). Nord-américain. 28, 162.

Favart, Charles-Simon (1710-1792). Français. 172.

Fels, Florent (1891-). Français. 27.

Fénelon, François de Salignac de La Mothe (1651-1715). Français. 106, 115, 133, 183, 252, 320.

Ferrero, Guglielmo (1871-1942). Italien. 107, 201, 304.

Feuillère, Edwige (1907-). Française. 177.

Fisher, Herbert A.L. (1865-1940). Nord-américain ? 150.

Flaubert, Gustave (1821-1880). Français. 90, 98.

Fleury, Aimée de Coigny, duchesse de (1769 ?-1820). Française. 332.

Florian, Jean-Pierre Claris de (1755-1794). Français. 18, 57, 119, 193, 216, 234, 247, 264, 358, 437.

Florio, John (1553-1625). Anglais d'origine italienne. 34.

Floriot, René (1902-1976). Français. 46, 320.

Foch, Ferdinand, maréchal (1851-1929). Français. 100, 105, 117.

Fogazzaro, Antonio (1842-1911) Italien. 87.

Fontenelle, Bernard Le Bovier de (1657-1757). Français. 12, 60, 138, 277, 431.

Fo-pen-hing-tsih-king. Chine. 17, 24, 58, 100, 410.

Ford, Henry (1863-1947). Nord-américain. 52, 107, 204.

Forster, Edward Morgan (1879-). Anglais. 152.

Förster, R. (XIXᵉ s.). Allemand. 360.

Foscolo, Ugo (1776-1827). Italien. 179, 426.

Fo-sho-hing-tsan-king. Chine. 72, 85, 135.

Foster, Stephen Collins (1826-1864). 287, 432.

Fournier, Henri, dit Alain-Fournier (1886-1919). Français. 321.

France, Anatole Thibault, dit (1844-1924). Français. 41, 58 68, 76, 80, 83, 100, 114, 147, 233, 243, 262, 304, 309, 331, 384, 418, 427.

François d'Assise, saint (1181-1226). Italien. 336.

François de Sales, saint (1567-1622). Français. 23, 112, 189, 424.

Franklin, Benjamin (1706-1790). Nord-américain. 62, 82, 141, 152, 184, 215, 252, 255, 297. 353.

Frechette, Louis (1839-1908). Canadien français. 398.

Frédéric II, roi de Prusse (1712-1786). 190, 455.

Freud, Sigmund (1856-1939). Autrichien. 80, 373.

Fréron, Elie (1719-1776). Français. 183.

Furetière, Antoine (1619-1688). Français. 138.

Fujiwara no Ariie (1155-1216). Japonais. 300.

Fuller, Thomas (1608-1661). Anglais, 256, 334.

Galsworthy, John (1867-1933). Anglais. 228, 229.

Gandhi, Mohandas K. dit le Mahatma (1869-1948). Indien. 74,

77, 107, 117, 128, 144, 159, 189, 250, 287, 337, 351, 353, 368, 402, 416, 426.

Garcia Lorca, Federico (1899-1936). Espagnol. 365.

Gaulle, Charles de, général (1890-1970). Français. 117, 150, 172, 178, 195.

Gautier, Théophile (1811-1872). Français. 44, 98, 105, 110, 257, 278, 280, 300.

Gaxotte, Pierre. Français. 194.

Gay, Sophie (1766-1852). Anglaise. 27.

Gayot de Pitaval, François (1675-1743). Français. 17, 363.

Geeraert, Robert-Lucien (1925-   ). Belge d'expression française. 44.

Genet, Jean (1910-   ). Français. 299.

Genlis, Félicité, comtesse de Brusbart de (1746-1830). Française. 437.

George, Stefan (1878-1933). Allemand. 209, 336.

Geraldy, Paul (1885-   ). Français. 19, 20, 29, 31, 84, 148, 296, 383.

Gérard, Rosemonde, alias Mme Edmond Rostand (1871-1953). Française. 18.

Gertrude, sainte (629-657). Belge. 31.

Gezelle, Guido (1830-1899). Belge d'expression flamande. 147, 435.

Ghazali, Algazel, dit al- (1058-III). Arabe. 35.

Ghiliaï. Voir Ghiliarovski.

Ghiliarovski, V.A., dit Ghiliaï (1855-1935). Russe. 139.

Gibbon, Edward (1737-1794). Anglais. 128.

Gibbons, Henry (1808-1848). Anglais ? 52.

Gibran, Kahlil (1883-1931). Syrien. 272, 406.

Gide, André (1869-1951). Français, 40, 147, 148, 157, 158, 215, 217, 322, 350, 369, 424.

Gilbert, Nicolas Joseph Laurent (1751-1780). Français. 278.

Girardin, Emile de (1806-1881). Français. 333.

Girardin, Mme E. de (1804-1855). Française. 53, 144, 388.

Giraudoux, Jean (1882-1944). Français. 180, 185, 304, 419.

Goethe, Johann Wolfgang von (1749-1832). Allemand. 27, 64, 69, 70, 87, 89, 111, 150, 163, 197, 206, 209, 214, 225, 240, 253, 273, 297, 322, 363, 393, 397, 401, 403, 411, 426, 428.

Gogol, Nicolas (1809-1852). Russe. 275, 324.

Goldberg, Isaac (1887-1938). Nord-américain. 119.

Goldoni, Carlo (1707-1793). Italien. 51, 172, 263.

Goldsmith, Oliver (1728-1774). Anglais. 90, 215, 292.

Gombauld, Jean Ogier de (1570-1666). Français. 180.

Goncourt, Edmond (1822-1896) et Jules de (1830-1870). Français. 170, 194, 324, 396, 419.

Gongora Y Argote, Luis de (1561-1627). Espagnol. 211.

Gonze, Louis. Espagnol. 91.

Gorki, Maxime, alias A. M. Pechkov (1868-1936). Russe. 199, 262, 314.

Goumilev, Nikolaï (1886-1921). Russe. 251.

Gourmont, Rémy de (1858-1915). Français. 112, 245.

Gracian, Baltasar (1601-1658). Espagnol. 422.

Gray, Thomas (1716-1771). Anglais. 79, 159, 205, 317, 383.

Greene, Graham (1904-   ). Anglais. 19, 45, 166, 199, 254, 269, 326, 339, 387, 416, 418, 426.

Gregh, Fernand (1873-1960). Français. 116.

Gresset, Jean-Baptiste (1709-1777). Français. 109, 121, 145, 226, 237, 293, 308, 387.

Grey ou Gray, Jane (1537-1554). Anglaise. 214.

Griboïedov, Alexandre Serguéevitch (1795-1829). Russe. 296.

Guarini, Giambattista (1537-1612). Italien. 144.

Guérard, dom Robert (1641-1715). Français. 199.

Guibert, Jacques A., comte de (1743-1790). Français. 268.

Guichard, Olivier (1920-). Français. 382.

Guitry, Lucien (1860-1925). Français. 28, 64, 130, 145.

Guitry, Sacha (1885-1957). Français. 2, 35, 40, 51, 55, 61, 67, 71, 85, 98, 121, 146, 161, 162, 163, 178, 191, 192, 206, 212, 213, 217, 251, 258, 271, 288, 297, 309, 354, 357, 376, 396, 401, 405, 421, 427, 431.

Hafiz, Schems ed-Din Mohammed (1320 ?-1389). Persan. 15, 61, 84, 86, 144, 170, 202, 211, 221, 223, 294, 305, 308, 313, 326, 354, 365, 370, 374, 377, 388, 390, 399, 417, 430, 433.

Hallam, Henry (1777-1859). Anglais. 146.

Hardy, Alexandre (1570-1632). Français. 374.

Harte, Francis Brett (1839-1902). Nord-américain. 423.

Hawthorne, Nathaniel (1804-1864). Nord-américain. 340, 428.

Hay, John (1838-1905). Nord-américain. 118.

Hazlitt, William (1778-1830). Anglais. 146, 335, 343.

Hegel, Georg W. F. (1770-1831). Allemand. 197, 314, 340.

Heidegger, Martin (1889-). Allemand. 34.

Heine, Harry, dit Henri (1797-1856). Allemand. 82, 293, 316.

Helvétius, Claude-Adrien (1715-1771). Français. 51.

Hemingway, Ernest (1898-1961). Nord-américain. 272, 297, 369, 414.

Henjo, Sojo (810-890). Japonais. 42.

Herbert, George (1593-1632). Anglais. 136, 194, 251, 256, 263, 276, 322, 348, 368, 438.

Heredia, José-Maria de (1842-1905). Français d'origine cubaine. 37, 121, 402.

Herford, Oliver(1863-1935). Nord-américain. 433.

Herrick, Robert (1591-1674). Anglais. 338.

Herriot, Edouard (1872-1957). Français. 19.

Hésiode (VIIIᵉ au VIIᵉ s. av. J.-C.). Grec. 163, 229.

Hickson, William Edward (1803-1870). 322.

Hippius, Zénaïde (1869-1945). Russe. 404.

Hitler, Adolphe (1889-1945). Allemand d'origine autrichienne. 275, 318, 332, 392.

Hitomaro, Kakinomoto No (681 ?-729). Japonais. 247, 430.

Hi-Tsong, empereur de Chine (1620-1657). 211.

Ho Chung (XIVᵉ s.). Chinois. 417.

Holland, Josiah Gibbert (1819-1881). Nord-américain. 78.

Holmes, Oliver Wendell (1809-1894). Nord-américain. 37, 190, 259, 262.

Holst, Adriaan Roland (1888-). Néerlandais. 44.

Honoré, Charles-H. Remy, dit (1793-1858). Français. 140.

Hood, Thomas (1790-1845). Anglais. 317.

Heriguchi, Daigaku (1892-). Japonais. 75.

Hsu Chih Mo (1895-1931). Chinois. 359.

Hugo, Victor (1802-1885). Français. 31, 36, 42, 45, 50, 52, 54, 56, 66, 70, 71, 78, 104, 106, 108, 115, 132, 133, 145, 151, 156, 166, 171, 179, 184, 264, 275, 277, 282, 286, 292, 293, 301, 304, 305, 307, 309, 324, 333, 353, 371, 375, 378, 383, 388, 390, 391, 420, 433, 434, 439, 440.

Hudson, William Henry (1841-1922). Anglais d'origine brésilienne. 438.

Huidobro, Vincente (1893-1948). Chilien. 72, 304, 329.

Hume, David (1711-1776). Ecossais. 95.

Hung-So-Fan (1812-1861). Chinois. 436.

Huxley, Aldous (1894-1963). Anglais, 24, 200, 216, 221, 275, 325, 372, 381, 423.

Huxley, Thomas Henry (1825-1895). Anglais. 129.

Huyghe, René (1906-   ). Français. 397.

Huysmans, Joris-Karl (1848-1907). Français. 95.

Ibsen, Henrik (1828-1906). Norvégien. 24, 112, 204, 378, 381, 436.

Illustration européenne (L'). (périodique français (1882). 425.

Ionesco, Eugène (1912-   ). Roumain. 356.

Ingersoll, Robert Green (1833-1899). Nord-américain. 208, 239.

Isidore de Séville, saint (570?-636). Espagnol. 149, 436.

Isocrate (436-488). Grec. 312.

Issa (1763-1827). Japonais. 305.

Jacob, Max (1876-1944). Français. 142.

Jaloux, Edmond (1878-1949). Français. 234, 244, 378, 437.

James, Henry (1843-1916). Nord-américain. 46, 108.

James, William (1842-1910). Nord-américain. 88, 134, 152, 178, 189, 198, 210.

Janin, Jules (1804-1874). Français. 225.

Jaurès, Jean (1859-1914). Français. 360.

Javanović-Zmaj, Jovan (1833-1904). 289.

Jefferson, Thomas (1743-1826). Nord-américain. 20, 172.

Jérôme, saint (344 ?-420). Latin. 79, 406.

Jerome K. Jerome (1859-1927). Anglais. 325, 430.

Jitsu-go-kiyó. Japon. 213, 312, 369.

Johnson, Samuel (1709-1784). Anglais. 134, 164, 189, 216, 311, 437.

Jonson, Benjamin, dit Ben (1573 ?-1637). Anglais. 52, 311, 370, 396, 424, 434.

Joubert, Joseph (1754-1824). Français. 136, 142, 143, 228, 315, 348, 391.

Jouhandeau, Marcel (1888-   ). Français. 60.

Joukovski, Nikolai Egorovitch (1847-1921). Russe. 371.

Jouy, Victor Joseph Etienne, dit de (1764-1846). Français. 62.

Joyce, James (1882-1941). Irlandais. 39, 176, 428.

Jovkić, Proka (1886-1915). Yougoslave. 405.

Judge, Jack (1878-1938). Anglais. 288.

Juvénal, Decimus Junius (40-125). Latin. 92.

Kafka, Franz (1883-1924). Tchèque d'origine allemande. 253, 296.

Kakuzo, Okakura (1862-1913). Japonais. 37, 40, 69, 98, 205, 210, 270, 359, 382, 400, 415, 419.

Kant, Emmanuel (1724-1804). Allemand. 14, 17, 53, 112, 148, 181, 245, 438, 439.

Karr, Alphonse (1808-1890). Français. 59, 62, 169.

Kathâ Sarit-sâgara. Inde. 93.

Keats, John (1795-1821). Anglais. 54, 91, 166, 287, 400, 433.

Keller, Helen Adams (1880-1968). Nord-américain. 364.

Kemp, Harry H. (1883-   ). Nord-américain. 337.

Kenkô, Hoshi (1283-1350). Japonais. 73, 164, 208.

Kennedy, John F. (1917-1963). Américain. 239.

Key, Francis Scott (1779-1843). Nord-américain. 122.

Keyserling, Hermann von (1880-1946). Allemand. 39.

Khayyam ou Kheyyam, Omar Ibn Ibrahim (1040 ?-1126 ?). Persan. 168, 224, 306.

Kheng-Tsin (713-734). Chinois. 325.

Kheyyam, Omar Voir Khayyam.

Khrouchtchev, Nikita (1884-1971). Russe. 119, 149.

Kiempe Viser. Danemark. 157.

Kierkegaard, Sören (1813-1855). Danois. 374.

Kingsley, Charles (1819-1875). Anglais. 54, 192.

Kipling, Rudyard (1865-1936).

Anglais. 15, 24, 34, 35, 55, 211, 292, 319, 339, 371, 397.

Kitagawa, Fuyuhito (1900-   ). Japonais. 285.

Kitahara, Hakushu (1885-1942). Japonais. 339.

K'iu Yuan (333 ?-285 ?) av. J.-C.). Chinois. 418.

Kleist, Heinrich von (1777-1811). Allemand. 113.

Knowles, Frederic Lawrence (1869-1905). Nord-américain. 324.

Knox, John (1505-1572). Ecossais. 116.

Kokâliya-sutta. Inde. 158.

Kokinshu, Recueil de poèmes anciens et modernes (Xe s.). Japon. 30.

Komachi, Ono No (834-880). Japonaise. 359.

Konoye, Fumimaro, prince (1891-1945). Japonais. 100.

Kossuth, Louis (1802-1894). Hongrois 316.

Kouprine, Alexandre (1870-1938). Russe. 22, 410.

Kouzmine, Mikhaïl Alexeievitch (1875-1936). Russe. 182.

Krylov, Y. A. (1769-1844). Russe. 210.

Kuo Mo-Jo (1892-1955). Chinois. 381.

Kyorai (1643-1704). Japonais. 167.

Labé, Louise Charly, dite (1526-1565). Française. 51, 355.

Labiche, Eugène (1815-1888). Français. 262, 377.

La Bruyère, Jean de (1645-1696). Français. 91, 97, 115, 119, 135, 144, 153, 160, 200, 205, 235, 242, 259, 267, 271, 286, 296, 327, 362, 379.

La Chaussée, Pierre Claude, Nivelle de (1692-1754). Français. 201.

Lachelier, Jules (1832-1918). Français. 269.

Lacordaire, R. P. Henri-Dominique (1802-1861). Français. 22, 58, 107, 214, 298.

Lacretelle, Pierre Louis de (1751-1824). Français. 222.

La Fontaine, Jean de (1621 1695). Français. 19, 20, 21, 23, 27, 33, 45, 58, 72, 75, 90, 94, 98, 113, 120, 163, 167, 170, 196, 201, 209, 226, 235, 288, 307, 312, 333, 347, 350, 371, 372, 374, 376, 378, 398, 404, 405, 423, 439.

Lagerkvist, Pär (1891-   ). Suédois. 166, 427.

Lagerlöf, Selma (1859-1940). Suédois. 100.

La Harpe, Jean-François de (1739-1803). Français. 172.

Lalita Vistara. Textes canoniques en sanscrit. Inde. 318, 363.

Lamartine, Alphonse de (1790-1869). Français. 15, 16, 18, 32, 115, 121, 137, 179, 196, 235, 237, 272, 279, 287, 300, 316, 331, 398, 402, 439.

Lamb, Arthur J. (1870-1928). Anglais ? 257.

Lambert, Anne, Th. de Marguenat de Courcelles, marquise de (1647-1733). Française. 71, 105.

Lamennais, Hugues F.-R. (1782-1842). Français. 152.

La Monnoye, Bernard de (1641-1728). Français. 141.

La Motte-Houdar, Antoine de (Antoine-Houdar de Lamotte) (1672-1731). Français. 420.

La Noue, Jean-Baptiste Sauvé, dit (1701-1761). Français. 406.

Lao Tseu ou Tse. (Li Eûl Pai Yang ou Lao Tan) (570-490 av. J.-C.). Chinois. 53, 89, 96, 149, 152, 229, 422.

Larguier, Léo (1878-1950). Français. 42, 294.

La Rivière, Jean de (XVIIIe s.). Français. 2.

Laroche, Hippolyte (1827-1901) Belge d'expression française. 194, 243, 244.

La Rochefoucauld, François VI, duc de (1613-1680). Français. 13, 16, 32, 76, 104, 160, 162, 169, 176, 182, 246, 254, 260, 359, 374, 382, 416, 420.

Larousse, Pierre (1817-1875) Français. 276.

Larra, Mariano José de (1809-1837). Espagnol. 143.

La Sablière, Marguerite Heisein,

dame de (1636-1693). Française. 158, 189, 221, 314.

Lautréamont, Isidore Ducasse, dit le comte de (1846-1870). Français. 54.

Lavigerie, Charles, cardinal (1825-1892). Français. 72.

Lawrence, David, Herbert, (1885-1930). Anglais. 131, 202, 256, 410, 426.

Lazarus, Emma (1849-1887). Juive américaine. 207.

Léautaud, Paul (1872-1956). Française. 69, 241, 382.

Le Bon, Gustave (1841-1931). Français. 13, 16, 17, 33, 86, 99, 110, 113, 119, 122, 130, 142, 143, 156, 169, 177, 183, 195, 209, 216, 225, 238, 260, 267, 273, 294, 297, 311, 316, 323, 327, 347, 375, 414, 418, 438.

Le Brun, Antoine-Louis (1680-1743). Français. 220. 307.

Lebrun, Ponce-Denis Ecouchard (1729-1807). Français. 53, 137, 320, 403.

Le Camus, Etienne, cardinal (1632-1707). Français. 70.

Leconte de Lisle, Charles (1818-1894). Français. 43, 265, 273.

Le Dantec, Félix-Alexandre (1869-1917). Français. 198.

Lefebvre, François-Joseph, maréchal (1755-1820). Français. 266.

Le Fort, Gertrude von (1876-1971). Allemande. 96.

Le Franc de Pompignan, Jean-Jacques (1709-1784). Français. 178.

Legouvé, Gabriel (1784-1812). Français. 159, 161, 173.

Legrand, Marc-Antoine ? (1673-1728). Français. 266.

Leibniz, Gottfried Wilhelm (1646-1716). Allemand. 112, 347.

Lemaître, Jules (1853-1914). Français. 351.

Lemierre, Antoine-Marin (1723-1793). Français. 105, 131.

Lemoyne, André (1884-1890). Français. 384.

Lenau, Nikolaus, alias Nicolas N. Strehlenau (1802-1850). Allemand. 416.

Lenclos, Ninon de (1620-1705). Française. 30, 198, 220, 327.

Lénine, Vladimir Ilitch Oulianov, dit (1870-1924). Russe, 57, 147, 239.

Lenoble, Eustache, baron de Saint-Georges (1643-1711). Français. 47, 415.

Léon XIII, pape (1810-1903). Italien. 17, 193.

Léonidas de Tarente (IIIᵉ siècle). Latin. 266.

Leonius, chanoine Léon, dit Léon le Diacre ou (Xᵉ-XIᵉs.). Latin. 113, 253.

Leopardi, Giacomo, comte (1798-1837). Italien. 85, 261, 264, 426.

Léopold II, roi des Belges (1835-1909). 56, 269, 333.

Leroux de Lincy, Antoine (1806-1869). Français. 72.

Lesage, Alain René (1668-1747). Français. 135, 171.

Lessing, Gotthold E. (1729-1781). Allemand. 182, 283, 347.

L'Estrange, Sir Roger (1616-1704). Anglais. 314.

Lesueur, Daniel alias Jeanne Loiseau (1860-1921). Française. 245.

Lewis, Sinclair (1885-1951). Nord-américain. 107, 165.

Lezay-Marnesia, Claude-F.A., marquis de (1755-1800). Français. 17.

L'Hermite, Tristan Voy. Tristan L'Hermite.

Lichtenberg, Georg-Christoph (1742-1799). Allemand. 297, 351, 370, 434.

Lieh Tzu ou Tseu, (vers le VIᵉ s. av. J.-C.). Chinois. 298.

Li Eul. Voir Lao Tseu.

Ligne, Charles-Joseph, prince de (1735-1814). Belge d'expression française. 14, 53, 86, 95, 119, 145, 197, 277, 366, 403, 431.

Li Kong-Tsouo (770-850). Chinois. 299.

Lincoln, Abraham (1809-1865). Nord-américain. 68, 107, 126, 142, 181, 238, 245, 262, 406.

Li-Pai. Voy. Li T'ai-Po.

Lippmann, Walter (1889-1974). Nord-américain. 350.

Li T'ai-Po ou Li-Pai, (701-762).

Chinois. 61, 207, 208, 211, 218, 287, 288, 391.

Liturgie de Kwan-Yin Chine. 354.

Littré, Emile (1801-1881). Français. 359, 425.

Liverpool Echo (The) (périodique anglais). 333.

Locke, John (1631-1700). Anglais. 133, 332.

Lois de Manou (IIe av. à IIe après J.-C.). Inde. 315.

Longfellow, Henry Wadsworth (1807-1882). Nord-américain. 75, 151, 331.

Lope de Vega, Félix (1562-1635). Espagnol. 21, 162.

Lorens J. du. Voir Du Lorens.

Louis XIV, roi de France (1638-1715). 37, 42, 84, 136, 147.

Louis XVII (1785-1795). 193.

Louis XVIII, roi de France (1755-1824). 66.

Louÿs, Pierre Louis, dit (1870-1925). Français. 28.

Luther, Martin (1483-1546). Allemand. 19, 165, 430.

Lyautey, Louis H. G., dit le maréchal (1854-1934). Français. 201.

Ly-Kin ou Livre des Rites chinois (VIIe s. av. J.-C.). 159, 198.

Lytton, Edward G. Bulwer, Lord (1803-1873). Anglais. 173, 354.

Mac Arthur, Douglas, général (1880-). Nord-américain. 323, 431.

Mac Aulay, Thomas Babington, Lord (1800-1859). Anglais. 106.

McAuliffe, Anthony C., brigadier général (1898-). Nord-américain. 286.

Machiavel, Niccolo Machiavelli, dit (1469-1527). Italien. 121, 197, 240, 374, 392, 435.

Madelin, Louis (1871-1956). Français. 298.

Maeterlinck, Maurice (1862-1949). Belge d'expression franç. 50, 59, 81, 83, 86, 253, 406.

Macao, Katsubé (1753-1829). Japonais. 315.

Mahâvagga. Inde. 99

Mahomet, Mohammed-Ben-Abdallah, dit (570-632). Arabe. 43, 116, 120, 164, 168, 262, 289, 300, 306, 328, 419, 443.

Maine, Louis-Auguste de Bourbon, duc du (1670-1736). Français. 424.

Maistre, Joseph de (1753-1821). Français. 78, 184, 228, 366, 406.

Maksimović, Desanka (1898-). Yougoslave. 306.

Malaparte, Curzio (1898-1957). Italien. 114.

Malfilâtre, Jacques, C.L. de Clinchamp de (1732-1767). Français. 384.

Malherbe, François de (1555-1628). Français. 75, 78, 270, 366.

Mallarmé, Stéphane (1842-1898). Français. 70, 202, 392.

Mallock, William Hurrell (1849-1923). Anglais. 101.

Malraux, André (1901-1976). Français. 89, 313.

Malthus, Thomas R. (1766-1834). Anglais. 134.

Mandiargues, André Pieyre de (1909-). Français. 127.

Mann, Thomas (1875-1955). Allemand. 39, 221, 356.

Manou ou Manu - Voy. *Lois de Manou.*

Mansei, alias Kaso no Ason Maro (VIIIe s. ap. J.-C.). Japonais. 427.

Mansfield, Kathleen Beauchamp, dite Katherine (1888-1923). Néozélandaise. 269, 400.

Manuel, Don Juan (1282-1347). Espagnol. 252.

Man'yoshu. (VIIIe s.). Japon. 328.

Manzoni, Alessandro (1785-1873). Italien. 25, 84, 85, 217, 282, 424.

Mao-Tsé-Toung (1893-1976). Chinois. 63, 332, 417.

Mao-Dun. Chinois. 314.

Maraval-Berthoin, A. Français. 380, 384, 385.

Marbeau, Auguste. Français. 323.

Marceau, Félicien (1913-). Belge. 61.

Marc-Aurèle 121-180 ap. J.-C.).

Empereur romain écrivant en grec. 358.

Marguerite d'Ecosse (1425-1444). fille de Jacques Ier. 425.

Mariana, Juan de (1536-1623). Espagnol. 424.

Marie de Roumanie (1875-1938). 164.

Marie de France (XIIIe s.). 376, 410.

Marie-Thérèse d'Autriche (1717-1780). 254.

Maritain, Jacques (1882-). Français. 77.

Marivaux, Pierre Carlet de Chamblain de (1688-1763). Français. 62, 188.

Marmontel, Jean-François (1723-1799). Français. 157.

Marot, Clément (1496-1554). Français. 15, 91.

Martial, Marcus Valerius (vers 43-104 ap. J.-C.). Latin. 436.

Marx, Karl (1818-1883). Allemand. 67, 68, 153, 237, 269, 341, 352, 404.

Maucroix, François de (1619-1708). Français. 224.

Maugham, William Somerset (1874-). Anglais. 37, 55, 92, 162, 246.

Maupassant, Guy de (1850-1893). Français. 51, 81, 295.

Maureas, André (XIXe s.). Français. 396.

Mauriac, Claude (1914-). Français. 381.

Mauriac, François (1885-1970). Français. 23, 109, 128, 228, 235, 318, 364, 423, 425, 440.

Maurois, Émile Herzog, dit André (1885-1967). Français. 13, 88, 114, 145, 401.

Maynard, François (1582-1646). Français. 272.

Mazade, Charles de (1821-1893). Français. 313.

Mazzini, Giuseppe (1808-1872). Italien. 339.

Médicis, Laurent de (1448-1492). Italien. 328.

Ménandre (343-292 av. J.-C.). Grec. 89, 164.

Mencius - Voy. Meng K'O.

Mendoza, Diego Hurtado de (1503-1575). Espagnol. 188.

Meng K'O ou **Meng-Tse**, dit **Mencius** (372-289 av. J.-C.). Chinois. 198, 242, 357.

Mercier, Désiré J., cardinal (1851-1926). Belge. 100, 335, 342.

Meredith, George (1828-1909). Anglais. 104, 191, 359.

Meredith, Owen. - Voy. **Bulwer-Lytton,** E. R.

Merejkowski ou **Merejkosky,** Dimitri (1865-1941). Russe. 30, 38.

Mérimée, Prosper (1803-1870). Français. 33.

Mermet, Claude (1550-1605). Français. 24, 163.

Metastase, Pietro Trapassi, dit (1698-1782). Italien. 179.

Metternich, Princesse Pauline de (1859-1871). Autrichienne. 213.

Meung, Jean Clopinel ou Chopinel, dit Jean de (1240 ?-1305). Français. 338.

Michel-Ange, Michelangelo Buonarroti, dit (1475-1564). Italien. 55, 121.

Michelet, Jules (1798-1874). Français. 41, 62, 149, 160, 161, 193, 332.

Miguez, Léopoldo (1850-1902). Brésilien. 277.

Mikata No Sami (?-750 ap. J.-C.). Japonais. 285.

Miki, Rofu (1889-). Japonais. 389.

Milarepa (vers le XIe s.). Tibétain. 18.

Mill, John Stuart (1806-1873). Anglais. 299, 418.

Mille et une nuits (Les) (vers 1400). Anonyme arabe. 77, 273, 342, 374.

Miller, Henry (1891-). Nord-américain. 27.

Miller, Joakin, alias Cincinnatus H. Miller (1841-1913). Nord-américain. 126.

Millevoye, Charles-Hubert (1782-1816). Français. 44.

Milton, John (1608-1674). Anglais. 116, 151, 222, 243, 305, 337.

Mirabeau, Gabriel-Honoré Riquetti, comte de (1749-1791). Français. 32, 439.

Mirbeau, Octave (1850-1912). Français. 361.

Mistral, Frédéric (1839-1914). Français (Provençal). 23.

Molière, Jean-Baptiste Poquelin, dit (1622-1673). Français. 18, 33, 35, 38, 75, 92, 113, 137, 146, 160, 176, 183, 209, 227, 232, 253, 255, 257, 266, 299, 308, 311, 326, 356, 369, 371, 372, 396, 421, 423, 440.

Molina, Tirso de. - Voy. Tirso de Molina.

Monnier, Henry (1805-1877). Français. 146.

Montaigne, Michel Eyquem, seigneur de (1533-1592). Français. 25, 79, 131, 149, 205, 310, 312, 328, 358, 371, 372, 382.

Montemayor, Jorge de (1520-1560 ?). Espagnol. 261.

Montenaeken, Léon de (1859-?). 428.

Montesquieu. Charles de Secondat, baron de (1689-1755). Français. 38, 114, 144, 149, 171, 183, 235, 238, 242, 263, 328, 352.

Montgomery, James (1771-1854). Anglais. 228.

Montherlant, Henri Millon de (1896-1972). Français. 127, 225, 253, 280, 340, 361, 382, 388.

Moore, George (1853-1933). Finlandais. 40, 330, 433.

Moore, Thomas (1779-1852). Irlandais. 25, 389, 414.

Morand, Paul (1899-1976). Français. 144.

Moravia, Alberto (1907-   ). Italien. 32, 122.

Moreto y Cabaña, Augustin (1618-1669). Espagnol. 255.

Morgan, Charles (1894-1958). Nord-américain. 43, 260, 373, 429.

Mörike, Eduard (1804-1875). Allemand. 44.

Marano, Shiro (1901-   ). Japonais. 261.

Murat, Joachim, roi de Naples (1767-1815). Français. 208.

Musset, Alfred de (1810-1857). Français. 9, 12, 18, 26, 27, 29, 35, 50, 82, 83, 105, 113, 122, 130, 143, 177, 213, 246, 288, 312, 360, 376, 389, 397, 405.

Mussolini, Benito (1883-1945). Italien. 147, 184.

Nadaud, Gustave (1820-1893). Français. 62.

Nâgânanda. Inde. 313.

Najera, Gutierrez (1859-1895). Mexicain. 406.

Nanak (1469-1539 ?). Indien. 352.

Napoléon Ier Bonaparte (1769-1821). Français. 32, 129, 160, 189, 316, 334, 358, 359, 366, 387.

Natsume, Soseki (1867-1916). Japonais. 167.

Naude, Gabriel (1600-1653). Français. 7.

Necker, Suzanne Curchod de Nasse, dite Mme (1746-1796). Française. 118.

Nembutsu. Prière à Amida Bouddha. Japon. 338.

Néron, L.D. Nero Claudius, dit (37-68). Latin. 277.

Nerval, Gérard de (1808-1855). Français. 109, 261.

Nervo, Amado (1870-1919). Français. 365.

Neufchateau, François de (1750-1828). Français. 138.

Neumann, Herman (1806-1875). Allemand. 224.

Newton, Isaac (1642-1727). Anglais. 116.

New York Times (périodique américain). 221.

Ney, Michel, maréchal (1769-1815). Français. 277.

Nietzsche, Friedrich (1844-1900). Allemand. 25, 36, 53, 77, 93, 104, 110, 120, 195, 201, 259, 279, 301, 372, 392.

Nivelle de La Chaussée, Pierre-Claude de (1692-1754). Français. 270, 348.

Noailles, Anna, comtesse de (1876-1933). Française. 147, 232, 385.

Nodier, Charles (1780-1844). Français, 243, 401.

North de Guilford (noble famille anglaise). 421.

Nouveau Testament. 36, 43, 46, 66, 70, 72, 82, 85, 106, 110, 134, 137, 156, 168, 202, 210,

224, 226, 233, 235, 240, 245, 246, 252, 253, 254, 287, 305, 315, 318, 338, 353, 355, 360, 362, 372, 387, 397, 404, 416, 428, 430, 443.

Novalis, Friedrich von Hardenberg (1772-1801). Allemand. 318, 321, 364.

O'Henry, William Sysney Porter, dit (1862-1910). Nord-américain. 275, 427.

Olmedo, José-Joachim (1780-1847). Equatorien. 414.

Omar, Ibn Al-Khattab, calif (vers 581-644). Arabe. 57.

Omar Khayyam Voy. **Khayyam.**

O'Neill, Eugène Gladstone (1888-1953). Nord-américain. 206, 317.

Opitz, Martin (1597-1639). Allemand. 180.

Orléans - Voy. **Charles d'Orléans.**

Otsuyu ou **Otsouyou** (1675-1739). Japonais. 308.

Overbury, Sir Thomas (1581-1613). Anglais. 33, 54.

Ovide, Publius Ovidius Naso, dit (43 av. J.-C. à 17 ap. J.-C.). 53.

Pagnol, Marcel (1895-1974). Français. 21.

Panard, Charles-François (1691-1765). Français. 193.

Papini, Giovanni (1881-1956). Italien. 177, 216, 431.

Parturier, Françoise. Française. 31.

Paine, Thomas (1737-1809). Nord-américain. 317.

Pascal, Blaise (1623-1662). Français. 47, 57, 115, 130, 196, 199, 212, 236, 270, 272, 285, 309, 325, 327, 348, 366, 372, 380, 382, 391, 424.

Pasquier, Etienne (1529-1615). Français. 258.

Passerat, Jean (1534-1602). Français. 140.

Pasteur, Louis (1822-1895). Français. 13, 136, 216.

Patri, Angelo (1877-   ). Nord-américain d'orig. ital. 429.

Paulhan, Jean (1884-1968). Français. 275.

Peacock, Thomas Love (1785-1866). Anglais. 95, 257.

Péguy, Charles Pierre (1873-1914). Français. 274.

Péreire, Alfred. Français. 60.

Périer, François-Gabriel Pillu, dit (1919-   ). Français. 24.

Perrault, Charles (1628-1703). Français. 296.

Perreyve, Henri (1831-1865). Français. 41.

Peterborough, Charles Mordaunt, Lord (1658-1735). Anglais. 68.

Pétrarque, Francesco Petrarca, dit (1304-1374). Italien. 29, 58, 243, 273, 426.

Peyrat, Alphonse (1812-1891). Français. 81.

Peyrefitte, René (1907-   ). Français. 73.

Phèdre, Julius Phaedrus ou Phaeder, dit (15 av. J.-C. - 50 ap. J.-C.). Latin. 158.

Philippe, Charles-Louis (1875-1909). Français. 73.

Picard, Ernest (1821-1877). Français. 343.

Picasso, Pablo Ruiz y P. dit (1881-1973). Espagnol. 40, 223.

Pie XII (1876-1958). Italien. 168, 364.

Pierson, Blanche-Adeline (1842-1919). Française. 436.

Pinero, Sir Arthur Wing (1855-1934). Anglais. 46.

Pirandello, Luigi (1867-1936). Italien. 12, 40, 215, 346, 382.

Pirmez, Octave (1832-1884). Belge d'expression française. 22, 73, 88, 348, 411.

Piron, Alexis (1689-1773). Français. 139, 286, 362.

Pisan, Christine de (1363-1431). Française. 161, 379.

Pitt, William comte de (1708-1778). Anglais. 407.

Plantin, Christophe (1520-1589). Français. 251.

Platen, Karl-August von (1796-1837). Allemand. 180, 416.

Platen, famille noble de Suède. 112.

Platon (428-347 av. J.-C.). Grec. 59, 89, 260, 276.

Plisnier, Charles (1896-1952). Belge. d'expression française. 364.

Plutarque de Chéronée (46-120 ap. J.-C.). Grec. 164.

Poe, Edgar Allan (1809-1849). Nord-américain. 22, 75, 110, 212, 261, 279.

Poincaré, Henri (1854-1912). Français. 320.

Poincaré, Raymond (1860-1934). Français. 243, 276, 295.

Poincelot, A. 106, 132.

Pombo, Rafael (1833-1912). Colombien. 246, 289.

Pompadour, Jeanne, A. Poisson, marquise de (1721-1764). Français. 106.

Pompidou, Georges (1911-1974). Français. 195.

Pons de Verdun (1749-1844). Français. 128.

Ponsard, François (1814-1867). Français. 24, 121.

Pope, Alexander (1688-1744). Anglais. 142, 171, 306, 313, 403, 422.

Porteus, Beilby (1731-1808). Anglais. 136.

Pouchkine, Alexandre Sergévitch (1799-1837). Russe. 13, 29, 264.

Pourquoi pas ? (périodique belge). 332.

Prasnottaramâlikâ. (Inde). 120.

Pratimôksha. (Chine). 336.

Prévost, Antoine-François, abbé (1697-1763). Français. 361.

Prévost, Marcel (1862-1941). Français. 35, 59, 195, 232, 310.

Prior, Matthew (1664-1721). Anglais. 158.

Procter, Adélaïde Ann (1825-1864). Anglaise. 268.

Pythagore (vers 580-504 av. J.-C.). Grec. 356.

Quillet, Aristide (1880-1955). Français. 435, 438.

Quincey, Thomas de (1785-1859). Anglais. 241.

Quintilien, Marcus Fabius Quintilianus, dit (35-96 ap. J.-C.) Latin. 239, 263.

Quoniam, Th. Français. 401.

Rabelais, François (1494 ?-1553). Français. 32, 35, 72, 75, 89, 277, 373, 433, 440.

Rabusson, Henry (1850-19...). Français. 181.

Racan, Honoré de Bueil, marquis de (1589-1670). Français. 170, 357, 386.

Rachilde, Marguerite Eymery, dite (1862-1953). Française. 255.

Racine, Jean (1639-1699). Français. 14, 18, 36, 45, 54, 78, 79, 82, 86, 143, 161, 168, 200, 208, 210, 398, 403, 407, 436.

Ramakrishna, Shrî (1836-1886). Indien. 269.

Ramuz, Charles-Ferdinand (1878-1947). Suisse d'expression française. 173, 385.

Rantsetsu, Hatori (1654-1707). Japonais. 165, 339.

Ratisbonne, Louis (1827-1900). Français. 251.

Read, Thomas Buchanan (1822-1872). Nord-américain. 318.

Reader's Digest (The) (périodique nord-américain). 97, 321.

Reboux, Paul (1877-   ). Français. 21, 31, 205, 236.

Recueil de toutes les sortes de chansons nouvelles (1555). Anonyme français. 29, 351.

Regnard, Jean François (1655-1709). Français. 224, 255.

Régnier, Mathurin (1573-1613). Français. 140, 200, 293, 319, 360.

Régnier-Demarais ou **Desmarets,** François-S., abbé (1632-1713). Français. 76, 257.

Remarque, Erich Maria (1897-1970). Allemand. 206.

Remontrances aux mariés et mariées (1643). Anonyme français. 92, 284.

Remy, Charles. Voir **Honoré,** Ch.

Renan, Joseph-Ernest (1823-1892). Français. 77, 91, 122, 129, 156, 207, 233, 249, 435.

Renard, Jules (1864-1910). Français. 91, 192.

Renoir, Auguste (1841-1919). Français. 41, 212.

Restif de la Bretonne, Nicola. Adme (1734-1806). Français. 108.

Rhodes, Cecil John (1853-1902). Anglais. 277.

Ribot, Théodule-Armand (1839-1916). Français. 181.

Richelieu, Jean A. du Plessis, cardinal et duc de (1585-1642). Français. 135.

Richepin, Jean (1849-1926). Français. 109, 194, 350.

Rio-Branco, José da Silva Paranhos, vicomte de (1819-1880). Brésilien. 277.

Rilke, Rainer Maria (1875-1926). Allemand. 28, 294, 385.

Rimbaud, Jean-Nicolas Arthur (1854-1891). Français. 50, 236.

Rivarol, Antoine Rivaroli, dit le comte de (1753-1801). Français. 81, 146, 170, 342, 431.

Rochefort, Henri (1830-1913). Français. 173.

Rodenbach, Georges (1855-1898). Belge d'expression flamande. 73, 328, 359.

Rodin, Auguste (1840-1917). Français. 38, 39, 232, 236.

Rogier, Charles Labour (1800-1885). Belge d'origine française. 56.

Rohan, maison de. France. 166.

Rolland, Romain (1866-1944). Français. 199.

Rollin, Charles (1661-1741). Français. 267.

Romains, Jules Louis Farigoule, dit Jules (1885-1972). Français. 88, 204.

Romancero du roi Rodrigue (?). Espagne. 272.

Ronsard, Pierre de (1524-1585). Français. 32, 54, 221, 309, 341, 365, 398, 436.

Roosevelt, Franklin Delano (1882-1945). Nord-américain. 96, 114, 182, 244.

Roqueplan, Nestor (1804-1870). Français. 292.

Rossetti, Christina G. (1830-1894). Anglaise. 274-355.

Rostand, Edmond (1868-1918). Français. 52, 55, 74, 167, 246, 289, 294, 362, 372, 384.

Rostand, Mme Edmond. Voy. Gérard Rosemonde.

Rostand, Jean (1894-   ). Français. 53, 255, 306.

Rotrou, Jean (1609-1650). Français. 27, 97, 157.

Rouault, Georges (1871-1958). Français. 319.

Roucher, Jean-Antoine (1745-1794). Français. 14.

Rousseau, Jean-Baptiste (1670-1741). Français. 47, 96, 146, 191, 348, 398, 437.

Rousseau, Jean-Jacques (1712-1778). Français. 158, 197, 260, 299, 309, 341, 369, 435.

Ruskin, John (1819-1900). Anglais. 181, 184, 185, 429.

Ryer, Pierre du (1605-1658). Français. 184.

Ruisbroeck, Jean dit l'Admirable (1293-1381). Flamand. 73.

Saadi ou Sadi, Muslih al-Din (1184 ?-1290 ?). Persan. 135, 151, 213, 252.

Sabatier, Robert (1923-   ). Français. 270.

Sablière, Mme de La. Voy. La Sablière.

Sade, Alphonse François, marquis de (1740-1814). Français. 170.

Sagan, Françoise (1936-   ). Française. 20, 61, 127, 239, 386.

Saint-Amant, Marc Antoine Girard de (1594-1661). Français. 366, 380.

Saint-Aulaire, François-Joseph de Beaupoil, marquis de (1643-1742). Français. 375.

Sainte-Beuve, Charles-Augustin (1804-1869). Français. 81, 268, 272.

Saint-Evremond, Charles de Marguetel de Saint-Denis, seigneur de (1613-1703). Français. 213.

Saint-Exupery, Antoine de (1900-1944). Français. 20.

Saint-Pavin, Denis Sanguin de (1600?-1670). Français. 138.

Saint-Saëns, Camille (1835-1921). Français. 39, 315.

Salacrou, Armand (1899-   ). Français. 263.

Salazar, Oliveira (1889-1970). Portugais. 157.

Salerne, école de (XIIᵉ s.). Anonyme italien. 259.

Salluste, Caïus Sallustius Crispus (86-35 av. J.-C.) Latin. 179, 316.

Samain, Albert (1858-1900). Français. 22, 36, 50, 84, 167, 247, 261, 383, 388, 432.

Sand, George A.L.A. Dupin, baronne Dudevant, dite George (1804-1876). Française. 305.

Sannazar, Jacopo Sannazaro, dit (1458 ?-1530). Italien. 377.

Santayana, George (1863-1952). Nord-américain. 117, 118, 313, 370, 427.

Sapho de Lesbos (VIIe-VIe s. av. J.-C.). Grecque. 54.

Sarasin, Jean-François (1605-1654). Français. 290.

Sartre, Jean-Paul (1905-   ). Français, 134, 265, 316.

Sarumaru (VIIIe s.). Japonais. 44.

Saurin, Bernard-Joseph (1706-1781). Français. 19, 268, 414, 431.

Satie, Erik (1866-1925). Français. 437.

Scarron, Paul (1610-1660). Français. 45, 141.

Schiller, J. C. Friedrich von (1759-1805). Allemand. 159, 178, 223, 323, 357, 390.

Schlegel, \ Friedrich \ von (1772-1829). Allemand. 75.

Schneckenburger, Max (1819-1849). Allemand. 360.

Schopenhauer, Arthur (1788-1860). Allemand. 64, 80, 130, 193, 207, 258, 381, 401.

Schumann, Maurice (1911-   ). Français. 340.

Schwab, Charles M. (1862-1940). Allemand ? 323.

Schweitzer, Albert (1875-1965). Français. 16, 99, 283, 320, 419.

Scott, Sir Walter (1771-1832). Ecossais. 104, 111, 166, 245, 250, 262, 293, 324, 404.

Scribe, Auguste Eugène (1791-1861). Français. 316.

Scudéry, Madeleine de (1607-1701). Française. 25, 161.

Second, J. Everaerts, dit Jean (1511-1536). Néerlandais d'expression latine. 51.

Sedaine, Michel Jean (1719-1797). Français. 188.

Seghers, Pierre (1906-   ). Français. 194, 251, 329, 335.

Ségur, Joseph-Alexandre, vicomte de (1752-1805). Français. 160, 259.

Ségur, Louis-Philippe, comte de (1753-1830). Français. 126, 258.

Segura, Juan Lorenzo (XIIIe s.). Espagnol. 165, 250, 257.

Sei-Shonagon (968 ?-1000 ?). Japonaise. 77.

Selden, John (1584-1654). Anglais. 245.

Sélection du Reader's Digest (périodique franco-américain). 95, 98, 164.

Sénèque le Philosophe, Lucius A. Seneca, dit (4 ^{5} av. J.-C.-65 après J.-C.). Latin. 149, 378, 435.

Sertillanges, Antonin Gilbert, dominicain (1863-1948). Français. 260, 399.

Séverin, Fernand (1867-1931). Belge d'expression française. 169, 274.

Sévigné, Marie de Rabutin-Chantal, marquise de (1626-1696). Française. 82, 83, 165, 254.

Shakespeare, William (1564-1616). Anglais. 12, 21, 29, 31, 36, 52, 64, 66, 67, 69, 70, 79, 81, 85, 94, 113, 131, 132, 140, 142, 143, 156, 157, 172, 176, 180, 183, 188, 199, 200, 213, 220, 232, 236, 253, 254, 263, 271, 276, 285, 287, 296, 311, 315, 321, 324, 325, 326, 333, 350, 351, 356, 365, 377, 386, 388, 399, 417, 422, 424, 429.

Shankara (?). Indien. 298.

Shaw, George-Bernard (1856-1950). Irlandais. 56, 59, 73, 77, 87, 93, 118, 127, 136, 142, 192, 197, 221, 233, 269, 321, 337, 340, 343, 384, 417, 429.

Shelley Percy Bysshe (1792-1822). Anglais. 300, 331, 403.

Sheridan, Richard Brinsley (1751-1816). Irlandais. 13, 255, 401.

Sherman, Stuart Pratt (1881-1926). Nord-américain. 145.

Sherwood, Robert, E. (1896-   ). Nord-américain. 97.

Shikibu, Murasaki (vers l'an 1000). Japonaise. 74, 94.

Siau-chi-kwan. Chine. 63.

Sienkiewicz, Henryk (1846-1916). Polonais. 262.

Sieverianine, Igor V. (alias I. V. Lotarev) (1887-1943). Russe. 289.

Sigâlovâda-sutta. Inde. 167, 346.

Silone, Ignazio (1900-   ). Italien. 181, 238, 380.

Sismondi, Simonde de (1773-1842). Suisse, 92, 237, 324.

Siun Kouang ou Siun K'Ing, dit Siun Tseu (310 ?-230 ? av. J.-C.). Chinois. 226, 283.

Siun Tseu. Voy. Siun Kouang

Slonimski, Antoni (1895-   ). Polonais. 237.

Smiles, Samuel (1812-1904). Anglais. 298.

Smith, Adam (1723-1790). Ecossais. 35.

Smith, Logan Pearsall (1865-1946). Nord-américain. 44, 223, 42⁷.

Smith, Sydney (1771-1845). Anglais. 242.

Smollett, Tobias George (1721-1771). Anglais. 390.

Socrate (470?-399 av. J.-C.). Grec. 23, 80, 85, 256, 288, 354, 436.

Soljenitsine, Alexandre (1918-   ). Russe. 212.

Sophocle (496-406 av. J.-C.). Grec. 192.

Sosei, Hoshi. (IXᵉ s.). Japonais. 210.

Sou Che ou Sou Tong-Po (1036-1101). Chinois. 218, 290, 328.

Soulary, Joséphin, Jean-Marie, dit 1815-1891). Français. 60.

Spaak, Paul-Henri (1899-1972). Belge d'expression française. 402.

Spellman, Francis Joseph, cardinal (1889-   ). Nord-américain. 352.

Spencer, Herbert (1826-1903). Anglais. 111, 371, 426.

Spengler, Oswald (1880-1936). Allemand. 100, 208, 250.

Spenser, Edmund (1552-1599). Anglais. 201.

Spinoza, Baruch (1632-1677). Neerlandais. 190, 199, 354.

Staël-Holstein, A. L. Germaine de Necker, baronne de (1766-

1817). Française. 145, 160, 181, 238, 297, 306, 430.

Stanislavsky, S. Alexeev, dit Constantin (1863-1938). Russe. 38, 40, 100, 191.

Stassart, G.-L., baron de (1780-1854). Belge. 322.

Statius, Publius Papinius (61-96? ap. J.-C.). Latin. 96.

Steinbeck, John (1902-1968). Nord-américain. 145.

Stendhal, Henri Beyle, dit (1783-1842). Français. 22, 42, 55, 68, 123, 189, 234, 386.

Stern, Daniel. Voy. Agoult, dont il est le pseudonyme.

Stevenson, Robert-Louis (1850-1894). Anglais. 380.

Stravinsky, Igor Fédorovitch (1882-1971). Russe naturalisé américain. 279.

Streuvels, Stijn (1871-1969). Belge d'expression flamande. 133.

Strindberg, August (1849-1912). Suédois. 22.

Stuart, Marie, reine d'Ecosse puis de France (1542-1587). 14.

Style des Courtisanes (Le). Anonyme français. 108, 161.

Suarès, Yves Scandrel, dit André (1866-1948). Français. 78, 82, 169, 191, 317.

Su Che. Voir Sou Che.

Sully-Prudhomme, René-François Sully, dit (1839-1907). Français. 20, 106, 111, 197, 251, 289, 293, 294, 355, 379, 420.

Sutra des Quarante-deux Sections. Inde. 58.

Sutta-Vaddahananîti. Inde. 311.

Suttner, baronne Bertha von (1848-1914). Allemande. 18.

Swedenborg, Emmanuel (1688-1772). Suédois. 89.

Swift, Jonathan (1667-1745). Anglais. 22, 69, 201, 255, 259, 278, 332, 352, 398.

Swinburne, Algerson C. (1837-1909). Anglais. 264.

Ta-chwang-yan-king-lun. Chine 370.

Tacite, Caïüs Cornelius (55?-120?). Latin. 214, 227.

Tagore, Sir Radindranath Tnkur,

dit (1861-1941). Indien. 23, 28, 132, 207, 239, 310, 312.

Tai-Chou-Louen (942-981). Chine. 339.

Taine, Hippolyte Adolphe (1828-1893). Français. 263, 323, 356, 410.

Tai Shih P'Ing (XIIᵉ s.). Chinois. 193.

Taittirîya Upanishad (textes canoniques en sanscrit) (VIIIᵉ s. av. J.-C.). Inde. 270.

Talleyrand-Périgord, Charles Maurice, duc de (1754-1838). Français. 145, 210, 279.

Talmud babylonien : livre saint des Juifs (VIᵉ s.). 258, 263, 312, 337, 340, 433.

Tao Yuan Ming (365-427). Chinois, 358.

Tasse, Torquato Tasso, dit le (1544-1595). Italien. 365.

Taylor, Ann (1782-1866). Anglaise. 148.

Tchekhov, Anton P. (1860-1904). Russe. 60, 64, 87, 190, 266, 300, 429.

Tchouang Tcheou ou Tchouang-Tse (380-320?). Chine. 208, 273.

Tchou-Jo-Su, (1408-1459). Chine. 168, 289.

Teasdale, Sara (1884-1933). Nord-américaine. 223.

Teilhard de Chardin, Pierre, S. J. (1881-1955). Français. 271.

Tennyson, Lord Alfred (1809-1893). Anglais. 88, 134, 268, 306, 336.

Thackeray, William Makepeace (1811-1863). Anglais. 162, 264, 368, 415.

Thérèse d'Avila, sainte (1515-1582). Espagnole. 378.

Thérèse de l'Enfant Jésus, dite de Lisieux. sainte (1873-1897). Française. 134, 223.

Thomas (XIIᵉ s.). Anglo-normand. 26, 86.

Thomelin. Famille noble de Bretagne. 123.

Thomson, James (1700-1748). Anglais. 72, 339.

Thoreau, Henry David (1817-1862). Nord-américain. 74, 211.

Timmermans, Félix (1886-1947).

Belge d'expression flamande. 325.

Tirso de Molina, fray Gabriel Téllez (1583-1648). Espagnol. 148.

Tolstoï, Léon (ou Lev) Nikolaevitch, comte (1828-1910). Russe. 19, 37, 39, 40, 157, 255, 264, 341, 352, 373, 399, 435.

Tou-Fou, ou Tu-Fu (712-770). Chinois. 157, 256, 389, 421.

Toulet, Paul-Jean (1867-1920). Français. 83, 220.

Toulouse-Lautrec-Monfa, Henri de (1864-1901). Français. 277.

Tourgueniev, Yvan Serguéevitch (1818-1883). Russe. 112, 326, 337, 410.

Toynbee, Arnold (1884-1975). Anglais. 137.

Trembley, Abraham (1700-1784). Suisse d'expression française. 385.

Tristan L'Hermite, François dit (1601-1655). Français. 51, 126, 398.

Trotsky, Lev Davidovitch (1877-1940). Russe. 67.

Truc, Gonzague (1877-   ). Français. 178.

Ts'ao Chung Chih (XIᵉ s.). Chinois. 234.

Tshoun-Tsiou. Chine. 202.

Turenne, Henri de La Tour d'Auvergne, vicomte de (1611-1675). Français. 379.

Twain, Samuel Langhorne Clemens, dit Mark (1835-1910). Nord-américain. 81, 129, 156, 171, 189, 417, 422, 436.

Udânavarga. Inde. 213, 252.

Uhland, Jean-Louis ou Ludwig (1787-1862). Allemand. 67.

Unamuno, Miguel de (1864-1936). Espagnol. 90, 168, 197, 373, 393.

Vacquerie, Auguste (1819-1895). Français. 75.

Vailati (1859-1909). Italien. 403.

Valéry, Paul (1871-1945). Français. 78, 81, 117, 135, 150, 194, 200, 215, 276, 438.

Valéry-Larbaud (1881-1957). Français. 51.

Vallery-Radot, Pasteur (1886-). Français. 330.

Vaudémont Roman de (XVIᵉs.). Français. 236.

Vaugelas, Claude Fabre de (1585-1650). Français. 276.

Vaughan, Henry (1622-1695). Anglais. 147.

Vauquelin, Nicolas, seigneur des Ivetaux (1559-1649). Français. 278

Vauquelin de la Fresnaye, Jean (1536-1607?). Français. 385.

Vauvenargues, Luc de Clapiers, marquis de (1715-1747). Français. 129, 178, 180, 240, 254, 260, 315 320, 327, 341, 372, 385.

Venizelos, Eleutherios (1864-1936). Grec. 34.

Vergniaud, Pierre (1753-1793). Français. 228.

Verhaeren, Emile (1855-1916). Belge d'expression française. 12, 70, 167, 278, 318, 366, 417, 425, 432, 434.

Verlaine, Paul (1844-1896). Français. 42, 82, 131, 160, 192, 211, 222, 279, 299, 420, 434, 438.

Vespasien, Titus Flavius (7?-79 ap. J.-C.). Latin. 131.

Veuillot, Louis (1813-1883). Français. 16, 182, 238, 387, 405.

Vianney, J.-B. Marie, dit le saint curé d'Ars (1786-1859). Français. 158, 259, 337, 430.

Vicaire, Gabriel (1848-1900). Français. 129, 223.

Vigée, Louis (1753-1820). Français. 58, 138, 361.

Vigny, Alfred-V., comte de (1797-1863). Français. 30, 38, 92, 115, 161, 286, 380, 425.

Villiers de l'Isle-Adam, Philippe A., comte de (1838-1889). Français. 276.

Villon, François de Montcorbier, dit (1431-1463?). Français. 7, 25, 83, 88, 210, 285, 309, 351.

Vilmorin, Louise Lévêque, dite Louise de. Française. 27.

Vinci, Leonardo da, dit Léonard de (1452-1519). Italien. 319, 330.

Virgile, Publius Vergilius Maro (70-19 av. J.-C.). Latin. 76, 87.

Vivier, Cintio. Mexicain. 329.

Vodnik, France (1903-). Yougoslave. 116.

Vogelweide, Walter von der (1170?-1230). Autricien. 350.

Voiture, Vincent (1598-1648). Français. 236, 338.

Voltaire, François-Marie Arouet de (1694-1778). Français. 18, 25, 27, 43, 47, 50, 57, 59, 61, 70, 77, 87, 93, 94, 97, 116, 137, 143, 161, 193, 196, 206, 220, 240, 242, 250, 269, 273, 276, 282, 286, 305, 321, 322, 323, 334, 335, 342, 346, 349, 353, 370, 404, 407, 411, 418, 419, 420, 421.

Voss, Johann Heinrich (1751-1826). Allemand. 376.

Walker, James J. (1881-). Nord-américain. 19.

Walpole, Horace (1717-1797). Anglais. 270.

Walpole, Hugh, Seymour (1884-1941). Anglais. 26, 217.

Wang Chung (Iᵉʳ s. ap. J.-C.). Chinois. 241.

Washington, Booker Taliaferro (1858-1915). Nord-américain. 116, 329.

Washington, George (1732-1799). Nord-américain. 221.

Wellington, Arthur. W. duc de (1769-1852). Anglais. 442.

Wesley, Samuel (1662-1735). Anglais. 110, 304.

Whitman, Walt (1819-1892). Nord-américain. 131, 223.

Wilcox, Ella Wheeler (1855-1919). Nord-américaine. 362.

Wilde, Oscar Fingall O'Flahertie Wills (1856-1900). Irlandais. 20, 26, 45, 58, 76, 83, 90, 91, 107, 109, 134, 135, 152, 162, 177, 189, 198, 204, 211, 222, 240, 241, 243, 260, 267, 272, 289, 292, 295, 307, 310, 313, 315, 322, 326, 333, 337, 370, 373, 390, 391, 393, 400, 419, 420, 443.

Wilder, Thornton Niven (1897-   ). Nord-américain. 241.
Williams, H.-J. (1874-1924). Anglais. 288.
Wolfe, Thomas (1900-1938). Nord-amércain. 222, 326.
Woman's Home Companion (Périodique anglais). 46.
Woolcott, Alexander (1887-1943). Nord-américain. 117.
Wordsworth, William (1770-1850). Anglais. 330, 385.
Wotton, Sir Henry (1568-1639). Anglais. 422.
Wright, Léonard (XVIᵉ siècle). Anglais. 24.

Yaha (1663-1740). Japonais. 69.

Yakamochi, Otomo No (718-785). Japonais. 41.
Yosano, Akiko (1878-1941). Japonaise. 336, 366.
Young, Edward (1682-1765). Anglais. 312.
Yueh Fei (1102-1141). Chinois. 105.

Zamacoïs, Miguel (1866-1955). Français. 433.
Zarathoustra — Voy. Zoroastre.
Zoroastre (660?-583 av. J.-C.). Mède. 122.
Zwanzeur (Le). (Périodique belge, XIXᵉ s.). 137.
Zweig, Stephan (1881-1942). Anglais d'origine autrichienne. 34.

IMPRESSION : BUSSIÈRE S.A., SAINT-AMAND (CHER). — Nᵒ 3368
D. L. NOVEMBRE 1991/0099/339

ISBN 2-501-00252-0

Imprimé en France

L'AUTEUR...

KARL PETIT est né à Mons en Belgique. Il fait de brillantes études à Bruxelles, Londres et Cambridge, débute, très jeune, dans le journalisme, enseigne l'anglais et publie un important ouvrage de philologie « Variétés Anglaises ».

D'une humeur très indépendante, il collabore à de nombreuses publications tant françaises qu'étrangères et dirige un service d'information et de documentation.

Journaliste, philologue, Karl Petit est aussi l'auteur de piè[ces] radiophoniques et un historien pénétrant. Il a écrit des b[io]graphies consacrées à Philippe de Hainaut et à la comte[sse] d'Albany.

Karl Petit est l'un des occidentaux qui a le mieux compri[s la] sensibilité japonaise. Depuis toujours, la littérature ja[po]naise exerce sur lui une véritable fascination. Il a publi[é à] Tokyo en langue française une traduction « Des fondeme[nts] de la culture du peuple japonais », beaucoup d'écrits su[r le] Japon et surtout en 1959, dans la collection Melior, sa su[bs]tantielle anthologie « La poésie japonaise ».